南京审计大学"行政管理"
国家一流本科专业建设点经费资助

主　编　叶战备　吕承文

公共管理学

扫码申请更多资源

南京大学出版社

图书在版编目(CIP)数据

公共管理学 / 叶战备,吕承文主编. —南京:南京大学出版社,2022.7
ISBN 978 - 7 - 305 - 25859 - 6

Ⅰ.①公… Ⅱ.①叶… ②吕… Ⅲ.①公共管理 Ⅳ.①D035 - 0

中国版本图书馆 CIP 数据核字(2022)第 100813 号

出版发行　南京大学出版社
社　　址　南京市汉口路 22 号　　　邮　编　210093
出 版 人　金鑫荣

书　　名　**公共管理学**
主　　编　叶战备　吕承文
责任编辑　武　坦　　　　　　编辑热线　025 - 83592315

照　　排　南京开卷文化传媒有限公司
印　　刷　南京人文印务有限公司
开　　本　787×1 092　1/16　印张 15　字数 346 千
版　　次　2022 年 7 月第 1 版　2022 年 7 月第 1 次印刷
ISBN 978 - 7 - 305 - 25859 - 6
定　　价　48.00 元

网　　址:http://www.njupco.com
官方微博:http://weibo.com/njupco
微信服务号:njuyuexue
销售咨询热线:(025)83594756

前　言

南京审计大学公共管理学院现有劳动与社会保障、PPE(政治学、经济学与哲学)等3个本科专业的学生合计起来每年上百人,在公共管理学课程学习上急需一部更为适合南京审计大学公共管理学院学生专业学习的教材。南京审计大学是一所极具审计特色的财经类高等院校,全校各大专业都具备了财经专业的知识储备背景。

全国诸多公共管理学教材多偏向综合类院校的"全面管理",如人民大学的陈振明的《公共管理学》,或偏向于理工科院校的"应急(危机)管理""人事管理",或偏向于法学类院校的"行政执法",或偏向于政治类院校的"公共行政"。行政学的教材大体有20余本经典教材,为高等教育出版社、中国人民大学出版社、北京大学出版社、清华大学出版社等知名出版社出版发行,行政管理学也有近15余本,尤以中山大学夏书章的教材最为经典,目前已经再版到第6版。面对如此纷繁复杂的教材,公共管理学院的学生莫衷一是,难以抉择。

截止到2021年6月,国内可搜集到的《公共管理学》的教材大体有15部左右,且大多是再版版本,最早的出版年份追溯到2011年。而且,人民大学、中山大学、厦门大学的教师是编写《公共管理学》教材的主力军,当然也有其他高校的教师进行了教材的编写。在编书体例上,不少作者喜欢把"公共组织理论"放在绪论或导论之后作为第一章,也有作者偏好把公共管理组织的角色或职能,即公共管理组织主体放在首章。偏政治哲学思维的都会把公共管理伦理放在最后一章,偏向于行政管理思维的则喜欢把公共管理改革放在最后一章。事实上,公共管理学坚守管理学的五大职能说——组织、领导、人事、协调、控制,也会把公共管理的各种技术性安排,从公共财政到公共部门战略,到公共部门人力资源管理,再到公共政策过程,放在书稿的中间部分,形成特色鲜明的中国公共管理学教材。

中国的公共管理学教材有两大特点:第一是强调中国国情下的公共管理学的知识体系建构与应用,除了马工程教材外,不少教材会倾向于在不同的公共管理技术安排中加入中国元素和中国故事,比如,党的领导、编制等;第二是在共性的公共管理学知识架构上着眼于中国当下的政府改革实况,紧密联系实际,锻炼公共管理专业及其相关专业的本科生、研究生的实事求是的专业思维。

本教材的编撰是根据南京审计大学的"审计"特色的公共管理及其相关专业量身定

做、因人施教的,在教材中我们尽量加入不少与"审计"主题相关的知识内容,以便于本学院的学生更好地学习和更有侧重地掌握公共管理学知识体系。为了喜迎建党一百周年,且开始下一个百年征程,在各个章节安排了相应内容的思政学习材料。

本教材是在公共管理学院院长叶战备教授主持与统筹下进行编撰的,有不少学界同仁加入了本教材的编撰过程之中。各章节的编者情况如下:导论(叶战备)、第一章(丁远)、第二章(叶战备)、第三章(岳鹏星)、第四章(吕承文、周国宝)、第五章(吕承文、唐伟玲)、第六章(李蕊)、第七章(杨钰)、第八章(左昌盛)。主要参与教材的编撰人员皆为南京审计大学公共管理学院的教师。丁远是无锡职业技术学院的助理研究员,专业是管理学。岳鹏星是河南大学经济学院的教师、历史学博士后、经济学博士后。周国宝是江苏信息职业技术学院马克思主义学院的优秀思政教师。唐伟玲是苏州大学政治学理论专业的在读研究生。正是上述人员在编撰过程花费了大量的心血,才使得本教材得以顺利面世。

新文科是指基于现有传统文科的基础进行学科中各专业课程重组,形成文理交叉,即把现代信息技术融入哲学、文学、语言等诸如此类的课程中,为学生提供综合性的跨学科学习,达到知识扩展和创新思维的培养。本着这个宗旨,我们追求做好公共管理本科生、研究生的教学,特别是教材建设,这是南京审计大学公共管理学院的治学初衷。学生需要适合他们自身专业学习的教材,才能有助于他们成长成才。我们编写这部教材,希望能有益于公共管理学院的涵盖公共管理专业在内的所有相关专业学生。当然,也欢迎来自学界同仁的批评和指正。

编　者

2022 年 5 月

目　录

导　论

党的十九大报告指出："明确全面深化改革总目标是完善和发展中国特色社会主义制度、推进国家治理体系和治理能力现代化；明确全面推进依法治国总目标是建设中国特色社会主义法治体系、建设社会主义法治国家。"公共管理学是一门研究包括政府在内的公共部门以公共目标为目标导向的公共集体活动的人文社会学科，兼具对政治学、哲学、管理学、经济学、法学等相关专业的知识体系的融合并蓄、择长吸纳。

一、基本内涵

公共管理是以政府为核心的公共部门整合社会的各种力量，广泛运用政治的、经济的、管理的、法律的方法，强化政府的治理能力，提升政府绩效和公共服务品质，从而实现人民福祉与公共利益。以往我们更多地关注作为私人部门的企业管理，而且在现实中私人部门管理也已取得了较好的管理成效，这给亟需进一步提效增质的公共管理提供了一定的启示。但是，公共管理与私人部门管理有何异同？这主要体现在以下三个方面：

第一，首要区别体现在政治权威与经济权威之间的差异。公共管理本质上属于国家活动，不可避免地包括政治权威的作用，它的主体是政府，其权威的行使以国家的强制力为后盾；私人管理虽然也有权威，但其权威是经济的权威或市场的权威，取决于其在市场上的竞争力。

第二，二者还区别在多元制衡与自主性。公共管理是在国家民主宪政的框架下进行的，在民主宪政国家，公共管理的权威是割裂的，政府部门虽然较重视层级节制的权威，但仍常常处于各种政治力量的相互作用之中，其自主性受到很大的影响。而私人部门的管理则具有相对充分的自主权。

第三，公共管理与私人管理之间划分了公共利益与私人利益的分水岭。公共管理意味着政府有责任增进社会的公共利益，政府所提供的是公共产品。与此同时，私人管理是指私人部门提供私人物品的活动。作为私人部门的企业及其他组织追求经济利润，存在利差最大化的期望。

第四，公共管理与私人管理的依据分别是法的支配与意思自治。公共管理严格受法的支配，由于法律是人民意志的体现，具体执行法律内容无异于实现公共利益，因此为实现政府的任务，达成政府的目的，政府部门可依具体情况采取不同的行政作用。对于私人领域的管理，其更多遵循的是契约自由和意思自治，拥有高度的管理裁量权，其内部管理和外部的交易活动完全可以以自己的意思而为之。

第五,公共管理与私人管理之间处理政府与市场的导向、方式及结果不一样。① 垄断与市场。私人部门提供的产品和服务,多有竞争者,而公共部门只有一家,缺乏竞争力。② 公共产品与私人产品。公共部门提供的公共产品或服务具有不可分割性和非排他性,而私人部门提供的私人产品是可以分割的、排他的,价格也可以衡量。③ 自由与依赖。消费者购买私人产品时可自由选择,而公民对于公共部门所提供的产品和服务没有自主决定的权利。④ 利润与支持。私人部门大多以利润为导向,而利润的多少取决于顾客的满意度,顾客导向很容易成为其经营的目标;政府往往缺乏服务效率改进的激励。

第六,公共管理表现为多元理性,而企业管理表现为经济理性。政府治理中的理性往往是多元理性,应考虑各种利益和价值的平衡,而非单一的考虑。私人部门因其组织属性所定,加之职能有限,管理问题涉及的标的人口较少,影响面小,不易形成整体社会作用,所以其管理大多为工具的经济理性的考虑,而往往不顾及或少顾及其他理性的考虑。当然,作为管理活动,无论是公共管理还是私人部门的管理,的确很多相同之处:都需要政策管理,包括制定目标规划、实施方案、执行与评估问题;都要涉及内部资源的整合与管理问题,如人力资源、财政资源、信息资源、组织资源等。

然而,还有一个问题:私人部门管理是否可以应用到公共部门的管理中?事实上,私人部门的管理的经验可以运用到公共部门管理中去,但必须有所选择地去运用。从现实来看,公共部门与私人部门的界限尽管不是那么清晰,但二者皆为整个社会不可或缺的有机组成部分。公域或私域往往是勾连和互动的,而不是分离的。私人部门的许多科学的管理方法、技术都可以加以改进,并运用到公共部门的管理情境中去。

在日益复杂、快速多变的社会,公共管理者应该掌握什么样的知识和技能?公共管理者的素质应当具备政治素质、道德素质、心理素质,并掌握相当的基础知识和应用知识;具有管理所需的计划、组织、领导和控制的能力。公共管理者技能有五个:① 技术性技能:主要指从事自己管理范围内所需要的技术和方法。相对来说,管理层次越低的管理人员就越需要技术技能。② 人际关系技能:公共行政管理的本质在于其是协作性的人际活动,协作活动的核心在于人际的互动。人际关系技能是管理者必须具备的技能中最重要的技能,其对各层次的管理者都具有同等重要的意义。③ 概念化技能:公共管理者所具有的宏观视野、整体考虑、系统思考和把握大局的能力。④ 诊断技能:指针对特定的问题情境寻求最佳反应的能力,也就是分析问题、探究原因、应对对策的能力。一个公共管理者应根据组织内部各种现象来分析探究各种表象,探究其实质。⑤ 沟通技能:公共管理者具有收集和发送信息的能力,能通过书写、口头与肢体语言的媒介,有效与明确地向他人表达自己的想法、感受与态度,亦能较快、正确地解读他人的信息,了解他人的想法、感受和态度。

公共管理的逻辑起点是着眼于解决公共问题,其手段就是提供公共物品和公共服务,而公共管理学便是一门研究和促进公共组织尤其是政府有效地提供公共服务的学问,也就是说,公共管理学的专题都与公共产品的提供和服务密切相关,从而构成了公共管理学的研究主题。公共管理学的专题主要是公共组织、公共治理、公共部门人力资源管理、公共财政体系、公共部门战略管理、公共部门绩效评估、公共部门伦理等。

公共管理是一种社会实践活动或过程。公共管理学作为一门研究公共管理实践的学科,它需要综合运用各种科学知识,包括借鉴企业管理方法研究公共管理过程,因而具有显著的管理学特征。从过程上来看,公共管理作为一般管理过程,同样需要经过计划、决策、执行、领导、控制等基本运行环节。从构成上来看,公共管理作为一种管理活动,需要对其管理的主体、客体和环境进行分析。公共管理的主体,既包括以组织形式出现的政府和非政府公共组织,又包括以个体角色出现的领导者、管理者与被管理者,其中政府组织、第三部门组织以及国家公务员制度也是本书重点讨论的话题;公共管理的客体,即公共问题、公共项目、公共资源等各类社会公共事务,其中公共物品是重点章节;公共管理的环境,是指影响公共组织存在与发展的所有因素,本书还重点讨论了环境影响下政府组织的变革取向。

公共管理活动依赖于一定的社会组织形式。公共管理也是一种管理活动,其执行自身的动态功能必然需要依赖于一定的组织形式,公共组织也是组织的一种,因此,为了提升公共政策与公共管理的绩效,强化公共组织的创新能力,公共组织的结构设计、组织层级和管理幅度、权力分配和冲突协调、组织变革(政府改革)以及公共组织中的人力资源的管理等,也就必然成了公共组织发展所要关注的话题。

公共管理活动本质上是一种社会关系。如同政治经济学的本质是一种经济关系,公共管理活动作为一种社会关系,本质是公共权威只有在这种对内和对外各种关系的协调和管理中,才能达到自己的组织目标。这种社会关系发生在不同的管理主体和管理活动之间,包括政府与民众的关系、政府间关系、政府与市场的关系、政府与第三部门的关系等。本书为此重点讨论了中央和地方政府间的关系、市场经济下政府的角色定位(政府作用)以及政府与第三部门的互动。

公共管理活动本身就是一种新型的社会治理模式。相比于早期的公共行政,公共管理的理念和手段等发生了重大转变,其中最突出的改变就在于广泛引入私营部门成功的管理方法和竞争机制,注重公共物品和服务供给的效率和效益,即采用了新型的治理工具,包括质量管理、战略管理、绩效管理、公私伙伴关系等。

公共管理还有一个任何一本公共管理学教材都不会忽视的专题——公共管理中的责任与伦理。公共权力是公共管理者或公共组织影响其他个体或组织的能力,但"谁来监督监督者",这是公共管理必然无法回避的问题,探讨如何维持公共管理责任、建立公共管理的伦理制度和责任机制以规范公共管理行为,是公共管理学亘久不变的主题之一。

二、理论流派

在现实中,时常出现政府凭借公共行政权力而成为凌驾于社会的一种唯我独尊的力量,以致公共权力突破边界侵占甚至践踏私人利益。比如,多头审批、图章行政、公文旅行、编制膨胀等现象,正在理论深渊处拷问着这样一个问题:作为第一部门的政府何以从社会汲取资源后又凌驾于社会作威作福?"对于政府权力的担忧一直困扰着人们,必须避免'服务的工具'演变成'奴役的武器'这一'权力悖论'发生。"①尽管政府身上蕴藏的国家力量非常强大,但并不意味着只要简单地以某一主体替代掉政府,就能解决"权力悖论"问题。在现实中,我们清醒地认识到,社会和市场并不能完全独立自主地提供公共服务。正是如此,各国才会继续推进强化政府作用的改革。

自19世纪中后期开始,俾斯麦出任德意志帝国宰相(1871—1890)并对德国政府进行大刀阔斧般改革,此后德国政府强势介入社会公共福利事业中,以期缓和社会冲突。"二战"之后,社会思潮大分化(极"左"、极右等现象出现)加剧了社会冲突的严峻性,甚至在某种程度上引爆了极端自由主义的发生,以上种种缘由都迫使西方国家大大加强了公共部门(尤其是政府部门)对公共资源再分配的行政权力,以期寻求一种全面而又系统的社会福利政策,缩减不同阶层间的贫富差距,最终实现缓和社会矛盾的目的。同时,面对诸多复杂的不确定性和日趋矛盾化的社会与国际事务,各个政府势必扩大自身规模,强化政府职能,增强供给公共服务的主导作用。基于上述背景,西方多数国家为了顺应社会历史发展,通过借鉴"新公共管理""公共选择"理论来指导改革行政体制,在多数国家中掀起了大规模化的行政改革运动(Administrative Reform Movement),或是"新公共管理运动"(New Public Management Movement),或是"政府再造运动"(Reinventing Government Movement)。

（一）传统公共行政学派

传统公共行政产生于19世纪末20世纪初,随着西方各国工业化的推进,为适应工业时代的政府管理而逐步建立和发展起来。传统公共行政模式重视行政组织的改进,注重机构、过程和程序以及行政原则的完整与统一,并以行政效率的实现作为最高目标。其基本特点包括三个方面:

(1) 强调行政管理的一般性或普遍性原则。该学派认为,在行政管理领域,存在着一整套与其他科学相类似的普遍性或一般性原理。传统公共行政学者们一方面要使行政管理的研究领域成为一门独立的学科,另一方面由于受科学管理学派追求管理的一般原理的示范性影响,所以大都愿意致力于一般行政管理原理的研究。

(2) 行政官僚价值中立原则。传统公共行政理论强调行政官僚应恪守价值中立原则,公务员不应该有明显的政治倾向,公务员的主要任务是执行政治领导者的裁决,并且相信这些裁决的正确性,行政部门处于政治领导的正式控制之下,由常任的、中立的官员任职,不偏不倚地为任何政党服务,并执行政治官员制定的政策。

(3) 强调以效率原则作为公共行政的最高标准。对于传统公共行政学者来说,效率不仅仅是手段,而是一种目的,一种价值观,是评价政府行为的最高准则,公共行政应该围绕"促进政府管理变得合理化和高效率"而展开。

（二）新公共行政学派

新公共行政学派是20世纪70年代以来美国行政学界最活跃的一个学派,以弗雷

---

① Michael Taylor.The Possibility of Cooperation [M].New York:Cambridge University Press,1987:63.

德里克森为代表,关注社会公平,致力于对行政道德问题的研究。对传统公共行政学"效率至上"的反思与批判公共行政的核心价值不应当是效率,而应当是社会公平。传统行政学坚持政治与行政分开,过分强调效率,结果在经济增长、科技进步的同时,却出现了各种社会危机。应当赋予现代公共行政以伦理的内容,以增强行政人员的责任感,让管理者承担其社会责任,把出色的管理和社会公平作为社会准则及其基本行为的出发点。该学派还主张效率至上转为公平至上,强调公共行政组织的变革。行政组织变革的终极目标是建立民主行政之模型。新公共行政学派提出应减少层级节制,分权、放权,广泛吸纳公众参与。公共行政组织设计应遵循两个目标:顾客导向和应变灵活,并提出公共行政组织存在着分配、整合、边际交换和社会感情等四种基本运作过程:① 分配过程,这是新公共行政学的中心内容。应从公共行政项目效益的角度,来处理相关群体中人的物质和服务的分配问题。② 整合过程,指通过权威层级来协调组织中成员的工作过程。主张采用非结构、非正式和非权威的整合技术,来增强行政组织凝聚力。③ 边际交换过程,指行政组织与其他相关组织及群体之间(如立法机构、利益团体)建立相互依存的共生关系的过程。边际交换方式的发展,首先需要服务对象更多地参与,其次是要发展新型的政府部门间的关系。④ 社会情感过程,这是一种社会情感的训练过程,同时又是行政体制改革的基本工具。通过训练,降低行政人员对权威层的依赖,提高行政机构整体适应各种社会环境的能力。

(三)行为主义学派

20 世纪 30 年代后,在美国率先兴起,形成一种与当代社会科学和自然科学的理论、方法论和技术手段等有密切关联的政治学:行为主义政治学。其主旨在于取代具有悠久历史的传统政治学研究方法,对当代西方政治学有着重要的影响。

当代西方政治学者面临当代西方世界特有的各种危机,如帝国主义战争、声势浩大的殖民地半殖民地人民的民族解放运动。不少人无法解决和解释这些危机,因而把这些矛盾的产生归结于"意识形态的斗争",试图建立一门"精确的"政治科学来排斥他们所斥责的"意识形态"的作用,为摆脱矛盾提供对策。行为主义便是在这个历史前提下应运而生的。

政治行为主义首先是一种与传统政治学迥然不同的政治观。行为学派断定,古典政治学理论的方法(如历史方法、法律方法和机构方法)带有道德和哲学色彩。政治学要成为一门"科学",须抛弃这种方法,对政治现象做"系统的、经验的和因果的解释",以便使政治学能够成为一门"经验科学"。美国行为主义政治学者 Robert Dahl 认为,行为主义是对传统政治学极为不满的一场反抗运动。

达尔在谈到行为主义时确认:"政治学中的行为主义与人的实际行为,以及他们赋予他们行为的意义有关。行为主义根据观察到和可观察的行为来谋求解释政治现象。"从对国家的研究转向对社会的研究,使政治学变成一种"非政治性的科学",不把国家及其体制视为政治学研究的主要内容,就是行为主义运动的主要结果。哈罗德·D.拉斯韦尔认为,政治学应研究政治中的影响因素和被施加影响者。戴维·杜鲁门断定,政治学应研究利益集团的政治和调节利益集团之间利益冲突的过程。戴维·伊斯顿宣布政治学应研究"存在于任何社会当中的相互作用的系统"和"社会财富的权威性分配"。E. C.班费尔德(E.C.Banfield)声称政治学应研究解决或讨论问题的一般活动,如谈判、辩论、讨论、力量的运用和说服等。

经过几十年的发展,政治行为主义已成为美国政治学领域内占主导地位的学术思潮和方法论,并逐步得到其他国家政治学界的重视、研究或采纳。这股学术思潮主要借用现代社会学、心理学、文化人类学等门类的行为科学的理论成果,吸取统计学和计算机等先进的定量分析和信息技术手段。围绕国家的权力和权威决策这个核心内容,观察总结广泛的政治现象,产生了从宏观到微观不同层次的一系列理论或分析模式,汇集成一股从观点、内容到方法等方面迥然不同于传统政治思想和思辨的政治哲学的新型政治科学。纵观70余年的历史跨度,政治行为主义是我们了解现代西方政治学的重要内容。

政治行为主义大致经历了二个发展阶段。

第一阶段大约从19世纪末到20世纪30年代,可以看作政治行为主义在美国逐渐酝酿形成的时期。在美国,政治学作为独立学科,诞生于19世纪后半期。这段时间政治学研究对象主要有两个:① 政治制度史,研究政治机构的来源及其发展历史;② 与政治制度有关的法律体系,研究宪法和有关法典如何规定政府机构的职能以及政府与人民之间的权力关系。

第二阶段是形成时期,从20世纪初到50年代。这期间,一些政治学者开始撰文著书,批评和谴责传统政治学的形式——法律的研究方法,主张用新的手段和方法开展政治学研究。例如,英国政治学者卡拉汉·华莱士发表了《政治学中的人性》,美国政治学者阿诺尔·F.本特利写下了《政府过程》,查理·E.梅里安出版了《政治学的新方面》,哈罗德·D.拉斯韦尔也完成了不少著作。这些人在构成行为学派的理论框架和原则以后,也就成为行为学派的奠基人。他们呼吁注重研究人的政治行为,研究人性;断定只有人才能成为政治研究的可靠依据,并主张把心理学和社会学的知识和技术嫁接到政治学研究上来,强调应利用科学的方法对政治程序进行详细调查和微观研究。至20世纪60年代以来,该学派的研究态势走过了巅峰。

（四）制度主义学派

对于制度的定义,学界不同学者有不同论述。在制度经济学中,制度被认为是促进社会经济增长的内生性变量。凡勃伦在1899年将制度定义为:"制度实质上就是个人或社会对有关某些关系或某些作用的一般思想习惯,而生活方式所由构成的是在某一时期或社会发展的某一阶段通行的制度的综合,因此从心理学的方面来说,可以概括地把它说成是一种流行的精神态度或一种流行的生活理论。"① 舒尔茨则将"制度"定义为一种涉及社会、政治及经济行为的行为规则。② 新制度经济学派的代表人物诺斯则认

---

① [美]凡勃伦.有闲阶级论[M].蔡受百,译.北京:商务印书馆,1964:149-150.
② [美]舒尔茨.财产权利与制度变迁[M].刘守英,等,译.上海:上海三联书店,1994:253.

为制度是一系列被制定出来的规则、守法程序和行为以用来为人类提供一个相互关系（互动）影响框架的道德伦理规范，这样便建立了一个社会体系，或更确切地说一种包含合作与竞争关系的经济秩序的规范系统①。拉坦认为制度是社会或组织通过帮助人们在与别人交往中形成合理的预期来对人际关系进行协调的规则。② 康芒斯则认为，"制度"可以被认为是英美实践中运行的机制，加上维持其运行的业务规则，再加上家庭，公司，工会，行会一直到国家本身的所有一切，我们称之为制度，静态的是"团体"，动态的是"运行中的机构"，核心是集体行动对个人行为的控制。③ 恰如古丁和克林格曼所说的，制度规则"被放置在一个更基本甚至更权威的规则，体制，实践和程序的持续上升的等级体系中"④。

制度本身具有实现法治化的作用，主要是三个方面：一是引导，即制度可以通过一定的刚性或柔性规范来使得社会朝向其预定目标发展；二是规范，"没有规矩不成方圆"，在制度的一定规制下社会才能井然有序；三是防范或预防，制度本身可以镶嵌着立法家或者政治家的远见卓识，避免社会滑向那种可以预见的糟糕局面。综上所述，制度的基本内涵是为一种旨在决定人们的相互关系而人为设定的正式的（以法规体现的）或者非正式的（以风俗习惯、价值观念体现）的行为规则。由是，制度创新则被认为是"制度创新主体为了获得在现有制度安排下暂时不能获得的利益所进行的新的积极变动和替换内容的制度安排"。制度创新的作用主要体现在制定产生理性行为的新规则、调整失范的规则体系以及更新行为边界模糊的旧有规则。制度创新本身是一个比较复杂的过程，不仅需要受到一定的环境支撑的制度体系的影响，还要同时审慎考虑到制度体系与外界环境之间制约与平衡。

制度是广义的，一切指导事务运作的各类规律、规则，都被认为是其中的范畴，而且，依据国家认可的程度，可以区别为正式规则（以立法形式确认的）和非正式规则（盛行社会的明规则和潜规则）。这些是制度赖以存在的基本形态。从历史溯源的角度来看，制度可能是人为建构的（由一个或一群人幻想出来并付出实践），也可能是潜移默化的群众从众现象演化而来（从偶然现象变成了必然现象）。目前，尚无足够的证据可以证明这些假设。但是，有一点不容忽视：制度是受到人的实质性影响的。换句话来说，制度中难以逃脱人为的因素，它的有效性也受到人们现实行为（遵守、认同或抵制、悖离）的影响。否则，制度只能流于观念形态或纸质层面的文字形态。人在制度之中，制度也在人的执行之中。没有神话般的制度迷信，但是活的运作有效的制度必定要通过与人性相符合的形式给人带来神圣的信仰。这也是制度主义足以阐释社会活动及现象的奥秘。

制度与人（人性）之间形成互动具有一定的历史必然性。首先，这里所谓的制度专

① ［美］诺斯：制度、制度变迁与经济成就［M］.刘端华，译.台北：（台湾）时报文化出版有限公司，1994：9.
② ［美］Vernon W. Ruttan, Yujiro Hayami. Toward a theory of induced institutional innovation［J］.Journal of development Studies，1984（20）.
③ ［美］约翰.康芒斯.制度经济学［M］.北京：华夏出版社.2013：61 － 62.
④ ［美］罗伯特.古丁，汉斯-迪特尔.克林格曼.政治科学新手册［M］.钟开斌，等，译.北京：三联书店.2006：21.

门是指好的制度,一种能够给人类社会带来福祉的规则体系,而人类社会的福祉事实上就体现在人性之中,当然也是指好的人性。越是反映人性的制度越是能够被历史证明是好的理想制度。其次,尽管没有十全十美的理想制度,但是,这并不妨碍人类通过长期的社会实践来促进制度的完善和更新,这种长期的社会实践内容恰是要确保制度与人性之间匹配性及符合度。最后,好的制度的一项重要功能是引导人性的崇善抑恶,使人类不断克服自身人性的坏的方面,并保存与养成人性好的一面,确保社会在美德芬芳中永葆青春。

互动既是一种相互影响的事实状态,也是一种目标与手段彼此依存的结果效应,代表着若干存在关联或无直接关联的事物之间规律化运作的效应状态。制度与人性,作为人性社会中的两种文化形态,存在着相互迁就、类似阴阳协调的直接或间接的关联联系,暗示了二者之间的活动具有历史的必然性,而且,它的形成也需要一定的机理条件。这说明制度与人性之间难以形成良性循环互动,深刻要求这种互动必须通过创造一定的有利条件来实现。

这些有利的条件包括:① 制度方案是人性集中反映社会全体人意志的公共利益的结果,如此一来这种有待变革的制度方案才能在整个社会中产生广泛的共识,更容易营造出社会上下齐心的团结局面;② 制定与实施制度方案的人不仅是强腕有力的,也还是公正无私的,他们只有满足这些条件,才能促使制度更好地体现出好的人性,使之成为真正意义上的制度;③ 制度能通过人性释放出坚定的政治信仰,无论是以政治学说的形式,还是以政治宣传的方式,须尽可能使得社会大多数人确信这项制度的道德善和公共性,如此一来,人们才会更容易接受和遵守它,共同迎接法治社会的到来。制度—人性互动的理论框架应用是较为广泛的,它可以被用来评判制度的好坏,推进法的实证和政治的社会学研究,也可以用在即便存在一定历史人治局限前提下来预测某种制度方案是否符合人类社会或一国政治的时代需要。

正如韦伯认为的那样,价值判断完全是出于个人主观情感的作用,它与个人的自由、偏好、决定和选择有关,而与事实问题没有逻辑的必然关系,因此社会科学研究的任务绝不是"是"(is),从而将"应然"(should)从经验科学中剔除出去。[①]"人性—制度"的理论模型在统一的内涵上要求实现理论分析与实践评估之间的衔接与配合,最后由此加权综合所有政策评估来达到系统分析各种公共管理议题。

元认识、元利益、元政策分别是在认识、利益、政策领域中的混沌状态变量(或者说像罗尔斯在《正义论》中所说的"无知之幕"状态中各人对自己利益的原始价值评判),都是关于政府对民众内心的真实的观念流露和利益表达,而认识共识、利益认同与政策认同则是这三个领域中的人性博弈与制度规范的互动产物。

在"人性—制度"互动的理论框架中,政府与民众基于此可以产生一系列的关于个人与群体的社会效应反应,从而由小见大地体现出社会质量及其发展的综合情况,这些对于各类公共管理议题的讨论和研究具有非常直观的影响。这种人性与制度互动的理

---

① 苏国勋.理性化及其限制——韦伯引论[M].上海:上海人民出版社,1988:268-271.

论模型其实是通过在现实中对各类公共管理议题的讨论和研究形成一种倒逼机制来促使各类公共管理议题获得自身的研究价值。从原始的伦理道德正义内容延伸到合法性（法治）、政治发展（社会）、经济可行性等特征，是具体适用这个理论模型来分析各类公共管理议题的价值导向。这样以来，我们设想的人性与制度互动的理论模型实现了理论与实践两个层面的统一，可以体现出作为一个有效分析工具的价值。

　　个人与制度之间无法有效适当地联结起来就会出现法治的困境："以法治国"最终不会变成"依法治国"。个人所代表的感情因素与制度所代表的理性因素之间存在矛盾，却并非无法调和。"制度中的人"与"人在制度中"两个命题并不冲突。人与制度之间的矛盾调和在于人在制度框架中进行治理与制度通过人的执行而生效。为了实现制度的组织化融合和体现个人的公共道德规范，就需要通过持之以恒的治理与完善法治建设来使得地方治理过程中的公共权力理性化、制度专门化、功能分化。① 总之，对于地方治理行动自由空间的困境解读的出发点在于思考一种真正合理的地方行政体制的切入口，以确保我国地方行政体制改革的稳定顺畅。

　　（五）新公共管理运动

　　20 世纪 70 年代末以来，西方发达资本主义国家实行的政府改革，引起了极大的社会反响。"重塑政府运动""企业型政府""政府新模式""市场化政府""代理政府""国家市场化""国家中空化"等，只是对这场改革的不同称谓。人们普遍认为，区别于传统公共行政典范的、新的公共管理模式正在出现。而且，西方发达资本主义国家为了摆脱"福利国家"制度带来的困境，都实行了政府改造运动。虽然这一改革浪潮在各国的名称不同，但实质上都是将私营企业管理的一整套原理和技术运用于政府部门的公共管理。它对以往的传统公共行政模式采取了否定和批判的态度，要求建立与以往不同的公共行政模式和为社会公众服务的公共管理组织。

　　赫克谢尔(C. Heckscher)指出，政府改革打破了单向的等级指挥关系，建立了互动交流和导向管理，并开始向"后官僚组织"变迁②。而巴扎雷(Michael Barzelay)说，摒弃官僚制的时代已经到来，公共管理由重视"效率"转而重视服务质量和顾客满意度，由自上而下的控制转向争取成员的认同和争取对组织使命和工作绩效的认同③。"重塑政府"运动的积极倡导者奥斯本和盖布勒总结美国改革地方政府和联邦政府的经验，宣扬政府管理的新方式。胡德(Christopher Hood)把西方国家的政府改革所体现出来的政府管理新模式称作新公共管理典范④。"新公共管理"实践催生出不同于传统公共行政理论的理论新范式。这就是新公共管理理论。自 20 世纪中叶开始，西方发达资本主义国家普遍实行"福利国家"制度。它们运用凯恩斯主义经济学指导国家的经济活动，试图依靠政府的作用来弥补市场的不足。然而过了多年，"福利国家"制度并未取得如愿

---

　　① 黄建洪.公共理性视野中的当代中国政府能力研究[M].北京:中国社会科学出版社,2009:79.
　　② 徐亚伟,田斌.基于新公共管理改革视野下的高校安保工作探索[R].中国职业安全健康协会 2015 学术年会,2015 - 12 - 01.
　　③ 王晓莉.面向公众需求的气象影视服务改进策略[R].第 29 届中国气象学会年会,2012 - 09 - 01.
　　④ 范斌.新公共管理理论对我国建设服务型政府的启示[J].行政与法,2007(12).

的经济增长和社会满意度。20世纪六七十年代以来,经济滞胀、政府扩大支出产生高税收、政府公共服务无效率,造成社会普遍不满,最终导致意识形态变革。人们开始从政治上批判"福利国家"的政策基础,主张以自由市场、个人责任、个人主义来重塑国家和社会。

新公共管理作为一种新的管理模式,其理论基础与以往的行政理论有很大的区别。如果说传统的公共行政以威尔逊、古德诺的政治—行政二分论和韦伯的科层制论为其理论支撑点的话,新公共管理则以现代经济学和私营企业管理理论和方法作为自己的理论基础。首先,新公共管理从现代经济学中获得诸多理论依据,如从"理性人"(人的理性都是为自己的利益,都希望以最小的付出获得最大利益)的假定中获得绩效管理的依据;从公共选择和交易成本理论中获得政府应以市场或顾客为导向,提高服务效率、质量和有效性的依据;从成本—效益分析中获得对政府绩效目标进行界定、测量和评估的依据;等等。其次,新公共管理又从私营管理方法中汲取营养。新公共管理认为,私营部门的许多管理方式和手段都可为公共部门所借用。例如,私营部门的组织形式能灵活地适应环境,而不是韦伯所说的僵化的科层制;对产出和结果的高度重视,而不是只管投入,不重产出;人事管理上实现灵活的合同雇佣制和绩效工资制,而不是一经录用,永久任职;等等。总之,新公共管理认为,那些已经和正在为私营部门所成功地运用着的管理方法,如绩效管理、目标管理、组织发展、人力资源开发等并非为私营部门所独有,它们完全可以运用到公有部门的管理中。

在公共选择和交易成本理论与新管理主义理论的基础上,发展出不同方向的新公共管理的理论。

(1)弗里德曼和哈耶克的"小政府理论"。在"政府失灵论"蔓延的背景下,这两位学者指出,政府应缩小管辖的权限范围,其活动内容只是提供那些市场做不了也做不好的服务,即提供具有非排他性的公共产品和服务。当然,政府的"小"只是权限范围上的小,并不意味着政府能力以及竞争力的弱小。

(2)哈默和钱皮则发展出"流程再造"理论,主要针对官僚制,强调对官僚制进行重新改造和超越。其理论内容主要有:

① 对工作流程进行重新设计,以提高效率、效能和质量。

② 以业务流程为改造对象和中心,以顾客需求和满意度为目标,对现有业务流程进行根本的再思考和彻底的再设计,以打破传统的职能型组织结构,建立全新的过程型组织结构,从而实现组织在成本、质量、服务和速度等方面的巨大改善。

(3)另有学者——霍哲把政府绩效作为切入点,提出把绩效评估作为改进绩效的一种管理工具。他设计了一整套具体的绩效评估流程,同时还强调,在绩效评估的过程中要提高公民的参与度,因为这样的绩效评估结果和绩效信息将会对政府政策和项目管理有更大的意义。

(4)霍哲还研究了另一个重要的理论——基于回应性的政府全面质量管理。即建立起一套在以顾客为中心,持续改进,强调授权和协作基础上的全面质量管理。其目的在于通过引入政府全面质量管理,消除由于官僚制、利益集团以及专业化的结构所带来的回应性障碍,建立更具回应性以及以顾客为中心的公共机构。[①]

（5）奥斯本和盖布勒的"重塑政府"理论。他们在《改革政府》[②]中将"新公共管理"看做单一的模式概念,并指出"新公共管理"模式包含以下十大基本原则或基本内容:

① 起催化作用的政府:掌舵而不是划桨。

② 社区拥有的政府:授权而不是服务。

③ 竞争性政府:把竞争机制引到提供服务中去。

④ 有使命的政府:改变按章办事的组织。

⑤ 讲究效果的政府:按效果而不是按投入拨款。

⑥ 受顾客驱使的政府:满足顾客的需要,而不是官僚政治需要。

⑦ 有事业心的政府:有收益而不浪费。

⑧ 有预见的政府:预防而不是治疗。

⑨ 分权的政府:从等级制到参与和协作。

⑩ 以市场为导向的政府:通过市场力量进行变革。

因此,应用企业家精神去改造政府,并且能够把企业经营管理的一些成功方法移植到政府中来,使政府这类公共组织能像私人企业一样,提高效率。其中最重要的一点就是以顾客为中心,即强调服务提供者应对他们的顾客负责,在提供服务过程中不断进行革新,寻求减少成本和增进质量的方法,聆听顾客的呼声,授权顾客做出选择,把资源放在顾客手里让他们挑选。虽然西方的新公共管理运动具有其独特的历史背景和文化条件,但是其独特的管理和服务理念对世界任何国家都具有一定的启发和借鉴意义。

（六）新公共服务理论

新公共服务理论是继新公共管理运动之后的又一大理论流派,其对新公共管理运动倡导的"全面向企业管理学习"产生了质疑,并质问公共部门的公共性,即其赖以作为自身独特标识的公共利益和公共目标将被置于何处?"西方公共服务理论(最新发展)"中外文文献皆显示0篇。但是搜索"公共服务理论"中文书籍则有2本:《公共服务理论与实践》(于凤荣著,黑龙江人民出版社2009年版)、《公共服务西方理论与中国选择》(汪来杰著,河南人民出版社2007年版),期刊论文有2 241篇,学位论文99篇,会议论文25篇。不过,上述文献对"西方公共服务理论"的认识都只停留在登哈特夫妇的"服务而不是掌舵"的阶段,国内未曾有重大理论突破。西方公共服务理论是"新公共服务理论"的重要理论基础。

在web of science中搜索关键词"new public service"居然也显示为"0篇"。用scientific web plus搜索关键词"new public service"显示英文文献有500篇,包括com(商业网)、org(机构网)、gov(政府网)、edu(教育网)、uk(英国官方网)、other(其他)。用scientific web plus搜索关键词"new public service theory"则再增加15篇,但是,很

① 余军."纽约警务改革对上海警务改革的启示"新公共管理视角[D].复旦大学硕士学位论文,2009.
② [美]戴维·奥斯本,特德·盖布勒.改革政府:企业精神如何改革着公营部门[M].上海:上海译文出版社,2006.

遗憾未能发现新观点或新理念。

美国学者柯因(King)和斯缔文斯(Stivers)再一次提醒我们，政府是为公民所拥有的。与新公共服务理论的观点相一致的柯因和斯缔文斯认为行政人员应该把公民看作是公民而不仅仅是投票者，不仅仅是客户、顾客或消费者；公民应该和政府共享权威，减少对他们的控制，公民应当相信协作的功效。而且，与功利主义者要求更高的效率相反，柯因和斯缔文斯认为公共管理者应当追求更高的责任心和增加对公民的信任。这一认识直接巩固了新公共服务理论。

新公共服务提倡者认为，公共行政人员的正确思想倾向应该是：公共项目和资源不属于他们自己。但是，公共行政人员接受为公民提供公共服务的责任，如同公共资源的管理者，公共组织的保护者与监督者，公民责任与权利以及民主对话的促进者，社会契约的推进者和街道层面的领导者。这些都是与商人仅仅关注利润与效率是完全不同的观点。①

新公共服务提倡者认为，公共行政人员不仅要分享权力，而且还要和公民共同努力解决问题，他们必须认识到他们在治理过程中所扮演的角色是责任承担者而不是企业家。新公共服务理论虽然有很多积极的思考，但仍然没有解决公共管理中的一个永恒的课题——民主与效率的关系问题。

新公共服务理论认为，在新的世界，政府所扮演的主要角色不仅仅是通过规制和政令来指导公众的行为——尽管有时仍然需要，也不是建立一系列的原则和激励机制——引领人们走所谓的"正确方向"，而是，政府的角色发生了转变。

"新公共服务"理论认为，经过选举产生的政府官员和管理者对于公民的请求不是说"是"或"不"，而是应该说，"让我们一起来解决我们应当做什么的问题，并且使它成为可能。"②

新公共服务指出，如果要建构一种积极的市民关系，政府官员不能只是承担公共服务提供者的角色——他们还需要扮演协调者、调解者甚至仲裁者的角色。显然，这些新的角色就需要政府具备新的技能——不是旧的管理中的控制力，而是新的协调、谈判、妥协和冲突解决的能力。

新公共服务的提倡者认为，需要建立社会的远见和洞察力，而不仅仅需要被选出的政治官员和被任命的行政人员具有远见。代替它的是，通过广泛的参与和对话沟通，建立公共的话语体系，使之与领导核心层的深思熟虑相融合，建立积极的社会洞察力或方向。③

政府通过一系列的行为来推动这些公共问题的解决，但是它也需要政府确信这些解决方案是否充分考虑到了公共利益的支配。不论是决策或方案本身，还是制定决策

① Kass, Henry. Stewardship as Fundamental Element in Images of Public Administration. In Images and identities in Public Administration, edited by H. Kass and B. Catron, CA: SagePublications,1990:113-130.

② Janet V. Denhardt, Robert B. Denhard. The New Public Service, Serving, not Steering, M.E. Sharpe, New York:ME Shape Inc.,2003:35.

③ Jeffrey Luke. Catalytic Leadership[M].San Francisco, CA: Jossey-Bass,1998:124.

与方案的过程,都是和民主规范中的正义、公平与平等紧密相连①。

如同本斯(Burns)所指出的那样,领导能力在通过和公民合作的努力过程中得到锻炼,并且通过参与者的转移,使公务员关注于更高层面的价值观。在这一过程中,为公民提供公共服务的动机与企业雇员为顾客提供服务的动机非常相似,并且得到了再认识和相互支持以及认同。②

正如同约翰·克莱顿所阐述的那样,公共参与可以让公民分担政府的责任而不只是分享政府的权力,形成共同的价值观和共享的领导权。新公共服务理论认为,政府过去扮演一个重要的角色是所谓的为社会掌舵。③ 新公共服务理论还鼓励和倡导由公民来参与决策的制定,并且让公民和政府共享政策制定的权力,培养公民的责任和风险意识。因为在登哈特等人看来,这种公共参与不仅不会威胁或削弱政府的权威,反而公民与政府分享公共政策的制定权,是公民自治(self-government)的关键,是分担政府责任的有效机制,以此可以提高公民参与治理的能力④。他们被期望允许更多的公民参与到政府事务中来,但是并没有人确切地告诉他们应该在什么时候,以及怎样的公民参与才是有效的。他们只是被告知有成效的公民参与应该不以牺牲政府的效率和效能为代价⑤。

在 thomas reuters 中搜索"new public service theory"只有 36 篇外文文献,也没有出现相关理论的文献,都只是附带提及了一下。除此之外(百度和 google 不可靠,只是二次检索),似乎再没有其他可以搜索的方式,也没有相关的结果。故而,这里所谓的"新公共服务理论"只能是不同于登哈特夫妇的对之有兴趣或者观点相近的其他学者。由于很幸运地搜到了一篇关于该关键词的复旦评论,所以勉强找到 8 位学者,并将之暂纳入所谓"新公共服务学派"当中。

所以,暂时国内尚无"新公共服务理论新发展"的引入,原因主要是:第一,国外新公共服务只是附着于新公共管理范式,并以其"批判范式"的姿态出现,所以很多新公共服务学者自身也是新公共管理学者;第二,新公共服务理论自登哈特夫妇提出之后,也未能形成一个真正的系统范式,所以即便后有跟风的学者,也是点滴涉猎而已;第三,国内学者对之引进只停留在服务型政府的构建的理论口号之上(工具理性实足),结果导致对"新公共服务理论"的跟进研究短缺。

三、本书框架

全书主要分为导论、公共组织架构、公共治理理论、公共财政系统、公共政策过程、

---

① Patricia W. Ingraham, David H. Rosenbloom. The New Public Personnel and New Public Service[J]. Public Administration Review,1989(2).
② James MacGregor Burns. Leadership[M].New York:Harper and Row,2001:221.
③ Nelissen, Nico, Marie-Louise Bemelmans-Videc, Arnold Godfroij, Peter Degoede. Reinventing Government[M].Utrecht:Netherlands: International Books.1978:147.
④ John Clayton Thomas. Public Participation in Public Decisions—New Skills and Strategie for Public Managers[M].San Francisco:Jossey-Bass Publishers, 1995:31-32.
⑤ John Clayton Thomas. Public Participation in Public Decisions—New Skills and Strategies for Public Managers[M]. San Francisco:Jossey-Bass Publishers, 1995:39.

公共部门人事管理、公共部门战略管理、公共部门绩效管理、公共部门伦理,整体上契合了公共管理学的基本知识体系框架。

（一）导论

公共管理学的知识体系从公共管理的行为、现象和活动开始发端,并强调与作为私人部门的企业的管理行为相区别。公共管理自身的公共性是首要特征,使其在具有共性的管理职能之中产生了与企业管理的巨大差别,也同时能解释企业管理所带来显著的管理绩效却在公共管理领域遇到了借鉴困境。公共管理难道不重视效率只重视公平吗？这是个永恒的哲学命题,值得公共管理学者不遗余力地去深思,去解答,去阐释。管理中共性的组织、领导、人事、协调、控制五大职能在公共管理中都同样存在,却与私人部门的企业管理之间存在着巨大的差异,而且在社会主义中国也是存在着国情和制度上的差异,正好引用美国学者波特曼的那句话"公共管理和企业管理在不重要的地方都是相似的",那也就意味着在重要的地方都是不一样。比如,在公共部门人力资源管理部分具有中国特色语境的"编制"却是公共管理学中一个重要知识体系扩充,而将"审计"添加进公共管理学的各章节之中,特别是公共治理理论、公共财政体系两章节,这使得本教材鲜明地体现出"审计"特色的公共管理学教材编撰逻辑。

（二）公共组织架构

公共组织结构是指公共组织基本要素的组合方式和互动模式。科学、合理规范的组织结构是实现公共组织资源优化配置的关键。行政组织结构区分为宏观结构(包含横向结构和纵向结构)、微观结构。公共组织以追求公共利益为其价值取向,公共组织的活动受法律法规的限制并具有法律的权威。公共组织设计与管理的一般原则包括：① 统一指挥；② 统一目标、分层管理；③ 分权治事、以人为本；④ 人性管理、经济效能；⑤ 讲求效率。公共组织主要可以分为三类：① 在政府组织设置中,最主要的两种方法是按职能划分和按地域划分。按照职能划分指以相同或相似的职能为基础来划分组织部门；按照地域划分指按照组织活动的地理位置设置组织部门。地方政府可以分为适应一般政治统治需要的一般地方政府和适应特殊政治统治需要的特殊地方政府。我们不应一概认为地方政府不能拥有适度的国防与外交权限。例如,历史上的郡、县是由具有军事权限的防御型(征服型)政府演化而来。在现代法治体系中,只要法律进行充分授权,这种想象中的特殊型地方政府就可以是一种合理的存在。② 第三部门,即"通过志愿提供公益"的 NGO 或 NPO。从范围上讲是指不属于第一部门(政府)和第二部门(企业)的其他所有组织的集合,它独立于政府和私人部门之外,以实现公共利益为目标,强调非营利性、志愿性的合法组织,主要为在民政部门注册的社会团体、基金会、民办非企业单位及未注册的草根组织。③ 社会组织本质上是一种介于国家与社会之间的第三域,具有政府与市场所不能替代的政治功能。政府单向地培育社会组织与社会组织自我发育都不能适应中国社会发展的基本要求。现实表明政府培育社会组织过多,效果也不理想,社会组织无法实现自我发育。在理论上,社会组织具有针对政府失败与市场失灵的制衡作用,这昭示了社会组织具有内在的发展规律。

（三）公共治理理论

公共治理理论就是关于不要求政府整天疲于应付，而希望政府有自知之明，做自己应做和能做的事；不强求自上而下、等级分明的社会秩序，而重视网络社会各种组织之间的平等对话的系统合作关系的一系列理论。由于"看不见的手"的客观存在，转型期的政府管理陷入了困境，如何处理好当代的政府与市场、社会之间的关系成了重要的研究命题。从政府治理到无政府治理，再到网络治理或合作治理，政府会失败，市场也会失灵，社会会失控，自 20 世纪 90 年代很长一段时间里政府都在效仿企业等私人部门的管理行为，并从中总结和归纳管理规律。这在不同的国家里有不同的情况和结果，中国作为世界上最大的社会主义国家，理所当然地有着自己独特的公共管理规律。

（四）公共财政系统

所谓公共财政，就是为社会提供公共产品与公共服务的政府分配行为，是与市场经济体制相适应的一种财政管理体制。建立公共财政体系是今后一个时期我国财政体制改革的主要目标。当前我国财政制度基本上实现了从计划型财政向市场型财政的过渡，适应市场经济需要的公共财政体系基本建成。税收反映的是国家财政收入的作用，征税的主体是政府，政府征税凭借的是国家政治权力。税收的本质属性之一便是凭借国家政治权力的强制性。税制改革事实上就是涉及了一个间于政府、市场、公民的利益三角关系调整。政府、市场、社会(公民)之间存在着利益三角关系，可以由于不同的利益博弈策略而产生不同的联盟联系，同时也必然会对政府调控政策与方式产生至关重要的影响。

（五）公共政策过程

公共政策过程有广义和狭义之分：一类是广义上的公共政策过程，从政策问题的确认开始，一直到政策评估和政策终结为止；一类是狭义上的公共政策制定过程，从确认政策目标到抉择政策方案的过程。前者从宏观的角度，关注问题从确认到政策终结的一个完整周期；后者从微观角度，研究政策方案的决策过程。一般认为，公共政策过程主要包括政策制定、政策执行、政策评估、政策终结、政策监督五个方面。公共政策主体是政策系统的核心成分，是指参与和影响公共政策决定、执行、监督等过程的组织、团体和个人。政策制定又被称为政策形成或政策规划，是公共政策过程的第一阶段。我们一般认为，政策过程包括政策问题界定、构建政策议程、政策方案规划、政策合法化等阶段。政策执行是指在政策制定完成之后，将政策由理论变为现实的过程。

（六）公共部门人事管理

公共人力资源管理与传统人事行政的区别：传统人事管理视人为成本负担，把人事管理工作看作日常人事行政事务；人力资源管理则把人看作资源，是最宝贵的资源，把对人的管理置于重要位置。传统人事管理注重以事为中心，恪守"进、管、出"管理模式；人力资源管理则奉行以人为中心，重视人与事、人与环境的协调配合。传统人事管理关心的是眼前，很少关心长期的人力资源的预测、规划和开发；而人力资源管理着眼于未来,重视人力资源的预测、规划和开发,同时考虑员工的个人发展,强调要在实现组织目标的同时实现个人的全面发展。传统人事管理主要通过纪律和规章制度,对员工进行刻板、严格的控制,是强制性、被动型的"管家式"管理;而人力资源管理实行开发型、参与型的主动的管理方式,重视采用各种激励手段调动人的积极性。编制是中国特色的公共部门人力资源管理的话语体系,编制分类管理及其法治化是我国公共部门人力资源管理的大势所趋。

(七)公共部门战略管理

公共部门战略管理是公共管理学科的一个新分支或新的研究途径。它的兴起是全球化、信息化和知识经济时代发展特别是当代政府改革运动的产物,它构成由传统的公共行政范式向公共管理范式转变的一个重要组成部分。公共部门战略管理是公共管理学科的一个新分支或新的研究途径。作为一种新的管理途径或思维方式,战略管理日益受到公共部门管理者的重视。公共部门的战略管理,还涉及其组织的计划、组织、协调和控制等各项职能,是一项重要的管理技术或工具。公共部门的战略管理主要发生于较高级别的政府管理层,或者说是主要由政府高层所进行和完成的一个关于政府管理的一个特定的管理过程。国家战略是战略体系中最高层次的战略,是为实现国家总目标而制定的总体性战略概括。战略制定是战略管理的主要内容,包括认定组织的外部机会与威胁、认定组织内部优势与弱点、确定组织任务、建立长期目标、制定可供选择的战略以及选择特定的实施战略等。战略本身就是一种选择,因此定位时要做清晰的取舍,这构成了完整的公共部门战略管理过程。

(八)公共部门绩效管理

绩效管理乃是对公共服务或计划目标进行设定与实现,并对实现结果进行系统评估的过程。绩效管理过程一般包括三个最基本的过程,即绩效评估、绩效衡量、绩效追踪。政绩机制是以 MBO 理论为基础的制度形式,体现了一定的制度内涵与管理职能,本质上强调官员的忠诚与能力并举,是公共部门绩效评估的重要形式。当前,低薪酬、道德式的自我感动与权力滥用的寻租腐败同步进行侵蚀政绩机制,乃至整个国家机器,奖励不足以撼动人心,惩罚亦不足以以儆效尤。公众导向下的地方政府绩效评估体系重塑将是一次彻底的评估体系变革措施,也是我国社会主义政治改革的探索尝试。政绩机制法治化的基本思路是建议把政绩驱动的激励规则从单纯的唯唯诺诺的政治忠诚导向转化为多元的理性、高效的政治民主导向,确保政绩机制重新回归到法治化轨道上来,实现我国政府公共行政活动的优质化与高效化的治理目标。

(九)公共部门伦理

当代中国的公共部门伦理是对全面依法治国战略的核心阐释。在国家与社会应当公私分明时国家社会体制的滞后性导致国家与社会不当的相互争利之冲突现象发生。人治所持有的个人正义终究是少数人的正义,并不能得到全社会的广泛认同。加强公共责任制度建设是国家和社会面临的重要任务,也是中国特色社会主义理论体系的重要组成部分。公共责任认识(含判定、追究等内容)模糊已成为当下我国法治困境的首要问题。追本溯源,政府责任终究不能等同于政府权力本身。公共责任法治化是法治政府的核心目标,并铸就了作为法治政府前提的责任政府的理论与现实双重基础。责任是伴随公共权力的掌握及行使的始终在法律的规范下形成的对行政主体产生明示作用的行政法律关系现象。通过公共责任的这三种——监督、控制、制约——运行过程的监控方式来实现对政府责任的法治化控制。中国需要走出一条独特的法治之路。公共管理学科对政府改革的评判须避免个人感情好恶的标准,依靠客观的、公认的事实,我们相信会得到社会的公论。而且,在我国当下制度仍有待完善的情形下,政府为了有效推动公共治理及制度创新,在"无法可依"的前提下不得不采取一些法治化的人治手段也应当被认为是改革进程中的客观存在现象。

　　总而言之,本书着重探究和总结三十余年来我国公共管理学科发展历程中所表现出来的改革规律,同时也反思和认识政府治埋和创新过程中的问题。真正的问题是日益膨胀的地方公共权力得不到有效抑制和约束,在一定时期可能会推动公共部门伦理对公共管理活动的规范与制约,从长远上给我国政府改革带来诸多发展问题。所以,我国真正的政府改革规律是隐藏于作为制度突破的权力制约的法治化发展方向之中。我们的编撰意图是从特殊到一般、从行为策略到改革规律。从整体全局来看,改革的进程在前移,改革的认知在提升,人们的认识在不断接近科学的发展观念。我们给大家编撰这本教材,就是试图一起用冷静的头脑与理性的眼光回顾过去走过的历程,从理论的角度解读一个个公共管理活动和公共管理现象。最后,我们愿意为具有审计特色的公共管理及相近专业的学生品读本部教程,精心做好他们所需要的课程读物。"通俗易懂"却不失"专业本色"是本书的努力方向。非常希望看到有更多的学人加入公共管理学术领域当中,不仅为繁荣学术盛世,也为社会进步、国家崛起担起铁肩道义。

第一章 公共组织架构

公共组织架构是指公共组织基本要素的组合方式和互动模式。科学、合理规范的组织架构是实现公共组织资源优化配置的关键。关于公共组织结构的划分，可谓众说纷纭、莫衷一是。例如，在陈振明教授主编的《公共管理学》(第二版)中，作者将公共组织架构分为直线结构、职能结构、直线—职能结构、矩阵结构，以及纵向结构和横向结构。

第一节 公共组织的内涵

公共组织就是以管理社会公共事务，提供公共产品和公共服务，维护和实现社会公共利益为目的，拥有法定的或授予的公共权力的所有组织实体。公共组织应包括政府与非营利组织。在社会生活中，有一些组织的目的是为了更好地服务于个人或私人利益，其行为不会直接地或显而易见地影响其他组织或个人，如经济组织；但有一些组织其目的是服务于社会公众，其行为对其他组织或个人都会产生直接的影响，这类组织就是我们所称谓的公共组织。

一、公共组织的基本内涵

公共组织包括政府、政府机构、政府公司以及非营利组织。广义的公共组织的目的是提供物品和服务，满足组织外而不是组织内人们的需要。狭义的公共组织的内涵是行使行政权，达成公共目的的组织。

公共组织的基本特征包括：① 公共组织以追求公共利益为其价值取向。② 公共组织的活动受法律法规的限制并具有法律的权威。③ 公共组织权威由于等级制的存在而显现得碎片化。④ 公共组织受到高度的公共监督。⑤ 公共组织存在政治因素的考虑。⑥ 公共组织的目标大多模糊不清且不易测量。⑦ 公共组织存在对公权力的独占性。⑧ 公共组织行为具有强制性。

公共组织存在很多弊端，主要是：① 决策权威集中化造成管理的恶性循环。具体表现为权力集中反映主管对人员失控的忧虑和不信任，则必然采取严密的监督，这会造成上下层级数的增加。然而层次越多，权力越集中，沟通越困难，越无法相互理解，从而加重了上级对下级的失控忧虑和不信任，导致管理上的恶性循环。权力集中也可能引起法规数量的过度增长。② 专业分工原则的扭曲。具体表现为专业分工原则有可能使垂直的权力斗争"水平化",而水平权利争执加上下层级的线型关系,将使组织内部、组织之间的网络联系更加困难,影响到组织工作的展开。③ 制式化对组织效能的可能影响。具体表现为制式化容易压抑工作人员的创新动机,可能会对组织效能造成现行负相关的影响。当体制作用超过其所能处理环境问题的能力时,组织效能就会随之下降。组织内部同时存在着两种竞争有限资源的对立势力,一是探察新知、发现新知的活动,二是应用所知、发现已知的活动。科层体系随着生命周期的发展,势必面对这种创新与守成的两难境地。④ 遏制组织学习。组织学习是组织发展和创新的一个条件,传统的科层组织存在着遏制组织学习和创新的趋向,这主要表现在:学习动机的钝化、偏好经验学习、形成组织学习的路径依赖。

二、公共管理与私人管理之间的区别

公共管理和私人管理(或称工商管理)之间既有区别,也有联系。二者的区别在于:第一,目标不同。公共管理是为公众服务追求公共利益的,而私人管理则以营利为目的,追求利润最大化。第二,实质不同。私人管理为了实现组织目标,更多着力于提高效率上,而公共管理不仅要注意到效率问题而且还得研究公平问题。第三,特性不同。与私人管理相比,公共部门尤其是政府更强调责任。第四,监督方式不同。公共管理要受到社会大众的监督,而私人管理的监督主要是来自企业的内部。第五,权力来源不同。公共管理中公共组织的权力主要来源于社会大众所给予的公共权力,而私人管理的权力则大都是私人授权。它们的联系则是私人管理包括公共管理,公共管理是企业管理的一部分或者说是它的一种职能,公共管理是间接帮助私人管理的方法。具体来看:

第一,产权归属的渊源不一。从国家在经济史中的地位与意义而言,新制度经济学家诺斯认为"国家是一种在行使暴力上有比较利益的组织,它对纳税选民拥有的权力决定其地理疆域的延伸……理解国家的关键在于,潜在地利用暴力来实现对于资源的控制。"诺斯认为,总的来说,对国家有两种解释,即"契约论和掠夺或剥削论"。[①] 以契约理论建构下的国家"充当了使社会福利最大化的角色","契约限制着每个人与他人有关的活动,从而对经济增长有重大意义"[②]。很显然,契约论型构之下的国家形态即是近代意义上的国家,反映在税收领域便是"税收国家"。而剥削论型构下的国家则"是一个集团阶级的代理机构;其职能是代表那个集团或阶级的利益榨取其他选民的收入。""掠夺的国家将规定一套所有权使当权集团的岁入最大化,而不顾它对整个社会的福利有什么影响。"马克思主义者以及很多新古典经济学家均认同掠夺或剥削的国家理论。诺斯还认为这两种理论并不是矛盾的,"正是'暴力潜力'的分配使它们一致起来。契约理

---

① [美]道格拉斯·诺斯.经济史上的结构和变革[M].厉以平,译.上海:上海三联书店,上海人民出版社,1992:22.
② 同上。

论假定暴力潜力的平等分配。掠夺理论假定暴力潜力的不平等分配。"①揆诸史实,传统中国的国家形态,似乎并不是契约论型构下的国家,而是皇权专制下的掠夺型国家。这样的国家形态,使得整个王朝的政治、经济、文化生态呈现出制度变迁的"锁闭"现象。

第二,管理的权力结构不一。制度经济学家弗里德曼在分析权力结构同国家规模和形式的关系时认为,"如果贸易是主要的税源,结果可能造就一个大国;而农耕劳动则可能意味着国家有封闭的疆界,或在文化上是同类的"②。传统的中国更像是后者的比照。其中,税收制度体现为与农耕经济为主的国家规模相一致。英国著名经济学家约翰·希克斯认为,除了埃及古王国,成功的官僚政治的一个例子是"中国的传统的官僚制度","这样成功的官僚制度"因为科举制度的推行,而"达到了一种'均衡状态',一种非常稳定的均衡状态。它经受得住猛烈的冲击(如十三世纪蒙古人的入侵),并在强大的冲击之后仍能复员。"在这种社会经济形态之下,"主要经济关系是岁入,即由农民(耕作者,生产粮食的人)向某一公认的权力缴纳的税金、贡物或地租(因在缺乏市场的条件下这些是没有区别的)。""越近于中央集权制和指令经济,岁入变得更加重要。在一个官僚体制控制的帝国,岁入可能高度集中。"③"在这种作为岁入经济的非市场经济中","食物和其他必需品的剩余是从耕作者榨取得来并用以维持政府官员的生计的。"④这实际上便制约了权力结构的基本规模和功能。

第三,管理的经济基础不一。非市场经济下的农耕经济形态,其权力结构的指向便是以田赋为主,其他税类为辅,而且土地与人口持续捆绑在一起。秦汉伊始的中国是一个中央集权体制的皇权国家,"家产国家"的色彩浓厚,即使在晚清时期中国实际上也处于传统国家向近代意义上的"税收国家"转变的过程中。学者王振中将"古代国家"定义为"拥有一定领土范围和独立主权,存在阶级、阶层和等级之类的社会分层,具有合法的,带有垄断特征的凌驾于全社会之上的强制性权力的政权组织与社会体系。"⑤古代国家亦是"传统国家",而现代国家则多为"民族—国家"。⑥ 国家形态的不同,意味着权力结构的角色以及内涵的不同。日本财税史家岩井茂树就曾提出,"近代国家的租税,是在严格的公法规范下、在纳税人履行同意手续而构成的租税制度,在其他社会没有像近代西方国家那样得到发展。财政学上只把近代西方社会的租税称之为租税,认为其他社会不适用这个概念。"⑦他的见解实际上牵涉到传统国家基本的生产资料即土地的所有权和国家统治的性质问题。至于该如何思考"近代前期社会的所有权、国家统治的状况、'租税''地租''纳贡''公课'等生产资料的转移,以及劳务、收益的强制性分配的

① [美]道格拉斯·诺斯.经济史上的结构和变革[M].厉以平,译.上海:上海三联书店,上海人民出版社,1992:23.
② [美]道格拉斯·诺斯.经济史上的结构和变革[M].厉以平,译.上海:上海三联书店,上海人民出版社,1992:26.
③ [英]约翰·希克斯.经济史理论[M].厉以平,译.北京:商务印书馆,2005:20-23.
④ [英]约翰·希克斯.经济史理论[M].厉以平,译.北京:商务印书馆,2005:23.
⑤ 王震中.中国古代国家的起源与王权的形成[M].北京:中国社会科学出版社,2013:15.
⑥ [英]安东尼·吉登斯.民族—国家与暴力[M]胡宗泽,赵力涛,译.上海:三联书店,1998:4-5.
⑦ [日]岩井茂树.中国近代财政史研究[M].付勇,译.北京:社会科学文献出版社,2011:23.

性质,它们之间是如何相互联系和发展",实际上"尚未形成理论体系。"①

总体来看,以上明确了传统中国非市场经济的基本性质,或者说农耕社会的经济形态,官僚体制的特殊以及"掠夺性"国家的实态,需要对何谓"制度"进行一定论述,以促进对于"税收制度"(税制)的理解。从经济史的研究角度出发,将"制度"纳入经济增长的研究中,是从制度经济学中开始的。旧制度经济学家凡勃伦(Veblen)把制度定义为"绝大多数人所共有的固定思维习惯。"②制度经济学家 Hamiltion 的定义是"一种具有普遍性和持久性的思维或行动方式,体现在一个群体的习惯中,或一个民族的风俗。"③新制度经济学家 Schotter 认为,"制度是一种正常的社会行为,得到全体成员的认同,规定了在反复发生的特定事件中所应采取的特定行为,要么是自律的,要么是依靠外部权威他律的。"④道格拉斯·诺斯的定义为"制度是社会的游戏规则,更正式地说,是一种为构建人际关系而人为设置的约束。因此,制度构建了人类进行政治、文化、社会或经济交易的动机。"⑤诺斯亦认为"制度提供人类在其中相互影响的框架,使协作和竞争的关系得以确定,从而构成一个社会特别是构成了一种经济秩序。""制度是为约束在谋求财富或本人效用最大化中个人行为而制定的一组规章、依循程序和伦理道德行为准则。"⑥其中,"行为约束包括各种禁忌、规章条例和规劝告诫。"⑦新与旧的制度经济学家,关于制度的"理性选择"与"习惯基础"观点分别强调的是同一现象的不同方面。更准确地说,是"行为者与结构之间的二元性。"旧制度经济学家强调是行动者,而不是客观约束。新制度经济学家,则强调外在的客观约束,即外部性影响。制度既是"外在"的客观结构,又是人类主体"头脑中"的主观观念。"行为者和结构,尽管不同,但还是处在一个相互作用、相互依赖的循环之中。"⑧总而言之,制度结构都是由习惯和制度建立起来的。进一步来看,公共管理与私人管理之间存在着诸多不一的地方,这是由它们的基本目标和行动原则决定的。

三、公共组织设计与管理的一般原则

第一,统一指挥,统一目标。无论那一种工作,一个下属人员只应接受一个领导者的命令,这就是统一指挥原则。所以统一领导是统一指挥的关键,在任何组织中,双重

---

① [日]岩井茂树.中国近代财政史研究[M].付勇,译.北京:社会科学文献出版社,2011:23.

② Vablen,Thorstien B. The Palace of Science in Morden Civilisation and Other Essays[M]. New York: Huebsch,1919:239.

③ Hamilton,Walton H. Institution[A]. in Edwin R. A. Seligman and A. Johnson(eds),Encylopaedia of the Social Sciences[C].1932(8).

④ [美]菲利普·安东尼·奥哈拉.政治经济学百科全书[M].郭庆旺,刘晓路,彭目兰,张德勇,等,译.北京:中国人民大学出版社,2007:649.

⑤ North. Douglass C.. Instituations, Instituatuional Change and Economic Performance[M]. Cambridge University press,1990:3

⑥ [美]道格拉斯·诺斯.经济史上的结构和变革[M].厉以平,译.上海:上海三联书店,上海人民出版社,1992:195-196.

⑦ [美]道格拉斯·诺斯.经济史上的结构和变革[M].厉以平,译.上海:上海三联书店,上海人民出版社,1992:197.

⑧ [美]菲利普·安东尼·奥哈拉.政治经济学百科全书[M].郭庆旺,刘晓路,彭目兰,张德勇,等,译.北京:中国人民大学出版社,2007:651.

指挥都是冲突的根源。统一指挥的前提条件是统一目标。同时,机构设置统一是统一指挥的保证。如果没有统一的目标,部门之间以及人员之间的工作冲突则不可避免。

第二,分层管理,分权治事。要实现有效的分层管理、分权治事,就必须处理好两种基本关系:一是管理幅度和管理层次之间的关系,二是集权和分权之间的关系。在被管单位和人员不变的情况下,管理幅度和管理层次之间成反比例关系。集权和分权是相互排斥和相互依赖的。在现实社会中,不存在集权和分权的理想模式,只能视具体情形而定,这些具体情形主要包括外部环境、组织规模、组织活动内容、成员素质、空间区域。

第三,职掌明确,权责一致。职位(务)明确,权责分明,事有归属,责无旁贷,功莫由争,过无推诿。在组织中要体现这一原则,必须做到:明确事权范围;实行岗位分工;建立奖惩机制。

第四,以人为本,人性管理。人是组织系统中最主要、最基本的要素,是实现组织目标的决定性力量。组织的活力在于组织成员的积极性、智慧和创造力,故组织设计和管理要讲求以人为本、适合人性。要做到这一点,在组织设计时得注意:工作分配要符合组织成员的主动性与兴趣;创造条件来满足组织成员合理和正常的需要;增加组织成员晋升的机会,扩大调任的范围;加强思想交流;由纪律制裁走向人性激励。

第五,经济效能,讲求效率。效率是组织追求的目标之一,要达到效率的目标,除应做到以上几个原则外,在组织设计时还要注意:组织机构要精简;人员要精简;领导班子要精简;机构层次要简化;办事流程要简化。

第六,适应环境,保持弹性。从环境系统来看,组织是环境系统的一个组成部分;从组织本身看,组织是由若干子系统构成的。因此组织设计必须讲求与环境相适应,讲求组织富于弹性。

第七,顾及平衡,协调发展。平衡是指组织系统中诸要素之间以及组织同环境之间形成的协调、和谐、有序及适应的关系。在组织设计时应注意以下平衡关系:分工与协调平衡;个体与整体平衡;贡献与报酬平衡。

第二节 公共组织的类型

公共组织的类型是其依据不同的划分标准所区分的对象范畴。公共组织的类型来源主要包括:① 集权制与分权制。集权制是指行政权力集中在上级政府或行政首长手中,上级政府或行政首长有决策、指挥、监督的权力,下级处于服从命令听指挥地位,自主权很少的公共组织类型。分权制是指上级行政机关或行政首长给予下级充分自主权,下级可以独自进行决策和管理,上级不予干涉的公共组织类型。② 完整制与分离制。完整制是指公共组织的同一层级或同一组织内部的各个部门,完全接受一个公共组织或同一行政首长的领导、指挥、监督的公共组织类型。分离制是指一个公共组织的同一层级的各个组织部门或同一组织部门,隶属于两个或两个以上公共组织或行政首长领导、指挥、监督的公共组织类型。③ 首长制与委员会制。首长制又称独任制、一长制或首长负责,是指行政首长独自掌握决策权和指挥权,对其管辖的公共事务进行统一领导、统一指挥并完全负责的公共组织类型。委员会制又叫合议制,是指在公共组织中,由两个人以上掌握决策权和指挥权,按照多数原则进行决策的公共组织类型。④ 层级制与机能制。层级制又称分级制,是指公共组织在纵向上按照等级划分为不同的上下节制的层级组织结构,不同等级的职能目标和工作性质相同,但管理范围和权限却随着等级降低而逐渐变小的公共组织类型。机能制又称职能制,是指公共组织在横向上按照不同职能目标划分为不同的职能部门的公共组织类型。事实上,公共组织的类型具体分为以下四个门类。

一、政府

政府就是"解决社会各种不可调和的矛盾"而创造出来的道德恶。恰如潘恩所说:"政府是一种必不可少的恶。"① 如果政府被创造出来却不能解决社会矛盾问题,那人民还要政府做什么? 当然,政府这种人为的道德恶自身便具有许多的恶价值,如干预个人自由、与民争利、谋求特殊利益等,这些定然要被首先克制住,人民方能指望用政府来去除社会已然存在的各种恶(矛盾问题)以及来防范各种潜在的恶。

在政府组织设置中,最主要的两种方法是按职能划分和按地域划分。按照职能划分指以相同或相似的职能为基础来划分组织部门,按照地域划分指按照组织活动的地理位置设置组织部门。职能划分是构成横向部门的主要划分方法,由此形成了横向的职能部门;地域划分是构成纵向层级的主要划分方法,由此形成了纵向的地方政府。② 职能部门是对国家部分领域的社会事务进行管理、由中央政府依法设立的政府单位。地方政府作为地方国家立法机关、地方行政机关、司法机关在地方的分支机构等公共机关的总和,是国家权威的表现形式,与职能部门相比,具有更大的自主性,职能也更加趋于综合化。

地方政府是指由中央政府为治理国家一部分地域或部门地域某些社会事务而依法设置的政府单位,其内涵是:第一,地方政府是由中央政府依据宪法或相关法律设置的;第二,地方政府作为一种地域性政府,治理的地域范围是国家领土的一部分;第三,地方政府指一个政府单位,它是由地方立法机关和地方行政机关组成的整体。③ 我国的地方政府具有双重性、差异性、局部性、服务性等特征。地方政府职能指地方政府在国家和社会公共事务管理中所承担的职责和功能,它主要包括政治职能和社会管理职能。④ 地方政府的职能方式是通过职能部门实现的。从层次上,实现政府职能的方式可分为宏观管理和微观管理。宏观管理包括政策导向和法律规范。微观管理包括依法行政和

---

① 对于政府的本质与起源,潘恩还说"这便是政府的起源与兴起;也就是说,这是由于人们德行的软弱无力而有必要采用的治理世界的方式。"参见[美]托马斯·潘恩.潘恩选集[M].马清槐,等,译.北京:商务印书馆,1981:5.

② 王刚,袁晓乐.我国海洋行政管理体制及其改革[J].中国海洋大学学报,2016(4).

③ 李四林,曾伟.地方政府管理学[M].北京:北京大学出版社,2010:22.

④ 李增田,等.地方政府学[M].天津:天津大学出版社,2013:16.

监督实施。从手段上看可以分为直接管理和间接管理。直接管理指政府通过自己所属的机构直接完成所承担的职能。间接管理指政府职能由非政府机构在政府的委托授权和监督下完成。① 除此之外,地方政府职能重心的不同,会导致政府类型的不同。如果地方政府职能重心偏向经济,那么它就是一般性地方政府。如果地方政府的职能重心偏向政治,那么它就是特殊性地方政府。

本书以地方政府的设置目的为标准,将地方政府划分为一般性地方政府和特殊性地方政府。其中,一般地方政府是指国家基于按地域进行管理的一般需要而设置的政府。② 一般地方政府包括省、县、乡、市、镇、市辖区 6 种建制单位,其建立逻辑主要有两种,第一是征服形式的自上而下的建立,第二是自治形式的自下而上的建立,前者的代表政体是中央集权国家,后者的代表政体是联邦制国家。一般地方政府的存在是中央集权的结果。从历史的角度来看,一般地方政府具有自身的演化逻辑,在准国家时代由部落联盟中的部落演化而来,到了国家时代,出于政治统治的需要,各种军事征服性质或政治监察性质的地方分支单位都自然地演化为今天的一般地方政府。特殊地方政府则是指出于政治需要或行政管理需要而设置的政府,包括民族自治型地方政府和特殊管理体制型地方政府。民族自治型地方政府,指多民族单一制国家在少数民族聚居地区建立的特殊的地方政府,包括自治区、自治州、自治县、自治乡四种行政建制单位;特殊管理体制型地方政府指为某种政治需要或行政管理需要而设立的地方政府,简单来说就是当前的特别行政区,在我国特别行政区主要是香港特别行政区和澳门特别行政区。地方政府可以分为适应一般政治统治需要的一般地方政府和适应特殊政治统治需要的特殊地方政府。我们不应一概认为地方政府不能拥有适度的国防与外交权限。例如,历史上的郡、县是由具有军事权限的防御型(征服型)政府演化而来。在现代法治体系中,只要法律进行充分授权,这种想象中的特殊型地方政府就可以是一种合理的存在。

其中隶属政府序列的审计组织,其组织体系亦称"审计工作体系""审计工作体制(或模式)"。由国家审计、民间审计和内部审计三部分组成的审计网络。我国这种审计组织体系的特点是:① 以国家审计为主导,纵横联贯。纵向方面,中央和地方各级审计机关保持业务和部分行政的领导与被领导关系。横向方面,国家审计对同级组织或单位内部审计,保持业务的指导和接受指导关系;对所在地区民间(社会)审计保持部分业务的委托和受托、监督和被监督关系。② 能全面适应各种所有制经济的需要。对国营经济主要由国家审计机关审计;对各种经济的内部审计由各自的内部审计机构或专职内部审计人员进行;对国营经济以外的各种形式的经济,尤其是中外合资、合作、国外独资和横向联合经济,则主要由民间审计接受委托承办,诸如公证性的审计。③ 各种审计机构充分发挥各自优势、互相配合、各有侧重。国家审计倾向于事后的财政、财务审计和财经法纪审计,视需要和条件进行经济效益审计;内部审计应侧重于事前、事中和

---

① 曾伟,罗辉.地方政府管理学[M].北京:北京大学出版社,2006:13.
② 李增田,等.地方政府学[M].天津:天津大学出版社,2013:10.

事后审计并重,尤其效益审计,并为外部审计提供协作、协调条件,至于民间审计可视条件和能力接受委托承办各种审计。

二、第三部门

第三部门,即"通过志愿提供公益"的 NGO 或 NPO。非政府组织是英文 Non-Governmental Organizations 的意译,英文缩写 NGO。20 世纪 80 年代以来,人们在各种场合越来越多地提及非政府组织(NGO)与非营利组织(NPO),把非政府组织与非营利组织看作在公共管理领域作用日益重要的新兴组织形式。

从范围上讲,第三部门是指不属于第一部门(政府)和第二部门(企业)的其他所有组织的集合,它独立于政府和私人部门之外,以实现公共利益为目标,强调非营利性、志愿性的合法组织,主要为在民政部门注册的社会团体、基金会、民办非企业单位及未注册的草根组织。我国大部分学者采用陈振明先生的概括:第三部门是介于政府部门与营利性部门之间,依靠会员缴纳的会费、民间捐款或政府拨款等非营利性收入,从事前两者无力、无法或无意作为的社会公益事业,从而实现服务社会公众、促进社会稳定与发展为宗旨的社会公共部门。在发达国家,这是在现代第一部门和第二部门高度发展成熟后,这两个部门的失败或失灵充分表现出来以后才产生的现象,我们可以称之为一种"后现代"现象。它的产生与发达国家两种通行模式的危机密不可分,也就是所谓 20世纪 30 年代经济大萧条引发的市场体制危机和 70 年代后所谓凯恩斯主义及福利国家的危机,这两种危机促使人们去探索一种新的公共管理机制。在国家—政治领域就出现了"既不是自由市场,又不是福利国家"的"第三条道路"取向,而在社会生活领域,第三部门应运而生。第三部门的主要特点是:

(1)"正规性",即具有正式注册登记的合法身份。正规性是第三部门必备的条件。作为计划经济下政府延伸或者由于政府机构改革转轨、挂靠等下属、不需注册登记的机构,不是独立的组织;而没有登记注册的独立组织是非法组织。

(2)"民间性",即在组织机构上与政府分离。中国的非政府非营利组织,由于历史原因,政治色彩和官僚化过于厚重。协会主要人员来自政府,协会开展相关活动和工作依靠政府,因此有人称之为"二政府"。人们把协会理解为管理机构或者领导机构,而不是服务和中介机构,而真正的行业协会应该是企业自愿参与的民间组织。民间组织一般来讲经费来源独立,无财政拨款。而有财政资助的组织,通常就有政府背景,其民间性就要打一个折扣,在谈到自治管理的问题上也要打折扣。

(3)"非营利性",即不得为其拥有者谋取利润。在中国的情况下,为了生存,有些非营利组织甚至从事某些营利性活动。一般第三部门的活动和财务公开性和透明度是很高的。

(4)"自治性",即能够控制自己的活动。组织章程的自主设计,领导机构和人员自主遴选和更换。如果要报请政府部门批准,或由政府部门推荐和委派就无法做到自治。

(5)"志愿性",其活动和管理中有显著的会员自愿参与成分。

(6)"公益性",服务于某些公共目的。

2014 年 12 月 22 日,全国人大常委会审议境外非政府组织管理法草案并于 2016 年 4 月 29 日通过该法案。法案规定了境外非政府组织在中国境内设立代表机构和开展一次性临时活动的申请登记许可程序,还明确了相关违法行为的法律责任。

非政府组织是一个多源的群体,在非政府组织基础上伴生着许多缩写词。它们包括:

INGO——国际非政府组织(international NGO),如 CARE;

BINGO——面向商业的非政府组织(business-orienTEDinternational NGO);

RINGO——宗教非政府组织(religious international NGO),如天主教救济服务;

ENGO——环保非政府组织(environmental NGO),如 Global 2000;

GONGO——由政府运行的非政府组织(government-operated NGOs),它们是政府为了符合外缓要求而成立的类似非政府组织;

QUANGO——半自治非政府组织(quasi-autonomous non-governmental organisation),如 W3C、国际标准化组织,它们把自己定义为非政府组织,但它们是由 147 个国家政府标准机构构成的组织。

非政府组织一词最初出现在 1945 年 6 月 26 日在美国旧金山签署的联合国宪章第 71 款中。该条款授权联合国经社理事会"为同那些与该理事会所管理的事务有关的非政府组织进行磋商做出适当安排"。1952 年,联合国经社理事会在其决议中把非政府组织定义为"凡不是根据政府间协议建立的国际组织都可被看作非政府组织"。在当时,这主要是指国际性的民间组织。在这之后的十多年里,非政府组织自身的活动以及它们同联合国的关系都处在较低的水平,没有多少实质性的发展。一直到 1968 年,在联合国经社理事会通过的 1296 号决议中,规定了联合国同非政府组织关系的法律框架。该决议肯定了非政府组织的范畴,同时允许非政府组织在联合国经社理事会以及联合国体系中的其他机构中获得咨询地位。自此以后,非政府组织的活动被有意识地、越来越广泛地引入了联合国体系的运作。

世界银行采用的分类方法:

(1)运作型非政府组织。

它们主要的目的是设计和实现与发展相关的项目。一种常用的分类是把它们分为"面向救助"和"面向发展"的组织。如果按它们的服务重点又可以分为服务传送型和服务参与型。还可以根据它们是否带宗教性质和长期性来分类,也可以按照它们更多地面向公众或私人来分类。运作型非政府组织可以是基于团体的、国家的或者国际的。

(2)倡导型非政府组织。

它们的主要目的是捍卫和促进某一目标。与运作型计划管理形成对比,这些组织典型是尝试通过游说、宣传品和积极进取的活动唤醒人们的意识,让人们了解更多进而接受它们。

萨拉蒙和安海尔在综合比较研究的基础上,提出了非政府组织所具备的五个特征:组织性、民间性、非营利性、自治性和志愿性。政治学者王绍光在此基础上又提出了第六个特征,即公益性。其中公益性和非营利性是区分非政府组织与利益集团的最重要区别。

非政府组织为了动员政府和各种社会力量对其所从事的公益事业的财力和道义上的支持,往往通过各种途径影响政府公职人员的决策意向和社会舆论,包括媒体宣传、组织集会、罢工、游行、示威等。其中有些非政府组织和利益集团一样也进行院外游说活动,但他们在院外活动的影响力与那些以财团为后盾的利益集团不可同日而语,因而非政府组织常常采取的策略是:通过影响社会舆论来向政府施压,从而获得政府在财力上或政策上的支持。

三、社会组织

社会组织本质是一种介于国家与社会之间的第三域,具有政府与市场所不能替代的政治功能。政府单向地培育社会组织与社会组织自我发育都不能适应中国社会发展的基本要求。现实表明,政府培育社会组织过多,效果也不理想,社会组织无法实现自我发育。在理论上,社会组织具有针对政府失败与市场失灵的制衡作用,这昭示了社会组织具有内在的发展规律。

(一)社会组织的内涵

一切社会政治事物皆从社会母体中脱胎而来,具有一定的异于社会母体的特质。社会组织介于社会与国家之间,或为二者的沟通桥梁,或为区别于二者的异域。其实,国家如父,社会如母,才孕育出社会组织,不管如何,社会组织具备国家与社会的一定遗传基因,如科层结构(松散的)、志愿服务精神等。社会孕育出的社会政治事物与现象,可以是支持国家的半官方组织、准官方组织、类官方组织,或是与国家之间保持中立的民间草根组织,或是反对国家的社会叛乱组织,它们都对国家与社会关系产生了相应的正向或负向影响。

自从国家产生以来,国家与社会的关系就成为一个恒久不衰的理论课题。① 国家与社会是一对辩证的关系内涵。国家和社会从一元融合静态演化到二元分离动态,并衍生出二者的互动关系。要使本国的法律和谐、健康、经济、有序发展,必须建立国家与社会良性互动机制。② 在"国家"与"市民社会"关系模式的建构过程中,不同派别的学者共同构思与设想不同类型的国家与社会的关系模式。一派主张以国家为中心,强调国家的作用与价值,如安全国家模式、普遍国家模式;另一派则强调社会为中心,主张强社会、弱国家模式,即"社会路线",如立宪国家模式、最小限度国家模式。

"社会先于国家而在,国家只是处于社会中的个人为达致某种目的而形成契约的结果",国家只是人民用以保护自由和幸福的工具,因而,这是一种人民权力至上和国家权

---

① 古希腊人最早思考国家现象及其与社会的关系。诡辩学派乃国家为社会约定之产物的始作俑者。后来伊壁鸠鲁学派进一步发挥了社会约定论的思想。参见谷春德,史德彪.西方法律思想史·上卷(增订本)[M].沈阳:辽宁人民出版社,1986:28.
② 唐宏强.国家与社会互动中的法律发展探析[J].学术交流.2006(7).

力应当受到限制的自由主义的观念模式。① 黑格尔认为,市民社会与政治国家理论具有三个特点:第一,市民社会和政治国家均属于伦理哲学的范畴;第二,市民社会是介于家庭与国家之间的特殊领域,是伦理精神的差别阶段,同时它又产生于国家之后,以国家为前提。第三,国家产生和存在的合理性基础是市民社会的片面性,是市民社会中特殊利益与普遍利益之间的尖锐冲突,它的使命就是协调和整合市民社会的多元利益,实现特殊利益与普遍利益的实体统一。② 马克思、恩格斯在《德意志意识形态》一书中批判性地写道,市民社会"这一名称始终标志着直接从生产和交往中发展起来的社会组织,这种社会组织在任何一个时代都构成国家的基础以及任何其他的观念的上层建筑的基础"。③ 这都说明社会组织原本是国家与社会互动的,并异于这二者的历史产物。

社会组织有广义与狭义之分。广义的社会组织可以指在一切社会领域中任何具有组织形态的由若干社会成员组成的结构体,包括了各类政治组织、经济组织、文化组织、教育卫生组织,等等。狭义的社会组织则是指非政府的政治组织、非市场(企业)的经济组织及非营利性的社会服务组织。官方把这种广义的社会分成三类组织:企业、社会组织和中介机构。其中,社会组织可以发挥民众利益表达的基本功能。不少教材把社会组织定义为依法建立的、相对独立于国家的执政党系统和政府系统,以社会成员的自愿参与、自我组织为基础的社会公益活动或互益活动为主旨的非营利性、非政治性的一类组织。④ 由此推断,社会组织应具有如下基本特征:

第一,社会性。社会组织源于社会,必然是根基于社会,而不能脱离社会,朝反方向发展成为官方组织或其附属组织。

第二,自愿性。社会组织是由社会成员基于共同利益目标及公共理念建立起来的,所以它可自由组建、经营或者解散。

第三,法治性。法治要求政府与社会组织等一切法律主体在宪法及法律的规定范围中依法行使自身权能资格,并承担相应的法律义务。

---

① 除洛克以外,康德也是自由主义哲学的伟大代表。社会乃独立于、外在于国家的观念也体现于康德的《实践理性批判》《法的形而上学原理》等著作之中。因之,邓正来称这种自由主义的社会与国家关系的范式为"洛克-康德式"观点,并认为潘恩是这一观点的最极端的倡导者,重农学派等古典经济学也做出了重要贡献。

② "市民社会是处在家庭和国家之间的差别阶段,虽然它的形式比国家晚。其实作为差别的阶段,它必须以国家为前提,而为了巩固地存在,它也必须有一个国家作为独立的东西在它面前。"参见[德]黑格尔.法哲学原理[M].范扬,张企泰,译.北京:商务印书馆,1961:197.

③ 马克思恩格斯选集(第1卷)[M].北京:人民出版社,1995:131.

④ 例如国外学者海文(1965)认为社会组织是具有共同致力于共同的目标,活动经费不来自官方,非营利性,成员进出自由等特征的社会成员集合。([美]斯坦利·海文.协会管理[M].尉晓欧,等,译.北京:中国经济出版社,1985:1.)美国的布劳(1965)则认为社会组织有四种基本类型,即经营性组织、互益性组织(如职业组织、行业组织、工会、政党、文艺团体、兴趣团体和教会组织等)、社会服务组织(如学校、医院等)及公共服务组织(如政府、军队、科学院、图书馆、博物馆等)。(M.E. Olsen. The Process of Social Organization Holt[M].Rinehart and Winston,1962:45-47.)尽管我们国家所指的社会组织只是布劳所说的互益性组织,其实从长远来看,随着社会的发展,这种社会组织的范畴迟早也要将经营性组织和社会服务类组织中的非官方组织一并纳入。还有国内学者岳颁东(2001)的公益说,将社团(狭义的社会组织)与政府及企业进行了对比,认为其是依法成立的,从事社会公益活动的非官方(政府)非营利(企业)的组织。(王名,等.中国社团改革——从政府选择到社会选择.北京:社科文献出版社,2001:15-16.)马庆钰(2007)则将社会组织与"民间团体""非营利组织"及"非政府组织"联系起来,其中自愿参与、自我组织、自主管理是社会组织存在与发展的基础。(马庆钰.中国非政府组织发展与管理[M].北京:国家行政学院出版社,2007:3.)

第四,公共性。只有具备合法公共目标与公共利益的,才能得到政府依法审批与认同。

第五,自治性。社会组织的存在目标很清楚,即培育社会公众的民主政治素质及自治能力。那么,社会组织应当按照民主的议事运作规则来进行自我管理。

（二）社会组织的外延

从学理上来看,社会组织是属于公共领域与私人领域之间交叉和重合的第三领域[①],即准公共领域,又被称作第三部门、非政府组织（NGO）。公共领域的内容是公共和权威,而私人领域的内容是自由和平等,那么作为前两者之间的交叉和重合领域的社会组织就必然要同时具有一定的由公共和权威联结而成的公信力和由自由与平等联结而成的开放内涵。因此,社会组织赖以存在和发展的一个必要前提是若要不受国家（政府）的干预,一般都要接受国家合理的制度安排,自觉进入法治体系。只要国家与社会互动顺畅,社会组织就容易自我发育,这给国家与社会治理带来的好处主要有:真正意义上的多元社会治理;资源合理分配与利用;社会矛盾的化解（社会管理）;政府职能的转变;社会凝聚的黏合剂;公民自治能力的培养。这所导致的社会效果是:社会组织的自我发育在一定程度可以摆脱政社合一、行政化的发展困境。

康德说,"存在即合理"。这蕴含着当下存在的事物具有自身一定合理性的哲理。但是,这并不能推断出存在就必然合理的道理。社会组织是我国国家与社会互动的历史产物,它的出现和存在具有一定合理性,但仍然还有很大的发展问题。一般来看,社会组织发展大抵有两种基本途径:一是自我发育的社会途径,二是政府培育的国家途径。

从大历史来看,家国同构、一元不分的天下观对中国产生了根深蒂固的影响,原本泊自西方的国家社会观理论对我国社会造成了不容忽视的冲击作用,致使国家社会二元化分离时出现了迥异于西方的独特特征。因此,当代中国市民社会与政治国家关系的讨论,力图建构既符合市场经济要求又与中国社会主义原则相协调的现代社会结构,推进国家政治生活之理性化、民主化进程,实现在社会主义市场经济基础上的中国社会与国家的彼此制约、相互协调的耦合机制,确乎具有重大的理论意义和现实价值。[②]

首先,我国传统的家国同构的社会结构形态,却二者粗分的社会结构体受到西方文明强力冲击后,由于自身文明底蕴的深厚造成了东西社会结构并存的状况。通常,在西方文明影响历时最长的城市尤其大城市里,西方特征的社会结构明显;而在农村里传统社会特征突出,这对我国持续百年的社会体制改革提出了严峻的考验和挑战。

其次,正式体制下的一元结构与非正式体制下的二元结构之间产生了并轨性冲突。我国秉承中央集权的底蕴,历届政府都十分重视国家对经济的严密控制作业,结果给国

---

① 所谓"第三领域"恰如正文所描述那样,是一种处于国家与（第二）社会之间的交叉,重合即缓冲地带,它兼具了这样两大领域的共同特征,即公共的、权威的、法治的、自由的、平等的、民主的。用哈贝马斯的交互理论来解释第三领域,那就是公私领域之间的沟通与互动的展示结果。参见［德］哈贝马斯.在事实与规范之间[M].北京:三联书店,2003;第八章"市民社会与政治公共领域的作用".

② 刘旺洪.国家与社会:法哲学研究范式的批判与重建[J].法学研究.2002(6).

家与社会二元分离增添了许多阻力。然而,国家迫于变革图强的压力,又不得不对社会放松控制,以致社会经济快速发展带来的二元化结构趋势不可避免。那么,在国家与社会应当公私分明的时候国家社会体制的滞后性导致国家与社会不当的相互争利之冲突现象发生。

最后,我国二元社会结构并非内生自发的体制变迁,而是由外来的强力介入启动的,这造成了由于全国各地差异、变革阻力不一所带来的国家与社会分离程度不一的矛盾现状。令人遗憾的是自明朝以后,国家在内忧外患中居然失去了变革的自主性,也失去了宝贵的政治社会自发发展的绝佳机遇,造成了今日之被动情形,并给当下社会变革提出了严峻的难题。

（三）社会组织的规律

正是这种国家与社会之间二元互动不畅的困境给社会组织自我发育造成了阻碍,也基本否定了在中国社会组织从一开始就难以出现像西方那样的自我发育势头。所以,接下来还须再看政府培育的国家途径。政府培育是指政府主动依照自己所制定的法规、规章及政策对社会组织实施的各种推动与促进活动和措施。

政府培育社会组织的初衷在于对社会组织的建立与发展的监管与协调,政府对社会组织成长的扶助,通常采取的方式是法律、经济及行政手段。政府培育的方式有两层含义:一是社会组织发展的方式;二是政府催生社会组织的方式。社会组织发展的方式大致有两种,一种是从政府序列中简政释放出来的本来就承担一定的公共职能的半官方组织,另外一种是从民间自发成长和发展起来的草根组织。政府培育社会（组织）的主要方式一定是法律手段多于行政手段和经济手段的,即政府通过依法出台一些法规、章程来对社会组织的登记注册、建立运作、解散灭失进行直接管理。

政府对社会组织培育的作用表现为:第一,扶助。政府可以恰当地为社会组织提供各种政策、法规、资金、人事方面的配备资源支持。第二,保护。不少社会组织由于自身的公共性或非营利性,在发育期在社会中常处于难以承受大风险和大挫折的弱势地位,这时政府若通过其强大的能量为之提供一定的发育保护则无异于是雪中送炭。第三,调整。调整是政府对社会组织之间的利益纠纷关系所进行的一种协调与调序活动,确保社会组织发育能有一个和谐的秩序环境。在社会组织发育初期,政府给予一定适当扶助性质的培育对推动社会组织发育具有促进作用。

但是,政府的社会培育想法,从姿态上仍然是自上而下,恩赐心理严重,社会仍很难真正得到真正的发育。而且,政府长期的培育使得社会组织发展从各个方面对政府产生了依赖性。政府培育事实上具有主观性、统制性及单向性的特征。这导致两个方面的后果:

第一是社会组织的行政化问题。政府培育社会组织的初衷不能不排除政府"瘦身"运动之中的"甩汰包袱"的私心。中国要想一下子从"大政府、小社会"走向适度"政府和社会"恐怕一时半会儿还非常困难。政府利用社会组织来"兜收"精简下来的那些"冗余人员",结果社会组织仍然在难以去行政化的前提下像过去行政单位一样低效运作。政府要履行自身的"有限政府"的法定职责,不能把不该放弃的公共职能一股脑儿"减负"给社会。

第二是社会组织的腐败问题。社会组织在政府的庇护下享受充分社会治理的公共权力及占有相对富裕的社会资源,但是这些准官方组织对官方的组织运作方式产生了严重的路径依赖,官僚主义与腐败是其中的大弊端,最有典型代表意义的是中国红十字会问题①,关于"红十字会的善款流向"及"红十字会的资金运作"问题都成了世界性谜团。

从法治角度来看,政府培育社会组织的关键问题是"规范社会哪些领域"以及"怎么规范社会这些领域",这些都关系到一个在合法性之后的合理性与正当性预期问题。国家本身也是一个社会经济集团,需要从社会的母体中汲取养料(税收与民意)来维系自身的发展,如果国家与社会之间互动不顺畅,就会导致国家反过来侵食社会。这种情形在现实中表现为:政府包办社会的事务太多,社会容易萎靡不振,同时社会组织没有政府的适度引导,社会组织也无法发育起来。

社会组织发展的基本条件包括以下两方面内容:

一方面是功能的界定。社会组织的功能是由自身结构向社会反映出来的职能体系,用来体现该社会组织在社会中所应发挥的作用。其中,筹集经费与志愿服务是一切社会组织所共有的外在功能。然而,在现实中,社会组织只是被政府当作政权维系与秩序稳定的政治职能补充及替代。

在转型期,随着社会经济的快速发展,社会组织的发育成为我国社会主义初级阶段市场完善与社会进步的必然要求。社会组织一方面需要政府适度的扶助与培育,另一方面也需要社会的支持与信任。社会组织的自我发育却并不是政府职能转变的必然,这是因为社会组织与政府之间彼此不可替代的专属政治功能,使得二者之间必然会有一个符合社会发展规律的转变之路。

另一方面是环境的辨识。梁漱溟把团体(公共)生活的特征归纳为四点:公共观念、纪律习惯、组织能力、法治精神②,这对我们思考社会组织提供了很好的启示。一般来说,社会组织的发展需要一定适宜的生存环境,这种生存环境是由政府提供的制度产品、政策产品及社会、文化、历史氛围共同构成的要素系统(见表1-1)。

表1-1 社会组织生存环境

社会要素	公众的认可度、信任度、支持度
文化要素	公民的志愿服务文化,公共精神
历史要素	作为原始社会组织形态的行业发展的历史经验为当地社会组织发展留下了路径依赖

① 郭美美炫富事件导致网民质疑这个狂妄的女孩背后的红十字会老总的作风及经济问题以及红十字会本身的资金运作问题。中国不少此类由政府举办的社会组织有这样的资金运作不公开,不透明问题,这对社会组织的公信力产生了巨大的挑战。参见郭美美事件引发红十字会危机_资讯频道_凤凰网:http://news.ifeng.com/society/special/guomeimei/。

② 梁漱溟.中国文化要义[M].南京:学林出版社,1987:64.

对于社会组织发展而言，环境的辨识要求认识到两个要义：

第一层要义是，政府与社会组织就像人与由狼组成的生态系统，尽管人同情羊，想让羊更好地生存繁衍，基本行动策略并不是"将狼赶尽杀绝"，而应是在这个生态系统和谐相处的前提下任由狼与羊之间的"物竞天择"自然法则生效。政府若能意识到这一点，则社会组织才有望真正摆脱"萌而不芽"的困境。

第二层要义是，社会组织也正如人体一样，有一个自然成长、发育及成熟的发展过程，除了外在的空气、水及食物的供给之外，人是可以拥有强大的和顽强的生命力的。如果过分地"帮忙"，只会起到"揠苗助长"的反效果。社会组织亦如是。政府只需要在法律规范下进行监管并供给相应的政策、环境，社会组织就能较好地履行自己法定的义务和使命。

这说明政府的培育措施应该是其中的充分但非决定性的因素条件。一方面，我国公民社会发育缓慢，公众的公共精神尚未完全形成，这让社会组织发展缺乏必要的社会基础。另一方面，中国历史上的行业组织，虽也受到王朝政府的政治管理，但也不需要完全依附于王朝政府。

社会组织作为第三域对国家与社会具有制衡与调适作用。政府与社会组织之间是否界限明确，即公共领域与第三领域之间是否划分清晰，是政府培育本应妥善处理好的根本问题。政府在推动社会组织的过程中要正确与适当做到自身职能的回归与本质属性的恢复，确保政府、社会与社会组织之间能够在清晰与明确的权限范围与领域中互不干涉、并行不悖地有效运转。事实上，政府、社会与社会组织之间的关系确定才是思考突破当下发展困境的基本切入口。

第一个需要考虑的问题是社会组织与政府相对应的社会、市场领域之间的关系。从社会组织的内涵与特征来看，社会组织要同时承担政府交办的行政职能与社会自治管理的社会职能，所以它最大可能是处于政府与社会之间的交集部分，以作为二者之间职能沟通的桥梁，这样的好处是可以避免政府过度及刚性介入社会，防范二者之间不必要的矛盾与冲突。

第二个需要考虑的问题是社会组织之间的内部关系。可以明确的是，不同的社会组织在政府提供的制度环境（法律与政策）下进行规则性运作，其间必然存在竞争与合作的利益博弈过程，尽管不是所有的社会组织都如私人企业那样纯粹追求经济利润，但是这种情况事实上表明了公共与私人交集的准市场（Quasi-Market）[①]已经出现。这种准市场状况要求社会组织的发展应当具有一个适应的规则体系，正如市场经济运行的那样。

中国当前是转型期的传统与现代激烈碰撞，政府与社会努力对话，和谐与矛盾并存发展的一个历史阶段产物。政府适度培育是社会组织自我发育的前提要求，二者在形成辨证的关联。将培育与发育结合起来的折衷方式是适合中国国情的社会组织的发展

---

① 经济学上把市场认为是由利润驱动的经济要素，但是公共管理学由此引申出来的把那些半利润驱动或者公共责任驱动的社会要素认为是人们理念中的市场的东西。

规律。社会组织的发展规律包含如下内涵：

第一，差异性。中国的社会组织发展在不同的时间、区域、层次上具有巨大的差异性。在不同区域之中，社会组织发展与区域的经济发展程度具有正相关联系。在发展层次上，准官方组织远多于草根组织，这也决定了中国的第三域发展到了一个近乎畸形状态，过分靠近公共领域，而与私人领域的重叠过少。

第二，规律性。社会组织的自身发展具有如上所述的一个有机发展的自然规律，这至少是政府所必须尊重的。政府不能用"包办"与"庇护"代替社会组织的"独立"和"自主"，社会发展的目标是推动一个以健全、完善及独立运作的社会组织为基本特征的第三域出现。

第三，内生性。社会组织不是政府一手创造出来，而是在适应社会发展状况中产生及发展的。社会组织是一种在社会中内源自发生成的规律性发展事物，在一定程度上排斥政府的任意、非法干预。

这是一个社会组织的发展规律，应当受到承认与尊重。同时，政府在惯常的主导思维下采取了对社会组织以单向扶植为主要行为手段的长期培育所导致的政府失败与市场失灵的双重问题需要得到合理的解决。而且，现代社会结构都具有高度分化的特征①，无论是政府还是市场，抑或是社会组织必须在这个结构中发挥出应有的功能与作用，才能确保社会的正常与有序发展。

那么，政府适度培育是社会组织发展的外在因素，以政府责任的形式表现出来。而自我发育是社会组织的内生动力，这是对社会本质发展规律的一种适应。在社会组织发展过程中，强势的政府与弱势的社会之间存在一定的力量争长的互动过程，当然，这并不要表现为一种"此强彼弱"的二元绝对对立形态，而恰是一种"政府虽强，适可而止"和"社会即弱，适度增强"的阴阳调谐的动态平衡状态。

通过政府的适度培育来推动社会组织的自我发育，所需要实现的政治目标是：其一，政府作为当下的强者，不能单凭自身主观意愿及自我中心的惯性思维来进行"培育"，同时也不能对社会组织抱有一种怀疑和敌视的态度；其二，社会组织作为当下的弱者，逐步摆脱这种对政府的单向依赖关系，独立自主地承担起自身的社会公共使命；其三，政府与社会组织之间应该在一种宽松的政策环境中不断增进互信、互不干预，积极主动地履行好彼此的公共责任。既不能让政府"撂挑子"，把属于自己本职职能的公共领域都一股脑儿扔给社会，也不能让社会组织在缺乏政府引导和社会与公众自我觉醒的前提下随意发育。

因此，社会组织的发展是有条件的，需要理解政府与社会组织之间不是一种孤立的而是相互依赖的政治—经济联系，社会组织要有担当地面对政府与公众之间关系的处理。社会组织须逐步摆脱政府培育模式下所形成的单向依赖关系，努力承接和转移政府下放的各种社会服务职能，这需要一个政府通过长期的、有效的政策供给和法律规范的推进措施及手段来实现之。

---

① ［美］阿尔蒙德.比较政治学［M］.曹沛霖,郑世平,公婷,译.上海:上海译文出版社,1987:69.

单纯的政府培育和单纯的自我发育在中国的基本国情中难以找到相适应的发展条件,给当前社会组织的发展带来了困境。政府与社会之间是一个公私域的互动关系,社会组织作为其中的交叉部分,又可被认作为介于前二者的第三域,这必须遵循社会组织的独特发展规律。这个本质发展规律的基本内容是社会组织不是由政府单纯培育出来的,同时其也难以在完全脱离政府的政策支持与信任的前提下自我发育。所以,由政府适度培育来推动自我发育是社会组织的本质规律,也是我国走出一元板结的政治结构,同时建构一个多元互动、开放灵活社会治理体系的必经之途。眼下还迫切急需一种非政府的正式组织来填补其中的社会治理真空,这也给社会组织的发展带来了契机。可以设想如下对策与措施来实现:

首先,政府必须为社会组织发展依赖生存的准市场体系提供相适应的制度规则,使之纳入到法治化的发展轨道。这些制度规则包括适应社会组织发展的宽松准入机制与严厉监督机制,同时,将政府对社会组织的监管职能与社会组织的自我运作一并纳入法律的规范之下。

其次,应当鼓励公共精神在社会中的普及与推广,使得我国公民逐渐养成热心公益事业的行为习惯,为社会组织发展提供社会驱动。

再次,政府逐步放弃过去在社会领域中太多的"管不好"与"管不了"的行政职能,转变培育过程中的恩赐心态,养成依法行政与监督的政治思维,以全面建设法治政府来推动社会组织发展。

最后,政府在支持与监管社会组织发展的培育过程中可以积极争取民众的公共参与,从而提升公众对政府的信任感与对社会的希望感,把公众的生活从无休止的工作压力中解放出来并引到社会公益活动中来,最终在民众对生活的幸福感中培养对国家的认同感与忠诚度。

四、非营利组织

非营利组织是指不以营利为目的的组织,它的目标通常是支持或处理个人关心或者公众关注的议题或事件。非营利组织所涉及的领域非常广,包括艺术、慈善、教育、学术、环保等。它的运作并不是为了产生利益,这一点通常被视为这类组织的主要特性,同时具有非营利性、民间性、自治性、志愿性、非政治性、非宗教性等重要特征。

(一)非营利组织的定义

非营利组织指组织设立的目的不在于获取利润,且净盈余不得分配,由自愿人员组成的,实现自我管理的,具有独立、公共和民间性质的组织或团体。非营利组织是指在政府部门和以营利为目的的企业之外的一切志愿团体、社会组织或民间协会,是介于政府与营利性企业之间的"第三部门"。非营利组织有时亦称为第三部门(The Third Sector),与政府部门(第一部门)和企业界的私人部门(第二部门),形成三种影响社会的主要力量。非营利组织可以产生收益,以提供其活动的资金。但是,其收入和支出都是受到限制的。非营利组织因此往往由公、私部门捐赠来获得经费,而且经常是免税的状态。私人对非营利组织的捐款有时还可以扣税。

（二）非营利组织的特征

非营利组织的特征是：① 正式的组织。它必须有某种程度的制度化，得到国家法律的合法承认，具备法人资格。② 民间的组织。它必须与政府组织分开，它在基本结构上是民间组织，不能为政府控制。③ 非利益的分配。它不是专为组织本身生产利润，其聚集的利润将使用在机构的基本任务上，而不是分配给组织内的财源提供者。④ 自己治理。志愿性的团体。⑤ 公共利益的属性。非营利组织为公共目的服务，并提供公共活动所需的经费支持。

（三）非营利组织的作用

非营利组织的作用是：① 发展公共政策。非营利组织在直接参与社会事务的过程中能发现许多公共问题，并通过广泛的影响力来影响大众传媒以及政府的决策。② 监督市场。在政府无法充分发挥功能的领域，非营利组织可以扮演市场超然的监督者的角色。③ 监督政府。④ 直接提供公共服务。对于政府无法履行的公共服务和社会福利的职能，非营利组织可以弥补其不足。⑤ 维护良好的社会价值。⑥ 促进积极的公民精神和扩大社会参与。

（四）非营利组织的局限

非营利组织的局限既来自非营利组织的性质和公共服务的性质，也来源于自身的因素。非营利组织的民间性质使其不能提供一些公共服务，如涉及国家安全、公共安全、法律执行领域的公共服务不能由非营利组织提供。此外，由于非营利组织是民间组织，不是公权力机关，在涉及运用公权力的领域，其提供的服务的能力受到限制。

五、公共组织的主体关系

一般而言，公共组织的主体关系是实施公共服务供给的行动者范畴。依据国家与社会之间的互动，公共组织的主体关系大体可以分为三类，即国家/政府、社会、市场。这是由公共服务供给行动的基本特征决定的。虽然三者之间具有各自不同的行动能量，但是它们有彼此共通的行动目标，只要可以高效地供给公共服务，三类公共组织的主体关系便能够走到一起，共同合作，从而创造出各具特色的公共服务供给模式。实际上，第三部门的成长和发展不仅有利于缓解政府失败、市场失灵的风险，从而弥补当下公共服务中的缺陷，也意味着市民社会①的兴起，从而在现代政治发展中嵌入了直接民主的生成要素。如同多元主义者在批判福利国家危机时指出的那样，在强调营利部门使用者自费购买服务的同时，也应该重视直接由非营利部门、政府授权（Empowerment）的中介机构以及家庭为受益人提供的服务。② 其中，由非营利部门占主体的第三部门并不仅仅是现代社会治理和公共服务体系中的一个补充角色。它积极

---

① ［德］黑格尔.法哲学原理［M］.范杨，张企泰，译.北京：商务印书馆，1961：74.
② Sheilab，Kamerman，Alfred J. kahn. Privatization and the Welfare［M］. Princeton：Princeton University Press，1989：24－26.

参与基层治理、社区服务、自组织生产的过程。

在这种"公私"分离(Public-Private Separation,PPS)的二元化思维下,政府与私营部门处于对立和紧张的状态之中(见图1-1)。在实践过程中,私人部门参与供给公共服务的路径伴随着全球化而不断拓展,政府、市场、社会三者之间在供给过程中实际上已经呈现出合作共治的现象,市场和社会行动者不断摆脱政府的控制而成为独立行动者,并试图和政府形成合作。由此,虽然政府的主导作用仍不能忽视,但已经发生了重大改变,至少不能进行彻底垄断。此外,志愿服务和自我服务虽然已经崭露头角,但仍处于公私部门二元相分离的范畴之中。在水平分离模式下,三大公共组织的主体关系的关系是平等的,他们各自按照自己的意志与利益偏好进行自主决定公共服务的供给活动。

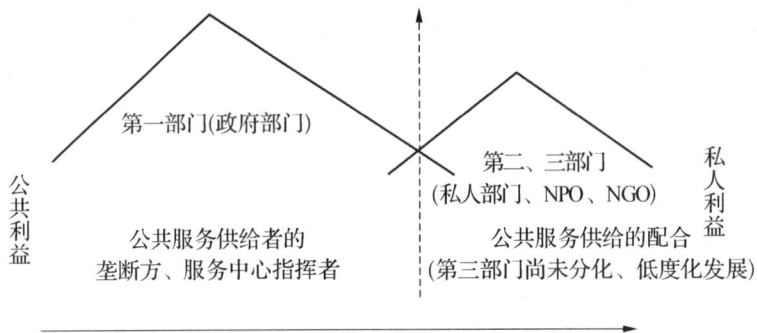

图1-1 公私部门供给公共服务的分离形态

第三节 公共组织的管理

在官僚(科层)制理论中,最关键的问题是层级与幅度的设置,它关系到作为官僚制灵魂的行政权力配置问题。官僚制的层级与幅度的设置是实现公共管理效率与质量的保障基础。《布莱克维尔政治制度百科全书》中有关于"官僚/官僚制(Bureaucracy)"的词条[①]:这是一个与君主统治、民主统治及贵族统治相区别的官员统治形式,以及官员的集合体系(官僚体系)及其运作机制。哈佛大学行政管理学院教科书也曾为"官僚制"作如下的定义:一种权力依职能和职位进行分工和分层,以规则为管理主体的组织体系和管理方式,也就是说,它既是一种组织结构,又是一种管理方式。"由于官僚制的理性形式、不透明、组织僵化以及等级制的特性,使得它不可避免地会与民主制发生冲突"。[②]

一、公共组织的组织结构

组织结构(Organizational Structure)是指对于工作任务如何进行分工、分组与协调

---

① [英]韦农·博格丹诺.布莱克维尔政治制度百科全书[M].北京:中国政法大学出版社,2011:67.
② [澳]欧文·E.休斯.公共管理导论[M].北京:中国人民大学出版社,2001:47.

合作。组织结构是表明组织各部分排列顺序、空间位置、聚散状态、联系方式以及各要素之间相互关系的一种模式,是整个管理系统的"框架"。组织结构是组织的全体成员为实现组织目标,在管理工作中进行分工协作,在职务范围、责任、权利方面所形成的结构体系。组织结构是组织在职、责、权方面的动态结构体系,其本质是为实现组织战略目标而采取的一种分工协作体系。组织结构必须随着组织的重大战略调整而调整。

组织结构一般分为:职能结构、层次结构、部门结构、职权结构四个方面。① 职能结构,指实现组织目标所需的各项业务工作以及比例和关系。其考量维度包括职能交叉(重叠)、职能冗余、职能缺失、职能割裂(或衔接不足)、职能分散、职能分工过细、职能错位、职能弱化等方面。② 层次结构,指管理层次的构成及管理者所管理的人数(纵向结构)。其考量维度包括管理人员分管职能的相似性、管理幅度、授权范围、决策复杂性、指导与控制的工作量、下属专业分工的相近性。③ 部门结构,指各管理部门的构成(横向结构)。其考量维度主要是一些关键部门是否缺失或优化。从组织总体型态,各部门一、二级结构进行分析。④ 职权结构,指各层次、各部门在权力和责任方面的分工及相互关系。主要考量部门、岗位之间权责关系是否对等。

公共组织的组织结构主要分为:① 直线制。直线制是一种最早也是最简单的组织形式。② 职能制。职能制组织结构,是各级行政单位除主管负责人外,还相应地设立一些职能机构。③ 直线职能制。直线职能制,也叫生产区域制,或直线参谋制。④ 事业部制。事业部制最早是由美国通用汽车公司总裁斯隆于1924年提出的,故有"斯隆模型"之称,也叫"联邦分权化",是一种高度(层)集权下的分权管理体制。它适用于规模庞大、品种繁多、技术复杂的大型企业,是国外较大的联合公司所采用的一种组织形式。近几年,中国一些大型企业集团或公司也引进了这种组织结构形式。⑤ 模拟分权制。这是一种介于直线职能制和事业部制之间的结构形式。模拟分权制的优点除了调动各生产单位的积极性外,就是解决企业规模过大不易管理的问题。高层管理人员将部分权力分给生产单位,减少了自己的行政事务,从而把精力集中到战略问题上来。其缺点是,不易为模拟的生产单位明确任务,造成考核上的困难;各生产单位领导人不易了解企业的全貌,在信息沟通和决策权力方面也存在着明显的缺陷。⑥ 矩阵制。在组织结构上,把既有按职能划分的垂直领导系统,又有按产品(项目)划分的横向领导关系的结构,称为矩阵组织结构。

二、公共组织的层级幅度定律

公共部门的政府一般有特定的纵向区域原则与横向的工作原则两个原则,所以就有了行政区划制度与行政等级制度,体现了官僚制的基本内涵与主旨精神。官僚制中的各类管理与事务岗位还存在异于纵向等级制的横向划分形态,即专业分工,这样可以被认为是可以取得泰勒所说的科学管理的高效状态,它包括公私分开、专业化及专职化等基本内容。然而,官僚机构极易背叛公共责任,实际上蜕变为不负责任的政府治理。[①]

从理论上看,行政组织的上级与下级和每一层级的相对应部门之间都存在着领导与被领导的关系,这就是行政组织的纵向结构,主要由管理层级和管理幅度组成。行政管理层级是指纵向上行政管理机构上下级之间的层级数量,而行政管理幅度则是指行政管理机构在机构的管理权限内所能支配的人员和部门数量。判断管理幅度与管理层次合理与否,在于管理幅度和管理层次是否与管理活动的展开所处背景相适应。如果管理的幅度与层次是相称的,那么在管理的过程中,效率将会得到提高;反之,效率则会降低。而且,如果假定国家组织权力总量恒定以及一国行政机构的总数恒定,那么就可以推导出该国行政管理体制所应设置的合理幅度和合理层级之间存在着反比例关系,二者此消彼长。并且,这个理论适用一切新的和旧的行政机关、机构。

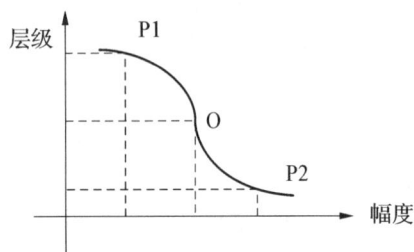

图 1-2 层级与幅度的关系

如图 1-2 所示,P1 意味着层级越多时幅度越少,O 是合理的临界点,P2 则意味着层级越少时幅度越多。在行政机构的制度设计过程中,这种建构活动但凡幻想寻找到幅度与层级之间合理的临界点 O,而事实上大多只能在临界点 O 点的附近徘徊。我们还知道行政管理的"瓦格纳定律"——行政权力的不断膨胀,行政机构也随之膨胀,这说明只要稍对行政权力不加以约束和控制,就会导致行政权力的滥用,在行政机构上则表现为日益臃肿的官僚机器宿疾。寻找合理的临界点 O 是不容易的,因为须认识到行政管理中幅度与层级之间并不是绝对的反比例关系,其间存在着各种前提条件(在理论上表现为前提假设),比如,一国的行政(政治)权力集中是恒定的,法治政府是在建设当中的,行政管理体制是健全的,等等。

三、公共组织的管理职能

一般地,组织的管理职能可分为计划、组织、人事、领导、监督五项基本能力,由此公共管理职能则是指公共组织在履行公共责任,实现公共目标,向社会提供公共物品和服务的过程中所体现出来的功效与作用。具体来看:

第一,公共管理职能与公共管理目的相联系。在公共管理过程中,公共管理目的具体表现为公共管理目标与公共组织动机的统一。公共管理目的从价值形态上表明了公共组织存在的必要性。公共管理目的引导着公共管理职能,即为了实现公共管理目的而相应设定公共管理职能。

第二,公共管理职能的实施者是整个公共组织系统,包括政府组织与非政府公共组织及其所属工作人员。

---

① Lewis C.Mainzer. Political Bureaucracy[M]. Illinois:Scott,Foresman and Company:1972. EUGENE P. Dvorin,Robert H.Simmons. From Amroal to Humane Bureaucracy[M]. SanFrancisco:Canfield Press,1966. Bruce L.R. Smith D. C. Hague. The Dilemma of Accountability in Modern Government[M]. New York:St. Martin's Press,1967.

第三，公共管理职能的内容涉及整个社会公共事务,诸如外交、国防、公安、文化、教育、科技、卫生、交通、能源、信息、资源等。它们构成了公共管理的工作范围。同时,公共管理职能还涉及公共组织为完成上述任务而对自身机构所进行的管理活动。

第四,公共管理职能行使的依据是宪法和法律赋予公共管理主体的权力。为完成公共管理任务,实现公共管理目标,国家必然要赋予公共管理主体一定的权力,公共管理正是通过运用这些权力来实现其职能的。

第五,公共管理职能是一个完整的体系。从静态方面来看,公共管理职能由多要素构成,各要素纵横交错,形成了严密的结构;从动态方面来看,整个职能体系的运行环环相扣,既相互作用又相互制约。因此,对公共管理职能进行分类考察,从整体上予以把握,正确处理好职能系统内部各部分的关系,以及系统与外在环境的相互关系,有利于促进公共管理职能体系的科学化。

公共管理职能体系是一个相互交错着的多层次、多元化的结构体系。从总体上来看,一切管理组织的职能都可在同一层面上分为两大系统:一是以管理的内容为目标的任务系统,一是以管理的过程为对象的程序系统,主要包括:① 服务职能。公共管理职能具有"服务性"的特征,这种服务与私人管理的"服务"有着本质的区别。公共管理的服务职能,是公共管理活动的根本,从公共组织的活动中明显地表现出来。② 经济职能。对公共经济事务的管理是公共管理的主要内容之一,因此,经济职能便成了公共管理的重要职能。政府的经济职能主要有:提供社会公共产品、保护共有资源和环境、建立和保持市场竞争制度、调节经济运行过程、收入再分配。③ 政策与法律职能。政策与法律从本质上来说具有相同的性质,它们都是以统治阶级的组织权力为基础,取决并服务于组织权力的要求,实现维护、巩固阶级统治的目的。现代公共管理要实现民主化、科学化、法制化的管理,离不开公共政策的指导作用,离不开法律的规范作用。因而,无论政府组织还是非政府组织,都具有政策与法律职能,虽然在发挥具体作用上有一定差异。④ 社会保障职能。社会保障,从经济学和社会学的角度来理解,一般是指国家和社会通过对国民收入进行再分配,形成社会消费基金,对由于各种原因而出现生存困难的社会成员给予物质上的帮助,以保证其基本生活的一种制度。基于国家管理与社会管理的角度,广义地来看,即将社会保障理解为包括物质帮助在内的,为满足人们的需要,对经济的发展和社会的进步起保护、保证作用的措施、制度、事业。

第四节　公共组织的关系

公共组织的关系是指公共组织为改善与社会公众的关系,促进公众对公共组织的认识、理解及支持,达到树立良好组织形象、促进公共服务供给的目的的一系列公共活动。它本意是社会组织、集体或个人必须与其周围的各种内部、外部建立良好的关系。它是一种状态,任何一个公共组织都处于某种公共组织的关系状态之中。公共组织的关系具体可分为以下几个情形。

一、府际关系

Denhardt & Grubbs 认为府际关系是指"为了发展及执行公共计划所包含的政府各层级间所有复杂而相互依赖的关系"。Shafritz & Russell 则认为"府际关系本质上是指不同层级政府为共同地区提供服务与管理之交互关系的政策与机制"。中国台湾学者陈德禹则认为"从中央到地方,形成若干级政府(责任地位不同),而各级政府彼此间之互动及关系,即所谓府际关系"。有学者认为政府间的关系,"即所有拥有不同程度权威和管辖自治权的政府部门之间建立的一系列金融、法律、政治和行政关系。"①还有学者认为府际关系是指"政府之间的关系,它包括中央政府和地方政府之间,地方政府之间,政府部门之间,各地区政府之间的关系。"②

(一)府际关系的定义

府际关系(Intergovernmental Relations)一词最早起源于 20 世纪 30 年代的美国,随着对"府际"一词的深入研究,学者将这种在政府之间产生的新型互动行为称为"府际关系"。尽管国内外学者对府际关系的界定还存在分歧,但对于府际关系的核心主体——"政府"已基本达成共识,一般指负责执行法律的各级行政机关,从小到大可以分为四类:第一类,指不同层级政府之间的垂直关系。第二类,指中央政府与各级地方政府之间纵横交错的网络关系。既包括纵向的中央政府与地方政府、各级地方政府之间的关系,也包括同级地方政府之间以及不存在行政隶属关系的非同级地方政府之间的关系。第三类,既包括各级政府之间的纵横交错关系,也包括政府部门之间的关系(即通常所说的条块关系③)。第四类,在更广泛的意义上,不仅指涉国内政府间的关系,而且包括国际间各级政府之间的关系。

综上所述,我们可将府际关系理解为政府间关系,既指国内不同层级政府之间以及政府部门之间的权力分工关系,也指国际间各级政府之间的交往合作关系(包括不同政府间的横向和纵向关系)。简单而言,府际关系实际上是指政府间的权力配置和利益分配的关系。

早在 1960 年的时候美国人威廉·安德森给"府际关系"下过一个比较正式的定义:"美国联邦制度中各类和各级政府单位机构的一系列重要活动,以及它们之间相互作用。"④林尚立曾将府际关系区分为静态的法律关系及制度关系,以及动态的具体政策关系、人际关系与行政调控团系。⑤谢庆奎认为,府际关系是指"政府之间在垂直和水平上的纵横交错的关系以及不同地区政府之间的关系。它所关注的是管理幅度、管理

① [美]尼古拉斯·亨利.公共行政学[M].项龙,译.北京:华夏出版社,2002:46.
② 谢庆奎.中国政府的府际关系研究[J].北京大学学报,2000(1).
③ "块块"一般是指各个层级的地方政府,"条条"则指从中央延续到基层的各层级政府中职能相似或业务内容相同的职能部门。参见周振超.当代中国政府"条块关系"研究[M].天津:天津人民出版社,2009:2.
④ W.Anderson. Intergovernmental Relations in Review[M].Minneapolis:University of Minnesota Press,1961:19.
⑤ 林尚立.国内政府间关系[M].杭州:浙江人民出版社,1998:68.

权力、管理收益的问题。[①]　因此,府际关系实际上是政府之间的权力配置和利益分配的关系。"中国台湾学者江大树则认为,府际关系除了包括大陆学者的上述内容之外,还应当包括广义上的政府与市场、公民社会之间的政治联系。[②]　那么,这里的府际关系则是指各级政府之间纵横交错,构成网络形状的各种权力、财政、部门、隶属、平行等关系的总和。府际关系对于国家治理的功能和重要性也起到了至关重要的作用,具体表现在以下三个方面:宪政结构安排(宪政层面)、区域功能分工(行政层面)以及政策的制定与执行(管理层面)。因此,"府际关系"作为政治学中的重要理论,对建设中国特色社会主义法治国家起着举重若轻的作用。

（二）府际关系的困境

第一,府际关系中多元政府主体的网络关系错乱。蔡英辉、刘晶学者认为,各级政府及政府部门之间多元主体相互作用的网络关系错乱,中央政府及多元地方政府和政府部门等行政主体参与过多以至于关系混杂。以关保英学者为代表的行政法学派认为,行政推诿与行政职权的行使有着天然的联系,由于行政职权具有的不确定性、行使上的时间差和空间差是导致行政推诿现象的直接原因,而消极的行政意识、不完全的行政职权划分体系、行政系统自利的法文化、行政程序法缺位等原因是导致行政推诿现象产生的深层次原因。所以关保英学者认为,解决这类瑕疵行政行为首先应以宪法精神统摄行政法治,其次以体制行政法完善职权归属,最后建立行政程序法规范执法模式。

府际关系决定了各级政府之间竞争与合作网络形态,它是法治化困境问题的一个根源。府际关系,也称为政府间关系,它是指政府行政序列中各个级别政府之间所构成的纵向、横向以及网络关系。关于"府际关系"一词的理解,学界有不同的看法。有的认为是"不同级别政府之间关系,如省级政府与市县政府及同级别政府之间关系,其中央地关系则是不经常放在一起探讨的特殊府际关系",或者还有人认为"府际关系应当还包括政府内部机关之间的关系,如苏州市公安局与上海市公安局之间的警务合作关系,则是这种类型"。当然,在学界虽然对府际关系的看法众说纷纭,但是至少有一个共识:府际关系一定是行政序列中的不同级别行政机关之间的政治联系,并不包括政府(行政)与人大(立法)及检院法院(司法)之间的政治联系。无疑,作为包含不同级别政府及其内部组成机关政治利益的府际关系若要有效捋清与通顺,也需要通过法治化建设来得到实现。从政府性的本质上来看,府际关系与党政关系、央地关系一样,都是一种关于政府的利益关系呈现,包括了各种合作与竞争的利益形态(见图1-3)。

第二,府际关系中的政府公共利益发生错位。以张紧跟学者为代表的公共行政学派认为,正是地方政府行为与地区公共利益之间的错位、地方政府及其主要官员利益最大化的追求,才导致了实践中地方政府间关系的不协调,因而不能忽视地方政府所追求

---

① 谢庆奎.中国政府的府际关系研究[J].北京大学学报,2000(1).
② 请参见江大树.府际关系理论[M].台北:暨南大学中心,2001.江大树,廖俊松.府际关系与震灾重建[M].台北:元照出版有限公司,1999.赵永茂,朱光磊,江大树.府际关系——新兴研究议题与治理策略(初版)[M].北京:社科文献出版社,2012.

的利益与地区公共利益乃至区域整体利益之间的巨大落差。所以应以"规范地方政府间的竞争,促进地方政府间的合作"作为解决行政推诿现象的主要途径。地方上下级政府之间存在一种利益博弈的府际联系,而这种利益博弈也没有置于法治制约的框架内。在计划时代,单一的命令服从关系是不可能让上下级政府之间有讨价还价的余地,但是,市场时代下级政府如果对上级政府的命令感到不满意,它可以"消极怠工"以表示抗议,或者真的就爆发对上级政府的抗争。最近的例子就是在江苏启东事件中,隶属南通地区的启东政府就不满南通政府在自家门口给日本王子企业修造排污工程,所以引发了令作为顶头上司的江苏省政府震惊的启东群众事件。启东政府很聪明,它并不直接抗议作为上级的南通政府,而是去鼓动当地的民众来抗争。

图1-3 府际关系复杂网络形态

第三,府际关系中存在法律问题与政治问题的纠纷。大部分学者在研究问题时经常将政治问题与法律问题进行区别对待,因而致使本来应相辅相成又互相独立的两个领域完全割裂开来,导致有些看似完美的理论在实践中并不能发挥最大的效用。因而,解决政府与政府之间矛盾冲突的焦点在于,兼具政府内部的力量,也要关注司法机关对政府监督的力量。地方平级政府之间出现了区域矛盾无法有效提请共同的上级进行行政裁决或者到法院提请行政诉讼,法治如果不能调整这些府际关系,也就不符合权力制约的要义。继20世纪90年代以来,我国引入西方的行政诉讼模式,煞是让民众过了一把"民告官"的官司瘾,尽管诉讼结果并不总是那么理想;其实,行政诉讼只要求被告是一个"违法乱纪"的政府就可以,至于原告是谁法律并不做特别要求。然而,就算我国的公法观念不是很发达的情形下,有些政府一旦发觉自己受到周边区域政府的利益侵犯,它还是会很理性地采取法律途径来寻求解决。在2008年的时候,江西彭泽好不容易取得国务院在本地的核电站项目,但是该项目的争议非常大,与其只有一江之隔的安徽望江就十分不满,"官司"一直打到了国务院。可是正当国务院无法抉择的时候,日本的福岛核泄漏事故爆发,由是该项目无须再争论便自动中止。可惜,这种法治协调方式仍然还未成为政府之间解决矛盾的正式途径。

第四,府际关系会带来职权推诿的问题。在实践中,职权推诿现象主要体现在两个方面。一方面是上级政府与下级政府之间的推诿,另一方面则是同级政府间部门与部门之间的推诿。相较于解决部门与部门之间的推诿,解决上下级之间的推诿难度将会更大。其原因在于,两个同级部门之间在地位上相对平等且同时受同级政府的领导,因此同级政府进行的裁决就可以兼具公平与效率。而上级对下级多为监督关系,两者间的地位并不平等,所以解决上下级推诿会更有困难。广义的职权划分不仅是政治问题也是法律问题,从上述政府职能推诿的现象就已经说明,政府已经无法单单依靠内部力量自行解决职能划分的问题,因而在方法穷尽的情况下,更有效的方法就是介入处于中立地位的第三方进行裁决,而司法机关无论是在地位上还是专业方面同时兼顾了公平与效率这两个特点。不同级别的政府可以通过采取发展协商的方式来解决共同关心的区域性问题,然而,这样的协商方式仍有待法治的规范。这种区域性问题既是环保类的治理污水废气活动,也可以是发展类的区域经济一体化议程。不同级别的政府可以采取协商方式,在目前来看主要有地方领导人论坛、高级别行政协调组织设立、政府备忘录等。其实,若要使得这些跨区域的公共问题得到有效解决,关键还是这个府际关系中交叉事务中的权力空白问题。比如,太湖流域治理,凡是辖域有太湖水域的政府都要加入这个流域治理队伍,但是对于整个太湖而言,它又缺乏相应完整与独立的治理主体。我们不可能指望让若干分管太湖段的政府来共享权力,因为这其中连起码的治理责任方面分配就很容易出现问题。

除了上面所说的央地关系是一种特殊的府际关系之外,我们这里要讨论的府际关系一般是指省级及以下级别的地方政府在当今市场经济条件下的竞争与合作关系。一般学界都认为,在计划经济时代,政府之间只有纵向的命令服从关系,而缺乏横向的竞争合作关系;在计划向市场转变的过程中,渐进式改革模式使得社会中存在计划与市场双轨并行的现象,各级政府之间也开始有了竞争与合作的动机与欲望。从初期的"地方保护主义"式的恶性竞争已逐步转化到现在的"地方合作主义"的良性竞争。很多地方的市场虽然与原来的计划模式不同,可是市场统一却是时代发展的要求。"地方诸侯割据"不但不利于市场建设,也不利于法治建设。由于政府自利性的存在,上述的一些情况在各个地区有不同程度的非法治化表现。

(三)府际关系的出路

府际关系在市场经济不断深化发展的今天,出现了许多类网络化的变化,它决定了政府之间的治理行动的转变趋势。在法治的视野中来看,这个府际关系的调适实质就是个规范问题,也就是要让行政序列中的各个级别政府在彼此的交往过程有法可依,使得它们能够理性地做出规则化公共行动来。所以,府际关系若得不到很好的规范性调适,那么困扰中国多年的法治化困境难题将难以解开。府际管理(政府间关系)机制建设是改变传统政府之间及政府与民众之间关系的全新思维模式,它不仅积极倡导各级政府之间的治理信息共享,还特别关注引入民间力量对政府治理的补充作用。最终,这种崭新的府际管理模式使得政府管理真正适应了转型期各级政府之间的网络形态,克服了传统官僚制的许多制度弊端,使得行政管理体制(科层制)从传统的以权力为中心的等级制与层级控制的以法治理转变成为崭新的以法律为中心的多元复合关系形态与民主控制的法治化状态。为此,府际管理变革措施主要有:

第一,建立多元的利益协商及补偿机制。政府之间的合作基础在于公共利益,由此围绕着公共利益建构起来的协商与补偿机制可以减少各级政府主体之间的利益纠纷与排除它们各自"政府自利性"所带来的趋利隐患(地方保护主义、部门利益化等)。这种利益协商及补偿机制是一种恰当的利益兼容模式,它主要是解决各级政府之间的权力、财政及人事关系,并有效扫除府际关系不调所带来的利益混争现象。政府之间的利益协商机制主要包括一系列制度化的政府沟通、谈判及协商的方式与办法,确保各级政府能依靠有效的领导人会议、政府备忘录及跨区域和多机关的政府联合执法等形式实现彼此的公共治理合作。另外,政府之间的利益补偿机制实质上是一种治理纠错措施,以保障治理过程中由于各种原因导致的利益损失都能通过共同认可的方式得到解决,这种方式可以是高级别的上级政府的权威行政裁决,也可以是对当前司法领域中行政诉讼的强化。

第二,打造政府间的合作机制。这种政府间的合作机制是政府间实现府际管理的关键制度措施,规范了政府间进行公共治理合作的基本行为方式,使得各级政府在进行合作治理时可以有法可依、有法必依。而且,政府间的合作机制正是以上面的利益协商机制为基础,以利益补偿机制为保障。政府间的合作机制更主要的是将政府间横向关系将顺清楚,让行政管理权限相当的不同政府之间存在一个权责平衡的法治体系。在当前省域行政区划尚未调整的情形下(基本保持了元朝建立的,历经明清时期固定下的行省制度),一些资源禀赋与风俗习惯原本近似的地区未能有效地整合在一起,导致了区域发展的资源集中效应不强与经济发展产业同构及基础设施重复建设等弊端。比如,原本同属于江南地区的江浙皖赣四省区域(大部分非全部省域)由于不在统一的高级地方政府主管之下才出现了各自有各自的发展模式。

第三,组建政府间互信平台。政府间互信是它们展开沟通与合作的基本前提,也是政府间进行府际合作的根本保障。这种政府间互信机制就是要有效地扫除传统的科层制所带来等级行政化的各种弊端,使得各个区域真正能在全国范围内进行经济政治一体化,最终在统一的市场体系下加速推进政府法治化进程。其实,政府间的信任由于政府信用从民众对之的信任而来,因此最终体现为政府与民众之间的相互信任。这种政府间互信平台就是要致力于建构一个我们前面所说的新型协调通畅的府际关系,促进各级政府之间的平等协商与对话。

二、政府与市场、社会之间的关系

总体来看,政府是社会和市场进步的助推器;社会是政府和市场动力的来源;市场是社会的反映,是政府服务的对象。政府、社会、市场是相互体现、彼此影响、互为载体的关系。十八届三中全会通过的《中共中央关于全面深化改革若干重大问题的决定》指出,在资源配置方面,应该是市场起决定性作用。也就是说,国家、政府应该居于次要的地位。从这个角度来看,应该说,市场代表着私权,而政府代表的是公权。私权和公权的问题,实际上就是一个权利和权力之间的关系。

（一）政府与市场的关系、政府与社会的关系

政府与市场的关系:政府职能必须要与市场经济体制要求相适应,转变政府职能,这是社会主义市场经济的要求;政府可以纠正市场的固有缺陷;政府的作用是超越市场、引导市场。此外,政府对企业还负有相当的责任:建立社会保障制度,为企业解除沉

重的社会负担;为企业创造良好的外部竞争环境;为企业提供充足的人才和信息。

政府与社会的关系:政府"掌舵",社会"划桨";社会组织承接政府职能,承揽政府购买公共服务。在处理政、社关系方面,政府的正确定位是:构建公共服务型政府。公共服务型政府是指按照公众的意愿和偏好提供公共物品和服务,以回应公民和社会的需要为政府职能定位,建设法治、有效、透明、负责和公正的政府,其根本的目标是公众满意。因此,公共服务型政府既不是简单地强调服务态度的转变,即所谓"微笑服务",也不仅仅是把政府的职能转变为以提供公共服务为主,而是强调这种对公共服务的提供是按照公民的意愿提供的,追求的根本目标是公民满意。

总之,建设服务型政府、建立政府与社会的合作机制,关键是要发挥非政府组织的作用,形成政府与非政府组织的合作伙伴关系。非政府组织可以在教育、扶贫、妇女儿童保护、环保、公共服务提供以及人口控制等领域发挥重要作用。随着现代化进程的进一步发展和社会的进一步成熟,社会的自主管理能力将不断扩大,而国家和政府的管理职能将逐步缩小,政府与社会的关系将进一步调整,其历史趋势将是"小政府、大社会"。

(二)政府与市场、社会的关系分析

基于政府的视阈下,政府可以有三种利益博弈策略,即与市场结盟,与社会、公民结盟,置身于市场、社会(公民)之外。如果政府与市场(房地产商)结盟,就会造成政府的商业化运营模式,譬如当下地方政府的卖地模式,一切向钱看齐,尽管在一定程度上推动了社会经济的发展,却也同时在民生社会领域埋下了贫富差距的"定时炸弹"。如果政府与社会(公民)结盟,就会时常把理论上的公平正义挂在嘴边,以理想的目标去规制现实中的市场运作,也容易对本应由经济规律发挥作用的市场运转产生各种负面影响。如果政府采取放任自流的策略,只是充当社会秩序稳定的"看门人",就无法避免市场失灵和社会失灵带来的各种困境,最后在民意那里收到各种不负责的责备。

政府、市场、社会(公民)各自具有自身的一定优势和劣势,通常也会形成优势互补的态势,这也是理论上对三者辩证划分的依据所在。政府的公共权力是解决集体行动困境的重要法宝,但是无法摆脱公权滥用和腐败的困境。市场是一切经济要素自由配置的重要平台,确保经济效率最大化的阵地,但是难以克服信息不对称所带来的市场失灵困境。社会之中存在着公益,却受到形态相似但本质不同的众意干扰,导致了邻里困境(即公民的集体行动难以自发形成)。这意味着政府、市场、社会(公民)的各自优势正好可以解决彼此的劣势,只是必须给定一个前提:三者之间存在着彼此密切的合作关系。所以,在三者关系视阈中,例如,房地产政府调控就出现了土地资本的商业(市场)化模式、公共服务(民生)导向型模式、放任自流模式。数百年来的经济学和政治学理论已经表明纯粹的放任自流模式("看门人""守夜人")已经难以适应当今时代日益复杂化的政府行政需要。

政府与社会之间的互动构成了政府的社会关系结构,成为政府行政制度运行的基本环境。政、社关系是一种广义上的政府(国家)与社会之间的各种政治、经济、文化联系,主要包括政民、政企、政市等社会利益关系,同时,政、社关系也是以政府自身为观察对象的外部政治关系,本质上反映着国家与社会之间的互动联系。政府与社会之间是国家与社会互动本质的关系表现。社会(公众)的基本体现在于遵守由公意凝结而成的现行法律,在一个法治社会中,除了立法源头必须公正之外,民众所考虑的不再是"为什么要遵守法律"(法律既已制定,应当视为良法),而应是以自身公共行动"怎样遵守法律与配合政府执法"。如此,政府与社会之间才能保持良序互动,确保社会利益表达及诉求秩序的稳定与和谐,法治的政府才会接受守法的公民的监督和限权。也就是说,国(政)社关系顺畅才能推动法治化进程的加速,通俗而言就是官民上下同心才能建设法治社会。

(三) 政府与市场、社会的关系出路

要解决好政府和市场、社会的关系,应该说这次三中全会的决议里面,特别谈到了我们的资源配置的方面,应该是市场起决定性的作用。那么,市场起决定性的作用,也就是国家、政府应该居于一个次要的地位,社会则发挥一种补充性作用,并且对三者之间的关键平衡起到至关重要的影响。在我们国家怎么解决好市场和政府之间的关系?真正想把市场经济放在一个决定性的作用,在这种情况下,应该大大来发扬契约精神。

有这么一句谚语:属于神来管的,由神来管;属于人间来管的,由人间来管。如果把这句话套用在政府和市场的关系里面,我们也可以说属于政府的由政府来管,属于市场的由市场来管,这个是市场经济的至高无上的原则。如果不遵守这个原则,政府伸手管得过多,资源分配、价格确定,这样的一切东西都由政府来插手,那么我们实际上就是一种管制经济,并不是一个真正的市场经济。

政府应该是个有限政府,这个有限在政府的作用里面体现为两个方面。一个就是政府要起到宏观的作用,宏观调控保证市场的秩序安全进行。第二个非常重要的就是在市场的秩序公平的交易这方面,还应该起到它应有的作用。在这个问题上,市场经济的法制应该包含两个方面,一个方面就是市场自由的法制,第二个方面是市场秩序的法制,这两个东西结合起来可以构成市场法制。或者要把市场经济变成法制经济,关键就在这两个,一个是自由的法制、一个秩序的法制。在这两个问题方面,过去的政府,包括各级的地方政府有一个错误的做法,就是各级政府过多地关心市场自由的法制。或者说关系到市场的自由这个机制,也就是刚才讲的资源分配、价格定制。像这些都是由各级政府来管,为什么? 因为这里面有利益关系。包括市场准入也是这样,市场准入对于政府也有利害关系,因为"我"有一个批准权,"我"就可以控制你,我就可以拿到费用、利益。而对于市场秩序的法律却恰恰不太关心,按道理来说市场自由应该由市场来管,而市场的秩序应该是政府来管。政府本身的权力,它具有强制性的规范,它有控制市场安全的责任,只有在这个方面,它应该完全发挥自己的作用,但是实际上政府往往对于市场秩序放之不管,而更多去管市场自由的一些东西。这就是有些本末倒置了,没有抓到自己应该管的这个领域。

处理好政府和社会的关系,很关键的一个问题就是:政府想有的是公权力,那么社会想的是什么呢? 什么是社会的职能呢? 社会就是自治的职能,社会自治就意味着社会不仅有权力,而且也有权利,也就是给予社会的既有某种意义上的公权利,也有一些自主的权利。那么这就有一个关键的问题:到底社会享有哪些权利呢? 这次三中全会的决议里面有一句话,创新社会治理的机制,这里面谈到过,正确处理政府和社会的关系,加快实施政企分开、政社分开,就是政府和社会分开,推进社会组织明确权责,依法自治发挥作用。这里面谈到了社会的作用:第一是明确政府和社会的分工,第二是明确社会的自治的界限,它的自治的范围是哪些。

第五节 公共组织的环境

公共组织的环境是一个复杂的概念,目前国内外还没有一个公认的定义。一般认为,公共组织的环境就是政府管理的环境,是指围绕行政活动和行政现象这一主体的外部境况,是各种直接地或间接地作用和影响行政活动的客观因素的总和,主要包括两个方面:一是指行政活动和行政现象的所有外部因素;二是指行政活动内部系统的相关因素。公共组织的环境是指直接或间接影响,作用于行政系统的各种因素的总和,而影响行政系统运行的因素包括两大部分,一是行政系统之外的环境,如政治、经济、社会、法律、文化、教育、科技、人口、资源、自然环境等;二是行政系统内部环境,如行政体制、职能、领导者、人际氛围等。在此,我们着重阐明行政系统与外部环境间的相互影响关系。随着行政学研究的深入发展,对公共组织的环境与行政系统相互作用的研究已发展成为一门学科——行政生态学。它把行政系统视为生物有机体,把公共组织的环境看作生态环境,借助生态学的有关理论来研究行政问题,给人们提供了许多重要启示。一般公共组织的环境是指公共行政的宏观环境,不仅指一个国家的公共行政所赖以生存和发展的自然地理环境、政治、经济、文化环境,也包括国际环境。具体环境也叫组织环境,是指具体而直接地影响和作用于公共组织、行政行为和组织凝聚力的公共组织的内部与外部环境的总和,它包括组织文化、组织结构、组织的规章制度、组织的凝聚力、管理对象等。

一、组织心理

与公共组织的环境存在密切关系的是组织心理,这是在美国霍桑试验之后发现的人的情绪或心理对组织行为的影响结果。组织心理就是研究个体、群体与组织的关系,探讨什么样的社会心理环境有利于激发个体动机,达到组织目标。也就是研究如何安排有利的组织环境,适应个体心理需要,使组织与个体的利益维持平衡。组织心理的具体研究内容包括组织的一般概念、组织结构、组织设计、组织发展与变革、组织诊断与治疗。组织心理,是指整体动态变化过程中所表现出来的心理现象。组织是一个较大的系统,组织是个体和群体实现某种目标的工具,组织状况影响个体与群体的工作效率。诸如组织结构、组织设计、组织变革与发展等都是组织心理研究的重要课题。

二、政治生态

政府的政治生态包括政治与法律、权力与法律之间的关系调适。其中,政治与法律之间的关系同时是法学界和政治学界热议不休的问题。传统的法治观是法律在政治之上,法律规范政治。近来诸多社会现实让人不禁觉得这简直是学界的一厢情愿的法律至上主义幻梦,真相往往是政治干预法律,法律同时影响政治,这与"法律在政治之上"的观点显得极其悖论。我们须得承认"政治干预法律"在特定情形下具有一定的合理性,因为政治有时能够保持法律本身所不一定具有的公共伦理价值。换句话说,法律自身具有时代局限,所以需要通过制度创新的变革途径来实现自身的完善,这需要政治的有效介入。在现实中,依据法律执行得出了令社会无法接受和认同的非正义结果,如果再继续执行恐怕会引起人怨民愤,这时就可以由政治出面来协调并促成法律的长远完善,这也符合法治化的动静相生的内在要义。同时,法律规定的是立法当时依据的社会利益形式,不能够与快速发展变化的新生的利益格局相适应。因此,这就从法治化所追求的一个社会利益均衡状态目标上来证实政治与法律之间本不存在优先之分,而恰恰是相互补充与彼此配合的情况。

三、组织权力

必须申明的是法律真正要约束的是组织权力,而不是政治本身。这也是构建法治型政府的必由之路。权利与权力的共生性也决定法律同时须把权利一并规范到自己的体系中,无论是制约还是保障,都要以社会利益均衡为根本价值。法律当然也要能够约束政治中随时可能散发出来的人治因素。法治的基本内涵是"法律统治社会的一切",那么很明显政治权力服从于法律则是法治的根本要求。我们没有办法相信这个容易与人的私人意志相结合的政治权力,一旦凌驾于法律之上,一国法治化进程还能够顺畅起来吗?"摒弃人治,捍卫法治"是法治化进程中必须坚守的基本信念,这将可通过制度创新活动来以制度的力量贯彻实施于整个社会之中。"而从事物的性质来说,要防止滥用权力,就必须以权力约束权力。我们可以有一种政制,不强迫任何人去做法律所不强制他做的事,也不禁止任何人去做法律所许可的事。"①

四、党的领导

党的领导主要是政治、思想和组织的领导。党对国家与政府的领导主要是通过以下三个方面来实现的:① 政治领导,即政治原则、政治方针和政治路线的领导;② 思想领导,即党通过对广大干部和群众进行思想政治教育从而引导人民走社会主义道路;③ 组织领导,主要通过推荐党的优秀人才担任国家机关的领导职务来实现的。中国共产党对国家和社会生活的领导主要是政治、思想、组织领导。其中,政治领导是根本,思想领导是灵魂,组织领导是保证。

---

① ［法］孟德斯鸠.论法的精神(上)［M］.北京:商务印书馆,1995:154.

其中,基层党组织在整个党组织中发挥着不可替代的重要作用。一方面,基层党组织是整个党组织政策执行的末端环节,因此党的政策执行得好坏全赖基层党组织的行动效率。另一方面,基层党组织有着上级组织及中央不可替代的接近社会及沟通民众的功能作用,党在社会中的威信及社会动员、政治社会化效果都将取决于此。所以,对于整个党建工作而言,不可忽视基层党组织的有效建设。然而,在现实中基层党组织尽管依据党章而在基层上设置,却随着社会经济的发展和变化,改革开放四十余年来,其亦发挥着党章所未规定的但现实亟需的诸多功能。我国基层党组织主要是指在行政区划的县区级以下非政权性质的自治性党组织,包括在农村、社区、机关、国有企业、高等院校、非公有制经济组织、科研院所及中小学校等单位中建立起的党组织。

中国共产党当下有 9 000 多万名党员,活跃在 380 多万个基层党组织之中。执政党地位巩固的关键在于基层党建,并且,这种基层党建要以社会群众工作为中心任务。只有把基层党组织建设在社会之中,并依托于社会平台运作,才能真正实现执政党的政治地位全面巩固。基层党建的根本原则在于民主,基本目标在于"密切联系群众"。党员数量和组织投入都只是基层党建的某些方面,而最能够使基层党组织摆脱当下维稳困境的核心考虑便是基层党组织及其所属党员能否做好群众工作。执政党地位巩固的根本在于社会基础的稳固,只有得到天下民心的政党才能长期处于执政党地位,因此,以"密切联系群众"为价值导向的基础党建是中国共产党执政党地位巩固的关键所在。深化公共组织的环境改革必须实现党的领导、人民当家做主和依法治国三者的有机结合。没有党的领导,人民当家做主就会落空;没有广泛充分的人民民主,党的领导就失去了合法性基础;没有依法治国,人民当家做主就没有保障,党的执政地位就得不到巩固和加强。

总而言之,要妥善解决公共组织的环境问题,其中最大的困境是公共权力与法律之间的关系问题处理。公共权力与法律关系处理失调的基本特征是法律本身对公共权力的制约不足,导致了公共权力的腐败,还恶性循环地强化社会"拜权意识",导致了社会的腐化。倘若权力服从于法律的法治状态得不到有效实现,法治将陷于一种"海市蜃楼"的境地。公权力是法治建设中最基本的标的,也是评断法治运作效果的重要参考要素。而且在法治得到尊重且"只有法治得到尊重时,强制性权力才会受到限制。"[①]事实上,公权摆脱法律的控制是法治普遍权威性不明确的一个重要表现。法治普遍权威性效应就是要让全社会明白无误地知道公权是这样而不是那样的运作,必须符合唯一的这个客观、公认及理性的评判标准,才能被当做是实现了"有效制约公共权力,并保障了民众权利"的法治状态。"法治还要求权力分立制衡的制度化并遵从个法治原则,权力也在其内部的分立制衡和外部的权利抗衡面前,不得不服从法律权威和正当程序,从而确立起无人在法律之上也无人在法律之下的法治机制。"[②]权法关系处置失当的根本表现是,公共权力凌驾于法律之上以致法治的权威性大为削弱,并造成社会中被强化了的

① [英]戴维·赫尔德.民主的模式[M].北京:中央编译出版社,2008:326.
② [英]米尔恩.人的权利与人的多样性[M].北京:中国大百科全书出版社,1991:131.

"拜权意识"反过来对法治产生破坏性影响作用。"我国当前在权力规则的一个缺陷(不少法律中只有授权,很少有责任),严重地影响人们对权力的自觉服从。"①因此,我国法治建设必须密切注重权力约束问题,而不是在此目标未得到实现之前跳跃式地去探究个人腐败(领导干部的腐化及一般公务员漠视公共价值导向)及行政伦理问题。这种本末倒置的做法反而会使得法治建设不见其功,却使之无端地陷于种种现实困境。往往,我们只看到法治中"人"的因素影响作用而忽略权力本质问题(实质是"法"的因素体现)只会将法治推向它的反面——"人治"。赫拉克利特早就宣称:"人民应该为维护法律而战,正如为维护安全而战一样。"②这样才能强化党的领导、巩固执政地位,继而为我国公共组织的运转提供良好的组织环境。

本章课程思政学习材料

全国机关事务工作会议在京召开
来源:人民网-人民日报 2022 年 01 月 11 日 06 版

本报北京 1 月 10 日电 (记者孟祥夫)记者从 10 日在京召开的全国机关事务工作会议上获悉,2022 年全国各级机关事务部门将着力抓好厉行节约反对浪费工作,扎实推进节约型机关建设,继续推动创建一批有特色、有示范、有引领、有成效的节约型机关。

据介绍,2021 年,国管局进一步履行好中央行政事业单位国有资产管理职责,压减中央国家机关本级通用资产购置计划 5 743 件,节约购置经费 6 719.84 万元;发挥政府集中采购规模效益,节约采购资金 30.18 亿元;多措并举推进中央行政事业单位公物仓建设,60 多个中央部门响应号召建立部门公物仓,1 800 多个单位纳入信息平台统一管理,累计调剂配备资产近 6 000 件,节约资产购置资金 3 200 余万元。

国务院副秘书长、国家机关事务管理局局长李宝荣表示,全国各级机关事务部门要加快推进"十四五"规划任务落实,坚持"一体两翼"发展思路,加强以资产管理为基础的集中统一管理,深入推进标准化、信息化融合发展,注重统筹推进、健全实施机制,进一步提升保障水平和管理效能,推动机关事务工作高质量发展,以优异成绩迎接党的二十大胜利召开。

(资料来源:http://cpc.people.com.cn/n1/2022/0111/c64387-32328356.html)

中国式现代化道路的逻辑意蕴
来源:光明日报

党的十九届六中全会审议通过的《中共中央关于党的百年奋斗重大成就和历史经

---

① 沈荣华.现代法治政府论[M].北京:华夏出版社,2000:212.
② [美]梯利.西方哲学史[M].葛力,译.北京:商务印书馆,1995:23.

验的决议》明确提出："党领导人民成功走出中国式现代化道路,创造了人类文明新形态,拓展了发展中国家走向现代化的途径,给世界上那些既希望加快发展又希望保持自身独立性的国家和民族提供了全新选择。"中国式现代化道路是全面建成社会主义现代化强国、实现中华民族伟大复兴的必由之路。这条道路承接着中华民族饱经磨难的近代历史,闪耀着当代中国马克思主义的理论光芒,体现着中国共产党人的历史担当和博大胸怀,具有无比丰厚的逻辑意蕴。

中国式现代化道路承载着中华民族近代以来的艰辛探索

中国式现代化道路有深厚的历史逻辑。这一道路不是凭空产生的,而是从中国历史发展进程尤其是从近代中国的深重苦难中走出来的。

中华民族和中国人民在漫长的历史发展中创造了辉煌灿烂的文明,曾长期领先于世界。然而近代以来,由于清政府统治的腐败无能,帝国主义列强的坚船利炮敲开中国大门,逼迫中国签订了一系列不平等条约,其目的只有一个,就是将中国当成资本掠夺的跑马场、利益攫取的输血池。从《南京条约》开始,列强强迫中国签订了大量不平等条约,疯狂掠夺和压榨中国人民。"四万万人齐下泪,天涯何处是神州?"这是近代中国人的哀叹,也是这个古老民族在深重黑暗中不得不奋起抗争、寻觅新路的历史起点。

黑暗使人渴望光明,苦难使人长怀壮志。在西方资本主义的殖民侵略下,中国人民坚毅地开始了现代化道路的探索,掀起国家独立和民族解放运动,力图挽救民族危亡,实现国家富强。历经数代艰难探索,苦历百年雨骤风狂,最终中国人民在中国共产党的领导下,找到了中国革命胜利之路,开辟了中国特色社会主义道路,成功地走出了中国式现代化道路。抚今追昔,鉴往思来,我们应当以深沉的历史感来看待、体悟、把握这条现代化道路,让历史的底色将这条道路衬托得愈发厚重深沉。

中国式现代化道路闪耀着当代中国马克思主义的理论光芒

中国式现代化道路有深刻的理论逻辑,马克思主义是中国式现代化道路的理论指引。

面对近代中国的乱局,为了拯救民族危亡,中国人民奋起反抗,仁人志士奔走呐喊,进行了可歌可泣的斗争。太平天国运动、洋务运动、戊戌变法、义和团运动接连而起,各种救国方案轮番出台,但都以失败告终。孙中山先生领导的辛亥革命推翻了统治中国几千年的君主专制制度,但未能改变中国半殖民地半封建的社会性质和中国人民的悲惨命运。中国迫切需要新的思想引领救亡运动,迫切需要新的组织凝聚革命力量。

思想指引方向,道路决定命运。近代以来的中国历史道路表明,要彻底完成反帝反封建任务,实现民族独立和现代化的目标,只能由中国共产党领导人民来完成。习近平总书记指出:"了解中国近代以来的历史对理解中国人民今天的理想和前进道路很重要。独特的历史命运、独特的文化传统、独特的国情,决定了中国必然要走适合自己的发展道路。"中国共产党在领导中国革命、建设、改革的长期实践中,坚持把马克思主义基本原理同中国具体实际相结合、同中华优秀传统文化相结合,不断推进马克思主义中国化,先后创立了毛泽东思想、邓小平理论,形成了"三个代表"重要思想、科学发展观。党的十八大以来,以习近平同志为主要代表的中国共产党人,坚持把马克思主义基本原理同中国具体实际相结合、同中华优秀传统文化相结合,坚持毛泽东思想、邓小平理论、"三个代表"重要思想、科学发展观,深刻总结并充分运用党成立以来的历史经验,从新的实际出发,创立了习近平新时代中国特色社会主义思想,成功引领当代中国走在全面建成社会主义现代化强国、实现中华民族伟大复兴的宽阔大道上。历史和现实一再表明,走出一条实现现代化的新路径离不开科学的理论指引。我们要始终坚持习近平新时代中国特色社会主义思想的指导地位,坚定不移走好中国式现代化道路。

中国式现代化道路体现着中国共产党人的博大胸襟

中国式现代化道路有坚实的实践逻辑。中国共产党领导中国人民成功走出中国式现代化道路,这一宏伟实践为世界其他国家和民族提供了实现现代化的全新选择。

立志民族伟大复兴,百年恰是风华正茂。中国共产党自成立之日起就把实现中华民族伟大复兴作为自己的神圣职责和使命担当,矢志不移地探索中国现代化道路、推进中国现代化事业。在1949年3月召开的党的七届二中全会上,毛泽东同志就提出了"现代化"这一概念。他指出:"我们已经或者即将区别于古代,取得了或者即将取得使我们的农业和手工业逐步地向着现代化发展的可能性。"这表明我们党在即将领导完成国家独立、民族解放的历史任务之时,就开始关注实现现代化的历史使命。1956年9月,党的八大在《中国共产党章程》中郑重地写入了建设现代化工业、农业、交通运输业和国防的任务。1959年年底到1960年年初,毛泽东同志在读苏联《政治经济学教科书》时又强调:"建设社会主义,原来要求是工业现代化,农业现代化,科学文化现代化,现在要加上国防现代化。"这是党和国家领导人对四个现代化战略目标的第一次完整表述。此后,中国在社会主义建设中,逐步建立了独立的、比较完整的工业体系和国民经济体系,为实现四个现代化奠定了重要的发展基础。

初心如磐使命在肩,接续奋斗未有穷期。改革开放以来,邓小平同志提出了"中国式的四个现代化"重要概念,确立了解决温饱、实现小康、奔向现代化的"三步走"发展战略。江泽民同志提出要"围绕建设富强民主文明的社会主义现代化国家的目标""实现人的全面发展和社会的全面进步"。胡锦涛同志提出"要把我国建设成为富强民主文明和谐的社会主义现代化国家""促进经济社会和人的全面发展"。党的十八大以来,习近平总书记着眼大局,统筹全局,不断强化顶层设计,持续深化现代化方案。在党的十九大报告中,习近平同志为核心的党中央对中国现代化事业、对中华民族实现伟大复兴进行了"两阶段"的重要战略安排:

第一个阶段,从2020年到2035年,在全面建成小康社会的基础上,再奋斗15年,基本实现社会主义现代化;第二个阶段,从2035年到21世纪中叶,在基本实现现代化的基础上,再奋斗15年,把我国建成富强民主文明和谐美丽的社会主义现代化强国。

这一战略谋划擘画了到本世纪中叶我国现代化建设的宏伟蓝图,既高瞻远瞩又科学缜密,既胸怀全局又心有定论,凸显了以习近平同志为核心的党中央运用战略思维进行大国谋划的高超智慧。中国式现代化道路的成功实践,具有伟大的世界历史意义。它充分表明,世界各个国家、各个民族,通往现代化的道路是多种多样的,决不只有欧美发达国家一种模式、一条道路、一个标准,更不能将欧美现代化道路视若唯一,进而否定其他国家的道路选择和社会进步。中国自近代以来孜孜探求的现代化道路,既是对长期以来由西方发达国家划定现代化标准和模式的西方中心主义的理论反驳,也为世界上寻求非西方现代化道路的其他国家和民族提供了全新选择,贡献了中国智慧。

习近平总书记强调:"中国共产党和中国人民将在自己选择的道路上昂首阔步走下去,把中国发展进步的命运牢牢掌握在自己手中!"这充分彰显了我们对中国式现代化道路的无比自豪和强大自信,中华民族伟大复兴的梦想一定会在这条道路上如期实现。

王 广

(中国社会科学院大学历史学院教授、中国历史研究院历史研究杂志社副社长)

(资料来源:http://theory.people.com.cn/n1/2022/0110/c40531-32327373.html)

第二章　公共治理理论

公共治理理论就是关于系统合作关系的一系列理论，它不要求政府整天疲于应付，而希望政府有自知之明，做自己应做和能做的事；不强求自上而下、等级分明的社会秩序，而重视网络社会各种组织之间的平等对话。纵观公共治理理论的不同学术观点，质疑论者（主要关注的是）认为中国社会缺乏实现公共治理的几大必备条件，包括完善的市场经济体制、成熟的多元管理主体以及民主法治等；相反，主张论者认为公共治理理念或方法的引入，一定程度上能够解决上述问题，在公共政策运作过程中带来积极作用，其意义更多地来源于过程中的促进作用。

第一节　政府治理

国家治理指的是通过处理国家与社会事务，优化权力分配、管理等，提升国家发展、安全水平。其中，构建科学的组织框架，合理地分配权力，科学地使用权力是保证治理效果的前提与基础。国家治理包括城市治理与农村治理。其中，城市治理又称为城市管理，是指以城市这个开放的复杂系统为对象，以城市基本信息流为基础，运用决策、计划、组织、指挥等一系列机制，采用法律、经济、行政、技术等手段，通过政府、市场与社会的互动，围绕城市运行和发展进行的决策引导、规范协调、服务和经营行为。广义的城市管理是指对城市的一切活动进行管理，包括政治的、经济的、社会的和市政的管理。狭义的城市管理通常就是指市政管理，即与城市规划、城市建设及城市运行相关联的城市基础设施、公共服务设施和社会公共事务的管理。一般城市管理所研究的对象主要针对狭义的城市管理，即市政管理。2017 年 3 月 30 日，历经近半年的征求意见，用于规范城管执法活动的《城市管理执法办法》正式出台，填补了此前 20 余年城市管理执法规范的缺位。农村治理涉及以广大农村区域为主要范围的基层政权的稳定与巩固。习近平总书记高度重视"三农"工作，特别是党的十九大以来，对实施乡村振兴战略做出许多重要指示，科学回答了为什么要振兴乡村、怎样振兴乡村等一系列重大认识问题和实践问题。新时代乡村振兴战略是总书记基于长期担任地方领导的实践和担任党的领导核心以来的深刻洞察，以马克思主义城乡关系理论为指导，借鉴中国优秀传统农耕文明和国际经验教训而形成的，是对新中国 70 多年城乡发展的经验总结和理论思考，是新时代加快农村发展、改善农民生活、推动城乡融合发展的"总抓手"，具有丰富的理论内涵。

一、城市治理的基本内涵

城市基础设施、公共服务设施和社会公共事务的运行构成了城市经济社会发展的环境,城市管理在城市经济社会发展中具有基础性的作用。作为城市管理主体的城市政府,按照特定的目标和管理原则,采用特定的手段和组织形式,对管理对象的运动过程进行计划、组织、指挥和控制等各项职能活动。现代城市作为区域政治、经济、文化、教育、科技和信息中心,是劳动力、资本、各类经济、生活基础设施高度聚集,人流、资金流、物资流、能量流、信息流高度交汇,子系统繁多的多维度、多结构、多层次、多要素间关联关系高度繁杂的开放的复杂系统。现代城市不仅具有高水平的科学技术,包括巨大的物质系统,同时还包括人的因素。如果说人是客观世界中最复杂的一个系统,那么众多人聚集在一起的社会系统就更为复杂了。对现代城市的管理必需遵从复杂系统的规律①。

（一）城市治理的时代背景

现代城市的复杂性决定了城市管理工作的复杂性。城市管理是指以城市这个开放的复杂系统为对象,以城市基本信息流为基础,运用决策、计划、组织、指挥、协调、控制等一系列机制,采用法律、经济、行政、技术等手段,通过政府、市场与社会的互动,围绕城市运行和发展进行的决策引导、规范协调、服务和经营行为②。据统计,现代城市管理涉及的各类因素已多达 1 012 种。对城市这个复杂巨系统的管理同样呈现出多维度、多结构、多层次、分系统以及从宏观到微观的纵横交织、错综复杂的动态非线性等复杂巨系统特性,城市管理系统无疑是一类开放的复杂巨系统。联合国人类住区中心《关于健全的城市管理规范:建设"包容性城市"的宣言草案》对城市管理有如下定义:"城市管理是个人和公私机构用以规划和管理城市公共事务的众多方法的总和。它是一个解决各种冲突或不同利益以及采取合作行动的持续过程,包括正式的制度,也包括非正式的安排和公民社会资本。"其中(这一定义)强调了作为人的各类利益相关者在城市管理中的参与。作为复杂系统中的人及其利益和意识的参与,也进一步增加了城市管理系统的复杂性。

出于对城市管理这个复杂巨系统中人的因素的考虑,如何调动利益相关者在城市管理中的作用也至关重要。从参与角色上,城市管理的主体包括政府(包括各级政府、各城市管理相关部门)、企业(包括市场经济的各个主体)和市民(包括社区、民间组织、媒体和学术机构等)。城市管理在重视对复杂系统的科学认识基础上,应重视城市管理各能动主体的参与,通过政府、市场与社会的良性互动为市民提供优质高效的城市公共产品与服务,建立和谐的信息化城市管理新模式。

城市的日益繁复与发展推动了城市管理的专业化分工,由专业的城市管理部门来对城市运行各个专业子系统进行科学的管理。而随着城市系统的日趋复杂,现代城市

---

① 宋刚,唐蔷.现代城市及其管理——一类开放的复杂巨系统[J].城市发展研究,2007(2).
② 宋刚.以科学发展观为指导 加强城市运行管理[J].城乡建设,2008(1).

运行及其管理日益表现出相互交错渗透、非匀质、非线形、非定常性的复杂系统特性。以强调分解和简化的还原论,将城市系统分割成若干子系统,并以专业运行部门为基本单位强化专业的运行管理方式已经越来越不能适应时代的发展。就城市水务系统的运行管理而言,它与城市基础设施系统、城市河湖生态系统、公用事业系统甚至是随供排水一起铺设的各类电力、通信、热力等地下管线及其之上的道路交通都是交融在一起的。仅通过分解、简化的方法来解决城市管理这个复杂性问题越来越显得徒劳。

(二)城市治理的体制变革

我国现行的城市管理体制呈现出多元模式并存的特点,概括起来有四种态势:规划、建设及运行管理合一的大建委或大管委模式;建设与管理合一的模式;规划、建设、运行管理各自分离的模式;规划、建设、运行管理与综合执法监察四位一体的模式①。城市管理体制,是伴随着长期的城市管理的实践而逐步产生的。我国现行城市管理体制的形成最早可以追溯到新中国成立初期。但是,真正对现行城市管理体制产生实质影响的还是改革开放以后。在这四十余年的发展过程中,加强城市在"以经济建设为中心"战略中的核心地位,强化城市的辐射功能是我国城市发展的主线。现行的管理体制就是在这一进程中逐步形成的,其中经济体制改革和机构改革则是直接促进我国城市管理体制形成的两大背景要素。特别是一直与我国城市管理体制的形成、发展所息息相关。这个时期我国城市管理的发展主要分为三个阶段。

1. 第一阶段

城建监察制度的诞生(1978—1995年)。党的十一届三中全会以来,随着改革开放的不断深入和社会主义市场经济体制的建设,经济社会深刻变革,城市建设事业迅猛发展,市容环境等城市建设管理问题凸显,地方各级城市人民政府和建设行政主管部门从市容环境监察入手,相继组建城市建设管理领域的监察队伍,通过行政执法工作监督传统单位及社会主体依法履行在城市建设管理中的责任。负责市容环卫、城市规划、市政公用、园林绿化、房地产、风景名胜区等城建管理监察工作。1989年、1990年,建设部先后下发《建设部关于加强城建管理(市容)监察工作的通知》《建设部关于进一步加强城建管理监察工作的通知》。1992年建设部进一步颁布了《城建监察规定》(建设部令第20号),对城建监察执法队伍进行了规范,强化部门归口管理,标志着城市建设管理领域执法监察制度初创完成。

2. 第二阶段

城管监察综合执法制度的探索(1996—2012年)。城市化发展重塑了城市物理空间与社会空间,推动了城市建设管理与城市社会管理的逐步融合,使得城市作为复杂巨系统的综合管理问题愈加突出,城建管理监察(城建监察)演变为更加综合的城市管理监察(城管监察)。1996年3月,《中华人民共和国行政处罚法》颁布,第一次以法律的形式确认相对集中行政处罚权制度,为我国行政管理体制改革提供了新的法律途径,也

---

① 宋刚,王毅,王旭.城市管理三维结构视野下的城管综合执法与监察[J].城市发展研究,2018(25).

为开展城市管理相对集中行政处罚权工作提供了法律依据,拉开了城管监察综合执法制度建设的序幕。行政处罚职能的集中与强化也伴随着巡查监察职能的弱化,重建轻管、以罚代管等弊病日益凸显。城管监察执法逐步被直接称呼为城管综合执法或城管执法。信息技术的快速发展也给城市综合管理提供了新机遇,网格化城市管理新模式、和谐城市运行模式、"市民城管通"全民城管模式相继涌现。这个时期,大批法律学者进入城市管理领域并开展了城管综合执法的研究,部门管理格局被打破,城市规划、建设与运行管理以及城管监察与综合执法的关系进一步被审视。

3. 第三阶段

城管执法监察的探索与发展(2012 年至今)。党的十八大以来,城管执法被视为推进依法治国和国家治理能力现代化的重要组成部分。党的十八届三中、四中全会连续就城管执法体制改革提出明确要求,并相继出台一系列关于城市管理与执法的重要文件,城管执法体制改革被放置于更广阔的政府服务转型与社会共治视野下审视,执法监察二重性进一步被认识,执法的监察职能被找回重建。伴随城市物理空间、社会空间、网络空间的融合,现代信息技术成为城管执法监察制度现代化的重要赋能手段,"五位一体"智慧城管作为城市管理执法监察的一体化探索,成为依托信息技术推进城市综合管理与执法监察发展的新方向。

北京作为城管监察执法制度最早的发源地,其在城管执法监察领域的发展中具有重要的风向标意义。但应该看到,全国各城市在这个期间也进行了各种执法监察模式的探索,各城市对执法监察存在不同的认识,在机构设置上也百花齐放。一些城市借鉴德国秩序局、意大利城市警察公共秩序综合执法以及澳大利亚城管执法将决策、执行、监督相分离等发达国家经验,强化城市综合执法制度的构建;一些城市通过强化"大部门、大城管"将后期运行管理与末端执法监察职能进行整合,强化服务导向;一些城市将规划建设运行全过程管理与执法职能均整合到一个部门,以强化城市综合管理。不忘初心,方得始终,我国政府在厘清城市服务管理相关关系及优化城市管理机构设置方面还有很长的路要走。

(三)城市治理的关系逻辑

如何在加强城市专业管理的同时加强城市综合管理、综合协调,如何处理好城市管理中分权与集权、专业部门与系统整体的关系,逐渐成为城市管理者的案头难题。从建立城市管理综合执法机构,到对建立高层次城市综合协调管理机构的探讨都充分反映了城市管理研究和实践中对专业化与整体性之间辨证关系的进一步认识。如何发挥城市运行的整体优势和聚集效应,使整个城市系统高效和且有序地协调运行成为现代城市管理者思考的问题。而复杂性科学的发展无疑为作为复杂系统的城市管理提供了新的机遇。

城市管理要理顺四个关系:

一要理顺城市管理与经济发展、社会发展和资源环境保护的关系。城市管理的任务和目的是对城市经济发展、社会发展和资源环境保护的发展设置可为与不可为边界,使城市经济发展、社会发展和资源环境保护三者的交集最大化,使之围绕城市发展方向和目标最大化发展,打造舒适宜居的城市环境、平安有序的社会秩序、和谐互助的社会氛围和包容永续的城市发展。

二要理顺城市管理与城市规划、建设的关系。当前一段时期内,城市管理应从公共设施建设质量、公共服务质量、公共环境质量和公共秩序质量四个方面,坚持规划先行和建管并重,坚持创新、传承和保护相结合,坚持城市软实力发展和城市硬实力发展相匹配,提出约束性和预期性指标,理顺部门间横向督政、部门内横向督导和纵向督办关系,加强市政公用设施、市容景观、环境卫生和园林绿化的规划、建设与运行管理的统筹协调,把城市规划好、建设好、管理好。

三要理顺城市管理与执法、服务的关系。城市管理部门需要理顺管理、执法和服务之间的关系,让城市管理成为行政管理、行政执法和公共服务的统称,克服职责边界不清、管理方式简单、执法行为粗放和服务意识淡薄等问题,杜绝相互扯皮、乱作为、胡作为和不作为乱象。城市管理部门要通过法律和行政制度,对相关领域和专业行使好行政管理权和执法权,同时也要为社会生产、生活等活动提供参与、设施、质量、秩序、安全保障等公共服务产品,在管理、执法过程中体现服务,在服务过程中体现出管理、执法的价值,激发社会活力,增加强社会和谐互助的正能量。

四要理顺城市管理与城市治理的关系。推进依法治理城市、改革城市管理体制、完善城市治理机制、推进城市智慧管理和提高市民文明素质,促进城市管理走向城市治理,从自上而下的管理转变为政府与社会公众之间的双向互动。除进一步完善国家和政府的管理、发挥政府的主导作用外,还要强调引入社会力量,加强法治建设、道德建设、信用体系建设、信息化管理等,实现公共利益最大化,即要求治理主体多元化、工具民主化和利益人民化。

提高城市管理水平,要理顺城市管理各部门和社会各利益群体的管理服务责任及其相互关系,权衡城市发展活力、资源环境容量、机会可得性、公平性、秩序、维稳和维权等因素,维持城市高效运行和包容发展,让城市成为人民心中美好生活的符号。

(四)城市治理的基本特征

城市管理工作,必须建立在对城市及其管理这类开放的复杂巨系统的正确认识基础上。从参与角色上,城市管理的主体包括政府(包括各级政府、各城市管理相关部门)、市场(包括企业等市场经济的各个主体)和社会(包括社区、民间组织、媒体和学术机构等);从管理层次上,城市管理包括市级、区级、街道、社区、网格等多个层次;从时间维度上,城市管理包括前期规划管理、中期建设管理与后期运行管理几个部分;从逻辑维度上,城市管理包括预测、决策、组织、实施、协调和控制等一系列机制;从专业维度上,城市管理包括市政基础设施、公用事业、交通管理、废弃物管理、市容景观管理、生态环境管理等众多子系统,而每个子系统又包含许多子系统,整个系统呈现出多主体、多层次、多结构、多形态、非线性的复杂系统特性。从时间维度、逻辑维度和知识维度三个维度,从系统的角度来看城市管理各个方面的要素,进而加强城市管理的系统、协调和科学性就是城市管理的三维结构。

第一，时间维度。从时间维度上，城市管理包括前期规划管理、中期建设管理与后期运行管理三个部分。大家所熟知的城市规划、建设、管理三段论中的管理，实际上指的就是运行管理。城市规划、城市建设、城市运行绝非简单的线性关系，三个阶段之间不仅存在互动反馈机制，而且处在不停的动态变化之中。

第二，逻辑维度。从逻辑维度上，根据城市管理综合集成流程，城市管理涵盖了从明确问题到指标设计、系统建模、系统分析与综合、决策、执行及监督评价等过程，此处不再累述。城市管理通过预测、决策、组织、实施、协调、控制等一系列机制，贯穿从明确问题、指标设计、系统建模、系统分析与综合、决策、执行到监督评价整个流程，以及城市规划、建设、运行管理全过程。

第三，知识维度。知识维度是指为完成上述各阶段、各步骤所必需的理论知识和专门技术。现代城市及其管理是一类开放的复杂系统。对现代城市进行管理需要市政基础设施、公用事业、城市交通、环境卫生、市容景观、环境保护等城市管理众多领域的自然科学、工程技术、系统科学、经济学、管理学、法学、社会科学以及人文科学等各类知识。在城市管理三维结构图的知识维中，我们按照城市管理的领域（行业）知识进行划分。但这种划分并不意味着各领域之间的割裂，城市作为一个系统，知识作为一个连续的整体，各行业的管理互相影响，各领域、各专业的知识互相交融。城市管理必须按照复杂系统方法论，依托跨学科、跨行业的科学技术知识和专家队伍，充分利用信息技术，将各种信息和知识、将众人的才智和先人的智慧综合集成，加强城市综合管理，做到科学管理城市。

（五）城市治理的概念混淆

第一，城市治理不只是城市运行管理。由于中国城市建设发展的阶段性局限，通常人们通常将城市管理与规划、建设并列，称其为城市规划、建设与管理，或者叫城市建设与管理。随着城市化进程加快，人们首先认识到城市规划、建设和管理是密不可分的，进而认识到了城市管理是规划、建设、运行全过程的管理，城市化进程的推进要求加强城市的运行管理，并进一步实现城市规划、建设与运行的协同和互动。

第二，城市治理不只是城市专业管理。许多城市管理者认为城市管理就是城市交通、环卫、绿化、水务等的专业管理。随着城市结构由简到繁，城市管理也经历了从简单到复杂，从经验管理到科学管理的过程。城市的日益繁复与发展推动了城市的专业化管理分工，由专业的城市管理部门来对城市管理各个专业子系统进行科学的管理。而随着城市系统的日趋复杂，以强调分解简化和专业化，将城市系统分割成若干子系统，以专业职能部门为基本单位强化专业的管理方式已经越来越不能适应时代的发展。因为城市管理各子系统之间的复杂交错性使其难以切割，而切开来的小系已不是原来的系统了，对这个系统的点滴研究也很难进行综合。这些冲突不仅反映在众多子系统局部利益之间的相互冲突，更多的体现在局部利益与城市整体发展的冲突上。条块分割、各自为政、职责交叉、管理粗放、缺乏协调等一系列问题成为当代中国城市的普遍诟病。采用把城市管理简单分解为若干子系统分别进行研究和专业管理,然后再叠加的办法随着城市化的快速发展已越来越暴露出其局限性。众多子系统的发展未必带来城市整体系统的优化发展。城市系统作为一个复杂系统,其发展不仅在于各子系统的良好发展,更重要的是在于各个子系统与城市系统总体发展管理目标的协同上。如何发挥城市管理的整体优势、聚集效应,使整个城市系统高效和有序的协调运行成为现代城市管理者必须思考的问题,加强城市的综合研究、综合管理与综合协调是城市管理复杂性的必然要求。

第三,城市治理不只是城管执法。城市管理综合行政执法,或城管执法(社会上俗称城管)是城市管理中位于决策、执行之后的一个末端环节。城市管理行政执法局的设置仅仅是为了将城市管理各专业领域的决策与执行一定程度的分离以加强相互的监督,同时加强各专业执法之间的协调和整合,加强执行效率。但由于部门之间的博弈,综合行政执法往往通常很难实现,往往是各部门将不好管的让城管来管,而较易规范的留在本部门。在许多地方,城管也成了各类社会矛盾的焦点。

(六)城市治理的主要职责

城市治理的主要职责包括如下方面:

(1)行使市容和环境卫生管理方面法律、法规、规章规定的行政处罚权,强制拆除不符合城市容貌标准、环境卫生标准的建筑物或者设施;

(2)行使城市规划管理方面法律、法规、规章规定的行政处罚权;

(3)行使城市绿化管理方面法律、法规、规章规定的行政处罚权;

(4)行使市政管理方面法律、法规、规章规定的行政处罚权;

(5)行使工商行政管理方面法律、法规、规章规定的对经营场所(店)外无照经营和违反规定随意摆摊设点行为的行政处罚权;

(6)行使公安交通管理方面法律、法规、规章、规定的侵占道路及对机动车和非机动车违规经营行为的行政处罚权;

(7)行使环境保护管理方面的法律、法规、规章规定的对生活噪声污染、建筑施工噪声污染的行政处罚权,对在人口集中地区和其他依法需要特殊保护的区域内焚烧产生有毒有害烟尘、恶臭气体的物质的行政处罚权,对向城区河道、水面倾倒工业废渣、城市垃圾和其他废弃物行为的行政处罚权;

(8)行使原爱国卫生运动委员会的全部职责;

(9)履行法律、法规、规章规定或人民政府规定的其他执法职责。

(七)城市治理的现行体制

城市治理的现行体制是指城市规划、建设、运行管理等机构的行政领导体制。它包括城市管理系统中的诸机构间的行政隶属关系,以及各自的管理幅度与管理层次。这些关系包括城市管理系统在市政府行政机构序列中的领导与被领导及协调与被协调关系、市政府其他职能机构与它们的关系等。总之,城市管理系统内的各组织机关及其职能机关的关系网络,构成了城市管理体制的主要内容。

第一,职能及权责关系。即城市管理系统内各机构的职能及权责关系。城市管理系统各组织机关的职能,由相应的法律法规规定,其权责结构由职能体系所决定。

第二,三级管理体制。即城市管理体制中的市、区、街道"二级管理"体制。首先是三级管理中的职能分工,如市级的宏观决策指导与综合协调职能、区级的分解与协调及决策职能、街道级的执行职能。其次是事权分配及管理原则,如市级的规章政策制定权、区一级的决策指导权、街道的执行处理权。第三是指同一层级上的各管理机构的关系,如区级的规划、建设、管理的中不同于市级的体制形式。

第三,关系定位。即城市管理系统中的政府、事业单位及企业单位之间的关系定位。城市管理体制中的政、事、企关系错综复杂,彼此制约。这是由城市管理的特点所决定的:首先,城市管理的许多内容属于社会福利性质的社会性服务范围,是不能以营利为直接目的的,其工作成果与价值不直接表现为可以估量的物质或货币形态。因此,这类社会组织大多由市政主体的政府来出资或补贴,并得以继续发挥其管理的职能。其次,城市管理的实践中难免与作业联系在一起,这样以一来,不论是政府,还是事业单位都难以承担此职能。企业在某种程度上兼有了政府、事业单位的特征,政企关系、政事关系、企事关系贯穿城市管理的全过程。从世界范围的城市管理来看,政府与承担城市管理作业任务的企业都存在着不同程度的矛盾。

在城市管理从面向生产空间的规划建设到面向运营空间的运行管理演进中,城市管理者必须坚持"以人民为中心",参照客户关系管理(CRM)的思想,站在城市综合运行服务最终提供角度,以市民感受为导向反溯整个公共产品的生产与管理过程,实现规划、建设、运行一体化的全流程城市管理。而城管执法监察作为巡查的第一线和管理的最末端,将在城市管理的服务转型中扮演重要作用,这也是2015年城市工作会专门就推进城市管理和执法体制改革提出明确要求的原因。城市管理三维结构视野下的城管执法监察研究将有助于推动形成从综合规划决策,到专业运行管理(行业发展的专业规划、建设、运行服务与管理),到和综合执法监察(城管综合执法及相关综合执法巡查监察力量、网格巡查员及协管员等辅助巡查监察力量、广大的社会监督力量)的橄榄型城市综合管理现代治理结构。五位一体智慧城管建设是基于智能感知与分析决策的、面向服务的城市服务管理与执法监察一体化架构探索,将推动实现以市民为中心、城市需求牵引、城市感知数据驱动的城市规划、建设、运行一体化管理,形成城市管理决策、执行、监督之间既相互监督又相互协同的橄榄型现代治理体系。

二、农村治理的基本内涵

转型期,农村社会问题重重,考验着我国农村治理的社会效果,从熟人社会角度出发,或许可以在改进农村治理过程中另辟蹊径。所谓"农村治理"是指在农村领域推行的旨在促进农村社会经济繁荣的各类治理活动,而且还是一种法治的多元治理模式[①]。在农村,熟人社会的存在感更是强烈,这是由于农村的乡土区域比较小,乡民活动范围有限,于是,很容易使人们互相成为熟识的乡里,消息也容易在乡村中散播。这种熟人

---

① 温晋锋,王楠.泥土上的经纬——以 M 镇的法治调查为分析视角[M].长春:吉林大学出版社,2009:42.

社会特征感在县城、城市、都市之间依次递减。农村熟人社会是一种传统的、尚未异变的且最为典型的社会类型。农村熟人社会的构成要素包括宗族、家族与街坊、邻里等，由于这些构成要素已然涵盖了非常强的建立于血缘与地缘之上的熟人关系，使得农村中的熟人社会类型更具有原始传统的气质。所以，"传统中国在乡土基层上是一个熟人社会，是生成礼俗文化的社会。"①乡村治理与乡村管制是两个截然不同的概念，乡村管制是指由政府发挥主导作用的管理体系，它的主要参与者是政府，主要依靠政府的强制力来保障实施。但是从本质上看，乡村治理并不完全依靠政府的强制力来保证，乡村治理是多个方面、多个体系共同参与的。首先，乡村治理不单单依靠政府的权威性，还需要政府广泛地与其他组织进行合作，从而实现治理的有效性，这些组织包括公民，也包括金融机构、医疗机构、民间组织等。其次，乡村管制和乡村治理在管理方向上存在明显不同，乡村管制是一种由上而下的权力运行体系，它主要是根据上级意愿，通过强制力保障而实现的；对于乡村治理而言，并不存在由上而下的管理方法，它主要是一种上下结合、上下互动的管理体系，通过政府和其他组织相互协作，共同沟通，从而实现管理的目的。因此，在乡村治理当中，不仅要发挥政府的主导作用，还要发挥其他组织的协同作用。只有这样，才能更好地实现乡村治理体系和治理能力现代化。

（一）农村治理的时代背景

在农村，熟人社会关系形成的基本途径是通婚，包括了村内婚姻与村外流动婚，一旦村里村外都结成了亲家，则熟识与认同感更为深入，此后两性之间互通有无、互帮互助，则成了默认的熟人义务。此外，还有一种途径是人口流动与家族迁徙，无论是当下的行政村还是自然村，一姓之村已经由杂姓混居的情形逐步取代，只要人与人之间获得了相处的前提，自然会形成日久相识的熟人关系，村上村下基于熟人（邻里）关系的情份上，红白诸事相帮也变得寻常。农村熟人社会的原始特征是熟人关系封闭（由于姻亲同住一村或隔壁邻村），邻里之间的相互信任与互帮互助（由于农村生活简单，乡民性格淳朴厚实），而且姻亲关系十分显著。

探讨农村治理问题，可以单从农村或农民个体、群体抑或农业经济等相关角度入手，然而，农村熟人社会的存在具有一定的合理性及衍生出来的历史必然性，这使得农村治理亦可以拥有熟人社会的思考视角。一方面，改革开放的经济变局并未有真正触动农村社会的熟人社会核质，而且农村的继续发展也只会强化熟人社会，（与在城市相比）熟人关系只会加强而不会减弱。另一方面，即便农村开始突显现代化转型，也只应会带来与现代农村经济相适应的熟人社会，而非完全铲除熟人社会，将之变成西方式的生人社会。再一方面，熟人社会作为农村传统的社会形态，是农村千百年农业文明支撑起来的社会基础，尽管在当前的工业文明时代出现了许多不适应的症候，但是只要中华文明的底蕴并未发生实质性变化（不为西方的"快餐式"文明所取代），熟人社会也有自身独特的存在合理性。

---

① 朱新山.中国社会政治分析[M].上海:复旦大学出版社,2013:23.

从本质上来看,熟人社会催生了一种高于法律制度的道德框架,来促进社会整体上的和谐。"社会结构格局的差别引起了不同的道德观念"①,在熟人社会中传统道德约束下,人们在行为上总是倾向于主动地向他人提供帮助来显示这种道德义务所引发的善举。其实,熟人社会中的各种互助行为都是指向于内在的社会利益基础,从而通过这种关系处理模式来协调社会利益分配秩序,根本上促进农村社会经济的进步与发展。农村经济是农村熟人社会的经济基础。只要农业经济不消亡,农村中的熟人社会仍旧存在,而且,熟人社会还会反过来促进农村经济的发展。在农村,农耕作业使得人们生活在土地之上,熟人社会中各成员之间彼此具有共同利益基础而结合成庞杂的熟人关系网络。

熟人社会是一种具有共同利益基础的熟人关系网络集合体,其内在的道德框架是社会秩序自我维稳的重要能量源。熟人社会的最重要优势是可以不借助法律而只需依靠伦理道德就可以达到有效约束其中成员行为达到自我秩序安定的效果,并且更深层次地促进成员可以获得不同程度的安全感及社会认同。熟人社会这种内生的道德秩序框架存在的目的是巩固根本的社会利益基础,并公平地维系好社会分配秩序。熟人社会中成员之间由于彼此熟识,通常都以一种平等关系来处理彼此之间的事务,这就要求社会中能够以公平正义的立足来解决各种社会矛盾。一般情况下,人们之间更趋向于维护各自之间良好的熟人关系,而不会轻易去损害彼此之间的利益;由此,熟人社会才会带给我们一种上下有序、相亲相爱的和谐融洽景象。从表象上看,这是道德性,实质在根子里是利益的;人们若不如此进行道德自律,就会导致其中一条或若干条熟人关系的破裂,最终在社会道义舆论的压力下失去熟人社会给其带来的一切"福利"。人们如果想依照自己的方式来追求自身的自由和幸福时,首先必须注意到自己的努力不能妨碍到他人的自由和幸福的实现②,这也成了熟人社会存在的秩序目标。

（二）农村治理的基本逻辑

从农村治理的角度来看,皇权和职业官僚系统并不鼓励甚至限制其下层官员介入乡里的日常生活,这就使基层社会享有相当程度的自治性。这催生了地方绅商的官僚化,并形成了士绅—乡民的稳固关系,它实际上变成了国家政权的扩充和渗入村庄的重要工具。③而且,国家与社会之间的政治—法律关系其实是在社会与个人之间的交互关系的政治—法律化过程中形成的,由是应在国家、社会和个人之间形成密切紧凑的家国同构体。尽管王朝末年的腐败会导致汤武革命与农民起义,但是由于士绅—乡民的结构关系依然被很好地保存下来,帝国体制可以周期性得以恢复和重建。④总而言之,熟人社会可以从整体上保障各个社会成员的合法权利,并公平正义地增进彼此之间的利益,这决定了即便在转型期熟人社会在农村的存在仍具有一定的合理性,它的时代性发展也是具有历史的必然性。

---

① 费孝通.乡土中国　生育制度[M].北京:北京大学出版社,1998:27.
② [英]约翰·密尔.论自由.[M].许宝骙,译.北京:商务印书馆,1998:14.
③ 黄宗智.华北的小农经济与社会变迁[M].北京:中华书局,1986:313.
④ 孙立平.中国传统社会王国周期中的重建机制[J].天津社会科学,1993(6).

党的十九届四中全会将"坚持和完善中国特色社会主义制度、推进国家治理体系和治理能力现代化"作为中心议题,这表明党的工作重心和战略发展目标非常明确和坚定。推进乡村治理体系和治理能力现代化建设是实现乡村全面振兴、巩固党在农村执政基础、满足农民群众美好生活需要的必然要求。

乡村治,百姓安,国家稳。乡村治理是国家治理的基石,也是乡村振兴的基础。乡村治理不仅关系到农业农村改革发展,更关乎党在农村的执政基础,影响着社会大局稳定。乡村治理的核心是"人",其背后必然涉及与人相关的组织架构、制度体系、资产管理等一系列问题,是一个庞大的治理体系问题。回顾我国乡村治理的历史演变及发展,尤其是我们党百年乡村治理的历程,总结治理经验,能够看到在不同历史时期,我们党始终高度重视并持续加强乡村治理,为促进农村经济发展和保持社会稳定发挥了重要作用。

(三)农村治理的历史演变

村庄一般是历史形成的,村庄各户之间大多利益相关、文化相连、血缘相近,是典型的熟人社会。特别是自然村落之间土地、财产、人口等界分清晰,即便历经变迁也很难混淆。我国历朝历代都高度重视乡村治理,国家治理乡村的主要目标是获取税赋和实现疆域稳定。但在历史上"皇权不下县",乡村秩序主要依赖村规民约、宗法伦理、道德礼俗等非正式制度与乡绅精英维系。家族和宗族是乡村治理的主要组织形式,以亲属和血缘关系构成人际关系网络,凭借族长、族规、祠堂等形式,对乡民施行伦理教化和治理。清代后,保甲作为国家正式组织,成为维护地方统治的主要工具。

我们党百年乡村治理实践大致经历了"政权下乡""政社合一""三治合一"等发展阶段。无论是在革命、建设还是改革时期,我们党都始终重视维护农民的根本利益,注重发挥农民在乡村治理中的主体地位。新民主主义革命时期,农村经济凋敝,传统乡村治理难以为继,为重构乡村治理秩序,我们党通过政权建设和党组织建设加强了对革命根据地的领导。

新中国成立后,乡村治理经过了曲折的发展路径。1950年起建立乡政权,乡和行政村作为本行政区域行使政府职权的机构;1954年撤销行政村建制,县以下统一设置乡、民族乡、镇为农村基层行政单位;1959年后,逐步推行人民公社体制,人民公社作为"政社合一"的基层组织,将几乎所有生产、经营、居住及迁徙活动都掌握在手中,主要的农业资源及其分配由基层政权支配。在国家权力主导下逐步建立的"三级所有、队为基础"的人民公社制度,经济上由农民家庭私有制转变为集体所有制;公社、大队和小队等各层级的集体,既是一级生产单元,也是一级行政管理单位。村社组织的行政化,建立起国家对乡村社会的"强"控制秩序。在强有力的政府管控下,维系传统乡土社会的非正式制度被削弱。

改革开放后,在全国普遍推行家庭联产承包责任制,从集体所有、集体经营,改为集体所有、家庭承包经营。家庭经营制度的回归,直接动摇了"政社合一"的人民公社体制。国家逐步废除人民公社、建立乡政府,逐步实现政社分开。1982年《宪法》明确了乡镇政权、村委会群众性自治组织的法律地位。人民公社体制在1985年全部完全退出历史舞台。1987年通过的《村民委员会组织法(试行)》,在总结基层乡村自治实践经验的基础上,用法律形式系统规定了中国特色乡村自治制度的基本内容。明确村民自治的基本原则是自我管理、自我教育、自我服务,在实践中又具体化为村民的民主选举、民主决策、民主管理、民主监督四项民主权利和民主制度。

(四)农村治理的新要求

党的十八大以来,把坚持和完善中国特色社会主义制度,推进国家治理体系和治理能力现代化作为全面深化改革总目标。党的十八届三中全会提出,创新社会治理体制。党的十九届四中全会《中共中央关于坚持和完善中国特色社会主义制度推进国家治理体系和治理能力现代化若干重大问题的决定》,阐述了坚持和完善13个方面的重大制度,坚持和完善制度的落脚点,就是推进国家治理体系和治理能力现代化。其中第9个制度,是坚持和完善共建共治共享的社会治理制度。要求必须加强和创新社会治理,完善党委领导、政府负责、民主协商、社会协同、公众参与、法治保障、科技支撑的社会治理体系,建设人人有责、人人尽责、人人享有的社会治理共同体,确保人民安居乐业,社会安定有序。由此可以看出,社会治理对国家长治久安的重要性。从社会管理到社会治理,一字之差,体现了从政府单向管理向政府主导、社会多元主体协商共治转变,从以行政管理为主向行政、法律、道德手段综合运用转变,体现了源头治理、系统治理、综合治理的思想,反映了治理理念、主体、方式、范围、重点等方面的发展和升华。

社会治理的基础在基层,乡村治理是社会治理的重点和难点。为加强和改善乡村治理,党的十九大提出要加强农村基层基础工作,健全自治、法治、德治相结合的乡村治理体系,这是中央在总结基层探索基础上的新部署,是根据我国农村社会治理的基本制度安排、特点和开放背景提出的新要求。2019年中共中央办公厅、国务院办公厅印发《关于加强和改进乡村治理的指导意见》,明确要坚持和加强党对乡村治理的集中统一领导,坚持把夯实基层基础作为固本之策,把治理体系和治理能力建设作为主攻方向,把保障和改善农村民生、促进农村和谐稳定作为根本目的。要全面加强农村基层党组织建设,深化村民自治实践,深入推进农村移风易俗,着力维护农村社会稳定,提升乡镇服务能力。

三、政府治理的职能定位

市场经济下的政府职能是提供经济发展的基础结构:政府为市场经济的运作提供基本必需的制度、规则及框架,如产权界定和保护、契约的执行、公司法、金融制度、专利保护、著作版权、法律和秩序的维持等。政府为市场交易提供了安全、秩序和公正的、具有规模经济的制度安排。政府的职能具体如下:① 组织各种各样公共物品和服务的供给:公共物品具有共享性和非排他性,如国防、基础研究、道路和桥梁、导航设备、灾难控制、交通管制系统以及其他基础结构。② 消除外部不经济性:采取行业性管制;经济手段,或使外部不经济最小化。③ 保护并维持市场竞争:政府应制定反垄断法使垄断行业更有竞争性，或以价格管制对垄断者实施管制。④ 宏观经济的稳定：政府应通过公共政策的干预以保持宏观经济的稳定，可供选择的工具有财政工具与货币工具。⑤ 收入和财产分配的调节：政府应从全社会的整体利益出发，对各个阶层的收入和财产再分配加以调节。⑥ 建立和健全社会保障体系，以保证社会稳定和协调发展。⑦ 共有资源和自然资源的保护：共有资源不具有排他性，但有竞争性，因此政府通常通过管制措施保护共有资源和环境，或者实行收费，以减轻过度使用的问题。⑧ 社会冲突的调整和解决：一个社会中，不可避免地会出现社会冲突，政府的职责在于促使社会冲突的解决，保护弱势群体的利益。

然而，在现实中政府也会存在履行职责不顺畅的时候，即被称为"政府失灵"。那么具体而言，何为政府失灵？政府失灵有哪些典型的表现？政府失灵的原因是什么？所谓政府失灵，是指由于政府机制存在本质上的缺失，而无法使资源配置达到最佳的情形。具体表现为：公共政策失败，即由于公共政策本身的复杂性以及困难、障碍和制约，使得政府难以制定并执行好的或合理的公共政策，导致公共政策失败。

所谓"角色定位"是通过在政府与社会、企业及其他国家机关之间联系中的功能和作用区别中界定的①，它的特征有：政府角色定位体现着社会资源汲取与分配的实现方式和手段；角色定位也能够对行政效率有个很好的反映；角色定位还能够昭示社会经济发展的现状。政府角色定位是为了公共利益而服务的。从内涵上来看政府角色定位包含了静态和动态两个方面；较之于静态的角色形态，动态的角色定位是一种关于这种静态角色的动态把握；所以它本身是一个动态联系的过程。首先，如果政府角色得到合理定位，那么也就意味着行政体制内有了明确合理的权限划分；其次，政府职能重心、方式手段及权能关系的转型势必引发政府角色的再定位；最后，政府的行动领域的变化也会很大程度上体现为角色内容变化。

总而言之，一个可治理的政府就是所说的"高能量"政府，即它必须能够行动，并且能随时地、迅速地、决然地采取行动。② 若要做好服务型政府角色定位工作，一方面必须深刻认识服务的内涵，服务不是简单的口号，而应是政府力所能及的同时民众接受认可的行政活动；另一方面，转变政府的行政活动方式，这必须从改变政府对民众居高临下的衙门心态开始，实现双方平等的对话与沟通，适应市场时代的行政指导与行政合同方式，服务型政府角色定位才能做到有效与顺畅。

第二节　无政府治理

罗西瑙本人所写，可以看作是对"治理"的概念厘清，以及本书的内容介绍。他首先指明了治理与政府统治并非同义词，与政府统治相比，治理是一种内涵更为丰富的现

---

① 彭澎.政府角色论[M].北京：中国社会科学出版社,2002:12.
② ［美］汉密尔顿,等.联邦党人文集[M].程逢如,译.北京：商务印书馆,2004:114.

象。"政府统治意味着由正式权力和警察力量的支持的活动,以保证其适时制定的政策能够得到执行。治理则是由共同的目标所支持的,这个目标未必出之于合法的以及正式规定的职责,而且它也不一定依靠强制力量克服挑战而使别人服从。换句话说,与统治相比,治理是一种内涵更为丰富的现象。它既包括政府机制,同时也包括非正式、非政府的机制。随着治理范围的扩大,各色人和各类组织等得以借助这些机制满足各自的需要,并实现各自的愿望。"①"治理指的是任何社会系统都应承担而政府却没有管起来的那些职能"②。这种意义更为广阔的治理,既可以存在于国内社会,又可以存在于国际社会,而本书主要是从后者的角度进行论述的。笔者还阐明了国际社会或者说世界社会是一个无政府的社会,这种"无政府状态","并不是以普遍的混乱和动荡为标志,而是在描述世界政治中央权威这一意义上使用的一个术语,这种权威凌驾于各国政府之上,并有能力指挥各国的行动。"③事实上在世界上在当今世界中,没有一个真正高于所有国际社会行为主体的更高权威对各种行为主体进行规制,这就需要相关行为主体相互合作,建立相关制度,以构建国际社会的良好秩序,来处理共同的问题。然而,现在的问题是无政府治理是否真的是没有政府的治理?

一、"无政府治理"的由来

"看不见的手"是一个隐喻,亚当·斯密(Adam Smith)用它来描述这样一种原理:于个人行为的非故意的结果,一种能产生善果的社会秩序出现了。虽然斯密在他的著作中从这种意义使用"看不见的手"这个词只有三次——一次是在《道德情操论》中;一次是他谈到早期宗教思想时,幽默地写到希腊神话中朱庇特"这只看不见的手";一次是在《国富论》中,但是这个隐喻所表达的思想是渗透在他的全部社会和道德理论之中的。

"看不见的手"是18世纪英国经济学家亚当·斯密(1723—1790),1776年在《国富论》中提出的命题。最初的意思是,个人在经济生活中只考虑自己利益,受"看不见的手"驱使,即通过分工和市场的作用,可以达到国家富裕的目的。后来,"看不见的手"便成为表示资本主义完全竞争模式的形象用语。这种模式的主要特征是私有制,人人为自己,都有获得市场信息的自由,自由竞争,无须政府干预经济活动。亚当·斯密的后继者们以均衡理论的形式完成了对于完全竞争市场机制的精确分析。在完全竞争条件下,生产是小规模的,一切企业由企业主经营,单独的生产者对产品的市场价格不发生影响,消费者用货币作为"选票",决定着产量和质量。生产者追求利润最大化,消费者追求效用最大化。价格自由地反映供求的变化,其功能一是配置稀缺资源,二是分配商品和劳务。通过看不见的手,企业家获得利润、工人获得由竞争的劳动力供给决定的工资、土地所有者获得地租、供给自动地创造需求、储蓄与投资保持平衡。通过自由竞争,整个经济体系达到一般均衡,在处理国际经济关系时,遵循自由放任原则。政府不对外

---

① [美]詹姆斯·罗西瑙.没有政府的治理[M].张胜军,刘小林,等,译.南昌:江西人民出版社,2001:序言,5.
② 同上.
③ [美]詹姆斯·罗西瑙.没有政府的治理[M].张胜军,刘小林,等,译.南昌:江西人民出版社,2001:译者的话,3.

贸进行管制。"看不见的手"反映了早期资本主义自由竞争时代的经济现实。看不见的手,揭示自由放任的市场经济中所存在的一个悖论。该理论认为在每个参与者追求他或她的私利的过程中,市场体系会给所有参与者带来利益,就好像有一只慈善的看不见的手,在指导着整个经济过程。但是,到了新的转型时期该理论遇到了巨大的困境。

二、"无政府治理"与社会管理

转型时期政府与民众之间互不信任,造成了当下危机四伏的社会管理低效局面。传统思维把社会管理当作政府单向职能,而忽视民众在其中重要的支持与参与作用,正是将社会矛盾推向激化边缘的重要缘由。其实,社会管理是一种由政府与民众双方辩证统一构成的功能结构,它一方面表现为政府的职能与作用,另一方面还体现为民众的义务与福祉,并且,还是在稳定的社会秩序基础上架构起来的政民互动的行动体系。基于一种政民互动视野下,社会管理内涵则可被重新解读为一种以人本为导向、以公共服务为内容的法治化行动体系。

转型时期出现了各种社会危机,在这种情形下,我国社会管理现状也同时表现出三大特征:首先,政府单向的社会控制。不少地方的政府在社会管理过程中,往往喜欢单干蛮行,忽略其中民众的支持与推动作用,致使本来应该由政府与民众双向互动的社会管理倒退为单向的社会控制;若政府不能改变如此单向控制的现状,就容易激化社会利益矛盾。其次,民众不宽容的对抗。由于一些政府只会站在自己的利益角度来思考社会问题,结果导致了民众对其的不信任,乃至不宽容的对抗;只要是政府的暴力执法,民众就会习惯性地产生敌对性的抵制情绪和心理。最后,社会泄愤事件不断。前面两个方面作为因,便产生了这里的果;政民之间的对抗加剧了社会利益矛盾现状,结果社会中一些屑小的民事风波也能引发将矛盾全部抛向政府的滔天大案来。归根结底,这些表征为政民互动不畅、潜藏四伏的社会危机正在有力地拷问社会管理的本质与内涵。当政府最少动用暴力来对待民众不满、处理社会问题时,社会管理才得以从传统的社会控制实现转变。

转型时期,面对这些由各种利益矛盾累积起来的危机,我们的社会管理思维更是要善于改变与突破。既然社会危机本质是对政民互动的特殊表现,那么以化解危机、维护和谐为目标的社会管理就应当认识到自身的政民互动要义。由此,我们在这里就可以从双向的政民互动的视角来重新看待社会管理内涵。这里,社会管理也即政府和民众对社会领域中各种利益矛盾纠纷所共同采取的合理、合法及理性的社会公共活动,是政府自身社会责任与职能的重要体现,也是民众的基本社会义务和根本长远福祉的集中表现。

社会管理不仅是政府自身的一项基本职能,还直接与作为行政相对方的民众发生密切的关联。社会管理实际是由政府与民众辩证双方通过互动关系而形成的功能结构,它一方面表现为政府的职责和作用,另一方面则表现为民众的义务和福祉。唯有政府不单向地把社会管理当作自身的一项职能,民众也不惯性地将之认为是政府固有的任务,而是二者能够达成共识地看到社会管理内在的法治本质内涵,才可理顺政民关系,突破现实困境,解决社会矛盾。

三、"无政府治理"的政府社会管理职能

政府社会管理,简要而言就是政府对社会领域中存在的各种关于国计民生事务的介入与干预活动,通过自身强大的组织力量来实现对社会问题的有效解决。由此,政府社会管理,从广义上来看,也实际蕴盖了政府全部职能范畴;从狭义上来看,也是政府自身基本的且最为重要的职能。密尔指出"政府整个来说只是一个手段,手段的合适性必须依赖于它的合目的性。"①所以,政府实际上也可看作是实现社会管理的基本手段。

首先,政府社会管理应当是基于公共价值导向上的职能作用。政府自身的恶价值取向必须通过公共价值导向的规制来得到抑制。否则,政府即便是具有高效率的行动力,那也只是背离人民创造与主权委托的初衷,反而得不偿失。像当下的政府不当执法就是缺乏对公共价值导向的清晰认识造成的,结果政府不但未能意识到这种"为达目标不择手段"的行政方式是社会矛盾激化的诱因,还会连锁地引发政府"不计后果"地采取高压维稳措施,最终社会问题不但不能得到解决,反而被进一步地恶化。

其次,政府社会管理应当是具备合法性基础的职能作用。"政府的任务是为所有公民提供生存、稳定以及经济的和社会的福利。"②而且,政府各种行政行为的合宪性与合法性深层次来看,则是合乎人民大众意愿表示的根本体现,而政府社会管理职能必当围绕着这个本源设定。宪法和法律本来就是在人民民主主权的前提下由人民大众的公意升华而来的,所以,政府履行社会管理职能,应该多看看人民的意思,而不是蛮横霸道地认为"自己行就行,不行也得行"。

最后,政府社会管理还应是注重公信力维系的职能作用。不是政府行政效率如何,而是人民是否信任这个政府来决定政府社会管理职能设定。政府注意自身公信力的维护,意味着它已认识到社会问题并不止靠自己就能解决,必须借助民众的参与力量来实现。

社会问题本来就是牵涉到政府与民众双方的矛盾现象,其中最为核心的是人民自身利益的合理分配(福祉),而不是政府内部特殊利益与人民利益相冲突。所以,洛克说"人民的福利是最高的法律"③。然而,现实中的社会矛盾问题逼迫政府不得不采取近乎暴力的高压维稳方式来干预与介入,反倒说明政府已潜意识地把社会问题当做政民之间利益对立,这样便直接决定了政府在民众眼里只能是"打着秩序的幌子来捞取自身特殊利益"的腐败形象。

社会管理职能设定忽略了人民的主体性价值是非常有害的。一方面,单向的职能范畴只能强化政府自古已然的暴政倾向,促使其走向人民的对立面。另一方面,简单的职能范畴也为政府不自觉地谋取自身特殊利益添置了合法却不合理的手段措施,加速了其自我腐败的势头。人为地排斥人民的社会主体价值,实际上就会破坏存在于社会

---

① [英]约翰·密尔.代议制政府[M].汪瑄,译.北京:商务印书馆,1982:17-18.
② [美]迈克尔·罗斯金.政治科学[M].林震,等,译.北京:华夏出版社,2001:39.
③ [英]洛克.政府论(下卷)[M].叶启芳,瞿菊农,译.北京:商务印书馆,1996:97.

管理领域中的权责平衡体系,更易于激化政民矛盾。

而且,社会管理也是排斥人民自身对政府的单向度依赖。社会问题必然要由政府和民众一对辩证统一的主体共同参与才能得到解决。由此观之,社会管理必然会宣告当前社会中民众"只计权利不知义务"的盲目功利时代的结束,并且也意在赋予民众在社会管理中的基本参与权利。正如李侃如分析的那样:"一场交通事故会很快有人立足围观,但只有警察才对受害者提供帮助。这种社会责任的根本特质始终是中国公民意识发展的主要障碍,因为中国人更多视自己为特定关系网中的一员,而不是一个国家的共同成员。"①

作为社会管理的一方,民众在管理过程中应发挥不可忽视的重要作用。让民众参与到社会管理当中来,可以使得政府容易与民众在公共管理事务中形成秩序与利益共识,从而最终确保社会管理职能的根本实现。而且,民众应当在理性的引导下合法地参与社会公共管理,而非再因循"大民主"时代的感性冲动,不甄别谣言地参加"围观"活动,不自觉地被少数特殊利益团体所利用,不负责地破坏社会秩序,增添社会公共管理成本及自身税负。因此,社会管理深层次上也就是民众的义务所在和福祉寄托。

社会管理是一种基于稳定社会秩序之中的政民双向互动联系,它外在地表现为政府自身的基本职能和重要作用,也内在地牵涉到民众的基本义务和根本福祉,由此,我们进而推导出社会管理是一种能够自动维系社会秩序的政民互动联系,而这样的互动联系只能是法治化的行动。

政府与民众作为社会管理过程中重要的能动载体,只有形成彼此之间法治化互动,才能有力地疏导社会矛盾,使得社会能够良序发展,从根本上实现社会管理的终极目标。"正是在受到信任因此不要求强力制裁的时候,法律才是有效率的;依法统治者无须处处都依赖警察"②,只有让法治意识深入政府与民众心里以实现对社会公共行动指导的价值目标,才能真正确保社会和谐。

因此,社会管理的本质便是一种法治化的政民互动联系的行动体系。这里,社会管理包含三层含义:第一,社会管理是法治化的,政府与民众双方依宪依法展开社会公共行动;第二,社会管理是双向的,政府与民众双方都必须有效地参与进来,才能真正实现社会管理;第三,社会管理是一种行动体系,社会管理是动态的双向主体的公共行动体系,为政府与民众提供了行动规则框架。

四、"无政府治理"的价值导向

社会管理不只是政府的基本职能,还是民众的一般义务,通过政府与民众之间的互动来实现其内在的公共的民本导向的法治行动体系。如果社会管理能够在政民互动的前提下不断协调社会利益矛盾,最终求得社会问题的解决,那么,它就能够取得高效行动的效果,使得当前政府摆脱高昂的维稳成本,从高压求稳的噩梦中醒过来,从而专注

① [美]李侃如.治理中国——从革命到改革[M].胡国成,赵梅,译.北京:中国社会科学出版社,2010:17.
② [美]伯尔曼.法律与宗教[M].梁治平,译.北京:中国政法大学出版社,2003:17.

于政府自身关键的、本然的及重要的职能领域,终而实现国家大治。

首先,人本导向是社会管理的逻辑起点。

维护人民的根本利益和促进人民的长远福祉是社会管理人本导向的核心价值内涵,并形成对社会管理的公共引导作用。无论是政府还是民众,二者在社会管理过程中都只能以人本导向为根本立足。社会管理本着公心解决社会矛盾的目标,无可避免地在人本导向处找到了自身的逻辑起点。

现代民主政府的一个核心价值是"回应",即政府行为能达到"与人民的偏好相一致"。[①] 通过公众的参与来巩固政府的外在约束机制,使得政府的公共行政行为能够真正得到制度性的边界,从而在根本上保障了人本理念在社会管理过程中得到真正的制度体现。

一方面,人本导向意味着民众的公共意义才是社会管理关注的核心问题。对于政府而言,它着重考虑的是公共利益的协调与实现问题;对于民众而言,公共利益便是自身的切身利益,要求自身的合法参与。人本导向的焦点在于社会管理能够实现有效的政民互动。

社会管理以由众人所组成的社会为管理对象,要求政府与民众贯彻一种以人为本的价值理念。"以人为本"的价值理念要求人们始终要把生命、财产、自由等放在公共行动的首位。没有这个理念始终引导政府与民众的公共行为,就不能够使得二者之间形成良序的法治化互动。

另一方面,人本导向也意味着人民利益矛盾的内部缓和。社会管理本来就要政民双方理性地解决社会矛盾,摆脱利益纠纷,因此便需要政府超然地公正协调属于人民内部的利益矛盾,而人民则可凭借政府强大的组织行动力来实现自身的利益纠纷的解决。否则,政府的主观妄为会造成民众对它的暴政印象,不但不利于矛盾问题的解决,还反倒促使社会问题的恶化。所以,从历史的发展来看,以人为本是我国政府完善自身行为模式的既定方针,其真实性与合理性体现在"为人民服务"根本宗旨的制度性回归。[②]

作为社会管理的逻辑起点,人本导向对政府与民众双方都提出了必然的公共行动要求,使二者能够在理性的引导下通过国家规则的力量来解决社会中各种利益矛盾问题。社会管理必须以民众利益为自身行动的根本价值导向。

其次,法治约束是社会管理的行动框架。

"法律作为最高的行为规范,作用对象包括公民和政府,强调的是对政府权力的约束,因为手握权杖的人才是对法律最大的威胁和最有可能的破坏者。"[③]为此,如何让政民双方能够以理性的态度和国家规则的力量来解决社会利益矛盾正是社会管理的行动焦点所在。不需要特别的推导,我们就很容易想到法治的行动力。通过法治来打造社会管理的行动框架,则可以让政民双方在利益博弈过程中展开规则化及制度化行动。正应博登海默那句话"法律的基本作用之一仍是约束和限制权力,而不论这种权力是私

　　① ［美］劳伦斯·迈耶.比较政治学［M］.罗飞,等,译.北京:华夏出版社,2001:36.
　　② 沈荣华,王宇灏.以人为本:我国政府的价值定位［J］.中国行政管理,2008(12).
　　③ 何勤华,任超.法治的追求——理念、路径和模式的比较［M］.北京:北京大学出版社,2005:97.

人权力还是政府权力。在法律统治的地方,权力的自由行使受到了规则的阻碍,这些规则迫使掌权者按一定的行为行事。"①

首先,法治外在地表现为社会管理中政民互动的公共行动约束框架。法治是由于抑制社会中恶的需要而产生,所以它不得不表现为社会管理中政府与民众双方的公共行动框架。其次,法治内在地彰显了社会管理的公共的人本导向。如果政民双方都处于一种混乱的利益诉求状态或者政府不能够有效协调民众之间的混乱利益表达,那么,社会利益矛盾问题不但不能得到解决,还会由于利益矛盾的日积月累而被激化。最后,法治本质地规定了政民互动双方在社会管理方面的共识价值。在社会管理过程中政府与民众就社会利益矛盾所形成的认知共识,也表现为法治。高效的社会管理不是强加于政民双方的法治行动体系,而恰恰是内化到政民心里的法治共识行动体系。

法治不仅是约束政民互动在社会管理中的表现,还是一个通过约束来实现二者高效社会公共行动自由的中介。由此,法治赋予社会管理公共行动框架的同时,也规范了社会管理的基本行动内容。

最后,公共服务是社会管理的基本内容。

社会管理不能被简单化为社会管制,而应被理解为一种复杂的、动态的及公共的社会利益矛盾协调机制,它以公共服务为基本行动内容。管理也是服务。对于政府而言,公共服务是其应然的行动宗旨;对于民众而言,公共服务则是其实然的行动效果。

既然社会管理是政民互动的双向过程,那么,它的公共服务内容也必然是具有双向意义的。在社会管理中,公共服务并不是政府的单向输出、民众被动接受;而恰是政民双方在各自的能动状态下共同追求和实现的公共行动产物。公共服务是对社会管理的人本导向的现实价值体现,也是对其法治行动框架的结果状态展示。

社会管理需要直接面对人民根本利益的分配与协调问题,所以它的根本导向应是公共的和民本的,而且这种导向的实现是必当置于法治化行动体系当中的。从而,社会管理外在地具有互动的、法治化的及公共的特征。而且,人本导向是政府管理的指挥棒,引导政府和民众合法、合理、理性地行动;法治约束则确保政府与民众之间的良序互动,形成对社会秩序的维护作用;公共服务直接表明了政府与民众之间利益博弈的主要内容。进而,人本导向通过法治约束来规制,由公共服务来得到具体化。因此,社会管理实质是基于政民互动之上,通过人本导向、法治约束及公共服务构成的三维一体结构,最终实现公共价值内涵的功能行动结构体。

五、"无政府治理"的政府社会管理困境

第一是市场失灵。市场失灵,就是因市场缺陷而引起的资源配置的无效率。包括两种情况:市场机制无法将社会资源予以有效配置;市场机制无法解决效率以外的非经济目标。市场失灵的表现:① 公共产品的提供。市场化的资源配置是以消费者的偏好

---

① [美]博登海默.法理学:法律哲学与法律方法[M].邓正来,译.北京:中国政法大学出版社,1999:358.

为依据的,然而对于消费者偏好在市场上反映不出的公共产品,市场则不能对其进行资源配置。完全依靠市场体系,消费者往往得不到合乎社会需求的供应量。因此,对公共产品的生产或提供是政府分内应做的事,市场体系做不了,或者能做而做不好。② 市场经济中的垄断。市场实现资源优化配置的前提条件之一,是竞争存在与不存在垄断的现象。事实上,世界上根本没有出现过完全竞争的局面。垄断和寡头经济的祸害在于破坏正常的市场运作。市场本身解决不了垄断问题。政府的责任就在于针对垄断或其他非竞争因素的存在以及所引起的竞争的不完全性,采取有效措施,保证竞争的有效性。③ 市场经济的外部性。外部性包括外部经济和外部不经济。政府的作用就在于保证这些外部经济效益的实现和在于使外部不经济最小化。④ 市场波动与经济的不稳定性。市场从来就含有不稳定性,它的发展始终是以周期性的增长形式进行的。大幅度的变动危害到市场机制的有效性,往往给资源分配、收入分配带来不利的影响。对此,市场经济自身无法实现自动调节,而需要政府来发挥作用。⑤ 市场经济下的收入不平等。以市场机制为前提的收入分配,是由市场上的力量关系、个人能力、继承财产的多少、利用教育机会的可能性以及在社会上的灵活性等方面决定的,因此便会产生各种不平等。

第二是公共服务的民营化。公共服务的民营化指由市场或民间部门参与公共服务的生产及输送的过程。也就是讲,政府通过契约外包、业务分担、共同生产或解除管制等方式,将部分职能转由民间部门经营,政府须承担财政筹措、业务监督以及绩效成败的责任。公共服务民营化的优点主要是:① 成本降低。竞争的市场可以提升管理的效率和降低生产成本。② 提高服务质量。③ 增加选择机会。④ 整合民间资源用于国家发展。公共服务的市场化,也可以解决政策资金不足、智慧不足、管理能力不足等问题。⑤ 示范效果。可以对政府及官员造成压力,促使其改进绩效。公共服务民营化的限制主要是:政府的许多业务和服务很难市场化,如涉及国家主权的业务和事关国家安全的业务;信息的限制。公共服务民营化的主要问题:① 关于公共责任问题;② 特权与贪污问题;③ 公共服务的不公正问题;④ 规避巧用问题;⑤ 管理问题。

第三节　网络治理

网络治理是公司治理中针对网络组织的治理。治理行为的主体是合作诸结点,客体是网络组织这一新型组织形式,治理过程是具有自组织特性的自我治理。网络组织要创造的结构或秩序不能由外部强加,网络治理发挥作用要靠多种进行统治的以及相互发生影响的行为者的互动。

一、网络治理的兴起

1934 年美国社会心理学家莫雷诺运用社会计量学的方法对小群体进行实证研究奠定了网络研究的基础。经济学主要从以下两个视角来研究网络的存在性以及网络的功能:一是把网络作为一种分析工具。"网络"概念最初被描绘成组织内部的非正式关系纽带,然后发展为一个表达组织环境是如何被构建起来的术语,最后又成为分析权力与治理关系的研究工具。二是把网络作为一种治理形式。把网络视为一种治理形式,实质是把它当作使单个主体整合为一个连贯体系的社会黏合剂,把网络与市场、科层等并列,视为一种独立的交易活动协调方式。把网络视为治理机制或合作机制离不开网络分析工具,而网络分析的最经典对象就是网络。在企业的网络分析中,不论是社会关系网络结构观、弱关系力量假设与社会资源理论,还是嵌入理论、社会资本理论,研究的都是人与人、组织与组织以及人与组织之间形成的关系网络。企业不是孤立的,会与许多关系主体发生各种交易行为,由此形成的网络中如何协调各网络主体的利益,如何对企业内部资源与外部网络资源进行有效的组合,成为网络治理的主要内容。

利益相关者理论与企业网络理论虽然是两种不同的理论,但二者具有趋同性。在企业网络体系中,与企业相关的网络主体与企业及网络主体之间存在利益关系。从企业间网络看,企业间基于信任与合作的关系实质上是一种利益关系,通过合作、竞争、控股、集团等形式,借助正式或非正式的契约,获取各自的利益,它们是利益相关者。从企业内部网络看,经营者、内部员工、股东等网络主体与企业之间也是一种利益关系,通过建立内部科层组织结构,以保障各自的利益。因此,利益相关者理论与企业网络理论研究的都是同样的对象,即企业的利益相关者。

冯·诺依曼和奥斯卡·摩根斯坦在《博弈论和经济行为》中指出博弈的特征表现为两个或两个以上具有利益冲突的当事人处于一种不相容状态中,一方的行动取决于对方的行动,每个当事人的收益都取决于所有当事人的行动,当所有当事人都拿定主意做出决策时,博弈的局势便确定下来。约翰·纳什提出了一个关键的概念“纳什均衡”,开创了讨价还价的博弈论研究。在二人零和博弈中,总有一种办法找到最佳可能策略,这个策略能够使一个人的收益达到最大(或者说损失最小)。共享单车在发展的过程中政府、企业和用户作为理性的经济人,在没有或者较少外界因素制约的条件下,局中人都会选择最有利于实现最大利益的策略,往往以牺牲大的公共环境为代价,促使共享单车的合作治理陷入了零和博弈的困境。网络治理的基本构成要素是合作与共识,从而形成有效的集体行动。

二、网络治理的内涵

在转型期,我国公共服务的供给主体及模式类型多以政府主导为主,因此或多或少地带有权威模式的特征,而且,这可能成为政府与社会、市场之间合作出现阻梗的根本原因。据此,并不能将我国当下所呈现出的公共服务多元化供给态势称之为纯粹的多元化主体格局。努力摆脱计划经济的襄臼,加快完善市场经济,推进“放管服”改革,提升市场和社会的活力,已成为我国公共服务供给体制完善的根本方向。鼓励多元主体社会性参与,完善政府为主导、多元主体参与的基本公共文化服务网络,最终构建公民个人、社会组织、政府多方参与的基本公共服务均等化的组织体系和社会网络。① 通过

---

① 李敏.江苏基本公共文化服务动态供给特征及均等化路径探析[J].东南大学学报(哲学社会科学版),2017(5).

对公共服务供给主体的类型学分析,可对我国公共服务多元化供给主体合作网络的演变发展做出一个合理的预测与判断。多元的公共服务供给主体采用各种可能的手段及行动,会在公共领域的社会空间中形成一种以协商与沟通为内容的合作活动,这明显区别于传统的单一公共服务供给模式,并以网络的形式展现其制度张力和机制优势。随着人类社会不断向现代文明迈进,公众对公共事务的认识日益觉醒,公德心、公言公行、公共伦理等已不再是政府这个第一部门的独有财产。这必然会带动更多的人积极参与到社会公共领域中来,促使第三域的觉醒,为全人类带来更为广泛的福祉。因此,基于平等和互信建立一种包括政府、企业、第三部门(NGO、NPO)等社会组织在内的公共行动者的对话与沟通平台是实现合作网络机制的关键。

第四节 企业化政府改革

在意识形态上崛起的"新右派"思想,主要来源于自由经济思想、新制度经济学和公共选择经济学,它强调自由市场的价值,批评政府干预的弊端,主张用市场过程取代政治或政府过程来配置社会资源并且做出相应的制度安排。它认为国家和政府作为非市场力量,会扭曲社会资源的有效配置。高税收将资源从"创造财富"的私营部门转移到"消费财富"的公共部门,妨碍经济增长和削减社会福利。只有让市场进行资源的最佳配置,让消费者和生产者决定福利的供给和需求,才能促进社会和经济的繁荣。于是,市场化成为政府改革的必然选择。公共企业的私营化、公共服务的市场化、公共部门之间的竞争、公共部门与私人部门之间的竞争,广泛进入西方国家的政府改革策略。

一、市场化改革

市场化改革,从一定意义上讲,是在为政府减负,同时也意味着政府放权。在现代国家,政府扮演着双重角色,即"社会福利的提供者"与"经济稳定和增长的主舵手"。政府在社会保障、社会公平、教育平等、医疗保健、环境保护等方面依然承担着不可推卸的责任,仍然支配着巨大的社会资源。社会要求政府"花费更少、做得更好",更有效地使用公共财政资源。对此,政府必须积极从内部管理上挖潜,寻找新的管理理念和管理工具,提升政府的管理能力。私营企业优良的管理绩效和先进的管理方法,自然地成为政府进行管理创新的改革选择。西方国家的政府改革鼓吹市场化和效法私营企业管理,最终导致不同于传统的政府管理模式的新公共管理典范的诞生。

在这场改革运动中,英国是先行者。1980年,撒切尔政府推行以缩小政府规模和进行"财政管理创新"为中心的改革,其后的梅杰政府("公民宪章运动")、布莱尔政府("第三条道路")继续推进政府改革,进一步发挥市场化作用;新西兰则在1988年开始以"政府部门法案"为蓝本的改革;加拿大在1989年成立"管理发展中心",并于次年发表题为"加拿大公共服务2000"的政府改革指导性纲领;美国于1993年成立"国家绩效评估委员会",用来指导政府改革,后于1998年更名为"重塑政府国家伙伴委员会"

(National Partnership for Reinventing Government)。这些改革的重要特征就是,发挥市场机制在公共服务领域中的作用,积极借鉴私营管理的技术和方法,提升政府的管理能力和公共服务能力。

二、政府公司化

政府公司化,是地方政府公司化的简称,具体有两层含义、两种理解,一是学者说的"政府公司化",指一些地方政府像公司一样,把追求利润最大化当成行政目标,运用手中的权力,大干与民争利的事情;二是另外一种现象:某些政府或部门的领导,把自己"管辖的地盘"当成自己的私营机构,肆无忌惮地通过这个"公司"或谋取私利,或恣意胡为。

现实中,一些地方政府确实更像一个追逐 GDP 最大化的政企结合体,它们基于狭隘的局部利益,担当了推高地区经济的重任。这是实践中对各级政府的政绩考核普遍过分强调 GDP 指标权重的结果,哪个地方似乎都难以独善其身,有赖于制度上的纠偏。对于政府公司化倾向,还没有哪个地方的县市长公开宣称"我们就是个大公司",多少有些羞羞答答。也有嘴上不说,拿近乎莽撞的行动来诠释、来演绎的,四川省三台县政府即是一例。央视焦点访谈报道:汶川地震后,三台县政府将国家下拨的 9 000 万灾后重建款,拨给县属国有企业宏达公司增加其注册资本金,而该公司又将其中 8 000 万拨给下属房地产开发企业。就这样,国家救灾专款没有得到专用,反而被拿到企业搞起了房地产开发。

与民争利式的政府"公司化"也好,把机构当自家店铺经营式的政府"公司化"也罢,都是腐败的重要表现,因此也都是反腐斗争的重要对象。十七届四中全会和中纪委全会,对反腐工作做出了新的部署、提出了新的要求。人们热切期待各项新举措的严格落实,热切期盼尽快用制度消除种种群体、个体的权力寻租现象,有效避免"少年得志""最后疯狂"的贪官前赴后继地出现。

政府与公司有本质的区别。地方政府不但应该关注一个地区的经济增长,更加应该关注这个地区的收入分配,关注谁会在增长中受益,谁会在增长中受损。其次,我们应该认识到,效率并不一定是衡量好政府、坏政府的首要标准。政府应该首先追求决策的正确性和科学性,而高效率对此并无多大的帮助。我们还应该认识到,对政府的考核不应该只是由上级政府来做。检查评比、奖励惩罚由上级部门来实行,只能培养出"唯上是从"的地方政府。要对政府的行为做出真正有益的评价,舆论和民意的参与必不可少[①]。

眼下不少地方政府对于民生并无太大动力。事关民生的重大问题,习惯以"为民办十件实事"等花边形式示人。三台县强行将中央灾后重建资金改为它用,说明某些地方政府不仅在为民谋利方面毫无兴趣,而且赤膊上阵与民争利。官员求利,部分是为公,亦即通过经济增长表现,向上级展示不赖的政绩。问题是一旦过度关注"利",官员的私利心就难免滋生膨胀。政府及其官员的生产性职能丧失,寻租性职能与日俱增,结果是

---

① 周飞舟.地方政府"公司化"的利弊[N].北京日报,2010‑04‑26.

政府在民众心目中失去"合法性",转化为"分利集团",其后果已经引起了社会的多种紊乱和不满。真不敢想象,类似三台县政府这样的公司化思维普遍开来,没有不敢用的钱,没有不敢争的利,不知道还会发生什么。

政府变身公司,与一般意义上的公司不同,后者要受到相应合约和规则的制衡,政府公司则无所顾忌。政府是市场规则和合约的制定者,拥有一般市场公司所不具有的强制权力,它为所欲且"常有理"。也许三台县政府官员面对鼎沸的舆论会做委屈状:发展房地产经济就一无是处了吗?是的,以追求经济增长甚至小集团私利为最高动力的政府逐利化或公司化,在某些时候也能够带来社会财富的大幅增加,提高社会成员的福利水平,但在社会治理方面,它更多带来的是什么,从近些年越来越严重的官员腐败和频繁出现的群体性事件中,不难找到答案。

三、私有化运动

私有化是指公有组织或公有财产的所有权人直接或由其代理人越权将公有组织或公有财产以及这些组织或财产的所有权及其派生权利合法或非法地由公有组织或公有财产的全体公民或某一集体所有转变为个别私人所有的行为及其过程。

无论从理论上还是从法律上看,私有化的实施主体(包括决策主体和具体的转让行为的实施)只能是拟进行私有化的全体投资者。因此,全民所有制企业或公共设施的私有化的合法实施主体必须是全体公民,而集体所有制企业的私有化的合法主体只能是投资创办该集体企业的全体投资者集体,合作社的私有化实施主体必须是合作社的全体社员。按照"谁投资谁所有"的原则,只能由这些具有原始投资者地位的所有权人自己决定是否进行的私有化决策才是合法的意愿表示,也只有由所有权人自己亲自实施(即通过全体投资者共同投票的方式)或通过法定程序委托实施(即通过全体投资者的代表投票的方式)的私有化才是合法的私有化。非法的私有化行为实际上就是当权者利用手中的党权、行政权和管理权进行的抢劫,其行为本身就是犯罪。但是,大量的事实表明,在包括苏联和东欧社会主义国家在内的社会主义国家倒向资本主义社会制度的私有化运动中,一些打着"市场化""改制""改革"和"建立现代企业制度"等旗帜进行的私有化几乎都是由其代理人(党、政府和企业中党权的官员)越权违法实施的抢劫活动,是地地道道的犯罪。

众所周知,人类社会组织主要包括政治组织(国家、政府机构、党派、协会等)、经济组织、宗族组织(家庭、家族、氏族等)、宗教组织、学术组织等。私有化实际上就是对组织制度进行所有权改造,即将原来相当多的一个公众群体或一个国家或地区的某类群体或全部群体所有的组织改变为个别或一部分人私人所有的组织。然而,上述组织中利益最集中的组织还是经济组织。因此,一谈到私有化,人们首先想到的就是国有企业、集体企业和原来真正属于社会主义性质的社员所有制企业(主要是曾经遍布全国各个乡村和城市的信用合作社和供销合作社)。显然,从私有化主要是对经济组织的所有权进行的更换这一点来看,我们不难发现,私有化的本质就是利益斗争,即一少部分人通过和平革命的方式获得公有企业组织及其财产。

组织在所有权制度安排上是公有制还是私有制主要决定着这样两个方面的基本重大问题:组织是否可以通过公有制或私有制这样两种截然不同的所有制来实现社会正义? 组织是否可以通过公有制或私有制这样两种完全相反的所有制来实现社会效率? 此两个问题实际上最终还是一个问题,即人类通过组织的建立怎样才能使整个社会达到生活质量的最大化? 有人认为,人类的生活质量可能与所有制没有关系。但是,我们的研究发现,人类生活的几乎每一个方面都与各种社会组织的所有制存在着密切的关系——所有制决定着人类生活质量的最大化,即不同的组织所有权制度安排意味着人们通过该组织实现的生活质量是不同的。因此,寻找一种能够实现人类生活质量最大化的所有权制度安排对于人类社会而言有极其重要的现实意义。这也正是人类历史上几乎所有的思想家都特别关注所有制问题的重要原因。

在所有制这一关键问题上,中国改革开放的官方思想和主流思想主张"不争论",同时"不争论"被认为是解决一切问题的"良药"。"不争论"是对实事求是的思想贯彻,与其把精力浪费在"资""社"、市场与计划的口舌之争之上,不如"摸着石头过河",闯出一番改革经验来,标准化实践去检验真理。在西方主义者(主要美国主义者)的行政倡导和主流学术思想的倡导下,否定社会主义公有制成为一种没有思想的时髦,而坚持社会主义公有制也被认为是"思想僵化"——人类问题在缺乏智慧的时候人们往往只能给对方戴上一顶大帽子来显示自己的权威,实际上就是话语霸权上的淫威,后面正是理屈词穷。坚定不移走中国特色的社会主义道路,不惧怕世人的评价,只求将社会主义制度建设与改革进行到底。

第五节　社会主义国家政府改革

自 1998 年,新一轮的国务院机构改革开始。这次改革的目标是:建立办事高效、运转协调、行为规范的政府行政管理体系,完善国家公务员制度,建设高素质的专业化行政管理队伍,逐步建立适应社会主义市场经济体制的有中国特色的政府行政管理体制。从这次机构改革的基本目标和原则可以看出,这次机构改革的指导思想仍然主要是公共行政的传统准则,即集权性的韦伯式的官僚体制的基本准则,尚缺少当前西方各国流行的新公共管理的准则。但是,根据我国国情和公共行政管理实际发展水平,我们认为传统的公共行政模式的基本准则在我国并未完全过时。毕竟,西方发达国家公共行政管理改革与我国公共行政体制改革所处的社会发展背景不同。但是我们认为,这并不排斥我们在改革中吸收和借鉴西方新公共管理的某些思想。这是因为,世界各国在公共行政管理改革中面临的许多问题都是共同的,这一点不论在理论上还是在实践上都是如此。因此,了解和吸取西方国家公共行政管理改革实践中取得的经验和教训,对我国公共行政管理改革的实践是有积极意义的。

一、治理理论的中国适用困境

对治理理论中国适用性的质疑主要集中在以下三个要点:第一,西方治理理论要解决的问题与当下中国面临的困境不同,治理理论兴起的直接原因在于政府与市场的失灵,前提是在西方市场经济制度完善的情况下引发的资源配置低效率,中国市场经济存在的主要问题则是市场潜能的阻滞以及政府能力的低下,前者需要弥补,后者乃是强化,两者存在明显区别;第二,缺乏西方治理理论的社会基础,治理离不开成熟的多元管理主体以及主体之间的伙伴关系、民主协作精神两个前提,中国公民社会的形成还存在诸多阻碍,"强政府—弱社会"模式下公民社会组织的发展缺乏独立性和自主性;第三,对治理理论本身的顾虑,主要集中在对治理理论所倡导的政府—市场—社会三者合作如何有效整合存有疑虑。如果缺乏有效整合机制和制度设计,公共治理不但难以显现三方比较优势,实现系统最优化效应,反而会导致三者比较劣势的叠加,出现更大的治理失败局面。

从本质上来看,中国共产党的全心全意为人民服务的宗旨始终应该是政府各种涉关行政乃至变革行动中所要求遵循的价值导向。然而,现实中由于各种风险因素(如改革压力和阻力)的影响会很容易使得政府在变革过程中不自觉地陷入工具理性窠臼之中,并把本应通过体制改革来解决问题的变革活动局限于机制创新与技术替代,造成我国改革过程一直难以避免的"头疼医头,脚疼医脚"式改革困境,同时衍生出旧有的不合理或不合法问题未能得到彻底解决反又生出新的不合理与不合法问题的局面。

第一,改革价值取向——公共服务。公共治理要始终围绕公共服务的价值导向设计与安排。公共治理不是为了地方政府面子上好看、办事上好用、政绩上好混。一切违背改革的根本价值取向的机制与体制创新都将是行政服务中心实际上难以得到法理性认肯的重要原因。将公共治理始终"拴"在改革内在的价值导向上,一方面可以使得其在缺乏法律制度有效支持的情况仍能从自身改革行动中逐步汲取合法性能量(它始终是向着人民根本利益的,所以容易首先得到人民的认同),另一方面这种内在的改革价值导向实际也在赋予公共治理一种法治运作框架以促使其朝向最终的体制层面演变与发展。

第二,改革价值分配——全民共享。改革无疑又是一次重大的社会利益格局调整的过程,而其内在的改革导向能否外化成一次全民范围内公平的价值与利益分配,在根本上关系到公共治理的民心取向。公共治理最急迫的,也是最根本的就是必须得到民众的衷心认同。对于公共治理本身来说,它最重要的改革价值分配就是能够通过行政审批权限的重组来实现促进民众实际权益公平、正义、有效地获取与实现的目标。正是民众能够感受到自身的权益逐步具有正在逐步完善的有效的、公平的保障途径,公共治理才获得了民众源自内心的认可,从而为其法理性认肯奠定了社会基础。

第三,认肯方式——策略方式。在我国,由"摸着石头过河"的改革逻辑所衍生的自下而上式的改革路径制约下,基层地方政府(如县市级政府)通常只能小心谨慎地制定各种机制创新方案,以免与上级政府乃至中央政府的施政意图发生冲突而导致改革的夭折失败。在我国中央集权的政治体制背景中,仅仅是获取民众的认同还只是启动了体制变革的重要第一步,还必须最终使之进入上级政府与中央政府的改革议程,才能实现从局部到整体、从地方到全国、从试验到推广的全局层面意义的体制改革。更何况在大多数情况下,越是基层的地方政府(如县市级政府),越是缺乏行政立法的权力;仅仅是依靠规范性效果极其有限、层次效应极低的规范性文件,还是不能够真正地把具有巨大生命力的公共治理转化为有效正式的体制,更遑论体制改革了。

二、治理理论的中国适用出路

中国共产党的政治宗旨是要理性地代表好人民群众,落实好亘古不变的"全心全意为人民服务"的政治信仰。对于这样的崇高宗旨与信仰的真正落实,离不开现实的对公共权力的合理安排与有效运作。在当今公共权力的演进历程中,行政权不断地由传统政治性的统治权质变为现代管理性的服务权。由此,行政权便逐步演变成为实际意义上的行政服务权。而且,这种行政服务权必须在权力导向、权力制约及权力运作三个方面实现所欲的创新,才能真正推动诸如行政服务中心这样的体制改革成为现实中突破旧体制束缚的真正制度。党与政府的服务宗旨理念决定了行政权的服务性内涵,它既是我国公共权力本质性回归意义上创新,也是当前体制改革的创新导向所指。以行政服务权能配置创新为主要目的与内容的体制改革的根本导向实质是要正确处理权力结构关系与权力—权利关系。所谓行政服务权能就是对政府公共权力与民众合法权利之间客观存在的矛盾进行妥当与有效协调与疏导而产生的各种效能和结果。要确保地方政府使用行政权力来推行公共服务,就必然要求地方政府在努力追求以提高公众福祉为主要内容的政绩的同时克制自身对公众的合法权益造成侵害。

在宏观的体制改革思路指导下,流程再造与技术优化两大重要措施使得公共治理不断地趋向制度意义上的完善与变革。其中,流程再造是对行政体制的各种业务、管理及协调流程进行以紧密性、连贯性及对接性为主要导向的再设计过程,从而使之在统一的总体流程、独特的专业流程及卓越的服务流程方面,追求高效性、优质性、满意度、归属感及认可感的效果目标。而技术优化是在当前双轨制的前提下进行制度性的匹配与创新,从而使得行政服务中心能够形成唯一新型制度的变革;并且,技术优化本质上是指对以促进公共服务优质高效供给为内涵的行政服务工具的高效廉洁使用,进而,开发出诸如上门服务、自助服务、自我服务、市场服务、联合服务等十种类型行政服务工具,确保政府公共治理建设最终向智能化服务发展的、具有真正意义上的制度变革转化。

1982 年修宪活动的圆满成功意味着中国政治发展进入了崭新的里程,人治色彩被大大削弱,法治特征逐渐浮出水面;1997 年党的十五大提出依法治国、建设中国特色社会主义法治国家的响亮口号;1999 年中国特色社会主义法律体系初步形成,中国法治化道路可谓徐徐递进、稳步向前、令人可喜。可回顾自 1982 年以来我国六次机构改革虽然是成功,可"精简—膨胀—再精简—再膨胀"怪象时常发生。新公共管理运动全球化浪潮冲击的今天,如何运用私营部门精神,如何打造服务型政府,如何使民众最满意已经成为政府的主要议题。我国行政编制超编、混编、领空饷,行政机构冗杂臃肿、效率底下、互相扯皮、权责不清、行政人员老龄化程度较高、官本位意识深重、法治思维薄弱、行政素养不高等弊端都是与新公共管理运动所追求的具备企业家精神的政府相抵触的,机构体制的全面深化改革势在必行。关于如何改进,通过六次实证、编制基本法缺位、大量文献中法治化关键字眼不突出可知,唯有注入法治化这一关键药引,机构体制改革才有新方向、新未来。

同时,国家审计作为党和国家监督体系的重要组成部分,是国家治理的基石和重要保障,在促进党风廉政建设与反腐败斗争中具有独特作用。党的十八届三中全会定位全面深化改革的目标是推进国家治理现代化。现阶段国家审计的改革方向就是建立与国家治理现代化相适宜的国家审计体制与制度。从我国腐败治理体系的发展来看,已经形成了"党委统一领导、党政齐抓共管、纪委组织协调、部门各司其责、群众参与和支持"的具有中国特色的国家反腐败体系。国家审计是国家治理的重要组成部分,通过开展国家审计工作,有助于通过监督、管理的方法,保证国家治理效果,维护广大人民的利益。刘家义同志指出:国家审计来源于国家治理的需要,属于国家的政治体制。国家审计的基础性地位使得在没有有效的国家审计制度的情况下,无法实现国家治理。政府应该完善国家审计相关制度,使国家审计更好地参与到国家治理当中,为国家治理服务。

本章课程思政学习材料

创业艰难百战多——社会主义全面建设与艰辛探索
（原标题：创业艰难百战多）

1956 年,以基本完成对生产资料私有制的社会主义改造、建立起社会主义基本制度为起点,我国社会主义建设全面展开,同时也开启了对社会主义道路的艰辛探索。其间,既取得了辉煌的成就,也经历了一些曲折。工业建设、农业机械化和农田水利建设、科学研究和国防尖端技术研制等许多工作布局,包括我国独立的比较完整的工业体系和国民经济体系的逐步建立,都始于那个年代。

打下稳定基础,形成工业化浪潮

早在"一五"计划制订时,我国就明确了工业化建设目标。1955 年,陈云同志指出,"第一个五年计划的基本任务,概括地说来就是:集中主要力量进行以苏联帮助我国设计的 156 个单位为中心的、由限额以上的 694 个建设单位组成的工业建设,建立我国的社会主义工业化的初步基础"。到了 1964 年,在三届全国人大一次会议上,又正式提出建立一个独立的比较完整的工业体系和国民经济体系这一表述。

作为全面社会主义建设初期的重要行动指南,"一五"计划的成功编制实施,形成了我国近代以来引进规模最大、效果最好、作用最佳的工业化浪潮。到 1957 年年底,"一五"计划绝大部分指标都大幅度超额完成。国内生产总值年均增长 9.25%,大大超过同期世界发展中国家 4.8% 的年均增速。工业生产取得的成就远超旧中国的 100 年,与世界其他国家同期相比,增速也名列前茅。工业总产值年均增长 18%,远高于美、英、法等主要资本主义国家同期增幅,也高于战后的联邦德国和日本。从投资效果看,"一五"时期的大中型项目建成后,平均 3 年半就能收回投资。工业生产能力和技术水平前进了一大步,成就令人瞩目。

通过"一五"建设,我国基本结束了不能生产钢轨、无缝钢管、薄板和合金钢等钢材的历史,改变了有色金属工业体系残缺不全、互不配套的落后状况,制造出了载重汽车、蒸汽机车、喷气式歼击机,电讯设备和精密仪表等行业逐渐实现了国产化,机械设备的自给率由新中国成立前的20%左右提高到60%以上;形成了以鞍钢为中心的东北工业基地,以哈尔滨三大动力厂为中心的电站设备基地,以上海机床厂为中心的精密机床基地,以洛阳拖拉机厂为中心的农业机械基地,以西安开关整流器厂、西安电子电容器厂等为中心的高压输变电设备基地;开始了以武汉钢铁公司、包头钢铁公司等项目为中心的华中、华北、西南和西北等工业基地的建设,从而初步建立了门类比较齐全、布局基本合理的现代工业体系。

有关史料显示,5年间,对经济和文化教育部门的基本建设投资共达493亿元,超过原定计划的15.3%,加上企业和地方自筹资金,全国实际完成基本建设投资总额588.47亿元。在施工的1万多个建设单位中,限额以上的工矿建设项目921个,在很长时期内都是我国现代工业的骨干。

"一五"计划的成功实施,为此后的第二个、第三个五年计划和中国工业化建设,乃至国民经济体系打下了坚实的基础。不仅如此,"一五"计划对中国经济加速发展的作用,也是决定性的。根据国家统计局的资料,"一五"计划时期,工业全员劳动生产率提高1倍多,在工业总产值增加额中,由于提高劳动生产率增加的产值占59.7%,比国民经济恢复时期高出11个百分点,是1978年以前最高的时期,也是改革开放之前我国经济效益最好的时期。

调整国民经济,恢复发展生机

"一五"计划取得辉煌成就,极大地激发了100多年来饱受侵略之苦的中国人民的干劲与热情,热切期望加快建设、尽早实现国家工业化。然而,由于当时缺乏经验,忽视了经济发展规律,滋长了急于求成的思想情绪,导致出现了以高指标、瞎指挥、浮夸风和"共产风"为主要标志的"左"倾错误,导致国民经济失调失衡,经济下滑,财政困难。面对困难局势,党和政府千方百计采取各种措施,并于1961年1月在党的八届九中全会上正式决定,对国民经济实行"调整、巩固、充实、提高"八字方针,旨在克服困难、恢复农业和工业,争取财政经济状况根本好转。到1962年年底,经济形势开始复苏:粮食产量比上年增长8.47%,刹住3年连续下跌的势头;财政收支平衡,消灭连续4年的赤字……

1963年7月下旬,在中央书记处会议上,周恩来同志传达了毛泽东同志关于1963年至1965年3年调整的想法,即把1963年至1965年这3年作为一个过渡阶段,仍然以"调整、巩固、充实、提高"的八字方针作为这一时期国民经济计划的方针;3年过渡之后,设想搞一个初步的、独立的国民经济体系或者说工业体系,然后再用一些年建成一个具有现代化农业、现代化工业、现代化国防和现代化科学技术的社会主义强国。同年9月,党中央召开工作会议,全面讨论国民经济发展方针和1964年国民经济计划。会议正式决定从1963年起,再用3年时间调整经济,作为第二个五年计划到第三个五年计划之间的过渡阶段。会议还提出,在完成过渡阶段任务后,要按照解决吃穿用、加强基础工业、兼顾国防和突破尖端的次序安排经济计划。第一步,经过 3 个五年计划,建立一个独立的、比较完整的工业体系和国民经济体系,使我国工业大体接近世界先进水平;第二步,到 20 世纪末,使我国工业走在世界前列,全面实现农业、工业、国防和科学技术的现代化。

1963 年至 1965 年的调整,大大加强了影响国民经济协调发展的薄弱环节和部门。维修和更新了设备,恢复和提高老企业、老基地的生产能力和技术水平;有重点地发展了对国民经济有重大作用的新兴产业,提高了国家工业整体水平和经济实力。1962 年至 1963 年期间,在外汇极其有限的情况下,我国有计划地从日本、联邦德国、法国等国引进 14 个石油化工方面的成套设备,对开发我国石化工业新领域起到重要作用。

至 1965 年年底,国民经济调整的任务终于全面完成。我国工农业总产值超过 1957 年的水平。在调整时期,作为国民经济主导的工业建设,主要以成龙配套和填平补齐为重点,许多工矿企业逐步地发挥出作用;同时还不失时机地建成了一些重要项目,改扩建了一批厂(矿),新兴工业部门迅速发展,新产品、新品种不断涌现,工业现代化建设的物质基础得以加强。

与此同时,工农业生产中农轻重的比例关系实现了协调发展。1965 年农业、轻工业、重工业在工农业生产总值中的比重分别是 37.3%、32.3%、30.4%,基本上符合当时我国经济发展的客观需要。在工业内部,间接和直接支援农业的工业部门投资比重增加,重工业的投资比重减少,在很大程度上扭转了"以钢为纲"造成的比例失调状况。

20 世纪 60 年代的国民经济调整具有重要意义,涉及社会主义经济建设中许多带有规律性的问题。从 1962 年下半年至 1965 年,国民经济逐步接近、达到、超过新中国成立以来的最高水平。

科学技术成就斐然,不断填补科技空白

在国民经济"调整、巩固、充实、提高"的同时,我国石油工业和国防尖端科技领域也得到迅猛发展,不断取得非凡成就。

近代以来,我国曾被认为是贫油国家,油田年产量低,长期依赖进口"洋油"。新中国成立后,我国投入大量人力、物力和财力勘探开发石油。1955 年起,我国开始东北松辽盆地的地质勘察工作,1959 年 9 月,钻探人员发现高台子油田,即后来的"大庆油田",经过 3 年多的勘探开发大会战,形成年产 600 万吨原油的生产能力。1963 年,全国原油、汽油、柴油、煤油和润滑油等主要产品产量全面超额完成计划,我国自行设计和新建成的大型炼油厂建设时间缩短了 1 年。至 1965 年年底,我国实现国内消费原油和石油产品的全部自给。其中,大庆油田开采的高产原油,发挥了决定性作用。

在科学技术和国防尖端武器研制方面,我国于 1956 年制定了科学技术发展的第一个远景规划,列出 12 项带有关键意义的重点任务,原子能的和平利用排在第一项。同时,部署了原子弹和导弹这两个大项目。同年 4 月,周恩来同志主持召开中央军委会议,听取钱学森同志关于发展导弹技术的规划设想,并于会后成立以聂荣臻为主任的国防部航空工业委员会,负责导弹研制以及航空工业发展工作。10月,成立导弹研究机构国防部第五研究院;11月,成立第三机械工业部,具体负责组织、领导核工业的建设和发展。1957年,我国开始研制发展包括导弹、原子弹在内的尖端武器,1958年我国科学家提出研制人造地球卫星的建议。1961年7月16日,党中央做出《关于加强原子能工业建设若干问题的决定》。该《决定》指出:"为了自力更生,突破原子能技术,加速我国原子能工业建设,中央认为有必要进一步缩短战线,集中力量,加强各有关方面对原子能工业建设的支援。"

1964年10月16日,我国成功爆炸第一颗原子弹。1967年6月17日,我国第一颗氢弹爆炸成功;1970年4月24日,我国第一颗人造地球卫星"东方红一号"在酒泉基地发射成功。以"两弹一星"为核心的国防尖端科技的辉煌成就,带动我国现代科学技术的发展,填补了很多科技空白,为我国实现技术跨越式发展积累了非常宝贵的经验。许多年后,邓小平同志曾这样说道:"如果六十年代以来中国没有原子弹、氢弹,没有发射卫星,中国就不能叫有重要影响的大国,就没有现在这样的国际地位。这些东西反映一个民族的能力,也是一个民族、一个国家兴旺发达的标志。"

在这一时期,我国的化学工业、原子能工业、电子工业以及科学技术各领域也都发展显著。据中共中央党史研究室编撰的《中国共产党历史》一书资料,1964年我国机床品种达到540种,比1957年增长1.8倍。从20世纪50年代末至60年代初,我国可以生产车、铣、刨、钻、磨、镗等小型通用机床,也具备了制造大型、复杂和成套精密机械设备的能力。我国制造的万吨水压机和床面6.3米的大型立式车床,都达到当时世界先进水平。在电子工业方面,从1963年至1965年,我国共投资5.29亿元,用于新开的电子工业项目建造。新建中央直属工程52项,其中大中型项目38个,小型项目14个,我国电子工业初具规模。据统计,1965年我国钢产量为1 223万吨,约占世界第七位;原煤产量为2.32亿吨,占世界第三位;石油产量为1 131万吨,占世界第十五位;发电量为676亿吨,占世界第八位。综合其他工业门类的生产状况,我国1965年重工业的水平大体占到世界第八位。

社会主义建设全面展开和对社会主义道路艰辛探索的10年,是艰苦奋斗和拼搏奉献的10年,是理想闪光和意气风发的10年。但遗憾的是,党的八大形成的正确路线未能完全坚持下去,其后出现了不少失误,发生了一些曲折。但是,任何新生事物都不是一帆风顺的,社会主义建设何尝不是如此。我们党正是在不断深刻总结历史经验教训的基础上攻坚克难,从而不断开拓新境界、夺取新胜利。

(资料来源:http://dangshi.people.com.cn/n1/2022/0111/c436975 - 32328391.html)

第三章 公共财政系统

所谓公共财政,就是为社会提供公共产品与公共服务的政府分配行为,是与市场经济体制相适应的一种财政管理体制。完善公共财政体系是今后一个时期我国财政体制改革的主要目标。当前我国公共财政体系现状三十年来,中国财政制度基本上实现了从计划型财政向市场型财政的过渡,适应市场经济需要的公共财政体系基本建成。

第一节 公共税收系统

一、公共税收的定义

学界针对"税收"的定义,可谓众说纷纭。从不同的角度均有不同的见解。从词源的角度看,我国历史上,"税"字的首次出现是在孔子所修鲁国编年史《春秋》一书中。书中记载:鲁宣公十五年(公元前594年)"初税亩"。《公羊传》对其解释说:"初税亩者何?初者,始也。税亩者何?履亩而税也。"实行税亩制是当时的鲁国君主除去公田收入之外再对私田履亩收税。[①] 就是说,掌权者从民众的土地出产中征收农产品。实际上,在"税"字出现之前的"夏及商代除赋(课于土地之税)以外,尚有各种贡。"[②]"夏后氏五十二贡,殷人七十而助,周人百亩而彻。"[③]这些都是掌权者所取得民众财产收入的形式。就"税"的本义,东汉时期的许慎在《说文解字》中亦收录了"税"字,释文说:"税,租也。从禾兑声。"[④]许慎在《说文解字》中亦说明:"租,田赋也";"赋,敛也"。从字面意思上看,"税"与"租""赋"联系在一起,几乎等同。这主要与传统中国"溥天之下,莫非王土;率土之滨,莫非王臣"的至高无上的王权本位和观念实态相关。[⑤] 传统国家的政治型构之下,税与租在本质上是一致的,均是为王权服务。同时,在传统的中国,与"税"有天然联系的"赋""租""捐"等形式,它们最初与"税"有一定的区别,只是内在的同一性使得它们随着历史的进程,最终都融汇为税类。[⑥] 另外,除了这些政府针对物品的征收形式之外,"徭役""力役"等也成为传统中国民众被迫出让的物化劳动,同时物品税类与物化劳

①　晁福林.论"初税亩"[J].文史哲,1999(6).
②　吴兆莘.中国税制史(上)[M].上海:上海书店,1984:8.
③　吴兆莘.中国税制史(上)[M].上海:上海书店,1984:10.
④　[汉]许慎.说文解字·第八上·人[M].[宋]徐铉,校.北京:中华书局,2013:142.
⑤　吴万钟.从诗到经:论毛诗解释的渊源及其特色[M].北京:中华书局,2001:36.
⑥　马国强.税收学原理[M].北京:中国财政经济出版社,1991:15.

动在有时候还出现相互转化的情况,二者在某种程度上难以分割,均体现了传统国家对于民众的掠夺性支配。

"税收"一词的出现则相对较晚。"税"与"收"是两个不同概念的词汇,将二者合并在一起,将"税收"视为专有名词则是民国以来的产物。1916年,民国财政史家贾士毅在《民国财政史》中第一次将"税收"一词合并在一起使用。① 在演化的过程中,实际上亦包含了"税"本身的静态与"税入"动态的结合。"税收"一词的合并出现,实际上也多是受到了近代以来外国财税知识影响的结果。近代以降,西方税收、财政学知识的传入与传播成为重要的外部性因素。晚清时期,"尽管从西方引进了一些外来的财税知识,但传统的财税思想仍占据着相当大的影响力"。不过,"辛亥革命以后,传统的财税思想事实上已退出历史舞台而被西方财税理论所代替。特别是五四运动以后,传统的中国型财税思想已完全变成历史的陈迹。"②可以认为,"税收"一词是近代新词汇,并囊括了"税"的全部实质性内容。传统中国受经济结构(以农业经济为主体)、经济政策(重农抑商)和政治体制(专制主义的中央集权)等因素的影响,其财政收入主要依靠田赋收入,同时注重盐利及其他专卖收入,由此形成了以田赋为主、以盐利等为辅的租税体系。从租税诞生一直到中华民国国民政府时期,政府的财政收入,"多以租税为要源。非租税之收入,为数甚微。"③而"所谓租税乃政府为供给一般费用,用课税权向人民所征收的强迫的分担金也。"④这样的定义归结于政府利用政治权力向民众强制征收财产。民国时期编纂的《经济科学大辞典》中,"赋税(Taxation)"词条下的释文为:"国家等公共团体为公共需要,用强制力,以一般的标准而向个人所征收的钱财,称为赋税。所谓(一)为公共需要;(二)用强制力;(三)依一般标准而赋课,这三者可说是赋税的根本特质。"⑤这些关于"租税"与"赋税"的高度抽象的概括,多为时人所接受。

以下是外国思想家和具有重要影响力的学者对于税收的定义。法国孟德斯鸿:"租税者,市民欲得财产安固,或欲由财产而享安乐,乃割其一部,供给国家也。"⑥英国亚当·斯密:"人民贡其私的收入之一部,以作君主或共和国之公共收入也。"英国巴斯特布尔:"赋税是人民或私人团体为供应公共机关的事务费用而被强制征收的财富。"⑦在财政学界具有重要影响力的德国人瓦格纳说:税收是"国家及其他强制团体,以支给一般经费之故,用其主权,在一方的所定之方法及程度内,并以对于国家给付全部之一般报酬及经费代偿之意,根据一般原则及标准,而由个人经济(个人)强制的令其分担,所征收之公课也"。美国人塞利格曼说:"赋税是政府对于人民的一种强制征收,用以支付谋公共利益所需的费用,其中并不包含是否给予特种利益的关系。"⑧日本学者小川乡

---

① 马国强.税收学原理[M].北京:中国财政经济出版社,1991:16.
② 夏国祥.清末民初西方财政学在中国的传播[J].江西财经大学学报,2004(6).
③ 何廉,李锐.财政学[M].南京:国立编译馆,1935:90.
④ 周伯棣.租税论[M].上海:文化供应社,1944:1.
⑤ 高希圣,郭真.经济科学大词典[M].北京:科学研究社,1934:450.
⑥ [日]小川乡太郎.租税总论[M].北京:商务印书馆,1933:2.
⑦ 胡善恒.赋税论[M].北京:商务印书馆,1934:15.
⑧ 袁振宇,等.税收经济学[M].北京:中国人民大学出版社,1995:4.

太郎说:"租税者,国家公共团体,以支给一般经费之故,用财政权,强制的由一般人民所征收之财也"。① 当代西方学者,弗兰克·N.马吉尔(Frank N.Magill)在编纂的《经济学百科全书》中说:"税收是政府获取用于支付诸如教育、公路和国防等公共服务的财政收入的过程。"②其中,"税收收入是开征的所有税种的税收总和。税收收入取决于两种因素:税率和税基。"③可见已经是完全现代意义上的税收概念。

当代学者对税收定义有各种不同的表述和概括。仅就当代中国学者而言,对税收的定义就有财政收入说、财政收入的手段说、分配活动说和分配关系说等不同的见解。④ 经历了20世纪50—70年代马克思主义税收理论乃至"非税论"的熏陶与影响,改革开放后当代中国学者随着经济形态的转轨,吸收世界上较新的税收理论,逐渐开始形成了一些具有自身话语特点的税收定义。例如,马国强认为,"税收是与国家执行社会公共事务有本质联系的产品分配"⑤。严格的定义为"税收是国家以执行公共事务为依据,按照法律预先规定的统一标准,向经济单位或个人取得一部分收入的社会产品分配形式。"⑥简言之,就是国家以其社会职能为依据参与国民收入分配的法定规范形式。⑦董庆铮就影响较为广泛的中外关于税收的定义集中论述,并针对马国强的税收定义提出质疑,认为"按照法律预先规定的标准"中的"按照"和"预先"四个字,似略嫌消极,不如改为"制定并依据法律规定的标准",并认为税收并不是分配形式,而是手段、工具。"税收是国家为了实现其职能,制定并依据法律规定的标准,强制地、无偿地取得财政收入的手段。"⑧董庆铮的定义注重于税收的强制性、无偿性、固定性这三大特征,基本上代表了当代学者对于税收的基本认识,并成为当下国家通行的教材中的说法。还有学者则对董庆铮为代表的税收定义提出质疑,认为税收具有预先确定性,并且是有偿性的。"税收是国家为了向统治阶级和公众提供公共产品而根据法律规定向经济单位和公民征收的实物或货币收入。税收具有有偿性和预先确定性的特征。"⑨有学者还认为:"税收是国家为了满足社会公共需要,凭借政治权力,按照法定标准,强制、无偿地参与各种独立经济主体的剩余产品分配,以取得财政收入并辅助调节社会经济运行的一种特殊经济范畴。"⑩实际上是将税收的功能也囊括在定义之中。亦有学者认为,从现代市场经济条件看,税收的定义可以表达为:"税收是作为公共部门的政府,为了达到向社会成员提供公共产品的目的,凭借着政府的行政权力,运用法律手段,按照预定标准,向社会成员进行的强制征收。"⑪这样的定义相对具有共识性。不过,当代学者针对税

① [日]小川乡太郎.租税总论[M].北京:商务印书馆,1933:22.
② [美]弗兰克·N.马吉尔.经济学百科全书(下卷)[M].吴易风,译.北京:中国人民出版社,2009:1539.
③ [美]弗兰克·N.马吉尔.经济学百科全书(下卷)[M].吴易风,译.北京:中国人民出版社,2009:1548.
④ 董庆铮,等.税收理论研究[M].北京:中国财政经济出版社,2001:3-7.
⑤ 马国强.税收学原理[M].北京:中国财政经济出版社,1991:11.
⑥ 马国强.税收学原理[M].北京:中国财政经济出版社,1991:37.
⑦ 马国强.税收学原理[M].北京:中国财政经济出版社,1991:38.
⑧ 董庆铮.关于税收的定义和本质之我见[J].中央财政金融学院学报,1987(5).
⑨ 丁巧林.论税收的定义和特征[J].重庆师院学报哲社版,2000(3).
⑩ 张广通.税收学[M].上海:立信会计出版社,2009:26.
⑪ 岳松、陈昌龙.财政与税收[M].北京:北京交通大学出版社,2008:141.

收的本质特征中是否具有有偿性、是否具有公共性等内容均有探讨,但并没有达成一致性的意见。

以上论述,可以发现,针对税收并没有一个标准意义或者说学者终极共识上的概念与定义。但较为认同的是,税收体现的是国家财政收入的作用,征税的主体是政府,政府征税凭借的是国家政治权力。同时,"由于税收总是与国家、政府、政治权力、对财产权的侵害联系在一起,因此有什么样的国家理论,就有什么样的税收理论。"①这便涉及国家形态以及制度问题。

总而言之,公共税收汲取是国家能力的重要表现。税收汲取的制度形式是税制,包含税收、制度及国家等三种构成要素。税制变迁是构成要素一体化所形成的多元路径过程,这说明:第一,不同税制有不同的税收,税收的变化会引起税制变迁;第二,不同的税制有不同的制度形式,体现为正式规则与非正式规则的互动过程;第三,不同的国家会存在不同的税制变迁路径,最终使得变迁过程呈现多元形态。税制变迁以此为基本起点与趋向,表现出一体多元的特征。

二、公共税制的变迁

自从国家诞生以来,税收便在国家的运作中承担起重要的角色。税收是国家为实现社会经济目标,按预定的标准进行的非惩罚性的、强制性的从私人部门向公有部门的资源转移。② 税收制度则是国家按照一定的政策和原则构建的税收体系。税制变迁则可以认为是一定时期内、一定国家(地区)内部的税收制度因为各种因素而发生变迁的过程。

针对"税制变迁"的研究情况,国外的研究集中体现为税制优化原理的发展,可以分为以马歇尔与庇古为代表的盎格鲁—萨克森传统和以维克赛尔与林达尔为代表的"大陆传统"。前者主要在新古典经济学的框架内,通过引入不完全信息和博弈论而得到了发展,他们通过精确的数学模型和严谨的推导来分析。"大陆传统"则被布坎南为代表的公共选择学派所继承和发展,注重将税收与财政支出联系在一起,研究的重心在于西方民主政体之下决定税收和财政支出的政治决策过程。国内代表性的成果主要有:余雁刚的《中国税制变迁研究》(2002 年厦门大学博士论文)侧重于对于新中国税制变迁的研究。焦耘的《制度经济学视角下的税制变迁》(广西人民出版社 2008 年版)以及张斌的《税制变迁研究》(中国社会科学出版社 2014 年版)均注重演绎为主的经济学分析框架。胡书东的《经济发展中的中央与地方关系——中国财政制度变迁研究》(生活·读书·新知三联书店 1993 年版)从中央与地方关系的角度阐释了中国财政制度变迁。

通过国内外研究的具体情况,可以看出:西方经济学中的税制优化理论多表现为一种"纯粹规范理论",总体上是以市场经济为既定前提展开的逻辑演绎体系。国内学者针对"税制变迁"的探讨则从时间段上注重对当代中国税制问题的探讨,方法上多引介

---

① 张斌.经济学与法学中的税收[J].税务研究,2004(7).
② 陈共.财政学[M].北京:中国人民大学出版社 1999:132.

西方的理论,特别是制度经济学、制度变迁理论和博弈论。

实际上,税制变迁的内涵涉及税收、税制(即税收制度)、制度、制度变迁这样几个核心论题的交融问题。通过对税收、税制、制度、制度变迁的逐一剖析可以逐渐解析税制变迁的意涵。

制度经济学中,制度亦可以直接划分为正式规则与非正式规则。正式规则"就是政治(及司法)规则、经济规则和合约。这些规则可以做如下排序:从宪法到成文法与普通法,再到明确的细则,最终到单个合同,从一般规则到特定的说明书。"非正式规则就是"伦理规范、风俗习惯和惯例等。"①制度经济学中将制度划分为正式与非正式的规则,可以逼近对于税收制度的理解。

当今学界,在对税收制度的研究中,往往将税收制度等同于正式规则。比较有影响力的定义,如有学者定义税收制度为"为了实现税收职能,由国家以法的形式确定并通过行政手段实施的各种课税的总和。"②还有学者认为"税收制度是税收分配关系的法律规范,有广义和狭义的含义。广义的税收制度是指国家的各种税收法令、征收办法和管理体制的总称,它包括税法(条例),实施细则,计、会、统工作制度,税收管理体制,征收管理办法,专责管理制度等。狭义的税收制度是指税种的组成体系及其征收办法"。③ 他们的见解往往忽视了税收制度中非正式规则约束的存在。"当国家或其代理人拥有任意设定产权的权力时,各种各样设立'隐形税收'的非正式制度规则也构成了税收制度的重要组成部分。"④而且,即使是正式的规则,在制度实行的过程中,也不见得能够顺利推行,"成文法和政府规制如果没有人把它们当回事就不构成制度。"⑤传统中国的税收制度中,这样的事情屡见不鲜。在税收制度结构中,"正式的规则,即我们通常所说的税收制度是处于核心地位,而非正式的约束则处于配套地位,正式规则的设计、推行和运作,需要有非正式约束的配合,才能有效运作,缺乏非正式约束支持的正式规则将无法有效率的运作。正式规则和非正式约束之间,存在着一定的相互影响和相互转化的关系。"⑥

从制度经济学的角度分析,税收制度亦包含正式规则与非正式规则,税收制度正是在实施的过程中,正式规则与非正式规则之间的互动与配合,减轻了交易成本。一旦正式的规则与非正式的规则出现了对抗,或者说正式规则的运行出现了问题,那么必然预示着变迁的趋势。例如,清末《申报》曾报道国家凭借不良的制度运行对于民众的掠夺,说:"国民之财产,至今日益匮乏矣。一失于盗贼之劫掠。再失于官吏之剥削。三失于官兵之强抢。犹未甚也。其最甚者莫如铁路之资本。"⑦可见,晚清政府凭借政治权力无偿占有民众的个人财产,不仅不可能提供公共服务产品(安全保护),防止盗贼的侵

① [美]道格拉斯·诺斯.制度、制度变迁与经济绩效[M].上海:上海三联书店,上海人民出版社,1994:64.
② 马国强.税收学原理[M].北京:中国财政经济出版社,1991:200.
③ 邓子基.财政学原理[M].北京:经济科学出版社,1997:124.
④ 张斌.税制变迁研究[M].北京:中国社会科学出版社,2014:25.
⑤ [日]青木昌彦.比较制度分析[M].中译本,上海:远东出版社,2001:14.
⑥ 余雁刚.中国税制变迁研究[D].厦门大学博士论文,2002.
⑦ 国民之财产危哉[N].申报,1908-03-16,002(4).

扰,反而"剥削""强抢"民众财产,更有甚者,利用政治权力通过排他性的垄断实业攫取利源。这些对于民众而言,已经构成了隐性的税收,也暗示了官民矛盾的酝酿。传统中国的税收制度实际上稳定性的情况较少,这样的制度反过来也不利于农耕经济的稳定发展。"在统治者把征税工作交给官吏的时候。他根据协议规定一个定额:超额部分归诸官吏,但是他们也要支付行政人员的薪金。这是中国早期官僚机构和古代东方州长组织的制度……东方没有保护土地经济发展,而以强制摊派占支配地位……农民从用实物缴税过渡到用货币缴税的过程中,稍遇到困难就陷入物物交换经济的倾向。一旦如此,东方政治制度就极容易从一个表面上高度发展的文化状态退回到原始的物物交换的经济状态。"[①]因此,传统中国的税制在运行的过程中常常变化,而且也很难实现税制的优化选择。可以窥见,受到各种条件的约束与影响,包括内生制度与外生制度的作用,税收制度即使暂时达到了一种"均衡"状态,但是还是会打破这样形态,并有发生变迁的趋势。新制度经济学认为制度变迁是制度的替代、转换与交易过程。阿夫纳·格雷夫认为制度是"由技术以外的因素决定的对自我实施行为(Self-Enforcing)的制约。"[②]这里面的"自我实施"指的是"构成社会的人们具有遵守这种制约的激励。"[③]"制度变迁与调整"(Institutional Change and Adjustment)通过应用新的方法,制度和价值观,社会财富和技术财富促进了团结和参与,从而对现有的既得利益提出了挑战,这时就会发生进步的变化。然而,变化应尽可能使现有制度的错位最小,因为有可能对工具性功能产生不利的影响。[④] 税收制度的变迁实际上是时刻在准备发生着。变迁的结果,最终又会形成一种相对"均衡"的状态。税收制度与税制变迁之间处于一种互动的情况,而其中正式制度与非正式制度则处于耦合的状态。具体来说,税制和税制变迁的研究便主要集中在税收规则是什么,是如何形成和演变的,或者是如何制定和修改的,又是如何得到有效实施的。"税制的变迁过程实际上是税收的正式规则与非正式规则相互竞争、相互协调、共同变动的过程。"[⑤]同时,税制的变迁是税收制度与其他制度相互影响、相互作用的动态过程,税制变迁的路径受到特定社会、特定历史时期多方面因素的综合影响,正是这种影响造成了不同时期税制以及税制变迁的路径差异。

　　税收的本质属性之一便是凭借国家政治权力的强制性。国家政治权力又因为不同的国家形态和制度而有差异,并会连带形成不同的税收理论与体系。税制变迁的理论考察需要与税收、制度、税收制度等概念紧紧相联。税收所依靠的是国家政治权力,而国家政治权力的来源不同则构成了不同的国家形态和制度。不同的国家形态和制度,又决定了税收制度的不同,进而决定了税制变迁的基本起点与趋向。税制变迁是税收

　　① [德]马克思·韦伯.经济通史[M].姚广廪,译.韦森,校订.上海:三联出版社,2006:39.
　　② Avner Greif. Microtheory and recent Development in the Study of Economic Institutions through Economic History[A]. in David M. kreps and Kenneth F. wallis eds. advances in Economics and Econometrics: Theory and Applications, Vol. 2, Cambridge: Cambridge University, 1997.
　　③ [日]冈崎哲二.经济发展中的制度与组织[M].何平,译.北京:中信出版社,2010:65.
　　④ [美]菲利普·安东尼·奥哈拉.政治经济学百科全书[M].郭庆旺,刘晓路,彭目兰,张德勇,等,译.北京:中国人民大学出版社,2007:142.
　　⑤ 张斌.税制变迁研究[M].北京:中国社会科学出版社,2014:28.

制度中正式规则与非正式规则相互作用的过程。从经济史的角度考虑,税收制度既受国家形态的约束与制约,又包含自身的历史规定性。税制变迁构成了一定国家形态下税收领域中制度的变化趋势。同时,税制变迁中的最优化选择亦需要在深刻了解税收、税制、制度等几个概念关联性的基础上,才可能谋求最有效率的税制正式规则的制定,进而增强税收的效用,合理、公平地分配税负,更好地发挥税收财政收入、调节经济平衡与发展的作用。

三、税制改革的本质

税制改革事实上就是涉及了一个间于政府、市场、公民的利益三角关系调整。政府、市场、社会(公民)之间存在的利益三角关系可以由于不同的利益博弈策略而产生不同的联盟联系,同时也必然会对政府调控政策与方式产生全关重要的联系。

例如,房地产税大体包括契税、增值税等内容。这些税种在本质上是一种人头税,或者说是现代意义上的个税,是一种最古老的征税形式。在历史上人类社会中人口数量并不庞大的前提下,国家和政府直接掌控人头数,并通过地方政府与个人主动打交道的情况也不会是难事。但是,到了今天的现代社会,世界人口早超过 70 亿大关,中国也突破了 14 亿,这样的人头税的税基十分庞大。然而,从税收学角度来看,并不是什么税标都可以从人头上征税来取得最佳的政治效果的。

亚当·斯密曾警告说,“如果劳动者不能获得这个相当的数(维持家庭生计的最低费用),他就不得不乞食或盗窃来弥补。”[①]在当今形势下,购房难问题折射出劳动者的工资大部分投入到买房当中,如果不能遏制房价增速过快的势头,就会导致劳动者生计问题入不敷出,一旦断掉了房供,银行一旦出来收回商品房,后果将不堪设想。更何况在当下疫情期间,摆在各级地方政府面前的迫在眉睫的任务是实现社会充分就业,这个问题会十分显著地影响到房市平稳过渡的经济问题。经济问题应当用经济的手段来解决,效果也将会更好。在地租、工资、利润三种国民财富要素中,最不能够引起社会财富增长的是地租要素,而且,还会堕落和败坏社会风气。

比如,在住房问题上,并不是 14 亿人人手一套,就解决了住房问题,即便当下的国土面积允许和国家建设能力跟得上,也不可能去做这样大量浪费社会资源、重复建设的事情。通常情形下,住房是以家庭为单位来进行分配或购买的,统计学意义上的人均住房面积、住房面积大小实际上对政治上没有任何价值。住房的分配或购买通常需要考虑的因素是家庭大小、人口几何、使用目标、收入情况等。倘若有人一个人居住上百平米的大住宅(假定是 260 平米),考虑到一人一次只住一间屋(假定是 30 平米,通常只有晚上睡觉 8 个小时,客厅 50 平米只有非休息时间的 3 个小时),那么实际上这个大住宅的空置率是:绝对值是 88.5%(=1−30÷260),相对值是 93.8%[=1−(30×8÷260×24+50×3÷260×24)]。尽管这样计算可能有些出入,但是,可以说明这样一个问题:住房并非越大越好。

---

① ［英］亚当.斯密.国富论(上)[M].郭大力,王亚南,译.上海:上海三联书店,2009.60.

在另一种情形下,有一个家庭,传统型是5口之家(两位老人、一对夫妻、一个小孩),通常最少需要三室两厅的120平米左右的住房;现代型是3口之家,(一对夫妻、一个小孩)也最少需要两室一厅80平米左右的住房。而似乎地方政府和房地产商都不太愿意做这样的社会学统计,这造成的后果是,往往由于某种原因,传统的5口之家住在80平米左右的住房,而且还是租房,导致人们在"无房无家"传统观念影响下产生的心理预期不满;后来等到现代型的三口之家攒够了钱买得起一套住房,但那时小孩的昂贵的教育问题也会为他们的家庭经济生活带来更沉重的负担。

税收,取之于民,更要用之于民。哪些民生领域需要得到补助和帮扶,才是地方政府最应该关心的事情。那种面子型工程,比如修几个公园、铺几条路、盖几间政府大楼等并不是把公共财产真正用在了民生的刀刃之上,更何况这些行径根本不能推进经济发展和提高社会收入。地方政府不能直线思维地总把眼光盯在房子的市场价格之上,那样不但不能解决"住房难"问题,实现"人人有房住"的政治愿景,反而还会造成更加依赖"土地财政"的恶性循环。

四、公共税制的困境

我国公共税制体系存在的主要问题是历经计划经济向市场经济转型,同时财政管理体制也随之发生了相应的变革,但历史上积存下来的政府税费问题仍有待法治化的解决。依国际惯例,财政收入一般包含全部政府收入,但我国现行的财政收入仅指预算内收入,包括税收以及同属规范的企业收入、教育费附加收入和其他杂项收入。实际上,我国还有名目繁多的预算外收入和所谓的体制外收入,其中,介于规范与非规范之间、未纳入预算但可比较精确统计的收入有预算外收入、政府性基金收入、社会保障基金收入等;还有纯属制度外且无法加以精确统计的不规范收入,如由各部门、各地区"自立规章,自收自支"的各种收费、罚款、集资、摊派等。

我国目前的政府收入结构状况是税收、收费、国债"三足鼎立"。这种格局是不合理、不规范的。政府收入的结构尽管受到经济发展水平等诸多因素的影响,但从根本上说,主要取决于公共产品的结构,即典型的公共产品与准公共产品的构成,或者说,取决于政府收入形式与政府支出性质的配比。理论分析表明,作为公共产品的主要部分——典型的公共产品,一般由税收来筹资;而准公共产品最佳的筹资方式是收费。不过,在市场经济条件下规范的收费只有规费和使用费,且数额受到较多限制。对于公共产品和准公共产品中的资本性支出,如果全部用当年税收或收费来承担,就等于让当代人承担它的全部成本,而让后代人无偿地享受,使这类公共产品的提供低于效率水平,也有违公平原则。因此,适量的公债有助于改进社会福利,但过量就会形成代际负担,会使公共产品规模有过分扩张的趋势,给未来的财政状况带来不利影响。可见,税收是市场经济条件下政府收入的基本来源,收费和举债只能作为补充或辅助性财源。

第一,不完善的政府收入管理。一是税收征管的不规范。我国各类税收行为主体,采用违反现行税法或违背现行税法的立法精神等手段,导致实际征收入库的税收收入少于按照税法规定标准计算的应征税收额。我国税收征收管理体系中存在的问题,主要有税收法律体系不健全、征管方式落后、计算机使用面窄、发票的发售购买保管使用等环节存在这样或那样的漏洞 .税务稽查不能到位等。应该看到,在近年来税收收入的高速增长中,税务系统加大征管也起了很大作用。但反过来看,也说明了我国税收流失程度很高,税收增长的潜力依然很大。二是收费管理的不规范。规范的收费项目以不规范的形式收取,导致收费未能体现受益的直接性和对称性原则,出现再分配效应。很多规费的收取超出填补或报偿标准,成为带有垄断性质的、为相关部门和个人谋取利益的盈利性工具;很多使用费的收取超出弥补成本的范围,如高速公路费、桥梁费等在收回成本以后继续收取。

第二,缺乏统一管理的非税收入。政府非税收入是政府财政收入的一个重要组成部分。从我国实际情况看,非税收入的"小头"实行了预算管理,"大头"实行财政专户管理,特别是上缴财政专户的非税收入仍然是谁使用、谁管理,财政对这些资金的审批流于形式,预算内外资金"两张皮"的问题未真正解决,"收支脱钩"未真正落实,导致非税收入资金统筹不到位、分配秩序混乱。从非税收入分配的利益归属看,非税收入的实际支出掌握在部门和单位手中,很大程度上政府非税收入就等于部门和单位的收入,支出安排存在较大的随意性。从支出管理看,普遍存在非税收入使用不规范问题,滥支现象比较普遍,导致社会收入分配不公。

五、税收审计的地位

税收审计是指对税务机关执行税收法规、税收政策、履行税收征收管理职责和纳税人履行纳税义务,按照税法进行审查,维护国家法律,保证国家财政收入的一种监督手段。包括对税种、税目、税率、征税对象、计税依据、减税免税等税收要素执行情况和征管工作的审计。税收审计是我国审计体系的重要组成部分,也是审计机关审计监督工作的一项专业审计。税收审计作为财政审计中一门相对独立的专业审计,其审计的对象和内容不同于其他专业审计,具有自身的特点。

（一）税收审计的特点

1. 审计的税种繁多

我国已形成以流转税和所得税为主体的多税种、多环节、多层次的复合税制,正式颁布实施的税近 40 种,其中由税务机关负责征收的达 30 多种。我国税制中的税种其课征对象和计征方法各不相同,因此,审计的内容十分复杂,工作量很大。

2. 审计的涉及面广

国家税收是国家以法律规定的标准,强制地、无偿地取得财政收入的一种形式,它介入社会经济生活的各个方面。因此,税收审计不仅直接涉及地方政府、财政税务部门,而且必然还会涉及企业、行政事业单位,以及有纳税义务的单位和个人,税收审计具有全方位性。

3. 审计的政策性强

税收审计必须以国家的税收政策、法规为依据和衡量标准,注意和强调政策性。税收审计的依据,一是全国人大制定的税收法律;二是国务院制定的有关财政税收的条例、规定和政策;三是财政部、国家税务总局制定的各项财政税收政策、制度、办法等;四是地方政府和财税部门,按照国家的统一政策和法规,在自己的权限内制定的地方性税收法规和制度。税收审计就是要按照上述依据,检查和纠正被审计地区自行制定的违反国家税法的政策或规定,促进国家宏观经济政策的贯彻执行和地方经济的协调发展。因此,税收审计的政策性很强。

(二)税收审计的内容

1. 税源管理情况的审查

税源管理情况审查包括税源调查工作的审查和税源管理工作的审查。对税源调查工作的审查,主要是查明税务机关是否把税源调查工作纳入日常税务管理工作;是否根据党和国家在一定时期内的重大经济决策及时组织调查研究,掌握税源现状及其发展趋势。对税源管理工作审查,主要是查明税务机关对税源户是否实行统一分级管理;对税源户的迁入迁出是否及时办理注销登记手续;户管清册的填列是否真实、齐全、准确;对关、停、并、转户是否及时办理税款和票证结清手续;对新开户是否按规定及时办理税务登记注册手续。

2. 纳税申报的审查

主要是审查税务人员是否及时督促所分管的纳税人,按时向税务机关办理纳税申报;税务人员在收到纳税人的申报后,是否及时审核办理有关手续。

3. 纳税登记的审查

主要是对纳税登记程序审查、登记范围的审查和违章处理的审查。登记程序的审查,主要是查明税务登记手续是否合规、齐全。登记范围的审查,主要是查明纳税登记制度规定的纳税人是否都已办理税务登记,有无漏例、漏登等情况。违章处理审查,主要是查明税务机关对不按规定办理税务登记的是否及时查明并依法处理。

4. 纳税鉴定的审查

主要是查明税务机关纳税鉴定程序是否合规合法;税务鉴定的结果是否真实、准确、完整;税务机关的纳税鉴定是否制度化、法规化和规范化;税务机关发现纳税鉴定有误时,是否及时更正并通知纳税单位;税务机关是否将国家新定或修改的税法及时通知纳税单位按变动后的规定执行,并及时对纳税鉴定书进行修改。

5. 减、免、罚的审查

主要是查明减、免、罚税款的真实性、合法性和合理性。重点查明减、免、罚税是否按规定程序和手续办理;税务机关内是否建立健全减、免、罚税管理的内部控制系统,内部控制系统是否完善和有效。

6. 补退税的审查

主要查明补退税的产生原因和责任;是由于征收人员业务不熟练或工作疏忽造成

的,还是由于纳税人违反财经纪律造成的,并查明是否及时办理补退税款的手续。

7. 税务违章的审查

主要是查明税务机关对纳税人违章行为的定性是否准确,处理是否恰当,有无营私舞弊的情况。

8. 纳税的票证和档案的审查

主要查明纳税票证的领发、结账、填列、审核和核销是否符合规定,统一发货票的管理是否严密;各项税务档案的内容是否齐全,管理是否严密,并便于利用。

9. 税务机关税收任务完成情况的审查

主要查明税务机关税收计划任务是否完成,完成的税额是否真实,有无征过头税的情况,有无为了完成当年税收计划,而把应在本年征收的税款推迟到下年征收入库情况。征收解缴是否及时,该收的税款是否及时、足额征收入库。有无该收未收,或压票不缴的情况;有无隐瞒截留、挪用、贪污税款等行为。本章就税收减免审计、税收计划执行情况及税收报表审计、税收退库审计和税收征收管理审计等主要内容分别介绍。

(三)税务审计的方法

(1)采用制度基础审计方法,审查税收征管制度是否健全、有效。

为了做好征税工作,各税务机关均应建立健全税收征管制度,并认真贯彻执行。税收征管制度是否健全、有效,直接影响税收征管工作的质量和效率。开展税务审计时,首先应对税务登记、纳税鉴定、纳税申报、违章处理、票据管理等税收管理制度是否健全、有效,进行调查和测试,然后根据调查测试结果,进行审计评价,查明税收管理制度中存在的薄弱环节和存在的问题,确定税务审计范围和重点;再据以进行深入、细致的税务审计。这样,就可以减轻审计业务量,节省审计时间,保证审计质量。因此,正确运用制度基础审计方法是提高税务审计质量和效率的基础。

(2)采用审计检查方法,审查与税收有关的会计资料和财实物是否真实、合法、合理。

为了如实反映征税和纳税情况,征税和纳税单位均应设有各种凭证、账簿和报表。开展税务审计时,应采用审阅、核对、详查或抽查等方法,对会计资料进行审查,借以查明征税或纳税活动是否真实、合法、合理,以及存在的具体问题。对已查实的问题应及时取证,并对已取得的证据,进行鉴证和综合,使之逐步形成证据体系。只有取得了充分有效的证据,才能查明和证实问题。因此,正确运用审计检查方法,是在税务审计中查明和证实问题的必要手段。

(3)采用审计分析方法,查明征税和纳税中存在的问题及其原因。

要查明征税与纳税中的问题,不仅要用审计检查方法还要用审计分析方法,问题越复杂,审计分析方法应用得越多。尤其是对已查出的问题,还应选用恰当的分析方法,逐一分析、查明具体原因。对复杂的问题,应分析各种原因对问题形成的影响程度,抓住主要矛盾,突出重要原因;然后,针对具体原因,找出具体解决办法,形成审计意见和建议。在实际工作中,对问题分析得越具体,提出的审计意见和建议就越切实可行;越是切实可行的审计意见和建议,越能提高审计效果。因此,正确运用审计分析方法,是提高税务审计效果的有效手段。

(四) 税收审计的必要性

(1) 从认真贯彻执行政策和税收法规上看,实行税收审计的必要性。

税务部门的职责应是,通过认真贯彻执行党和国家的方针、政策和税收法规,为国家积累建设资金,促进商品生产的发展和经营者加强经济核算改善经营管理,维护财经纪律,促进国民经济各个部门的协调发展。但是,在贯彻执行政策和税收法规的过程中,并不是一帆风顺的,往往受到来自各方面不正之风的干扰。从税务部门的主观上看,目前干部素质还不够高,有的有法不依,执法不严;有的人经不起来自客观的腐蚀利诱而以权谋私或贪赃枉法;有的因为是老熟人、老乡亲、老同学、老战友,而人为地放宽政策,收"人情税";有的因为有利害关系,或有受礼、受贿等违法违纪行为,而放松了检查管理或任意减免。从客观上看,有的来自长官意志和行政干预,从本地区本部门局部利益出发,以言代法,乱开减税免税口子;有的来自各种"关系网"的说情,想少纳税或不纳税;有的纳税人法制观念淡薄,纳税纪律松弛,本位主义严重,不能正确处理局部利益与整体利益的关系;有的纳税人千方百计地偷税漏税或抗税不缴。这些问题的存在,说明只有通过加强监督和有效的制约,才能促使税务机关和纳税人认真执法和遵章纳税。所以说,税收审计是不可缺少的。因为审计机关进行审计监督是《宪法》赋予它的任务,它的监督活动具有独立性、权威性和客观公正性。它不仅能够对专业监督部门不便监督和不易监督的问题进行监督,而且它还能够对专业监督部门进行再监督,从而促进和推动专业监督部门的职能强化和改善。由于审计机关本身的业务要求,在它执行监督职能时,对其监督对象的经济活动,能够做出比较客观公正的评价,能够不偏不倚地确定或解除当事人的责任。

(2) 从提高税务干部的政策业务素质上看实行税收审计的必要性。

随着经济体制改革的不断深入,税收在国民经济中不可忽视的作用越来越明显,与之相适应的税制在不断完善,税收法规在不断增加。这种客观形势,迫切需要建立一支政策通、业务精的税务干部队伍。近几年来,由于国务院的重视和省级政府的支持,税务干部队伍增加较快,从1980年以来,税务干部的数量已经翻了两番。而大量的人员是从社会上的高中毕业生中招收进来的,没有经过专门的政策业务培训,虽然在上岗之前,经过短暂的业务训练,只能解决入门问题,对业务仅是一知半解。就是原有的老税工人员,由于客观情况的不断变化,也还有个政策业务更新的问题。总的来看,税务干部的政策水平和业务素质与发展了的新形势是不相适应的。面对日益增加的纳税单位和纳税人,面对日益繁多的税收法规,难以做到应收尽收。经营承包制、租赁制和股份制等多种经营方式出现以后,企业更加关心本企业的经济利益,在税收上偷漏抗税与反偷漏抗税的斗争也越来越复杂。在这种形势下,只有加强审计监督,通过审计监督发现问题,提出意见,采取措施,帮助和促进税务部门改进征管工作,以保证正确贯彻执行税收法规,更有效地提高税务干部的政策业务水平,严肃税收法纪。

(3)从端正行业风气上看实行税收审计的必要性。

随着商品经济的发展,人们的拜金思想在滋长,从而使社会上出现许多不良风气。这种不良风气,表现在部门工作方面,就是存在的行业不正之风,无疑在税务部门也是同样存在的。纠正行业不正之风,除了行业内部要加强制度建设、纪律建设和法制建设之外,还必须加强监督部门的再监督,增强制约机制。审计监督就是其中的重要一环,通过税收审计,可以发现税务工作人员在业务活动中存在的不当行为,发现税务部门内部控制上的问题。同时也必然增加对税务部门严肃法纪的强制力,制约他们在业务活动中按职业道德规范运行,提高职业道德观念,加强精神文明建设。所以说,从端正行业风气来看,实行税收审计也是不可缺少的。

(4)从支持税务部门工作上看实行税收审计的重要性。

大量事实说明,税收上出现的问题,特别是那些违反国家规定乱开减税免税口子等问题,虽然有些是税务部门的责任,但有很多是经过当地党政领导决定的。有的"以权代法",不顾税法规定,不与税务部门商议,自行决定发文件或指令税务部门减税免税;有的"以言代法",口头示意或批准减税免税。行政干预的压力,使得税务部门不能坚持执行税法规定、正确执行税收方针政策,不得不"违心照办""有口难言"。审计部门是处在业务活动之外,审计监督可以对税收的有关情况和问题做出客观公正的评价,有些税务部门不能讲的,通过审计可以讲出来,从而会引起领导的重视,有些问题经审计或许可以得到解决,客观上也起到了对税务部门工作支持的作用。

(5)从审计为宏观服务上看实行税收审计的必要性。

税务部门的工作对象是企事业单位和从事商品生产、经营服务的纳税人,审计机关评价税务部门的业务活动,必然要延伸到企事业单位和纳税人中去进行审计监督,通过审计监督可以发现税务部门的业务活动,哪些有利于生产的发展,哪些不利于生产的发展,不利于生产发展的症结是什么,从而提出建议帮助改进,促进生产的发展,尽快地提高经济效益。通过审计分析,从个性中能够发现带有共性的问题,从而能够及时提供信息,有利于推动加强宏观管理。通过税收审计,能够验证运用税收法规的经济效果,从中发现不利于生产力发展的因素,提出解决意见,能够有效地推动建立健全税收法规,促进社会主义法制建设。

总之,在整个国民经济当中,审计监督是个不可缺少的环节,实行税收审计,是审计机关开展审计监督工作的一项重要内容。

第二节　公共支出系统

财政支出与财政收入一起构成财政分配的完整体系,财政支出是财政收入的归宿,它反映了政府政策的选择,体现了政府活动的方向和范围。所以,它是财政分配活动的重要的环节。

一、财政支出的内涵

财政支出,也称公共支出或政府支出,是政府为履行其自身的职能,对其从私人部门集中起来的以货币形式表示的社会资源的支配和使用。在此有必要区分"财政支出"与"财政开支"两个概念:在财政预算意义上,财政支出是指政府可以支配的货币额,而与此相关的财政开支则是指政府在一定时期内实际花费掉的货币总额。当财政支出大于财政开支时,则政府财政预算上会出现财政盈余;反之就会出现财政赤字。财政支出是政府分配活动的一个重要方面,财政对社会经济的影响作用主要是通过财政支出来实现的。因而财政支出的规模和结构,往往反映一国政府为实现其职能所进行的活动范围和政策选择的倾向性。所以可以从以下两大方面来理解政府为市场提供公共产品而安排支出的意义:

(1)公共财政支出(Public Finance Expenditure)通常是指国家为实现其各种职能,由财政部门按照预算计划,将国家集中的财政资金向有关部门和方面进行支付的活动,因此也称预算支出。在我国,由于存在预算外资金,所以财政支出的概念也就有狭义与广义之分:狭义的财政支出仅指预算内支出;广义的财政支出包括预算内支出和预算外支出。如果没有特殊的说明,我们后面所说的财政支出,一般是指狭义的财政支出概念。

(2)财政支出(Fiscal Expenditure)也称公共财政支出,是指在市场经济条件下,政府为提供公共产品和服务,满足社会共同需要而进行的财政资金的支付。财政支出是国家将通过各种形式筹集上来的财政收入进行分配和使用的过程,它是整个财务分配活动的第二阶段。国家集中的财政收入只有按照行政及社会事业计划、国民经济发展需要进行统筹安排运用,才能为国家完成各项职能提供财力上的保证。

公共财政只能以税收为最主要与最基本的收入来源,税收具有由法律确定的权威性,只有它才是作为政治权力行使者的政府在财政上的充分体现。税收是政府为提供公共服务而收取的费用,对企业和个人来说是享受公共服务的付费。规费是政府在执行社会管理者职能过程中运用其权威为企业和个人提供个别的、特殊服务的收费,体现为政府服务与企业、个人间的利益交换关系。此外,规费又是政府进行社会管理的内容之一,其收费标准由政府的制度乃至法令所规定,可以认为是具有某种带强制性的活动。但这种"强制性"是以自愿性为基本前提的,其规模应受到严格的控制。

将财政支出的内容进行合理的归纳,以便准确反映和科学分析支出活动的性质、结构、规模以及支出的效益和产生的时间。分类方法有下列五种:

(1)按经济性质将财政支出分为生产性支出和非生产性支出。生产性支出指与社会物质生产直接相关的支出,如支持农村生产支出、农业部门基金支出、企业挖潜改造支出等。非生产性支出指与社会物质生产无直接关系的支出,如国防支出、武装警察部队支出、文教卫生事业支出、扶恤和社会福利救济支出等。按财政支出的经济性质,即按照财政支出是否能直接得到等价的补偿进行分类,可以把财政支出分为购买性支出和转移性支出。购买性支出又称消耗性支出,是指政府购买商品和劳务,包括购买进行日常政务活动所需要的或者进行政府投资所需要的各种物品和劳务的支出,即由社会消费性支出和财政投资支出组成。它是政府的市场性再分配活动,对社会生产和就业的直接影响较大,执行资源配置的能力较强。在市场上遵循定价交换的原则,因此购买性支出体现的财政活动对政府能形成较强的效益约束,对与购买性支出发生关系的微观经济主体的预算约束是硬的。转移性支出是指政府按照一定方式,将一部分财政资金无偿地、单方面转移给居民和其他受益者,主要由社会保障支出和财政补贴组成。它是政府的非市场性再分配活动,对收入分配的直接影响较大,执行收入分配的职能较强。

(2) 按最终用途分类,从静态的价值构成上财政支出分为补偿性支出、积累性支出与消费性支出。补偿性支出主要是对在生产过程中固定资产的耗费部分进行弥补的支出,如挖潜改造资金。积累性支出指最终用于社会扩大再生产和增加社会储备的支出,如基本建设支出、工业交通部门基金支出、企业控潜发行支出等,这部分支出是社会扩大再生产的保证。消费性支出指用于社会福利救济费等,这部分支出对提高整个社会的物质文化生活水平起着重大的作用。从动态的再生产角度考察,则可分为投资性支出和消费性支出。

(3) 按财政支出与国家职能的关系可将财政支出分为:① 经济建设费支出,包括基本建设支出、流动资金支出、地质勘探支出、国家物资储备支出、工业交通部门基金支出、商贸部门基金支出等;② 社会文教费支出,包括科学事业费和卫生事业费等;③ 行政管理费支出,包括公检法支出、武警部队支出等;④ 其他支出,包括国防支出、债务支出、政策性补贴支出等。

(4) 按国家预算收支科目将财政支出分为一般预算支出、基金预算支出、专用基金支出、资金调拨支出和财政周转金支出。财政总预算会计对财政支出的核算按国家预算支出科目分类。

(5) 按财政支出产生效益的时间分类可以分为经常性支出和资本性支出。经常性支出是维持公共部门正常运转或保障人们基本生活所必需的支出,主要包括人员经费、公用经费和社会保障支出。其特点是它的消耗会使社会直接受益或当期受益,直接构成了当期公共物品的成本。按照公平原则中当期公共物品受益与当期公共物品成本相对应的原则,经常性支出的弥补方式是税收。资本性支出是用于购买或生产使用年限在一年以上的消耗品所需的支出,它们的耗费的结果将形成供一年以上的长期使用的固定资产。它的补偿方式有两种:一是税收,二是国债。

财政支出的方式和途径,分为无偿拨款和有偿使用两种。无偿拨款指财政资金在上下级财政之间的无偿调拨以及财政资金从财政部门向付款单位的无偿调拨以及财政资金从财政部门向用款单位的无偿转移,是财政支出的最基本方式。对于国家各行政管理部门所需要的资金和国有非营利事业单位核定的支大于收的差额,通常采用无偿拨款的方式。有偿使用指以借出财政周转金和财政周转金放款的方式供应财政资金。用于有偿使用的财政周转金除来源于财政周转金收入外,主要以列支财政支出的方式设置和增补。为达到科学运用财政资金,满足国家完成各项职能的需要的目的,财政支出的安排应体现以下原则：

（1）量入为出。财政收入和财政支出始终存在数量上的矛盾，脱离财政收入的数量界限盲目扩大财政支出，势必严重影响国民经济的稳步发展，因此，财政支出的安排应在财政收入允许的范围内，避免出现大幅度的财政赤字。

（2）统筹兼顾。国家经济建设各部门和国家各行政管理部门的事业发展需要大量的资金，财政收入与支出在数量上的矛盾不仅体现在总额上，还体现在有限的财政资金在各部门之间的分配。财政支出的安排要处理好积累性支出与消费性支出的关系、生产性支出与非生产性支出的关系，做到统筹兼顾，全面安排。

（3）讲求效益。财政支出的效益体现在财政投资的经济效益和社会效益两个方面，为保证有限的财政资金最大限度利用的特点，对有经济效益而不需要财政扶持的单位，要做到无偿拨款和有偿使用相结合，财政资金投入与单位自筹资金相结合，资金安排和日后的财政监督相结合。

二、财政支出的困题

第一，越位的政府财政支出。财政支出的越位表现在政府对许多本该由市场解决的问题加以干预，也就是管了不该管的事，突出体现在政府参与生产和提供私人产品以及政府对企业的直接干预。财政支出越位造成的后果：一是挤占了稀缺的财政资源，分散了财力，使财政支出不能充分保证那些具有优先性的重点项目，如实施科教兴国等。二是不利于快速推进经济体制的根本性转变。一方面财政支出范围过宽，存在政府干预和政府职能转换缓慢现象，影响独立的市场主体的塑造和市场机制的及早到位；另一方面，使企业和应实行企业化管理的事业单位，对政府仍然有相当的依赖性，不能及时转变经营机制或走向市场。

第二，缺位的政府财政支出。财政支出一方面介入了市场有效的领域，另一方面对财政职能范围内的一些工作没有完全尽到责任，出现了财政缺位现象。公共产品是政府弥补市场缺陷的核心领域。目前政府在财力不足的情况下，尚未提供较为充分的公共产品来满足社会需要。公共支出缺位造成的后果：一是使政府难以充分发挥宏观调控职能作用，弥补市场失灵的缺陷。例如，基础设施建设、社会公益事业发展和社会保障制度的建立等，政府如不在这些领域充分发挥职能作用，就会影响国民经济发展的后劲，不利于经济与社会的协调发展，造成对社会经济发展的"瓶颈"制约。二是不利于社会主义市场经济体制的建立。公共支出的缺位，将使满足某些公共需要的职责转嫁给了企业，增加了企业的负担，不利于现代企业制度的建立；而社会保障制度的滞后，影响了人才在不同经济成分之间的正常流动。

第三，滞后的政府财政预算管理。受各种主客观条件的限制，以往改革的重点大多在财政收入方面，而对计划经济体制下形成的财政支出制度的基本框架尚未进行大的改革，特别是涉及支出管理的两项基础性管理制度，即国库支付制度和预算科目体系，基本上是沿用过去的做法。这就造成目前支出管理方面的问题和矛盾越来越多，影响了财政资金使用效益的提高。

第四，不规范的转移支付制度。1994 年我国进行财税体制改革后，形成了以税收返还、体制补助、专项补助等为主要内容的初期转移支付模式。这种模式的转移支付是以基数法为依据，不尽科学、合理，也不够规范。1995 年财政部为进一步完善分税制财政体制，设计并实施了《过渡期转移支付办法》，这个办法对于改革传统的以基数法为依据的转移支付是一个积极的尝试，初步改变了我国转移支付的决定机制和分配方式。但它在方法上仍然存在一定的缺陷，同时分配中人为的政策性调整因素仍然比较大。因此，为了从根本上解决我国各级政府间财政关系中存在的问题，我们有必要建立起一套规范的转移支付制度，实现中央对地方转移支付资金公平、公正、公开分配和各地区公共服务的均等化。《财政部关于进一步加强财政支出预算执行管理的通知》指出为了更好地促进经济结构调整，保障和改善民生，发挥财政对经济增长的拉动作用。

从理论上来看，由理性经济人组成的政府与作为公共利益代表的政府，二者之间的持久冲突是形成财政困境的根源。基层政府在双重身份以及个人利益与公共利益之间权衡，从而表现出不同的行为。现行制度设计影响了基层政府的权衡，现行行政体制的不完善导致基层政府不断偏离公共利益，转而追求个人利益，从而需要财政资金的支持。财政体制的不完善放大了基层政府的资金需求，并最终导致基层政府财政收支的恶性循环以及财政困境。

三、财政支出困题的出路

第一，国家预算的编制逐渐制度化和年度化。1995 年《中华人民共和国预算法》施行，预算立法已由行政法规上升到法的层面，加强了人大对政府预算行为的监督和制约。部门预算改革是政府预算改革的重要内容。2000 年，中央部门所有的一级预算单位都试编了部门预算。部门预算改革要求将预算内收支、预算外收支、基金预算收支全部纳入部门预算编制范围，细化预算编制，提前预算编制时间，提高预算工作的主动性。2007 年开始的政府收支分类改革，是一次收支分类调整幅度最大的改革，有利于政府预算透明度的提高，促进了财政预算管理的科学化和规范化。

第二，逐步建立起规范的预算外资金管理制度。改革开放初期，以放权让利为特征的财政体制直接导致预算外资金规模的扩大。虽然国家一直在加强预算外资金管理，但是，预算外资金规模扩大的势头并没有得到遏制。1996 年《国务院关于加强预算外资金管理的决定》颁布，要求加强预算外资金管理，并提出今后要积极创造条件，将应当纳入财政预算管理的预算外资金逐步纳入财政预算管理。为了加强预算外资金管理工作，各地区、各部门不断推进和加强政府收费和罚没收入"收支两条线"的管理工作。2004 年财政部首次明确提出政府非税收入的概念，政府非税收入要分步纳入财政预算，实行"收支两条线"管理，要编制综合财政预算，统筹安排政府税收和非税收入。

第三，引入政府购买服务。政府购买服务是指通过发挥市场机制作用，把政府直接提供的一部分公共服务事项以及政府履职所需服务事项，按照一定的方式和程序，交由具备条件的社会力量和事业单位承担，并由政府根据合同约定向其支付费用。政府购买服务应当根据政府职能性质确定，并与经济社会发展水平相适应。属于事务性管理服务的,应当引入竞争机制,通过政府购买服务方式提供。政府购买服务遵循以下基本原则:① 积极稳妥,有序实施。从实际出发,准确把握社会公共服务需求,充分发挥政府主导作用,探索多种有效方式,加大社会组织承接政府购买服务支持力度,增强社会组织平等参与承接政府购买公共服务的能力,有序引导社会力量参与服务供给,形成改善公共服务的合力。② 科学安排,注重实效。突出公共性和公益性,重点考虑、优先安排与改善民生密切相关、有利于转变政府职能的领域和项目,明确权利义务,切实提高财政资金使用效率。③ 公开择优,以事定费。按照公开、公平、公正原则,坚持费随事转,通过公平竞争择优选择方式确定政府购买服务的承接主体,建立优胜劣汰的动态调整机制。④ 改革创新,完善机制。坚持与事业单位改革、社会组织改革相衔接,推进政事分开、政社分开,放宽市场准入,凡是社会能办好的,都交给社会力量承担,不断完善体制机制。

第四,加大财政支出审计。财政支出审计是对国家财政资金有计划地用于生产、建设、生活和维持社会公共消费的各项开支的审计。其主要内容:① 预算支出和预算外支出的资金界限划分是否清楚,有无相互挤占、挪用、流用等问题;② 财政支出是否符合法定程序,支出内容是否合规、合理、有效;③ 财政支出是否贯彻量入为出原则,体现量力而行,讲究节约的精神。财政决算支出审计是对各级财政实际支出事项的审核、稽查。其主要内容:① 列入本年决算的支出,是否按照年度收支期限划分。② 预算支出是否符合正常规律,本年预付下年的经费是否列入本年决算核销,总决算的支出数是否按银行支出数列报,是否任意以财政拨款数取代决算支出数。③ 资金付出界限是否划分清楚,有无违反财政纪律的超支现象,决算支出是否已编列齐全,有无该报未报、估列代编等情况。④ 财政决算支出、地方财政预算外支出,以及各单位的预算外支出是否严格划分,有无将不应列入财政决算的支出挤入预算内报销的现象。⑤ 对财政支出决算明细表、财政预算外收支决算表(财政部门掌握的部分)和财政预算外收支决算表(财政事业单位掌握的部分)支出部分三者严加审核。必要时延伸到重点企业、事业单位财政决算的支出部分,以发现是否将地方财政预算外支出和各单位预算外支出挤入预算内报销等情况。审计方法如下:

(1) 财政支出预算完成情况的审计。主要审查支出预算指标的核定或调整是否按规定程序经过批准,是否符合立法程序。财政支出预算指标的分配和财政支出预算的立法,是财政资金分配过程中,加强管理和控制的重要手段。因此,经同级政府审查同意,报请同级人民代表大会常务委员会审查批准后的财政支出预算,具有法律硬性约束力。一般来说,财政预算支出,如无特殊情况,未经批准,不得超支。审计时,主要应从以下几方面入手:① 审计年度预算批准文件与财政预算指标是否相符;② 审计年度预算支出计划数与同级人民代表大会(常务委员会)批准数是否一致;③ 审计执行过程中财政支出预算指标的追加、追减和预备费动用情况,是否按法定程序报请批准;④ 审计各项财政支出决算与年度财政支出预算是否相符;⑤ 审计财政支出总账与财政支出决算是否相符;⑥ 审计财政支出总账与明细账是否一致;⑦ 审计财政支出决算和金库年报是否一致。从对比分析中,研究支出预算结余或超支的主、客观原因。目前,许多地方很不重视财政支出预算的立法,因而导致财政支出预算数对执行单位没有约束力,通过审计,要维护财政预算的严肃性,发挥财政支出预算的控制作用,对年度财政预算执行结果进行分析检查,指出存在的问题,提出改进意见。

(2)各项财政支出预算的追加(减)的审计。财政预算执行过程中,由于客观形势的变化,必然会根据需要进行调整,即预算收入的追加或追减,预算支出的追加或追减,特别是预算支出的追加情况比较多,有的甚至很频繁。资金来源主要有两方面:一是上级财政部门的追加支出,二是地方机动财力。在审计中要注意审查追加支出的项目是否合理、合法;有无扩大固定资产投资规模;有无楼堂馆所的项目混在其中;有无弄虚作假的问题;有无追加不合规的问题,尤其要特别注意的是:当年有无在11月、12月办理追加财政支出预算问题,审计实践证明,在年底办理的追加财政支出预算,大都有问题。审计时,可以检查追加财政支出预算的文件、批件等,是否符合立法程序。

(3)财政支出决算的真实性的审计。通过审查财政支出预算、调整预算和决算、同级人民代表大会通过的财政决算报告,将各项支出数进行核对,审查政府向同级人民代表大会报告的决算支出数是否与财政决算报表的支出数一致。例如,对某市1998年财政决算审计时发现:该市支出超预算,主要原因是列支了财政部门动用预算资金2 800万元为机关干部购买商品房住宅,因考虑到同级人民代表大会难以通过,便在提交人民代表大会的决算报告支出中隐去了这笔金额,欺骗了人民代表,导致人大代表无法公正地评价主要领导人的功过是非。

(4)财政分配政策执行情况的审计。各项财政支出均属于财政再分配活动,体现了党和国家的方针政策,在财政支出决算审计中,要通过分析各项财政支出的数额及其构成,检查党和国家方针政策执行情况。① 审计各项财政支出的比例关系,是否符合党和国家当前经济建设的方针政策,是否有利于促进国民经济结构的合理化,是否有利于保证经济建设的健康发展。② 审计各项财政支出,是否保证了国家重点建设资金的需要,如国家能源交通重点建设的投资,支援农业生产支出,以及发展教育事业支出等。③ 审计各项财政支出,是否贯彻国家关于大力压缩固定资产投资规模,压缩行政经费开支,严格控制社会集团购买力等。④ 审计各项财政支出,是否严格控制各项消费基金的过快增长,坚持勤俭节约,反对铺张浪费,禁止用公款游山玩水,大吃大喝,以及有无乱发奖金、实物及各种补贴问题。

财政支出审计须注意的问题:① 审查各项财政预算拨款的方式和程序是否正确,是否符合国家规定的拨款原则,有无不按规定方式和程序拨款的问题。② 审查各项财政预算资金是否按国家规定的资金渠道使用,是否严格区分预算内资金与预算外资金界限、基本建设支出与行政事业费界限、专项资金与行政事业费等界限,有无混淆各类资金界限,转移财政资金的问题。③ 审查各项财政支出的列支是否符合国家有关规定:审查财政机关直接经办的支出,如企业挖潜改造支出、支援农村生产支出、简易建筑费等,有无按预算拨款数列支的问题;审查行政管理费是否按各主管会计单位报来的"银行支出数"列入决算,有无以拨作支问题;将各主管单位的"银行支出数"与基层单位的实际支出数分别进行核对,审查基层单位有无以领代报的问题;审查建设银行经办的基建拨款或贷款支出,是否按基层部门报来的"银行支出数"列支,有无以拨作支问题;审查总预算支出是否真实、合规,有无多列、虚列支出问题。如将预按下年度财政预算支出列入当年预算、决算,或将单位预算包干结余视为预算支出列入决算等。

第三节 公共财政系统的地位

财政是政府的"理财之政"。"财政"一词有两层含义:从实际意义来讲,是指国家(或政府)的一个经济部门,即财政部门,它是国家(或政府)的一个综合性部门,通过其收支活动筹集和供给经费和资金,保证实现国家(或政府)的职能。从经济学的意义来理解,财政是一个经济范畴,财政作为一个经济范畴,是一种以国家为主体的经济行为,是政府集中一部分国民收入用于满足公共需要的收支活动,以达到优化资源配置、公平分配及经济稳定和发展的目标。财政学是研究"财政"的学说,它是经济学的重要组成部分。

一、公共支出管理建立了国库集中收付和政府采购制度

2001年,中央财政启动国库集中收付制度改革,建立以国库单一账户为基础、资金缴拨以国库集中收付为主要形式的国库管理制度。2005年年底,36个省、自治区、直辖市和计划单列市也全部实施了改革。2006年4月,国库集中支付改革已经扩大到全部中央部门。政府采购制度从1996年开始试点,经过大力推行,政府采购规模逐渐扩大,从1998年的31亿元上升到2007年的4 000亿元。

1979年12月6日,邓小平在会见日本首相大平正芳时使用"小康"来描述中国式的现代化。他说:"我们要实现四个现代化,是中国式的现代化。我们的四个现代化的概念,不是像你们那样的现代化的概念,而是'小康之家'。到本世纪末,中国的四个现代化即使达到了某种目标,我们的国民生产总值人均水平也还是很低的。要达到第三世界中比较富裕一点的国家的水平,比如国民生产总值人均1 000美元,也还得付出很大的努力。中国到那时也还是一个小康的状态。"1984年,他又进一步补充说:"所谓小康,就是到本世纪末,国民生产总值人均800美元。"2000年10月,党的十五届五中全会提出,从新世纪开始,我国进入了全面建设小康社会,加快推进社会主义现代化的新的发展阶段。2015年10月29日闭幕的中共十八届五中全会首次提出"创新、协调、绿色、开放、共享"五大发展理念,以保障实现全面建成小康社会的目标。全面建成小康社会新的目标要求,包括经济保持中高速增长,到2020年国内生产总值和城乡居民人均收入比2010年翻一番,人民生活水平和质量普遍提高,现行标准下农村贫困人口实现脱贫,生态环境质量总体改善等。

二、经济性规制对公共财政系统起到了维护作用

政府规制可以被细分成经济性规制和社会性规制两个层面。所谓经济性规制主要

指的是在垄断环境下,或者是信息漏洞的环境下,为了防止资源配置效率低,以及配置的不公平性,可以基于国家的相关政策和法律的认可,对于企业进退市场以及提供的价格、服务和质量、财务会计和投资等诸多行为进行规制。从本质上来说,政府经济性规制的核心就是为了消除市场经济下的一些缺陷。也就是说通过政府经济性规制能够解决市场调节的失效问题。可是不可否认政府经济性规制也容易产生自身的失效,因此会对市场的调节效果大打折扣。经济性规制是在存在着自然垄断和信息不对称问题的部门,以防止无效率的资源配置的发生和确保需要者的公平利用为主要目的,通过被认可和许可的各种手段,对企业的进入、退出、价格、服务的质和量以及投资、财务、会计等方面的活动所进行的规制。经济性规制主要通过以下方式实施:

(1)对企业进入及退出某一产业或对产业内竞争者的数量进行规制。这一规制可通过发放许可证,实行审批制,或是制定较高的进入标准来实现。

(2)对所规制企业的产品或服务定价进行规制,也称为费率规制,包括费率水平规制或费率结构规制。

(3)对企业产量进行规制。产量高低直接影响着产品价格,进而关系到生产者与消费者的利益,通过规制可限制或鼓励企业生产。

(4)对产品质量进行规制,这种方式的成本较高。由于企业和规制者之间存在着信息不对称,规制者对产品质量很难把握,因此实践中这类规制方式较少采用。

政府经济性规制失效的表现如下:

(1)为规制者自身利益进行服务。从经验的角度来看,不少国家的执行单位往往存在打着公共利益的理由来为自身谋取利益,增加本单位的各项福利。因为政府经济性规制相关单位本身属于非市场组织,因此缺乏基于市场组织所存在着的一些市场指标,再加上这些单位本身在执行过程中拥有一定的权力,那自然就会结合自身的发展需要,以及相关的目标和标准来进行指导,同时对于相关机构的标准和行为进行评估。因为这种指标的制定会存在一定的私人内在指标,于是在执行过程中会产生更多的预算,并让行政机会主义得到传播。

(2)为被规制单位的利益进行服务。政府经济性规制的核心目的就是为了实现公共利益的最大化。可是在实际执行中,往往会存在一些被规制对象能够利用这些规制让自己利益实现最大化。也就是说,政府经济性规制和公共利益最大化的目标相背离,去服从了个别行业以及企业单位的利益最大化。也就是说,为某些特定的利益集团提供相应的规制服务。而这种保护还是以促进市场公平竞争的冠冕堂皇的理由来进行,而事实上会导致遏制竞争的自由性。比如部分存在着垄断性质的国企,就会因为这些政府经济性规制来实现利益的保护。

(3)某些规制成本相对较高。对于政府经济性规制而言,并不是零成本,因为规制单位和被规制单位具有明显的信息不对称性,规制者为了收集相应的信息必然会产生相应的成本。而且在信息采集的过程中,往往还会涉及很多垃圾信息采集,这些都会产生无谓的成本。另外,政府经济性规制还需要建立在立法以及执法和司法的基础上,于是就会产生相应的司法成本。假如基于政府经济性规制所产生的效益比投入的成本低,那么这些所谓的政府经济性规制实际上就具有无效性。

解决政府经济性规制失效问题的主要措施如下:

(1)适当地放松规制。对于政府经济性规制的放松,实际上在很多发达的市场经济体制下已经成为一种发展趋势,因为这是建立在对政府经济性规制深刻探究的基础之上。虽然政府经济性规制具有一定的宏观控制效应,但是这种效应并不是不会产生成本,甚至要比不进行规制的成本还要高。通过对政府经济性规制的放松,主要是通过引入竞争机制来实现。市场经济的关键就是一方面要存在权力相对有限的政府,另一方面就是要具备权利相对充分的市场。所以通过适当地放松政府经济性规制,促进市场在资源配置上的主体作用,就能够有效地降低政府经济性规制成本,消除政府经济性规制的失效问题。

(2)需要在法律基础上进行规制。也就是说,需要对政府经济性规制的主体加以规制,而实现这一点就需要通过立法来实现,让政府经济性规制的行为建立在法律的基础上,从而保障政府经济性规制的合法性以及合理性和公正性。对此需要积极推进我国行政体制改革。第一,从立法层面,需要对规制的诸多微观行为进行明确,同时进行细节化规定,防范权力机构的腐败。第二,从执法层面,需要构建完整的行政执法程序,比如可以制定完善的信息公开制度、职能分离制度、规避制度以及时效制度等,让政府经济性规制主体能够受到各类制度的约束。第三,注重对规制的司法审查。当前我国政府经济性规制还被当成一种抽象的行政行为,并没有纳入至司法的审查范围里,因此需要通过完善《行政诉讼法》来明确将政府经济性规制进行审查,确保政府经济性规制的实施可以满足法律监督需求。

(3)实现最优化的政府经济性规制。市场并不是一个万能调节模式,政府更不能够在市场调节中获得万能属性,特别是政府经济性规制的存在,如果侵犯了市场的主体调节作用,往往会让市场缺陷进一步放大,进而导致市场失效问题更加严重。所以对于政府经济性规制而言,应该立足于不破坏市场经济规则的前提下进行。政府经济性规制的实施本质就是要促进市场的自由竞争以及自由经营。只有通过市场调节的成本比国家行政干预的成本更高,而且还处于极为显著的前提下,才会应用政府经济性规制,否则就需要以市场来进行调节,从而尽可能弱化政府经济性规制的效应,进而消除政府经济性规制的失效模式。而且大量的实践已经证明,无论什么样的政府经济性规制都会对市场经济产生影响,那么在制定政府经济性规制时,就需要依据有关的政策目标、工具进行可行性分析,然后再运用帕累托最优状态等工具来构建最优化的政府经济性规制,从而促进政府经济性规制的正面效果,防范出现失效问题。

总而言之,政府经济性规制是市场经济环境下一个重要的补充,如果使用不当会给市场经济带来极大的负面作用。实施政府经济性规制的本质就是通过宏观调控来消除市场上可能存在着的失效问题,而政府经济性规制本身也有可能存在着自身的失效问题,对此只有通过加强对政府经济性规制的创新,通过科学的放松政府经济性规制,完善立法,实现最优化的政府经济性规制,才能够有效发挥政府经济性规制的正面效应。

三、土地财政对公共财政系统的负外部性效应

自 2018 年党的十八大明确释放了"抑制房地产投机"的政治信号以来,中央政府连续几年多次约谈房价增幅最快的几个城市政府,给它们敲响警钟,要求地方政府任何时候都不能忘记确保房地产市场的健康平稳着陆,这并不比新中国成立初期稳定物价的经济任务显现得更轻松得多。"房住不炒"的背后经济逻辑是"人人有房住",实现最大化的社会公平,是党和政府在新时期的经济工作重心。长期以来地方政府"土地财政"的高度依赖是解决公民购房难问题的瓶颈所在。通过对地方"土地财政"依赖度分析,发现土地征用、国家税制、地租设定、土地的储备与转让等因子对现实中的依赖效应产生了深刻的影响,其中,尤以税制问题为最。当下,消除地方"土地财政"困境的方式莫过于房地产税改革,重构地方政府、房地产市场、公众之间的三角利益关系,可从房地产税的税种、征收方式等方面着手改革,真正落实中央政府的"人人有房住"政治愿景。外部性是一个经济学概念,又称为溢出效应、外部影响、外差效应或外部效应、外部经济,指一个人或一群人的行动和决策使另一个人或一群人受损或受益的情况。产品负外部性是指产品产生的负面外部影响,在实际工作中,小到产品功能,大到一个产品,都可能有负外部性。因为负外部性不是产品的 KPI,往往别忽略,而某些情况下,这种忽视对产品是致命的。

土地财政,是指一些地方政府依靠出让土地使用权的收入来维持地方财政支出,属于基金预算收入,属于地方财政收入的一种。中国的"土地财政"主要是依靠增量土地创造财政收入,也就是说通过卖地的土地出让金来满足财政需求。一般来说,"土地财政"属于预算外收入,又叫第二财政。在国内不少一二线城市中,第二财政早已超过第一财政,成为经营城市发展的不二法宝。在预算内收入部分,与地方政府卖地以及房地产相关的税收,主要是建筑业和房地产业的营业税、所得税及耕地占用税等,这些都是地方税种,由地方财政享有。

地方政府通常以发展城市建筑业、房地产业和土地征用作为扩张财政收入的首选。这部分城市扩张带来的房地产业和建筑业发展,已经在地方政府的日益推动之下,成为地方财政预算内的支柱性收入。不仅如此,政府财政中更大规模的卖地收益,是来自预算外。地方政府卖地,征收的土地出让金始于 1989 年。当时规定,在进行必要扣除后,土地出让金实行中央与地方四六分成。但是,由于无法核实土地开发的成本,中央财政所得实际很少。

在前人诸多研究中,学者们得出的共识是很长时间里地方政府的"土地财政"是房地产市场失控的核心原因,后来又想通过地方政府债务的方式来摆脱自身对土地财政的依赖,其实是"换汤不换药"。在不能引起社会国民财富增长的前提下,"土地财政"只会加剧房市反弹的状况,同时,还积重难返,导致地方政府一离不开"土地财政",二在这种情形下越干预房市越会出现房市反弹的情况,各种地王、房价飙涨的情况层出不穷。地方政府的财政收入之命脉在于土地出让收入,因为这种模式,推高了地价并造出了一个个地王,同时又反作用于房价,形成新的房地产泡沫。地方政府的财政收入模式必须

作为焦点和切入点进行深度解剖思考,以获得一种既提振经济又防止房地产极度泡沫的新经济增长模式,必须采取应对好的 2010 年的中国经济"悖境"。

早在 2008 年,全国工商联房地产商会在对全国 9 城市房地产开发商的开发费用进行调查中,发现这些开发商在总费用支出中,流向政府的部分(即土地成本＋总税收)所占比例为 49.42%。其中,三个一线城市中,上海的开发项目流向政府的份额最高,达64.5%,北京为 48.28%,广州为 46.94%。调查还显示,房地产项目开发中,土地成本占直接成本的比例最高,达到 58.2%,为最主要的组成部分。据国土部总体监测数据,全国土地出让总收入逐年高涨,2006 年为 7 000 亿元左右,2007 年受到楼市过热影响,当年土地出让收入高达 13 000 亿元,2008 年又因楼市下行而回落至 9 600 亿元。《财经国家周刊》援引深圳市地方税务局提供给的一组统计数字显示:2009 年 11 月,深圳市地税收入 780 亿元,其中,房地产税收 115 亿元,建筑业税收 58 亿元。两项相加达 173亿元,占税收的 22%。同时,炒房热还给该市带来了更多的营业税收入。去年第二季度,该市营业税(其中包括房地产及非房地产行业)的增幅为 0.95%,到了第三季度,增幅则增长近 10 倍,为 9.34%。"土地财政"在深圳市目前财政收入的份量可见一斑。

过去的 20 年里,房价"涨多跌少"、受疫情影响,楼市自 2020 年以来陷入"有价无市"的境地。中国城镇有 6 500 万套空号住房、空号率高达 21.4%,仍未完全实现中央的"房住不炒"的政策预期。

当下,地方政府对"土地财政"的高依赖度现状,在社会经济发展的背后存在着极其深刻的政治原因。无论是国家土地制度,还是税收制度以及房地产市场的标的物——住房自身的物品属性界定,都是加深、加剧地方政府对"土地财政"高度依赖的诱导性原因。

第一,土地国有制在现实操作中出现了多个"所有权人"。在土地公有制(国有制)的前提下,土地归国家所用,政府代表管理。这种宪法上的语言表述在现实中有不同的理解,最常见的是土地国有化无异议,只是代表管理的政府是中央政府还是地方政府却是非常模糊化,这就在一定程度上构成了"土地财政"的制度原因。这一切的问题要回到房地产的源头——土地之上,试问土地归谁? 中央政府? 地方政府? 土地公有制(国有化)从来没有一天确认了地方政府对土地的占有权,这是历史上国家统一和中央集权一直在解决的政治困题。地方政府对土地的占有,无论是作为中央政府的派出单位,还是地方公众的代理人,哪怕是名义上都不可能对自己辖地土地的占有。与和国家统一相背离的分封制、诸侯割据有何区别? 中国历史上商鞅变法废除先秦的封土制、汉武帝推恩令逐步收回诸侯土地等政治事件无一不是宣告国家对土地的唯一占有的事实。因此,地方政府卖地或者对辖地国有土地的占有不仅有违宪之嫌,还有违背政治学意义上的国家主权之实。地方政府"土地财政"既不合法,也不合理。再回溯到新中国成立初期的《土地改革方案》,也表明是由中央政府实行颁布土地划分政策,地方政府顶多是一个忠实的执行者而不能变相成为土地的所有者。那么,废除地方政府的"土地财政"已非常有政治建设之必要。

即便要出让土地(卖地),也只能由中央政府来实行,并且,在土地的所有权和使用权实质性分离的前提下,在广袤的国土上,中央政府完全操办一切土地出让事宜,不仅会倒退到计划经济的时代,也在人力物力上并不现实,所以适度交给房地产市场自行解决也是市场经济时代的一种必然。但这并不意味着中央政府只管出台相关的土地方案和政策,同时地方政府不去"卖地"则似乎无事可做。可以说,有市场的地方必有政府的市场监管。在中央政府的授权下,地方政府成为辖地国有土地的市场监管者,既可以避免房地产市场的失灵现象,也可在一定程度上避免腐败等政府失败问题。

第二,央地分税制也在一定程度上催生了地方"土地财政"的动因。随着20个世纪90年代早期开展的国家税收体制改革,形成了例行数十年之久的国地税二分制,在中央政府与地方政府之间的税收分成的通常做法是七三开,这就造成了富中央、穷地方的格局,表面上是中央对地方的经济收权,事实上由于地方政府"迫不得已"大肆出卖辖地的国有土地来弥补政绩增长所需要的税收财政缺口,缺口越大卖地牟利的冲动则自然越大,这就会进而把地方政府赶到与房地产商(市场)捆绑、勾结的境地,最终导致了地方政府"土地财产"的路径依赖。

第三,住房"商品化"也将房地产推行了市场化,为地方"土地财政"构建了观念上的牟利基础。在公众眼里,住房一下子从基本生活保障变成了市场中的商品,进而产生了巨大的投机牟利空间,而且不同于任何的实业,住房的所谓增值本质上都是虚拟的、仅存在于人们脑海中的价格增值,现实中的价值跟住房本身的居住功能一样从来未有改变过。在历来人们检讨"房价虚高""房产市场泡沫""有价无市"等房地产市场失灵困境时,一直只是将目光停留在"房子商品化"的认知之上,而从未有考虑"房子商品化"的原因何在。可以设想,如果住房是基本生活保障品,属于当代服务型政府的职责范畴内,那么,政府对住房市场起到的应该是如同任何其他的商品市场一样发挥应有的不可推脱的市场监管职责。事实上,住房成为商品,不是由政府决定的,而是由市场决定。地方政府的卖地财产只是强化了住房的商品属性而已,但是同时地方政府又以住房是基本生活保障品回避了自身的市场监管职责。这才是房地产市场失灵的根源所在。市场失灵需要政府适度调控来解决,但是政府逃避了自身的监管职责,反而同时造成了政府失败。

政府的公共政策往往对社会、市场产生重要的影响,甚至可以视作一种"蝴蝶效应",即便再细微的政策变化,也会引起社会、市场相适应的根本性变化。党和政府近些年来对房地产市场的态度是"房住不炒",这是对人口数量庞大的工薪阶层在购房难问题上的一种积极政治回应。然而,中央好的政策要在地方上得到有效的贯彻和实施,并不是一件容易的事情。在大多时候,纯粹的市场经济条件,市场会按照自身的规律运作,排斥政府的干预和调控。但是,自改革开放40余年以来,中国的市场经济还在完善当中,完全脱离政府的管控,与我国的国情和社情不符,这引发了地方政府调控房地产的"经济悖论"。

一般来说,政府调控房地产的干预政策的政治动机或经济动因是考虑到国情和社情的。这个国情和社情是:第一,由于拆迁或其他投机途径,社会中普遍存在着一定数量的以寄食地租(房租)利润而"先富起来"的人群,造成了劳动力市场和社会财富再分配的混乱,这就意味着"努力工作不如一个好出身",同时这种观念也在逐渐败坏着社会风气;第二,改革开放四十年来工薪阶层的劳动工资增幅与社会经济高速发展态势不相匹配,造成了社会中一部分人对因房而富的不劳而获人群产生了社会不公平的不满情绪;第三,在房地产市场投机的既得利益者轻松获取的社会财富并没有用于社会公共事业,而是大量地被浪费掉(奢侈炫富),引起了因改革而利益受损的人群产生强烈不满情绪。在房市泡沫化趋势日益白炽化的当今社会,地方政府对房市求稳(既不让涨也不让跌)的行动动因比任何时候都要强烈。

同时,土地公有制是抑制土地资本无节制增值的重要经济制度,也同时构成了政府适度干预土地的依据。人类社会文明发展的数千年以来,历史告诉我们这样一个道理:几乎没有一个国家实行的是纯粹的土地私有制,人类之所以发明国土(国家土地)的概念基本上就是为了防止土地要素碎片化、失去应有的经济利用最大化效果的情形发生,同时为了土地市场的完整性和国家对土地的主权占有提供制度上的支持。由于土地市场的存在,土地要素容易转化为土地资本,但是并不能放任土地资本无节制的自我增值,并轻而易举地破坏人类社会分配格局的公平正义性,古往今来无论是王朝政府还是共和政府,事实上都是采取本质上的土地公有制(国有制),只是在制度设计上对土地的使用和利用设定了程度不一的限制。而且,其中最大的问题是土地对象的唯一性和土地使用者的变动性,会造成不同的税收征收方式情形,也自然产生不同的土地市场价格结果。

进而,一个正常的国家都会自然而然地保护本国公民的合法私人名下财产,不管它实行何种政治和经济制度,这同时也是所有正常类型国家存在的基本价值。当今之世,共和国已成为基本的国家类型,共和国的本意是理想中的全民事业和现实中的多数人的事业,主张共和国内一切公民都拥有符合宪法和法律的私人财产,并且在制度设计上确保了这些私人财产与公共财产(国有财产)之间存在一条清晰的边界。只有在这种意义下的共和国里,公民才有形成(现代)国家认同的必要和努力推进社会经济发展的使命。房地产不仅是一种商业行业,也还是人们日常生活的基本需要。只有致力于解决人们"后顾之忧"的、把民生发展放在首位的政府,才具有调控房地产行业的正义性和适度性。

国家和政府调控房地产的目的主要有两个方面:第一是从法律上保护私人的房产,积极实现"人人有房住"的政治任务;第二是维系房地产市场的公平有序,稳定房价,确保房地产市场不会发生波动的同时防止投机牟利带来的房地产市场失灵现象发生。跟婚姻家庭组建相似,政府保障人们的住房需求如愿实现,也是从政治心理(公民反映在物质上的心理需求)满足上解决各种社会贫富分化和精神面貌怨愤化的矛盾问题。

从这三个角度来看政府调控房地产市场,也为我国政府实现"人人有房住"的政治使命提供一定的思路和建议。在新的转型期,地方政府的经济任务从过去的抑制房市投机、摇号限购限售转变到现在的帮扶广大的工薪阶层解决刚需住房难题。这就让地方政府在新时期下的经济任务变得更加沉重,不仅要求它们保住房市经济秩序的稳定,还要对房市逐年增长的地租(房租)利润增值部分合理再分配,这样才能有效地抑制地方政府调控房地产市场的"经济悖论"。

通过对地方"土地财政"依赖度分析,发现土地征用、国家税制、地租设定、土地的储备与转让等因子对现实中的依赖效应产生了深刻的影响,其中,尤以税制问题为最。因此,深刻认识房地产税制改革的本质,积极思考房地产税制改革的途径,是消除地方"土地财政"依赖效应的基本途径。

地方政府一方面要监管房地产市场的秩序,确保各种政府失败和市场失灵现象不会发生,同时还要考虑通过税收杠杆来不断增加公民的收入,保证大多数人能够不太困难地买得起、住得起房。与其投放大量资金给所谓的贫困户,不如从"土地财政"中看到市场经济中"以钱生钱"的积极意义。早些年中央提出的"精准扶贫"并不意味着将钱和资助给了真正的贫困户就实现了。地方政府并不是慈善组织,从它的组织性质和政治目的上,都不认同地方政府直接去做"慈善实业"。这也同时说明:地方政府并不是手头上钱越多越好。

要彻底扭转房地产的市场失灵困境,就必须改变公民的税收征收结构,建议从家庭的角度来考虑税收征收,真正从关心公民的家庭经济生活状况着手,重新引进户税(家庭税)的概念来逐步替代个税(人头税)的做法。从长远来看,将公民从住房的经济束缚中解放出来,不仅有利于舒缓公民的经济生活压力,更有利于他们形成对现代国家的认同感和对地方政府的支持度。对于中央政府而言,一个有钱的地方政府根本比不上公民对国家和政府的真心和实意。地方政府对房地产市场能做什么?除了近年来呼声日高的房产税之外,地方政府征税及依法监管房地产市场是其应有的法定职责,但非常态的摇号、限购、限售尚不足以真正解决因"土地财政"带来的房市反弹困境。

房产税征收对广大工薪阶层来说无疑是一个福音,当然,对拥有多套房产者会产生较为明显的利益相对剥夺感。但这对于社会公平具有很大的促进作用。地方政府通过开征房地产税将本不属于房产者的地租寄生性收益收归社会,这对社会中大多数劳动者来说是最有效的政府帮扶措施。避免房地产市场失败的境况是地方政府依法通过市场监管的途径来打击不法分子(包括以权谋私的腐败官员、投机倒把的房地产商、借房生财的投机消费者),杜绝任何不法和不当得利对健康的市场经济的冲击,真正有效地根据公平正义的原则来重塑有序自然的房地产市场,实现政府应履行好的政治职责。

税收征收方式是在幕后决定政府、市场、社会(公民)三者关系的利益博弈格局的根本因素。一国税收征收方式主要包括税收的类型、目的及其征收目标群体(税基)等。在税务领域,税收的标的变量通常是人头、物品、服务等,不同的标的变量的计量单位不一样,所带来的税收结果也会完全不一样。

那么,房地产税开征的方式是怎样的呢?个人还是家庭?固定还是累进?在房地产行业中,土地是一种天然的资本因素和当然的经济要素,其所衍生出来的"地租"一直以来不仅是地主、土地资本家的致富秘诀,也可以说是国家汲取税收的重要来源之一。然而,不同于地主、土地资本家的营利目标,在理论上国家汲取税收是为了实现政府高效和优质的公共服务供给,原则上不以营利为目的,并反对官商勾结所带来的社会贫富差距拉大。在实行土地私有制的国家,市场主导一切,土地价值暴涨会伴随着当今时代人口暴增同步进行,在缺乏国家和政府适度干预的前提下,以致房价飙涨成为可预料到的定局。问题似乎并不在土地私有制本身,而在于依附于土地之上的房产(一种不动产)对土地存在严重的依赖性,结果只要人们对住房需求暴涨,也就会迅速拉动住房市场的价格供给态势,而一国税收征收方式却恰好是制约人们收入增长的根本因素。

地方政府对房价调控的基准不应该是土地的地租价格,而应是同一时期公民的年均收入,从而防止公民购房导致的收入赤字困境,必要时候还需要通过财政补贴来帮助公民渡过难关。价格补贴的标准应当在公民的家庭背景中有所考虑,特别是教育背景,以回补公民长期以来的高额的教育投入。而且,对于现代型家庭购买的第一套房,应当给予房价三分之一到二分之一的补贴,对于传统型家庭可以补贴第一套和第二套住房,鼓励多口之家不断地改善家庭住房条件。

征税的方式以家庭的经济背景进行累进征收,可以建议房屋的免税或低税的拥有数量与生育数量成正比,比如生一胎可以拥有两套住房(一套为小孩置产),生二胎可以拥有三套住房,生三胎可以拥有四套住房,第一套和第二套住房为公民的基本生活保障,应当免征户税,而第三套实际是增值不动产(也只有家庭经济条件富裕起来的公民才会购买更多的房产和生育更多的小孩)可以征收低税,第四套以后的住房开始实行累进税收(可以考虑设定一个税率上限值)。此外,除了购房补贴之外,地方政府的房地产市场监管也意味着对各种市场中的违法乱纪行为的制裁与惩罚。比如,对于虚报家庭背景的不诚信公民、购房长期不自住的公民、占用多套住房(特别是公职人员应从重处罚)等可以予以加入失信名单、予以相当或多倍的补贴罚款。

经济学上从来也没有考虑过甚至非常抵制政治学的国家与统治的立学初衷,政府以为把看似经济问题实则社会民生问题交由经济学界就可以圆满解决问题,事实上不但没有解决问题反而还在不断地制造新的矛盾问题。譬如,在当下的房地产行业,关于政府调控与"土地财政"问题上,经济学家给出的建议通常是各种经济规制政策(如"摇号""限购""限售"等)和地方政府公共债券。这样一来,除了鼓励地方政府扩大财政收入同时积极逃避市场监管责任之外,实际上给公众带来的更多的是房地产市场失灵和政府失败的双重困境。如何才是地方政府对房地产市场正常有效的调控和监管?在缺乏相关法律明确规定的前提下,各级地方政府仍然是因循着"摸着石头过河"的路子,并且,"八仙过海,各显神通"。无论是摇号、限购、限售等措施,都并没有实质上改变房市反弹的问题本质,地方政府离真正的"房住不炒""人人有房住"的政策目标还有一段较大的距离。

在亚当·斯密古典经济学倡导的放任主义视角下,政府对市场(房地产市场)采取的是消极的、不干预政策;只有在凯恩斯干预主义下,政府对房地产市场的适度干预才具备了一定的理论逻辑,并存在一定的底线原则,即防止政府失败和市场失灵。改革开放四十余年来,中国伴随着人口福利与政策调控而出现了耀眼的经济奇迹,社会转型期的人民日益提高的生活需求也给时下经济形势提出了全新的突破要求。房地产行业是人民衣食住行中的主要需求之一,如何解除人民的住房问题也是考验新时期中国政府的"进京赶考"新试题。从政治学和经济学的理论角度来看,一国房地产行业的政府调控属于公权对私域所应所可做出适度干预的重要对象。与婚姻家庭关系相似并与之密切相联系的住房问题,在政府的调控下,事实上与政府与市场、社会(公民)之间的关系状况存在着互为因果的联系,同时还与一国的税收征收方式以及该国对公民合法财产保护等因素存在重要影响。政府、市场之间各司其职,维系着房地产市场的稳定。

本章课程思政学习材料

促进全体人民共同富裕
抓住为人民谋幸福的着力点(专题深思)

党的十八大以来,以习近平同志为核心的党中央团结带领全党全国各族人民团结奋斗,推动区域协调发展,采取有力措施保障和改善民生,打赢脱贫攻坚战,全面建成小康社会,为促进共同富裕创造了良好条件。现在,我们正在向第二个百年奋斗目标迈进。习近平总书记指出:"适应我国社会主要矛盾的变化,更好满足人民日益增长的美好生活需要,必须把促进全体人民共同富裕作为为人民谋幸福的着力点,不断夯实党长期执政基础。"这要求我们坚持以人民为中心的发展思想,立足新发展阶段,完整、准确、全面贯彻新发展理念,在高质量发展中促进社会公平正义,促进人的全面发展,使全体人民朝着共同富裕目标扎实迈进。

推动高质量发展。习近平总书记强调:"发展是解决我国一切问题的基础和关键。"当前,我国仍然是世界上最大的发展中国家,要坚持用发展的办法解决前进中的问题。进入新时代,我国社会主要矛盾发生转化,必须完整、准确、全面贯彻新发展理念,通过推动高质量发展解决发展不平衡不充分的问题,优化分配结构、提高中等收入群体比重,促进人的全面发展、促进全体人民共同富裕。这需要增强发展的平衡性、协调性、包容性,持续缩小城乡、区域发展差距,从源头上为促进全体人民共同富裕打好基础;坚持以人民为中心的发展思想,保障人民在参与发展中机会公平、规则公平、权利公平,共同创造社会财富,共同分享发展成果。

坚持基本经济制度。习近平总书记强调:"公有制为主体、多种所有制经济共同发展,按劳分配为主体、多种分配方式并存,社会主义市场经济体制等社会主义基本经济制度,既有利于激发各类市场主体活力、解放和发展社会生产力,又有利于促进效率和公平有机统一、不断实现共同富裕。"我国仍处于并将长期处于社会主义初级阶段,必须坚持基本经济制度,坚持"两个毫不动摇"。要坚持公有制为主体、多种所有制经济共同发展,大力发挥公有制经济在促进共同富裕中的重要作用,同时促进非公有制经济健康发展、非公有制经济健康成长。坚持按劳分配为主体、多种分配方式并存的分配制度,把按劳分配和按生产要素分配结合起来,以更大的力度、更实的举措让人民群众有更多获得感。建立科学的公共政策体系,构建初次分配、再分配、三次分配协调配套的基础性制度安排,形成人人享有的合理分配格局,让发展成果更公平地惠及全体人民。

着力扩大中等收入群体规模。习近平总书记强调,扩大中等收入群体"是转方式调结构的必然要求,是维护社会和谐稳定、国家长治久安的必然要求"。这要求我们把扩大中等收入群体规模作为重要政策目标,优化收入分配结构,健全知识、技术、管理、数据等生产要素由市场评价贡献、按贡献决定报酬的机制。加大人力资本投入力度,着力把教育质量搞上去,建设现代职业教育体系。加大技能人才培养力度,提高技术工人工资待遇,吸引更多高素质人才加入技术工人队伍。深化户籍制度改革,解决好农业转移人口随迁子女教育等问题,让农民工安心进城、稳定就业。改善营商环境,减轻税费负担,提供更多市场化的金融服务,帮助中小企业主和个体工商户稳定经营、持续增收。

促进基本公共服务均等化。习近平总书记指出:"低收入群体是促进共同富裕的重点帮扶保障人群。"对低收入群体给予帮扶保障,需要促进基本公共服务均等化。加大普惠性人力资本投入,有效减轻困难家庭教育负担,提高低收入群体子女受教育水平。完善养老和医疗保障体系,逐步缩小职工与居民、城市与农村的筹资和保障待遇差距,逐步提高城乡居民基本养老金水平。完善兜底救助体系,加快缩小社会救助的城乡标准差异,逐步提高城乡最低生活保障水平,兜住基本生活底线。完善住房供应和保障体系,坚持租购并举,因城施策,完善长租房政策,扩大保障性租赁住房供给。同时也要看到,我国发展水平与发达国家相比还有较大差距,需要统筹需要和可能,重点加强基础性、普惠性、兜底性民生保障建设,把保障和改善民生建立在经济发展和财力可持续的基础之上。

促进农民农村共同富裕。习近平总书记指出:"促进共同富裕,最艰巨最繁重的任务仍然在农村。"打赢脱贫攻坚战、全面建成小康社会后,我们要继续做好乡村振兴这篇大文章,接续推进脱贫地区发展和群众生活改善,朝着逐步实现全体人民共同富裕的目标继续前进。要巩固拓展脱贫攻坚成果,加强对易返贫致贫人口的监测和干预,加大对脱贫县的支持力度,确保不发生规模性返贫和新的致贫。全面推进乡村振兴,加快农业产业化,盘活农村资产,增加农民财产性收入,支持更多农村居民勤劳致富。

促进人民精神生活共同富裕。习近平总书记指出:"促进共同富裕与促进人的全面发展是高度统一的。"共同富裕是人民群众物质生活和精神生活都富裕。要强化社会主义核心价值观引领,加强爱国主义、集体主义、社会主义教育,发展公共文化事业,完善公共文化服务体系,不断满足人民群众多样化、多层次、多方面的精神文化需求。加强舆论引导,澄清各种模糊认识,防止急于求成和畏难情绪,为促进共同富裕提供良好舆论环境。

凝聚共同奋斗的力量。习近平总书记强调:"幸福生活都是奋斗出来的,共同富裕要靠勤劳智慧来创造。"中国人民要过上共同富裕的美好生活,仍然要靠勤劳创新致富,最大限度凝聚起共同奋斗的力量。必须坚持以人民为中心的发展思想,弘扬勤劳致富精神,激励人们通过劳动创造美好生活。为人民提高受教育程度、增强发展能力创造更加普惠公平的条件,提升全社会人力资本和专业技能水平,提高就业创业能力,增强致富本领。畅通向上流动通道,给更多人创造致富机会,形成人人参与、人人进步的发展环境。

闫书华

(中国人民大学马克思主义学院)

(资料来源:《人民日报》,2022年01月11日09版)

去年前11个月,个贷90%以上用于支持首贷房
——房地产合理贷款需求得到满足
(原标题:房地产合理贷款需求得到满足)

在近日举行的中国银保监会例行新闻发布会上,中国银保监会新闻发言人、办公厅副主任张忠宁介绍,银行业保险业服务实体经济能力持续巩固。去年前11个月,新增贷款19.2万亿元,主要投向制造业、基础设施建设等领域,到11月末,普惠型小微企业贷款余额18.7万亿元,同比增长24.1%,保险业提供风险保障金额同比增长34.6%。前11个月,保险业累计赔付支出1.4万亿元,同比增长15.4%。

"在坚决落实'房住不炒'政策背景下,11月末房地产贷款同比增长8.4%,整体保持稳定,购房者的合理住房需求进一步得到满足,个人住房贷款中90%以上用于支持首贷房。对于长租房市场保障性住房建设的金融支持力度加大,投向住房租赁市场的贷款增速接近各项贷款平均增速的5倍。"张忠宁说。

值得注意的是,包括此次在内,自从去年11月以来,银保监会已就房贷问题3次发声。去年11月19日,银保监会新闻发言人在答记者问时表示,银行业金融机构资金供给合理充裕,有效满足了实体经济合理资金需求,"房地产合理贷款需求得到满足";去年12月3日,银保监会新闻发言人表示,"要根据各地不同情况,重点满足首套房、改善性住房按揭需求,合理发放房地产开发贷款、并购贷款,加大保障性租赁住房支持力度,促进房地产行业和市场平稳健康发展"。

在业内专家看来,房贷额度在未来一段时间将会有较充足的保障。据招联金融首席研究员董希淼分析,央行在去年12月15日全面降准0.5个百分点,共计释放长期资金约1.2万亿元。从流动性角度来讲,预计一段时间内市场流动性都会保持合理充裕。由于供给增加,房贷额度在未来一段时间也将会有更充足的保障,房贷利率或有所下行。

实际上,去年年底已有多家股份制商业银行对部分地区的房贷利率做出调整,尤其是首套房贷利率下调幅度较大,引发广泛关注。在专家看来,这样的变化对房地产市场的影响是积极正面的,但需要注意的是,监管坚持"房住不炒"的定位不会改变,个别银行对房贷利率的调整也不会改变房地产市场整体的走向。

(资料来源:http://finance.people.com.cn/n1/2022/0111/c1004-32328620.html,2022年01月11日)

第四章 公共政策过程

公共政策过程有广义和狭义之分：一类是广义上的公共政策过程，从政策问题的确认开始，一直到政策评估和政策终结为止；一类是狭义上的公共政策制定过程，从确认政策目标到抉择政策方案的过程。前者从宏观的角度，关注问题从确认到政策终结的一个完整周期；后者从微观角度，研究政策方案的决策过程。一般认为，公共政策过程主要包括政策制定、政策执行、政策评估、政策终结、政策监督五个方面。

第一节 政策科学

政策分析是个人、团体、研究机构对现行或计划实行的组织政策、决策程序和活动中的情况、问题，以及公众对它们的反应信息进行系统的调研、观察，并做出定量和定性分析的过程。其目的在于协助政策制定者继续坚持或改进政策目标，实现社会发展和大多数人的利益。这一概念最早由美国政治学家林德布洛姆提出，他认为政策分析在政策制定过程中具有普遍性。政策分析理论模型主要有政治系统模型、团体模型、精英模型、功能过程模型、制度模型、理性模型、渐进模型和博弈模型等。

一、传统的政策科学范式：以问题为中心

传统的政策范式是以社会问题为导向来制定公共政策的，社会问题作为政策的起点可以追溯到政策研究的最初起源。1951 年由拉纳（Daniel Lerner）和拉斯韦尔（Haroad D. Lasswell）主编的《政策科学：范围和方法的最近发展》一书中就主张，政策科学所关注的是政策相关知识，即公共决策过程知识和公共决策过程中的知识，公共政策需要处理公共的或社会问题。政策科学兴起之后，以问题为导向显得更为突出。

政策分析起源于美国。1951 年莱斯韦尔与勒恩纳合作，在美国出版了《政策科学》一书，为政策分析奠定了基础。因此莱斯韦尔成为政策分析的奠基人。《政策科学》一书出版后，并未引起应有的重视。直到 60 年代末，由于各种复杂的社会问题不断出现，暴露出系统分析方法的局限性，政策分析才开始受到重视。1969 年莱斯韦尔组织领导了世界上第一个政策科学研究小组。60 年代末到 70 年代初美国兰德公司的 J. 德热主编了一套政策科学丛书，有人称之为政策科学三部曲，即《重新审查公共政策的制定过程》(1968)、《政策科学探索》(1971)、《关于政策科学的设想》(1971)。70 年代初美国社会学家奎德主编的《政策科学》杂志正式创刊。政策科学的奠基人莱斯韦尔也发表新著

《二十年之后》,对政策分析做了深入的探讨。1980 年美国社会学家 S.尼格尔主编的《政策研究手册》一书正式出版,1983 年尼格尔主编的《政策科学百科全书》正式出版,标志着政策分析这一学科已渐趋成熟。80 年代以来美国兰德公司正式培养政策分析博士研究生,社会上开始出现政策分析家。1985 年美国设立莱斯韦尔奖,授予对政策分析做出重要贡献的学者。国际上已公开出版 5 种政策分析方面的杂志,即《政策分析》《政策科学》《公共政策》《公共利益》《政策研究杂志》。

比如,邓恩(William N. Dunn)等人就认为,政策科学的发展主要是当代社会问题的复杂化以及为处理这些问题的政府组织扩展的结果。另外,S. S.那格尔(Stuart S. Nagel)认为:政策研究可以总的定义为:为解决各种具体社会问题而对不同的公共政策的性质、原因及效果的研究。"①奎德(Edward S. Quade)认为,政策分析是应用研究的一种形式,用来获得对社会技术问题的更深刻理解,并提出更好的解决办法。政策分析试图利用现代科学技术去解决社会问题,寻求可行的行动过程,产生信息,排列有利证据,并推倒出这些行动过程的可能结果,其目的是帮助决策者选择最优的行动方案。②邓恩则认为,"政策分析是一种应用性的社会科学学科,它使用各种研究和论证方法,产生并转变政策相关信息,以便政治组织解决政策问题。"③

具体到政策实践,我们从诸多公共政策中也可以发现公共政策的社会问题导向。例如,随着社会不断向前进步,人口持续增长和经济快速发展对环境造成了严重的破坏,阻碍了人民生活水平和生活质量的提高。我国政府为了促进经济、社会与环境的协调发展,在 20 世纪 80 年代制定并实施了"预防为主,防治结合""谁污染,谁治理"和"强化环境管理"三大政策。

从西方的政策理论和我国的政策实践中我们可以发现,政策科学的产生源于处理公共或社会问题的需要,社会问题的复杂化推动了政策科学不断向前发展,社会问题成为政策过程的逻辑起点。但是,并不是所有的社会问题最终都有政策出台来解决,它要经历一个由特殊问题到社会问题再到政策问题的过程。那些影响到社会全体成员或部分成员的正常生活,引起人们普遍关注的问题首先转化为社会问题。社会问题只有进入政府议程的情况下,才有可能转化为政策问题。

传统公共政策理论认为公共政策的制定是从社会问题出发的,问题导向的公共政策也的确发挥了解决社会问题的功能。但在现实生活中,公共政策仍然存在着一些问题,暴露了传统政策范式中存在的缺陷。

（一）政府制定政策过程中的被动性

在以问题为导向的政策范式中,一项政策的出台必须经由社会问题转变为政策问题这样一个过程。社会问题是政策出台的最初出发点,政府的着眼点仅仅只留在解决

①　[美]S.S.那格尔.政策研究百科全书[M].北京:科学技术文献出版社,1990:7.

②　E.S. Quade. Analysis For Public Decision(Third edition)[M].New York:Elsevier Science Publishing Co,Inc,,1989:4-5.

③　William N. Dunn. Public Policy Analysis:An Introduction[A] Englewood Cliff:Prentice—Hall,1981,P.Ⅸ. Policy Analysis:Perspectives and Methods[C].JAI Press,Inc,1986,p.ⅩⅢ.

各种各样复杂的问题上。出现了社会问题,需要政府解决,政府就可能随之出台政策予以解决,政府此时完全处于一种被动的地位。由于政策主体在制定政策时的被动性,一些社会问题只有明显暴露,并对社会造成严重损失时政府才考虑制定政策再来解决,往往为时已晚。

（二）政府制定政策过程中的滞后性

在传统政策范式中,由于政府制定公共政策时是被动的,这一行为的直接结果是公共政策永远只能是一种滞后的解决问题的工具。由于社会问题转变为一个公共政策的条件所限,其间一般历时较长的时间,当某一问题引起政府部门注意并实施政策予以解决时,也许社会问题已经对社会造成了很大的危害;而且政策从它的制定到出台这一过程需要耗费一定的时间,但问题是随时都在变化的,也许当一项政策出台时,原来的问题已经演化为另外一种情形,此时的公共政策已无法发挥它解决社会问题的功能了。

（三）政府制定政策过程中的多变性和盲目性

我们经常可以看到这样一种现象:某一政策实施后,在一段时间内该政策会做经常性的调整。当然,随着政策环境条件的改变,政策也要做相应的调整。但在有些情况下,对于同一个社会问题,多次变更政策之后仍无法很好地解决。例如,以前,由于小排量汽车尾气排放标准比较低,更主要的是许多城市政府认为小排量汽车影响城市形象,许多城市出台限制小排量汽车的"限小"政策。现在,随着能源越来越紧缺和日益严重的汽车尾气污染问题,国家多次出台政策以解除对小排量车的禁令。1994年颁布的《汽车产业政策》、2001年的《汽车产业"十五"发展规划》、2004年6月发布的新版《汽车产业发展政策》,以及2004年11月国家发改委发布的《节能中长期专项规划》,都有"提倡发展小排量"、"经济型轿车"的规定。然而,时至今日,全国仍有84个城市实行"限微令",使小排量车身处"有路难行"的尴尬境地。这么一个社会问题,政府出台的政策前后就变动了3次,且不说政策经常性的变动对政府决策和社会带来的负面影响,更重要的是"提倡发展小排量、经济型轿车"的政策目标仍遥遥无期,能源紧缺和废气污染问题始终没有得到解决。

（四）对社会问题认识的表面性

如果政策是以社会问题为导向的,那么针对某一社会问题出台的政策在事后为何又做多次调整呢? 多次调整之后为何还是不能有效地解决社会问题呢? 政府为对流浪人员实行有效管理制定了相关政策,并对该政策做过多次调整,但仍未避免"孙志刚"事件的发生;政府为保证煤炭工人的安全出台了一系列相关政策,但煤炭工人在工作中的死亡事件却频频发生。传统政策范式该如何解释这些问题呢?

传统政策范式从社会问题出发来制定政策,将着眼点都集中在了解决一个一个社会问题上,这样难免使政策主体无法深入思考社会问题背后的问题,无法深入探询产生这些社会问题的根本原因,无法从社会问题的表象中挖掘本质,只是简单地"头痛医头,脚痛医脚",就问题解决问题,对政策问题的性质、深度、严重程度和关联性等缺乏深入的认识和准确的界定。

（五）容易受到其他相关因素的干扰

一项公共政策的出台要经历一个很复杂的过程，从特殊问题到社会问题，再进入政府议程，最后到政策出台并予以实施，其间会受到很多因素的干扰，如舆论、政策主体、决策程序、利益集团、政治与经济环境等，这些都会对公共政策的制定和执行产生影响。以社会问题为起点制定公共政策，很容易受到这些因素的干扰，政策就很容易偏离它原本应该发挥的作用，沦为某些人或集团谋取利益的工具。

通过以上对公共政策逻辑起点存在问题的分析，我们发现，公共政策以社会问题为起点已无法有效发挥它应有的作用，这些问题都暴露了传统政策范式的危机。为应对传统政策范式中的危机，我们有必要重新思考公共政策的逻辑起点问题，希望在原有理论的基础上能发现公共政策新的逻辑起点，以此来提高公共政策实施效率，充分发挥公共政策应有的作用。

二、现代社会政策科学范式：以参与为中心

政策分析是由运筹学和系统分析逐步发展起来的。20世纪40年代初运筹学在解决雷达最优配置等战术问题上起了很好的作用，并逐步从军事领域扩大到经济、能源、交通、安全等社会的各个领域。但单纯依靠运筹学中最优化技术来解决社会问题并不理想，因为它只考虑本系统的优化，而没有充分考虑对更大的系统的影响。50年代中期，导弹危机加速了涉及系统之间关系及非定量化问题的系统分析和系统工程的发展。成本效益分析等系统分析方法将运筹学中的最优化技术与经济分析和逻辑推理结合起来。50～60年代出现了系统分析的热潮。系统分析要求对备选方案结果进行预测，要求系统变量和系统模型有清晰的定量的表示，局部决策与总体决策目标一致，技术经济分析标准一致，逻辑推理过程前后一致。但实际上在政策制定过程中很难达到上述要求。因为政策制定是各种有利害关系的组织、团体、个人和制定者本身的相互沟通和协调的过程，而不是严密推理做出抉择的结果。系统分析把最优抉择作为分析过程的终点，政策分析则还要考虑政策制定与政策实施、筛选、评价等关系，涉及人类学和行为科学的一些观点（如组织、文化、个人价值观、社会心理等）以及类似于意识形态等问题。系统分析对备选方案的选择准则是效益或效能指标，而政策方案的评价准则要复杂得多。政策分析应用了系统分析的某些方法，但政策分析考虑问题的范围要宽广得多，定性分析涉及的面也要大得多。政策分析考虑得比较全面，容易符合社会的实际情况。

政策分析的理论基础涉及控制论、运筹学、系统分析、对策论、决策分析、行为科学、社会心理学、组织理论、权威理论、群体理论、结构功能理论、渐进理论和有限理性论等。其中渐进理论和有限理性论对政策分析起着重要作用。

渐进理论是由美国耶鲁大学经济学家林德布洛姆提出来的。他在《政策分析》等文章中指出政策程序是渐进的，政策在每一阶段的变化也是渐进的，目的是为了减少冲突，保持政治系统的稳定性。有限理性论则来自美国诺贝尔奖金获得者 H.A.西蒙的观点。从人的认识能力或信息处理能力有限出发，认为政策的制定和贯彻是不断利用启

发信息加以逐步改进的过程。用可行的手段去衡量和调整目标,只能寻求较满意的政策。政策分析重视比较研究,通过对不同地区、不同国家采取不同政策的结果分析,可寻找政策分析规律,提高政策分析的有效性和普遍性,提出新的比较方法和理论。无论是哪种决策分析理论,都离不开参与的核心要义。

公共政策的好坏可以决定人性善恶引导。包含了一系列相关联的社会公共政策的的制度结构,在公共政策过程中要解决公共利益和公共目标问题,就应妥善围绕着社会公众自身的以公共利益为导向的人性需求来着手考虑。政府要考虑的制度问题是"怎样才能让社会公众都有社会公平感",克服地方保护主义和排外主义的价值导向可以引导我们对上述问题进行积极思考。公共政策的制定及实施,最大化体现出我国公共政策的正当性。那么,在公共政策过程关于社会公众的各类社会公共政策中,政府的公共政策部门是否敞开机关大门欢迎社会公众代表的参与,广泛听取相关的利益诉求及政策建议。

在政治学理论中,民主是一种政府形式,与君主制和贵族制不同的是:在这种政府形式中,所有人在法律上享有平等的权利,统治权归人民所有。美国民主理论家科恩曾说"民主政治无论采取何种形式,其关键都在于民主参与"①。美国学者罗伯特·达尔将民主解释为有效的参与、选票的平等、充分的知情权、对议程的最终控制、成年人的公民权等具体问题。② 普热沃尔斯基也认为,民主存在于政治制度之中,是对政治参与与人民选举的形式抉择。在这种被唤作民主政治的制度下,人民才能真正凭借自己的公共意志来决定与实施国家的一切事务。从这个角度来看,民主的基本特征就是普遍平常的大众政治生活。"民主为它的公民提供了许多好处。公民从中得到强大的保护,可以避免专制统治,他们拥有基本的政治权利。此外,他们还能够享受到广泛的自由;作为公民,人们获得了种种保护和促进自己最重要的个人利益手段;他们能够参与法律的制定;他们拥有广泛的道德自主;最后,他们拥有不同寻常的个人发展机会。"③可以说没有公共政治参与,就没有真正的民主的公共政策。

所有民主的核心是政治参与。政治参与是政治学上公共参与的一种重要形式,也是公共参与政治内涵的扩大化。经典的政治参与概念是指各类政治行为主体通过一定的方式直接或间接地影响政府的决定或与政府活动相关的公共政治生活的政治行为。④ 各类政治行为主体必然会对公共政策制定过程产生一定的政治影响力,这就是各类政治行为主体通过政治参与产生的民主力量。各类政治行为主体可以利用手中的监督权,对政府官僚如何运用公共权力进行监督,防止寻租和腐败现象的发生,保护社会的公共利益。广泛的政治参与以民主为主体才具有了参与的思想和政治基础。没有政治参与就没有民主,民主内含了政治参与的全部内容。只有通过民众的政治参与才能确保民主政体永不变质。从本质上来说,现代公共政策范式关注国家治理过程中社

① [美]科恩.论民主[M].聂崇信,朱秀贤,译.北京:商务印书馆,1988:40.
② [美]罗伯特·达尔.民主理论的前言[M].顾昕,朱丹,译.上海:三联书店,1999:48.
③ 同上.
④ 俞可平.中国治理变迁30年(1978—2008)[M].北京:社会科学文献出版社,2008:55.

会公众如何参与到政府公共政策议程之中。

第二节　政策主体

公共政策主体是政策系统的核心成分,是指参与和影响公共政策决定、执行、监督等过程的组织、团体和个人。公共政策主体主要指直接参与政策制定的政治权力主体,即体制内主体。规范的政策主体应具备三种属性,即合法权威、合格权威和个人权威,它们共同构成政策主体的合法性。政策主体的合法性对政策系统和政治系统具有重要影响。

一、基本内涵

公共政策主体是政策系统的核心成分,是指参与和影响公共政策决定、执行、监督等过程的组织、团体和个人。公共政策主体具有规制社会成员行为的能力。作为特殊的行为准则,公共政策在规范人们行为时,指出什么是应该做的,什么是不应该做的;什么是能够做的,什么是不能够做的。通常,这些准则、规范来自统治阶级的利益需求与价值偏好。公共政策主体规制社会成员行为的能力还常常在应对突发事件等危机管理中发挥重要作用。政策主体对社会成员行为的规制直接关系到社会正常的生活秩序、社会成员甚至是全人类的公共利益,体现出政策主体的权威性和号召力。具体来看,公共政策主体的基本特征主要如下:

第一,公共政策主体引导公众观念、行为的能力。公共政策主体将哪些问题列入公共政策议程,直接决定了对公众观念和行为将产生什么样的引导。所以,公共政策主体首先要具有充分搜集公共问题信息、最大限度地了解把握公众意愿的能力,从而针对某些公共问题制定政策,以便更好、更有成效地引导公众的观念和行为。公共政策主体引导公众观念行为能力的强弱,在很大程度上取决于政策主体自身观念的影响程度以及行为的规范、模范程度。随着人们受教育水平和程度的提高以及多元化价值观思潮的影响,公共政策主体引导人们观念、行为的能力就显得更困难、更具挑战性,同时也更有必要、更不可缺少。

第二,公共政策主体调控各种利益关系的能力。公共决策是公共政策主体为了实现有效管理选择一种主观最满意的方案的动态过程。这个为实现有效管理的过程也是对社会中的各种利益关系进行调节和控制的过程。公共政策主体选择哪些问题制定政策,就决定了对哪些利益关系进行调控,这要求政策主体以大局为重,尊重市场规律和事物发展的客观规律,遵循平衡各种利益矛盾、实现社会稳定发展的原则,来调控社会的各种利益关系。其调控能力的强弱,表现在确定要调整哪些利益关系以及所优选的政策方案,是否能最大程度地解决公共问题、满足公众需求、平衡各种利益矛盾。

第三,公共政策主体公平分配社会资源的能力。公共政策的本质决定了公共政策必须立足于解决对社会资源公平分配的问题。因为任何公共政策都必将取之于一些人而使另外一些人受益，所以社会中的个体都从自身利益的最大化需求出发来对待公共政策。思想观念的差别、知识水平的差别以及社会经济地位的差别导致不同人有不同的、永无止境的利益需求。"究竟把利益分配给谁、怎么分配、最佳分配是什么"就成为公平分配社会资源中的核心问题，如果解决得好，就说明公共政策主体公平分配社会资源的能力强。

第四，公共政策主体公共政策体系内部的互动及整合能力。除了政府这个核心公共政策主体外，执政党、利益团体、社会团体、第三部门等准公共政策主体以及公众、新闻媒体等共同构成一个公共政策系统。在整个公共政策体系中，各子系统、各组成部分之间的互动及整合能力也是公共政策主体能力的重要组成部分。在某种意义上讲，它们的互动及整合能力将决定整个公共政策体系的能力。一般来说，互动的范围越大、频率越高，越有利于公共决策的民主化、科学化。作为一个系统，在各主体相对独立、具备较高能力的情况下，公共政策体系有一种天然的整合能力和机制。

二、主要类型

在对公共政策主体进行分类时，通常可以分为国家公共法权主体、社会政治法权主体和其他相关决策主体。

（一）国家公共法权主体

国家公共法权主体是指居于法律规定的法权地位、获得法律授权、享有公共权威以制定、执行和评估公共政策的机构与职位。在西方三权分立的国家中，国家公共法权主体分为三大系统：立法（即各级议员系统）、司法（即大法官与各级法官系统）、行政（即总统及各级行政长官系统）。但在西方也还有两类主体应当考虑为公共法权主体：一类是政党，一类是高级助理人员。前者在国家政治生活中具有利益整合的功能，因此是"准"公共法权主体；另一类，如助理、高级秘书等，虽然他们未得到法律的授权，但因他们的特殊地位、正式的官位与作用，也被归入附属性的公共法权主体行列。

在中国，立法机构、行政机构、司法机构及其代表或负责人都是公共法权主体。由于中国宪法规定共产党在国家政治经济生活中处于领导地位，因此，它是正式的国家公共法权主体。同样，一些立法、行政、司法机关，包括共产党机关中的高级助手与秘书，在实际政策制定与执行过程中都被视为是正式的国家公共法权主体。上述这些主体都属于体制内的政策行为主体。

党组织也是一类重要的国家公共法权主体。党章（第五章第三十一条）规定："党的基层组织是党在社会基层组织中的战斗堡垒，是党的全部工作和战斗力的基础。"党章规定基层党组织是整个党组织在社会中的神经末梢，它在"发挥政治核心作用"，从社会中来，回社会中去。它是执政党领导社会的感发器。"基础不牢，地动山摇。"基层党组织有着自身独特的服务群众的优势，在根本起到了对执政党地位巩固的重要作用。党组织的主要职责是：第一，宣传动员。第二，领导决策。第三，管理党员。第四，服务群众。

其中,社会政治法权主体指的是经过法律认可和保护的,可参与公共政策的制定、执行、评估,但不拥有合法的权力去做出具有强制力的政策决定的社会行为主体。在政策过程中,这类主体的作用通常是巨大的,有时甚至处于主导地位,但由于他们不拥有合法的权力去做出带有强制性的政策决定,因此不能成为国家公共法权主体。这类政策主体往往通过合法的程序,获得社会法人资格,并由此得到法律的保护。

（二）社会政治法权主体

社会政治法权主体主要有三类,一类是在野党、参政党;一类是见诸于公众的利益集团;还有一类是作为个体的公民。在西方国家,常常实行两党制或多党制。在两党制国家,一个政党上台执政,另一个政党则为在野党,它的任务就是批评执政党的政策,并且推行自己的政策,以便在下一次选举中获胜掌权。在多党制国家中,有时可能是几个政党联合起来执政,其余的政党则成为在野党,它们也要在政策上与执政党做斗争。一般说,在西方,民主党、社会党、工党,其政策倾向是限制垄断资产阶级,而照顾社会中下层民众的利益;而共和党、自由党、保守党,通常主张政府放松控制,更多照顾大资产阶级利益。在社会主义国家,在实行多党合作制的地方,只存在执政党与参政党,它们是社会政治法权主体。

利益集团是重要的社会政治法权主体。利益集团都在不同程度上代表着一定社会群体或团体成员的利益。他们通过参与政策的运行,来表达他们所代表的群体的要求。在不同的政治系统中,利益集团的表现方式和发挥的功能是不一样的。比如在美国,利益集团通常是以"院外集团""压力集团"的面目出现的,在政府政策制定中,利用抗议、游说等合法的或非法的途径影响决策过程。即使在西方也不是所有的利益集团都是为了追求自身的经济利益。在 20 世纪 70 年代末,美国曾出现过"公共利益集团"(Public Interest Group),其目的不是仅仅为了追求该集团成员的个人利益,而是超出集团自身以外,维护公共利益。1970 年,由前任健康教育暨福利部长约翰·加得纳(John Gardner)领导成立了"共同目的社"(Common Cause)。到 1974 年这一公共利益集团的社员发展到 32 万人,到 1978 年,社员还有 23 万人。该集团的目标是促进诸如议会的信息制度,议会和行政部门的会议公开制度、听证制度,竞选中公费使用的制度,游说法令的制度等加以改革。为了实现公众参与政策过程的宗旨,这一集团在内部设立了保护消费者、环境、健康、科学、法规改革、能源等 15 个亚团体。

在中国,传统的利益集团往往代表年轻人、妇女、工人、科学研究人员的利益,比如有"妇女联合会""共青团""工会""自然科学工作者协会""社会科学工作者联合会",等等。它们是带有半官方性质的群众团体。

（三）其他相关决策主体

根据决策系统五大要素的不同形式,可以对各种决策进行分类,以便于深入讨论决策的组织和决策方法。根据决策者的构成及其组织方式,决策可以划分为个人决策、团体决策、人—机系统决策。个人决策是单个决策者依靠个人智慧和权威所进行的决策。随着经济、科技活动的日益广泛及社会、政治民主化,个人决策正逐步局限于个人的日常生活。团体决策则是由一个智能群体共同做出的决策,群体各成员之间地位平等。由于计算机技术的发展,人—机系统决策正在兴起。在这类决策中,计算机代替了部分人的职能,在决策过程中帮助人类决策者进行分析、判断和推理。就计算机技术来看,人—机系统决策的发展趋势是由计算机解决结构化决策,甚至半结构化决策问题,而由人解决非结构化问题。

三、公共政策能力提升的必要性

公共政策主体能力作为政府能力的重要维度及表现形式之一,影响着公共权威主体,主要是政府的合法性及权威性。在后工业社会,面对层出不穷、日益复杂的社会问题,公共政策已逐渐成为政府进行社会管理、公共服务的主要工具和手段。研究政策能力,有助于对政府行为做科学的评估,有助于增强政府的公共服务能力,有助于夯实政府的合法性。这些将是一国政府得以稳固执政的重要条件,也将是影响一个国家在世界竞争序列中取得优先位置的决定性因素。

(1)从实践来看,公共政策主体能力不足。公共政策主体的能力从实践来看,由于与政策相关的利益、素质和信息资源等因素的影响,公共政策主体的能力明显不足。主要有:① 不能积极有效地引导公众的观念和行为;② 调控各种利益关系的能力不佳;③ 缺乏公平分配社会资源的能力。

(2)公共政策主体能力现状不能满足日益增加和多样化的公众需求。公共政策主体应该不断提高自身素质,进而提升引导公众观念行为、调控各种社会利益关系和公平分配社会资源的能力,以满足公众日益增长和多样化的需求。

(3)入世新环境和经济全球化挑战公共政策主体能力。"入世"使我国经济与整个世界经济融为一体,入世后,我国公共政策主体能否应对新环境的挑战直接决定了公共政策质量的优劣,进而影响到公共管理的进程。这就要求公共政策主体具有较强的竞争意识和理念,对经济发展规律和市场机制有充分的认识和把握,以迎接入世新环境的挑战。

同时,经济全球化过程充满矛盾和问题,客观上要求公共政策主体能力的提升。发展中国家的公共政策主体必须提高自身的能力和素质,以社会公共利益最大化为出发点,在更广的视野和更长远的利益上制定政策,并与时俱进,不断提高应对环境挑战的能力。

(4)知识经济要求公共政策主体能力的提升。人类社会已步入知识经济时代,经济的发展、社会的进步有赖于以智力资源的占有与分配为特征的知识经济的兴盛与发达。无论是在引导公众观念行为、调控社会利益关系方面,还是在公平分配社会资源方面,知识经济的发展都对公共政策主体的能力提出了更高的要求。同时,知识经济时代中的新技术革命正在建构一个数字化、电子化的新时代,这为建立灵活、高效、透明的政府以及其他公共政策主体作用的有效发挥提供了可能,同时也对公共政策主体提出了新的要求。

第三节 公共决策

公共决策是指公共组织在管理社会公共事务过程中所做出的决定,它是公共管理的首要环节,贯穿整个公共管理过程的始终。对公共决策的研究与探讨,对于加快我国公共决策科学化、民主化和法制化的进程,提高公共决策的效率和质量,有效实现公共管理目标是非常必要的。宏观层次的决策关系到国家的科学管理,如政体、法制的演变和设计;研究各级政府、议会、司法、监督机构的设置、制衡运行、反馈、纠偏、防腐;同时采用计算机网络系统与专家决策支持系统、风险评估否决系统建立起电子政府,设立政府各级官员、司法执行人员的资格标准与检查方法。中间层次的决策是关于地方政府和非营利组织的科学管理决策。地方政府的决策活动与国家的科学管理活动相关,它是一种在规模上小一些的类似的国家管理。同样,它也存在着对公共决策的巨大需要;而对非营利组织的科学管理决策来说,一般是与公共物品相关的,它不以获取功利为目的,属于公共决策的一部分。微观层次的决策只关系家庭与个人私人事务,因为其个人选择因素,它不能作为一种公共决策来研究。因此,客观上也成为公共决策加以分析的一个因素。

一、公共政策的基本内涵

公共政策是指公共权威当局,为解决某项公共问题或满足某项公众需求,所选择的行动方案或不行动。公共政策的主要类型包括管制型政策、自我管制政策、分配型政策、重分配型政策。公共决策是公共管理过程中极为重要的一环,是公共管理的起点,公共管理始终是围绕公共决策的制定、修改、实施进行的。一个具体的决策目标实现了,相应的管理过程就终结了。决策是实施行为的确定。公共组织通过制定决策实施方案,把决策目标分解为具体的执行目标或阶段目标。确定详细的、可操作的行动步骤,合理配置人力、财力、物力,把决策目标落到实处;决策目标实现以及效果评估之后,管理活动即告完结。可以说,没有公共决策就没有公共管理。

(1) 管制性政策(Regulatory Policy)。这种政策类型是指政府设定一致性的管制规划和规范,以指导政府机关和目标团体从事某种活动和处理不同利益的政策(如污染管制政策、交通管制政策、外汇管制政策、出入境管制政策)。从博弈论的角度分析,此类政策属于"零和博弈"(Zero Sum Game)的政策,因为此类政策的执行,常会使一方获利,而使另一方失去利益。

(2) 自我管制的政策(Self-Regulatory Policy)。这是政府并未设定严格的、一致性的管制规划和规范,而仅仅设定原则性的游戏规则,由各政府机关和目标团体自行决定采取何种行动,而政府不加干预的政策类型(如一些关于环保的政策如禁止使用一次性餐具等)。它是一种非零和博弈(Non-Zero Sum Game)的政策类型,因为政策的执行通常不以牺牲其他标的团体的利益为代价,也就是说没有利益上的排他性。

（3）分配性政策（Distributive Policy）。将利益、服务和成本、义务分配给不同的政府机关和目标团体享受和承担的政策（如社会福利政策、九年义务教育政策、财政补助政策）。此种政策基本上是一种非零和赛局的政策，因为政策的执行，并不构成他方之所得建立在另一方所失的基础上，不具备义务和利益的排他性。

（4）重分配性政策（Re-Distributive Policy）。政府将某一目标团体的利益或义务，转移给另一目标团体享受或承担的政策（如个人收入累计所得税基本上就是对富有阶层的财产通过累进税率的征收，转移给贫困阶层，以缩小贫富差距）。从博弈论的角度分析，这种政策出现利益上的排他性，乃是一种零和赛局的政策。

正是由于决策科学的理论和技术为人们解决选择过程中的复杂性问题提供了一个重要手段，而社会公共活动中相互作用的因素越来越多，存在的不确定性因素越来越大。因此，人们在解决社会活动中复杂性问题时越来越依赖决策科学。决策科学是建立在现代自然科学和社会科学基础上的，研究决策原理、决策程序和决策方法的一门综合性学科。广义上的决策科学是现代科学技术在复杂的社会因素中高度发展的结果，是社会化大生产的直接产物，它对于实现决策科学化有着非常重要的意义。20世纪30年代以来，随着社会经济和科学技术的迅速发展，决策科学化的问题显得日益重要。系统论、信息论、控制论、科学学、预测学、管理学等新兴学科的相继问世，尤其是电子计算机和现代通信技术的广泛应用，为人类决策活动提供了现代化手段。决策科学正是在此形势下，于第二次世界大战后发展起来的。它虽尚不成熟，但在其理论和方法上已形成了基本体系。它在理论上主要包括决策系统的构成与诸要素、决策组织理论、各种决策类型等。决策科学的理论、程序和方法的逐步完善及其卓有成效的应用，引起了社会的高度重视。决策科学的发展为软科学的发展起着理论上具体化的作用，它和系统论、系统科学和辩证系统观一起构成了软科学的理论基础。

二、公共政策的决策技术

决策技术，是对一项活动的所有可行方案进行分析、判断并做出选择的方法，主要从事的活动包括国家事务（政治、军事、经济、外交）、社会事务直至家庭事务。决策技术是一门系统科学，它要向人们提供一组概念和系统的步骤，以便在头绪繁乱的局面和各有利弊得失的行动方案中做出理性的选择。决策技术也被称为决策方法，而方法是决策者进行准确决策的工具，方法本身并不构成决策系统的要素。因为离开了决策方法，决策仍在进行，决策依然存在；而决策方法是随着决策学的形成才得以系统化，并不断完善。决策方法可以划分成结构化决策方法、半结构化决策方法及软决策方法三大类，具体还可细分为以下10种。

（一）结构化决策

结构化决策是指对某一决策过程的环境及规则，能用确定的模型或语言来描述，以适当的算法产生决策方案，并能从多种方案中选择最优解的决策。结构化决策相对比较简单，它的目标明确，容易理解，其决策过程和决策方法有固定规律可以遵循，能用明确的语言和模型加以描述,并可以依据一定的通用模型和决策规则实现其决策过程的基本自动化。例如,正常情况下的订货处理、奖金分配、作业计划的制订、客户订单的定价、办公用品的再次订购和新雇员工的工资级别的确定。这些都是日常例行工作,并且可以用一定的算法和启发形式的标准操作程序来解决。

结构化决策问题相对比较简单、直接,其决策过程和决策方法有固定的规律可以遵循,能用明确的语言和模型加以描述,并可依据一定的通用模型和决策规则实现其决策过程的基本自动化。早期的多数管理信息系统,能够求解这类问题,如应用解析方法、运筹学方法等求解资源优化问题。

（二）确定型决策

确定型决策用以解决确定型的决策问题,它是随着运筹学的发展而不断发展、完善的,是所有决策方法中最为成熟、应用最为广泛的一类方法。这类方法又可分为规划类方法与非规划类方法。前者包括线性规划、非线性规划、动态规划、整数规划等;后者包括库存理论、计划评审技术、网络规划技术及决策网络、马尔可夫决策、排队论等。确定型决策方法近年受到一些非议,原因是大量决策问题很难被识别为确定型决策,故很难使用诸如线性、非线性模型求解。

（三）不确定型决策

这是决策科学专门研究的一类方法。虽然方法本身很简单,却是长期以来人类决策实践的一个概括。这类方法根据不同类型决策者的主观意向,描述了他们从事决策活动的数量模式。不确定型决策方法的缺陷是,决策没有利用许多可能利用的关于系统环境的信息,从而使得决策者不能同时避免决策风险与机会损失。

（四）风险型决策

为了弥补不确定型方法的不足,随着统计学的发展提出了风险型决策方法。风险型决策又称概率决策,是决策学中研究较多的方法之一。作为数理统计的一个组成部分,统计决策理论最先出现于 1950 年瓦尔德的《统计决策基础》中。1954 年,塞维奇在其《统计学基础》中,把主观概率与效用理论统一,处理风险决策问题,并提出了完整的公理系统,奠定了统计决策的理论基础。20 世纪 60 年代风险型决策开始应用于商业决策。

（五）半结构化决策

半结构化决策是指可以适当的算法产生决策方案,使决策方案得到较优的解。其决策过程和方法有一定的规律可以遵循,但又不能完全确定,即有所了解但不全面,有所分析但不确切,有所估计但不确定。这样的决策一般可适当建立模型,但难以确定最优方案。在组织的决策中,管理决策问题基本上属于半结构化决策和结构化决策问题。在决策过程中所涉及的数据不确定或不完整,虽有一定的决策准则,也可以建立适当的模型来产生决策方案,但决策准则因决策者的不同而不同,不能从这些决策方案中得到最优化的解,只能得到相对优化的解,这类决策称为半结构化决策。

半结构化决策通常是指企业职能部门主管业务人员的计划控制等管理决策活动。它多属于短期的、局部的决策。介于结构化和非结构化之间的问题成为半结构化问题。半结构化决策要在结构化决策过程所提供信息的基础上，借助专用模型来帮助。这些模型主要用来改善管理决策的有效性，扩大和增强决策者处理问题的能力和范围。半结构化决策是根据不同自然状态下可能发生的概率进行决策，具备以下特征：① 具有决策者期望达到的明确目标；② 存在着不以决策者意志为转移的两种或两种以上的自然状态，是不可控因素；③ 具有两个或两个以上可供决策者选择的可行方案；④ 不同可行方案在不同自然状态下的损益值可以计算；⑤ 未来可能出现的概率可以主观判断或依据客观资料统计推算。在财务决策中，会计决策支持系统（Accounting Information System）就是以主要解决面向半结构化的决策问题，支持中高级决策者的决策活动的一种方案，通过人机对话进行分析、比较和判断，帮助决策者根据自己的经验和知识选择一个满意的方案，从而做出正确的决策。

（六）模糊决策

在决策中，经常出现这种情况，即决策目标、决策环境甚至决策信息等均难以精确数量化，决策者对这些问题只有一个大致的判断。这时采用模糊决策方法，把问题简单化为一个结构化决策模型更为适宜。利用模糊数学理论，可以直接处理模糊现象和模糊关系，并能为决策者和建模人员之间的对话建立广阔的基础。但是，由于模糊数学形成较晚，技术要求很高，加上资料、计算成本高，因此尚未得到广泛应用。预计随着人们对于决策问题和方法认识的深化，采用模糊决策方法将成为决策学研究与应用的一个趋势。

（七）对策论决策

当决策者面临一个主动的环境时，必须考虑到环境可能对决策采取的对策。这时决策变为一个对策问题，利用对策论将有助于问题的解决。对策论的出现，丰富了经济理论，尤其是竞争理论与经济行为理论，使决策研究更进一步现实化。但是，对策模型求解十分困难，因此也没有得到广泛应用。不过对策论的思想将有利于决策者正确决策。

（八）模拟决策

模拟技术是对原决策对象的结构和行为进行模拟，获得系统运行的信息，从而判断各种决策方案的效果，确定最优方案。模拟方法的使用可以追溯到早期人类社会采用的各种物理模型，以后又主要应用于科学技术领域。20 世纪六七十年代开始用于社会、经济决策，并且出现了大量专用的模拟软件，为决策提供了"社会实验室"。

（九）软决策

决策方法的发展经历了经验阶段、模型化阶段，最后又进入软决策阶段。在这个阶段，一方面是从结构化模型方法转向半结构化模型方法，从最优化决策转向模拟决策，另一方面是各种软决策方法的开发与大量应用。软决策方法包括形态分析法、随意联想法、强制联想法、德尔菲法、头脑风暴法等。

（十）硬决策

硬决策方法则包括量本利分析法（盈亏平衡分析）、边际分析法、（净）现值分析法（NPV 法）、期望值法、决策树法、运筹学法、矩阵分析法。

总体来看，决策技术的前提是决策主体服从合理行为的假设，决策技术的理论基础是统计决策理论和多属性有效理论。人们参与一项活动，希望达到预期目标；而决策技术并不是停留在从可供选择的方案中选择最优或满意方案，还要包括实施方案直至目标的实现。因此，决策技术的内容，除了提供方案选择的科学判断以外，还需要估计方案实施过程可能遇到的风险，以及可供采取的对策措施。决策技术是现代化管理的核心方法。

二、公共政策的决策体系

决策科学也形成了自己的现代决策体系。一般认为，它由决策系统、智囊系统和信息系统三部分构成。决策支持系统（DSS）是以管理学、运筹学、系统工程学、控制论和行为科学为基础，以计算机技术、仿真技术和信息技术为手段，针对半结构化的决策问题，支持决策活动的具有智能作用的人机系统。该系统能够为决策者提供决策所需的数据、信息和背景材料，帮助明确决策目标和进行问题的识别，建立或修改决策模型，提供各种备选方案，并且对各种方案进行评价和优选，通过人机交互功能进行分析、比较和判断，为正确决策提供必要的支持。

（一）决策系统

决策系统是现代决策体系的核心，一般由若干决策者组成。例如，在国家决策体系中，决策系统即为国家最高领导集团。地区决策体系中，决策系统即由地区领导人组成。公司企业决策体系中，决策系统即由经理、厂长等负责人组成。该系统的主要任务是以大量可靠的情报信息为依据，充分发挥决策者的丰富经验和聪明才智，对智囊系统提供的各种方案进行系统分析、对比研究，权衡利弊得失，并善于从中选择最优方案。

（二）智囊系统

智囊系统也称"外脑系统"，是人类决策活动进入新的历史阶段的直接产物。智囊系统设在各级决策机构内或外，是一种专门为决策服务的咨询机构，如"智囊团""思想库""思想工厂"等。这类机构由各种不同专业的自然科学家、社会科学家和工程技术人员组成。要建立有效的智囊系统，必须考虑系统的智力结构，注意智囊机构的独立性与研究工作的自由度，以便对决策问题进行系统研究，通过专家集团内部反复的信息交流与思维共振，最终提供高水平的可供决策者选择的预选方案。

（三）信息系统

在信息时代，信息是决策必不可少的因素。现代决策必须十分重视建立专门搜集、统计、储存、检索、传播、显示有关情报资料的信息机构。同时，运用电子计算机分析研究与综合处理各种数据,提供可靠情报信息,可为正确的决策奠定坚实的基础。

现代决策体系的这三大系统的工作程序,实际上总是从信息系统开始,经过智囊系统,最后到达决策系统。三者互相联系,缺一不可,但又自成系统。三者的紧密配合,就构成了科学的现代决策体系。

三、公共政策的制定过程

政策制定又被称为政策形成或政策规划,它是公共政策过程的第一阶段。一般认为,政策过程包括政策问题界定、构建政策议程、政策方案规划、政策合法化等阶段。① 政策问题的界定,其主要包括思考问题、勾勒问题边界、寻求事实依据、列举目的和目标、明确政策范围、显示潜在损益、重新审视问题表述等 7 方面;② 构建政策议程,其主要途径主要有政治领导人、公共组织(包括立法机构、司法机构、行政机构和其他履行公共管理职能的组织)、利益集团、大众传媒、公众突发事件、技术创新和变革、政治运动、原有的政策、专家学者、社会公众等 10 个途径;③ 政策方案规划,主要指决策者为处理政策问题制定相应的解决方法、对策和措施的过程,具体涉及确定目标、拟定方案、预测方案后果、抉择方案的目的;④ 政策合法化,主要包括法制工作机构的审查、领导决策会议的讨论决定、行政首长签署发布政策。政策方案制定的过程主要包括提出政策议案、审议政策议案、表决和通过政策议案、公布政策。同时,为解决政策问题而制定一系列解决问题的备选方案,并从中优选方案。

选择政策目标(Policy Goals)是政策制定的主要内容,它是政策方案设计的基础依据,是方案执行的指导方针,也是政策绩效评估的参照标准。政策目标的制定应尽量排除价值因素、政治因素、多目标冲突的干扰。设计评估方案决策者要解决政策问题的关键步骤在于设计备选方案。

(1) 政策方案的轮廓猜想。方案的设计需要运用创造性思维,设计出多种实现政策目标的思路和轮廓方案。为实现既定的政策目标,提出多个可选方案,并将各方案的轮廓勾画出来,进行初步设计。

(2) 方案的细化设计。在勾勒出方案轮廓之后还需进行细节设计以构造具有实用价值的具体方案。这个过程要遵循实用性、可操作性和细致性的规则。

论证评估方案,是指设计出各种方案之后需要对它们进行评估和论证,其中包括价值评估、效果评估、风险评估和可行性评估。可行性评估是重点内容,它又包括了技术可行性、经济可行性、政治可行性和行政可行性的评估。

抉择评估方案,即通过系统的分析和评价对所设计的政策方案的优选。政策方案优选的标准主要有效益(Effectiveness)、效率(Efficiency)、充分性(Adequacy)、公平性(Equity)、回应性(Responsiveness)和适当性(Appropriateness)。

政策合法化,是指政策在制定出来后经过评估优选的方案并不能立即执行,还需按一定的程序审查,取得合法地位,才能在社会中具有约束力和权威,这一过程就是政策合法化(Legitimization)。由于合法化主体的不同,政策合法化分为立法机关以及行政机关的政策合法化程序。前者的程序为提出议案、审议议案、表决和通过议案、公布政策;后者的程序为法制工作机构审查、领导决策会议决定、行政首长签署发布政策。

四、公共政策的不足缺陷

公共政策过程本身的复杂性和困难以及现有公共决策机制和方式存在一定的缺陷。公共政策的起点是整个政策过程的首要环节,政策起点确立得是否合理,决定了一项公共政策是否公平合理、行之有效。当前,我国的公共政策的力量和实践仍然存在着诸多不足,这些问题暴露了传统政策范式的缺陷。

第一,社会实际上并不存在作为政府公共政策追求的所谓公共利益。"阿罗不可能定理"告诉我们,满足一切民主要求又能排除循环投票困境的决策机制并不存在。这表明将个人偏好或利益加总为集体偏好或利益的内在困难:① 现有的各种公共决策机制及方式因其各自的缺陷而难以达到最优化或理想化的政策;② 信息的不完全、公共决策议程的偏差、投票人的近视效应、沉淀成本和先例等对合理决策的制约;③ 政策执行中的障碍;④ 公共物品供给的低效率;⑤ 公共物品估价或评价的困难;⑥ 政府垄断,缺乏竞争;⑦ 政府机构及其官员缺乏追求利润的动机;⑧ 监督机制的缺陷。

第二,公共政策过程中存在着内部性与政府扩张。内部性是指政府部门及其官员追求自身的组织目标或自身利益而非公共利益或社会福利。这是政府扩张的原因。"大政府是合谋的结果",并形成政策过程中的"铁三角"。

第三,公共政策过程避免不了寻租及腐败。寻租是政府干预的结果。在政府的干预下,寻租者从政府那里获得某种特权,从而得到租金,为这样的寻租干预而进行的游说活动,以较低的贿赂成本获得较高的利益或超额利润,而腐败会导致社会资源的浪费和败坏社会风气。

第四,公民参与公共政策过程是公民政治参与的重要形式,是公共行政的公共精神与公民民主权力的具体体现。我国公民参与公共政策过程的途径包括制度性参与和非制度性参与等多种形式,通过这些途径,公民为公共政策的制定提供了有价值的信息,降低了决策风险。公共政策制定是公共政策过程的核心,公民参与公共政策制定是公民政治参与的重要内容和形式,是公共行政的精神实质和公民权利的具体体现。公民参与是提高公共政策质量的重要途径,更是公共政策的基石。广泛的公民参与是民主社会的普遍现象,也是民主政治的重要标志。我国公民参与政策制定还处于起步阶段,在公民参与的扩大和发展的过程中存在许多问题。公民参与已成为世界政治民主发展的热点,公共政策制定则是国家治理社会的重要环节。公民有序的政治参与对于实现公共政策过程的社会化,保证决策的科学化、民主化,培养公民的主体意识和政治认同感具有重要意义。

第四节　政策执行

政策执行是指在政策制定完成之后,将政策由理论变为现实的过程。其形成过程主要包括以下六点：① 设置政策执行机构；② 政策执行资源配置；③ 政策宣传；④ 政策分解；⑤ 政策试验；⑥ 政策实施。影响政策执行的因素主要包括政策问题的特性、政策本身因素、政策之外因素三个方面。政策执行手段包括政治手段、法律手段、经济手段等，使用时应多样化、交叉化，结合实际情况运用相应手段。

政策制定和政策执行之间是有界限的、分离的、连续的。政策制定与政策执行之所以存在界限，是因为：政策制定者设定目标，政策执行者执行目标，二者分工明确；政策制定者能够陈述政策，因为他们能够同意许多不同目标间的优先顺序；政策执行者拥有技术能力，服从与愿意执行公共政策制定者设定的政策。既然政策制定者与政策执行者接受两者之间的任务界限，则执行过程必然是在政策制定之后的连续过程上。涉及政策执行的决定，本质上是非政治性的与技术性的，执行者的责任为中立的、客观的、理性的与科学的。

公共政策经合法化程序后就进入政策执行阶段。政策执行是把政策理想转变为政策现实的中间环节，其有效与否关系公共政策的最终成败。辩证地看待和借鉴西方政策执行理论模式演进的相关研究成果，进而立足"中国之治"的新情境，从整体上把握中国公共政策执行的实践优势与制度逻辑，对于我们坚定"四个自信"和为世界贡献政策执行的"中国经验"意义重大。

一、自上而下的政策执行模式(Up-Bottom Approach)

西方政策执行理论模式研究始于 20 世纪 70 年代中期，受科层制、政治—行政二分法和科学管理原则等古典行政模式的影响，第一阶段政策执行研究采用"自上而下"的途径，把高层政策制定视为研究中心，突出政策制定与执行过程的分立。其代表性政策执行理论模式有史密斯(T. B. Smith)的"过程模式"①、巴达奇(E. Bardach)的"博弈模式"②、范米特(D. S. Van Meter)等人的"系统模式"③等。这类政策执行理论模式认可政策制定者有效设定执行目标的权威和能力，旨在追求完美的执行。但是，由于这一研究途径过于强调政策制定者的主导地位及对执行的指挥控制权，在很大程度上忽视了政策执行中实际参与者的多样性、能动性、复杂性及其行动结果的不确定性。

"自上而下"有效的政策执行有赖于基层官员或地方执政机关的裁量权而非层级结构的指挥命令系统。有效的政策执行必然涉及妥协、交易或联盟的活动，故互惠性远比监督性功能更重要。自上而下的政策执行模式的优点是促使我们能够正视执行过程机关组织间的互惠性与裁量权。缺点是该模式强调了从中央政策决定开始，容易忽视其他行动者的重要性，许多政策没有支配性的机关，而是由多元政府机关共同执行的，此模式忽视了低层官员与政策标的团体采取的各种策略，而且政策执行与规划之间的区

---

①   T. B. Smith. The Policy ImplementationProcess[J]. Policy Sciences，Vol. 4，No. 2，1973，pp. 197－203.

②   E. Bardach. Implementation Game：Whathappens after a Bill Becomes a Law[M]. Cambridge：MITPress，1977：88.

③   D. S. Van Meter and C. E. Van Horn，The Policy Implementation Process：A Conceptual Framework[J]. Administration and Society，Vol. 6，No. 4，Feb. 1975：463.

分是不必的、无意义的。

二、自下而上的政策执行模式(Bottom-Up Approach)

从 20 世纪 70 年代末起,不少学者在反思和质疑自上而下理论模式的同时,推动政策执行理论模式研究进入第二阶段。"自下而上"的研究途径以组织内的行动者为出发点,突出政策执行成功与否有赖于较低层次执行参与者的承诺和技艺。其代表性政策执行理论模式有利普斯基(M. Lipsky)的"街头官僚理论"①、埃尔莫尔(R. F. Elmore)的"组织模式"②、麦克拉夫林(M. Mclaughlin)的"互适模式"③、杰恩(B. Hjern)等人的"多元组织结构模式"④等。这类政策执行理论模式视政策目标为政策制定者和政策执行者相互协商的结果,旨在寻找执行的缺失。但是,由于这一研究途径过于高估地方基层执行者的行动策略和能力,易于忽略政策领导及相应责任归属的问题,更多适用于分权条件下的执行环境。

三、整合研究阶段(Mixed Apporach)

基于自上而下和自下而上两类模式的优缺点,自 20 世纪 80 年代中期至今,越来越多的学者力图建立可以结合两种研究途径的整合性政策执行理论模式。一方面,成功的政策执行需要采取向前推进的策略,希望政策制定者能周密规划政策工具与执行资源,另一方面,还必须采用向后推进的策略,充分掌握执行参与者的情况,深入了解目标群体的诱因结构。其代表性政策执行理论模式有萨巴蒂尔(P. A. Sabatier)的"倡导联盟框架"⑤、高金(M. L. Goggin)的"府际沟通模式"⑥、斯托克(R. P. Stoker)的"政府间层级关系模式"⑦、马特兰德(R. E. Matland)的"模糊—冲突模式"⑧、基科特(W. J. M. Kickert)等人的"网络分析模式"⑨等。这类政策执行理论模式重视执行中组织间政策网络系统研究,注意到政策执行过程的动态性、执行结果的多样性和影响变量的复杂性,试图将政策执行的因果关系具体化。尽管整合研究途径已成为某种趋势,但因其涉

---

① M. Lipsky.Stree-Level Bureaucracy: Dilemmas of the Individual in Public services[M]. New York:Russell Sage Foundation,1980.

② R. F. Elmore.Organizational Models of Social Program Implementation[J]. Public Policy,Vol. 26,No. 2, Spring 1978:185 - 228.

③ M. Mclaughlin.Implementation as Mutual Adaptation: Change In Classroom organizations,Social Program Implementation[M].New York: Academic Press,1976:167 - 180.

④ B. Hjern and D. Portor. Implementation Structures: A New Unit of Administrative Analysis [J]. Organization Studies, No. 2,1981:221 - 227.

⑤ P. A. Sabatier and H. C. Jenkins-Smith.Policy Change and Learning: An Advocacy Coalition Approach [M].Boulder,Colo: Westview Press,1993.

⑥ M. L. Goggin,et al.Implementation Theory and Practice: Toward a Third Generation[M]. Glenview,Ⅲ: Scott,1990:87.

⑦ R. P. Stoker.Reluctant Partners: Implementing Federal Policy[M]. Pittsburgh,Brookvale: University of Pittsburgh Press,1991.

⑧ R. E. Matland. Synthesizing the Implementation Literature: the Ambiguity—Conflict Model of Policy Implementation[J]. Journal of Public Administration Research and Theory,Vol. 5, No. 2, 1995, pp. 145 - 174.

⑨ W. J. M. Kickert, E. H. Klijn and J. F. M. Koppenjan.Managing Complex Networks:Strategies for Public Secto[M]. London: Sage,1997:23 - 35.

及的因素过多,政策执行过程往往因时因地因人而异,迄今仍未形成公认一致的政策执行理论模式。

自下而上的政策执行模式可以从目标人群和服务执行者的角度去看一个政策,以获得对执行的更实际的理解;为了理解执行,就必须理解涉及微观层面执行过程的参与者的目标、战略、活动以及相互关系。如果地方层面的执行者无法自由地将计划适应于地方环境,那么计划很可能失败。有效的政策执行有赖于多元组织的执行结构。政策执行结构是有共识的自我选择过程。政策执行是以计划理性,而非以组织理性为基础。有效的政策执行取决于执行机关间的过程与产出,而非政策决定建构者的意图或雄心。有效的政策执行是多元行动者互动的结果,而非单一机关的行动结果。

公共政策经合法化过程后,一经采纳即进入政策执行阶段。政策执行是将政策理想转化为政策现实、政策目标转化为政策效益的唯一途径,这形成了政策执行过程。政策执行过程包括三个阶段,一是准备阶段,包括政策宣传、加强政策认知、制定执行计划、进行物质准备、做好组织准备;二是实施阶段,包括政策实验、全面推广、指挥协调、监督控制;三是总结阶段,包括效果评估、追踪决策。

政策执行手段是指在政策执行过程中通过一定的方法,综合运用各种手段,为了实现政策目标而采取特定行为模式的过程,是将一种观念形态的政策方案付诸实施的一系列政策活动。这些行为包括两个方面的内容:一是将决策转化为可以操作的过程,二是按照决策所确定的目标而进行的努力。具有执行性、目标性、创造性、强制性、务实性以及时间性的特征。通常包括宣传政策、计划制定、组织落实、政策试点、全面实施、协调控制、追踪决策七个步骤。政策执行手段有行政手段、法律手段、经济手段、说服引导手段、技术手段。这些手段按其排列顺序,强制性逐渐减弱,公众参与度增强,因此适合不同的政策执行选择。

公共政策评估,即公共政策评价要经过准备、实施和总结三个阶段。准备阶段包括确认评价对象、明确评价目的、选择评价标准、规定评价手段四项内容。实施阶段包括全面收集信息、综合分析信息、评价并得出结论这三项内容。总结阶段包括写出评价报告和总结评价工作。

公共政策终结是指政策主体通过政策评价得知现行方案的信息,并做出抉择,或对其补充,或对其修正,或终止方案。公共政策终止(policy termination)是终止错误的、过时的、多余的或无效的方案。公共政策终止的对象可以是某项政府功能、某个组织、某个政策或计划。其中以功能最难终结。公共政策的终止面临着各方面的障碍,如心理上的抵触、组织的持久性、反对势力联盟、法律障碍以及高昂的成本。

多年以来,西方政策执行理论模式的研究演进表明,政策执行是一个复杂性、系统性的问题,不论是对政策执行的理论建构还是实践探索都必须依据不同的现实情境去选择适用的执行模式。与西方资本主义国家不同,中国共产党领导中国政府和人民探索建立了一套适合国情实际又极具实践优势的公共政策执行模式,这是"中国之治"在公共政策执行领域的生动写照。中国特色社会主义制度决定了公共政策的人民性、执行环境的稳定性和执行应坚持的基本原则,党领导决策和行政体制保证了政策方案的科学民主性以及政策执行的正确方向。政府执行的体制和机制促进了党中央的各项决策部署始终沿着高位推动、分级落实、协同高效、监督有力、群众参与的整体性治理路径运作。加强对中国公共政策执行实践优势与制度逻辑的研究阐释,有助于我们今天更加全面地理解诸如中国政府在全球抗疫中的积极表现以及解锁"中国之治"较之"西方之乱"的制度密码,更加坚定"四个自信"。当然,中国公共政策执行模式在实践中并非完美无暇和一成不变,它仍将与全面深化改革同步,在坚持中完善,在守正中创新,以不断适应国家治理现代化的新要求,更好地开辟"中国之治"的新境界。

本章课程思政学习材料

试行以经常居住地登记户口制度将带来哪些利好?

来源:人民网-强国论坛

人民网北京 1 月 10 日电　(方经纶、朱江)国务院办公厅近日印发的《要素市场化配置综合改革试点总体方案》(以下简称《方案》)提出,进一步深化户籍制度改革。支持具备条件的试点地区在城市群或都市圈内开展户籍准入年限同城化累计互认、居住证互通互认,试行以经常居住地登记户口制度,实现基本公共服务常住地提供。

"试行以经常居住地登记户口的制度将对流动人员与政策制定者都有好处。"中国人口学会副会长、北京大学社会学系教授陆杰华表示,以经常居住地登记户口制度的政策利好包括三个方面:一是这种制度可以摆脱一些过去户籍属性的桎梏,流动人员的就业、住房、社会保障、子女教育、公共卫生等基本公共服务能够因此受益。二是适应新时期持续增长流动人口的新格局,有利于创新以现居住地为主的基础社会治理模式。三是以经常居住地登记户口制度可以使政策制定者获得更加真实准确的人口数据信息,以此为基准制定的财政、管理政策将更加精准高效地服务于当地的流动人员。

另外,《方案》明确,支持建立以身份证为标识的人口管理服务制度,扩大身份证信息容量,丰富应用场景。"这将进一步维护身份证持有人的权利和权益。"陆杰华表示,身份证信息容量的扩大与服务场景的丰富主要针对一些基本公共服务,尤其是有利于解决长期以来跨部门、跨区域身份信息采用与应用碎片化的弊病,为公民在就学、就业、婚育、社会保障、卫生健康等方面提供更加快捷、便利的基本公共服务。

《方案》还提出要建设人口发展监测分析系统,为重大政策制定、公共资源配置、城市运行管理等提供支撑。陆杰华认为,在系统建设中须突破传统、常规的数据收集方式。建设人口发展监测分析系统将运用大数据统计等技术,来获得以往依靠户籍等方式难以收集完全的人口信息与数据。另外,建设系统中要充分考虑到数据跨部门共享,各部门能够依托互通的数据,为公民提供更加精准的基本公共服务。构建适应新形势的人口发展监测分析系统也有利于政策制定者优化公共资源配置,进而为高效进行城市运行管理提供信息支撑。

(资料来源:http://www.people.com.cn/n1/2022/0110/c437595 - 32328044.html)

打破户籍地域阻隔　群众享受改革红利

山西日报　李　炼

"以前迁户口,要来回两地跑,费时间也费精力,费用也高,现在真好呀,不仅节省了路费和时间,也不用担心疫情风险了,还不用让孩子来回奔波,是实实在在的便民服务。"大同市民巩银顺说。

近日,巩银顺到大同市平城区新华街派出所户籍窗口咨询,想把自己户口迁往陕西省西安市雁塔区需要什么手续。巩先生的孩子在陕西省,刚好属于户口迁移"跨省通办"新政策的业务范围,户籍民警便立即向其详细讲解了公安部此项试点业务所需的资料和办理流程,随后告知巩先生让其儿子先在西安市提交申请材料办理准迁证。之后巩先生到新华街派出所办理迁出手续,户籍民警立即在网上进行信息核查,核查无误后随即为其办理了迁出手续,并电话联系迁入地派出所及时开展户口迁入手续,确保在规定时间内完成巩先生的迁户业务。

近年来,山西公安聚焦群众普遍关心的户籍业务服务需求,围绕群众反映的高频办户办证"急难愁盼"问题,打破地域阻隔,优化业务流程,推动省内联动和跨省联通,在提高服务群众质效方面不断推出新举措、取得新成效。12月20日,记者从省公安厅获悉,自我省开通部分户籍业务"全省通办"以来,已办理相关业务20余万起;12月以来,户口迁移"跨省通办"工作范围扩大到全国后,已办理相关业务2 000余起。

今年4月29日,省公安厅下发《关于开通部分户籍业务"全省通办"的工作通知》,实行了户籍信息证明开具、出生登记、死亡注销、身份证首次申领四项业务"全省通办",我省户籍人口需要办理上述业务时,可携带相关材料在我省任意一个派出所申请办理。

"这项政策真是太方便了,我们夫妻不用再为了办户口而特意回趟老家了。"顺利办理了儿子出生上户异地申请的赵师傅,切实感受到了服务一体化的便捷和高效。12月13日,赵师傅来到晋中市公安局榆次分局张庆派出所综合服务窗口,仅用3分钟就为自己刚出生的儿子成功申请了全省跨区县新生儿登记业务。赵师傅介绍说,他和妻子户籍都在晋中市榆社县,两人长期在晋中市榆次区张庆乡工作生活,由于平时工作繁忙,回老家为孩子申报户口很不方便。平时喜欢关注新闻的赵师傅得知山西"全省通办"跨省(市)新生儿入户的消息之后,便尝试拨打张庆派出所电话咨询,按户籍民警提示准备好相关材料后,赵师傅当天就为儿子上了户。

6月15日,省公安厅部署开展"跨省通办"试点工作,实现了山西、陕西、宁夏3省份间工作调动户口迁移、大中专院校录取学生户口迁移、大中专学生毕业户口迁移、夫妻投靠户口迁移、父母投靠子女户口迁移5个事项,只需在迁入地申请,迁入地和迁出地公安机关协同办理户口迁移,不再需要申请人在迁出地、迁入地分别办理纸质"户口迁移证"和"户口准迁证"。12月以来,省公安厅治安总队又积极协调其他省份,将"跨省通办"范围扩大到了全国,并新增了户籍类证明开具"跨省通办"事项,目前已办理相关业务2 000余起。

"没想到现在办理这么方便,你们直接和西安的派出所对接好,我们直接在这落户,就不用两头跑了,还节省了车费!"近日,刘女士来到太原市公安局迎泽分局长风东派出所窗口咨询,其丈夫徐先生想要将户口从西安迁到刘女士这边,需要哪些手续和资料。户籍民警便将"跨省通办"便民服务告知刘女士,并向其详细讲解了此项业务所需的资料和办理流程。随后,民警为徐先生办理了网上户口电子准迁登记,并联系西安市的派出所及时开展网上"跨省通办"户口迁入登记工作,成功办理了本辖区首例外省户口迁移"跨省通办"业务。

为了积极回应人民对美好生活的新期待,我省公安不断在"放管服"方面改革创新。2019年5月,省公安厅提请省政府印发了《关于全面调整放宽户口迁移政策的通知》,按照"能放则放、应放尽放"的要求,进一步调整放宽了全省城镇范围内户口迁移政策;2020年7月在全省范围内推广使用电子居住证,电子居住证与实体居住证具有同等效力。

从"全省通办"到"跨省通办",山西公安一步步提升服务质效,让"数据多跑,群众少走",使"放管服"改革红利真正惠及民生,让群众享受到了高效便捷的服务,也将更多实事好事办到了群众的心坎上。

(资料来源:http://dangshi.people.com.cn/n1/2021/1231/c436975-32321569.html)

"无废城市"建设,我们怎么做?
来源:人民网-强国论坛

人民网北京1月7日电 (方经纶)近日,生态环境部会同国家发展改革委等17个部门和单位联合印发的《"十四五"时期"无废城市"建设工作方案》(下文简称《方案》)提出,"十四五"时期,将推动100个左右地级及以上城市开展"无废城市"建设。

什么是"无废城市"?

"强观察"栏目梳理发现,早在2018年12月,国务院办公厅已经印发《"无废城市"建设试点工作方案》;2019年4月,生态环境部公布11个"无废城市"建设试点。那么,应该如何理解"无废城市"的概念?

"垃圾是错配的资源。"中国城市规划设计研究院副总规划师、绿色城市研究所所长董珂表示,"无废城市"旨在把生产生活中产生的垃圾通过再利用的方式逐步减少甚至消除,废弃物的源头减量化、资源化利用、全程无害化处理是实现目标的具体路径。"有一个概念叫城市矿山。"董珂举例,生活中如废旧手机、废旧计算机等电子垃圾中都含有稀有金属,其回收、提炼的成本比野外开采的成本要低,是一块"富矿"。

《方案》明确,到2025年,"无废城市"固体废物产生强度较快下降,综合利用水平显著提升,无害化处置能力有效保障,减污降碳协同增效作用充分发挥,基本实现固体废物管理信息"一张网","无废"理念得到广泛认同,固体废物治理体系和治理能力得到明显提升。

《方案》有哪些亮点?

"我觉得《方案》的亮点体现在系统性强、问题导向明确、内容覆盖全面三点。"董珂认为,《方案》内容涉及工业、农业、生活、建筑、危险废物处理等领域,基本上覆盖了废弃物产生的源头以及对应的措施。

另外,董珂将《方案》的系统性归纳于三个方面。一是强调顶层设计,将"无废城市"建设目标任务纳入城市或区域国民经济和社会发展"十四五"规划及生态环境保护规划等相关专项规划;二是推动减污和降碳协同增效;三是推动体系化建设,《方案》注重制度、技术、市场和监管体系的共同建设,并且同时建立了比较完善的指标体系。

"《方案》针砭时弊,指出了我国建设'无废城市'存在的突出问题。"董珂介绍,固体废物产生强度比较高、回收利用水平较低、处置缺口比较大等是当前我国城市面临的突出问题,需要有针对性地逐一化解。例如,需要进一步完善基础设施来解决处置缺口比较大的问题,在有条件的地区倡导区域设施共建共享,力争让每个设施的效用最大化。

市民能为"无废城市"做些啥?

"市民可在'无废城市'建设中起到非常重要的作用。"董珂表示,随着人们生活水平的提高,对物质利用的观念和态度也会发生一种倒 U 形的变化。

董珂解释,在资源短缺的时代,人们的生活是非常简朴的,在生活水平有所提高的时候,难免会产生物质上的奢靡之风。但当生活水平达到了更高阶段,人们会从单纯追求物质生活转向追求物质和精神生活并重,物质上从简的生活会给人带来精神上的愉悦。如果人人尽可能从垃圾分类、绿色出行、绿色办公、杜绝餐饮浪费、节水节电、共享物品等小事入手,养成一种节约、高效利用资源的生活方式,就能够从源头上实现废弃物的减量化,让每个人在自我适度约束的基础上实现全体人民整体生活水平的提高和生活质量的提升。

（资料来源:http://www.people.com.cn/n1/2022/0107/c32306 - 32326503.html）

第五章 公共部门人事管理

公共人力资源管理与传统人事行政的区别表现在四个方面。① 管理理念:传统人事管理视人员为成本负担,把人事管理工作看作日常人事行政事务;人力资源管理则把人员看作资源,是最宝贵的资源,把对人员的管理置于重要位置。② 管理原则:传统人事管理注重以事为中心,恪守"进、管、出"管理模式;人力资源管理则奉行以人为中心,重视人与事、人与环境的协调配合。③ 管理目标和内容:传统人事管理关心的是眼前,很少有长期的人力资源的预测、规划和开发;而人力资源管理着眼于未来,重视人力资源的预测、规划和开发,同时考虑员工的个人发展,强调要在实现组织目标的同时实现个人的全面发展。④ 管理方法:传统人事管理主要通过纪律和规章制度,对员工进行刻板、严格的控制,是强制性、被动型的"管家"型管理方式;而人力资源管理实行开发型、参与型的主动的管理方式,重视采用各种激励手段调动人的积极性。从 1978 年开始,编制分类管理主要被划分为行政与事业两大类,并且行政编制又被细分为党政群团编制、专项编制(乡镇,不含社区)、政法专项编制(公检法)、地税、工商等。从编制管理改革的角度来看,继续推进编制分类管理是大势所趋。法治化改革可有效地实现编制分类管理。

第一节 公务员制度

"官僚机器"(科层制、官僚制)包含了横向的专业分工和纵向的层级设置,是官职或官署品类(级别)及其分工性质的整体集合。官僚制,又称为科层制,是泰勒的科学管理主义和法约尔的科层理论在政治组织形式上的具体实践应用。中国古代自秦以后形成了基于传统法治与科举制之上的较为精细的官僚体制结构。后来,德国的马克斯·韦伯通过中西比较分析,推断出官僚制应具有专业分工与法治规范等基本特征。西方国家自近代以来,摒弃诟病已久的政党分赃制(又称分肥制),而借鉴中国的科举制,创造了现代公务员制度。

官僚制,也称科层制,是由于它的科层结构设计的缘故,同时又与国家政治紧密联系,所以还称为"官僚政治"或"官僚机器"。官僚制在理论模型研究上总体可分为经典的韦伯理想模型与现代的利益博弈模型,可是韦伯的理想模型追求理性却隐含着"官僚主义"弊端,利益博弈模型追求效率则难免忽略韦伯所说的(基督)文明价值以及西方古典文明价值。官僚制作为重要的国家政权机器之一,需要切实履行政治统治与社会管理之职能,通俗而言就是"要把西方国家统治得像西方国家"。官僚制的新理论模型可在价值—规则—行动等三大要素的基础上建构,使得作为"人"的因素的官僚集团可以在制度因素的规则下展现出官僚制动态表现。官僚集团由于自身人性的客观存在,会在正向的公共服务供给与公共福祉增进行动和负向的派系倾轧与争权夺利行动之间进行博弈。只有规则符合本国文明的价值导向,才会实现积极引导官僚集团朝着正向行动运作。这要通过强化官僚集团的政治约束,来使得官僚制中的公共权力符合自身内在的精神价值。

《布莱克维尔政治制度百科全书》中有关于"官僚/官僚制"(Bureaucracy)的词条[①]:这是一个与君主统治、民主统治及贵族统治相区别的官员统治形式,及官员的集合体系(官僚体系)及其运作机制。哈佛大学行政管理学院教科书为"官僚制"做如下的定义:一种权力依职能和职位进行分工和分层,以规则为管理主体的组织体系和管理方式,也就是说,它既是一种组织结构,又是一种管理方式。西方学者在将科层制当作一种组织现象而非行政程序的认识上达成共识,由于官僚政治与专制帝国的关系十分密切,以致有时经常使用官僚政治来概括整个国家制度。国家根据科层组织原则建立了官僚组织或官僚机器,在整个社会生活的各类组织现象中占有统治地位。

官僚制是法国17—18世纪伴随其国家政权机器不断完善(世俗王权战胜宗教神权)而形成且不断发展成熟的历史制度产物。官僚制的英文单词源自法语,在《牛津英语词源词典》中得到了解答,最初(Bureau)是指带有抽屉的书桌,后来延伸为官僚办公的所在地(即办公室),这是一种有很多铺着呢子绸布的书桌的木制隔间所构成的工作空间,这也让我们很容易联想到现在写字楼里的工作隔间式的办公布局。第一个使用"bureaucracy"术语的是法国经济学家 Vincent de Gournay(1712—1759),此后这个词被欧洲学者用来描述国家干预日益加剧情形下的行政管理。19世纪30年代在英国开始流行,这个词在 Thomas Carlyle 看来无异于是"大陆来的骚扰"。后来在中文里被形象地翻译为"科层制"(见图5-1)。首先这像是个古汉语词汇,即一个字一个意。"科"的意思为"官僚的品级"或者"政府法令"之义,后来延伸为"行政机关或某些机构的行政部门按工作性质分设的分属单位",而"层"的意思是"用于重叠、积累的东西",可以作量词用,如"十五层的高楼",那么,两个词合起来在本文中的意思就是"政府机关中按照工作性质层叠设计、有着相应品级的行政—政治单位"。这就使得被称为"官僚机器"的制度发明具有如此组织设计原则,即这种制度应当同时包括横向的专业分工和纵向的层级设置,是官职/官署品类(级别)及其分工性质的整体集合。

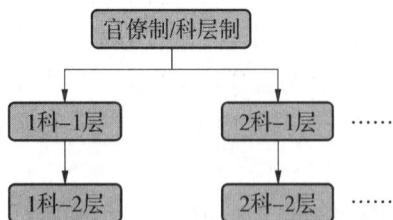

图5-1 科层制的简易示意

这种横纵向的综合划分原则在私人部门(企业)、第三部门可以体现为区域原则、产品原则、顾客原则、科研原则(横纵向划分都可以)等。而延伸到公共部门的政府,就一般有了特定

---

① [英]韦农·博格丹诺.布莱克维尔政治制度百科全书[M].北京:中国政法大学出版社,2011:67.

的纵向区域原则与横向的工作原则两大类,所以就有了行政区划制度与行政等级制度,休现了官僚制的基本内涵与主旨精神。这也就是说如果从管理角度来看,官僚制被当作"科层制"(这种组织形式也广泛存在于非政府部门之中),而回到政治角度,官僚制才是官僚制,也可以被认为是一种"官僚政治"。

关于官僚制的产生,人为的制度建构主义似乎有比制度演化主义更有说服力。从历史来看,官僚制中的组织与人很多时候是出于因人设职或因事设职的初衷,以致早期的一个官职就如同一个官僚组织。而按照韦伯的想法,官僚制产生的条件主要包括货币经济的发展、行政管理任务的复杂化、现代经济的发展、现代国家机器的发展、社会等级分化。① 官僚制本身也如同一台机器,成为国家机器的重要组成部分,与社会政治经济的发展密切联系。尽管"一旦充分实行官僚制,就会形成最难摧毁的社会实体"②,但是"官僚制"因线性思维、机械化与形而上思维方式、理想化思维对民主产生严重损害③,这使得官僚制早已变成了人们眼中"由天才设计而由白痴管理的体制"④。R.K. Merton 在 Bureaucratic Structure and Personality(科层结构与人格,1940)中指出,行政人员遵守科层制法规带了繁文缛节、消极应付、僵硬刻板等各种官僚主义弊端,这也被 M. Crozier 称为 The Bureaucratic Phenomenon(科层组织现象,1964),而科层组织则是指"不通过自己的错误来学会纠正自身行为的一种组织",这就是说"臭名昭著"的科层制效率低下的原因正是自身无法组织变革和自我完善。

让"官僚制"臭名昭著的是那种与理性主义背道而驰的"官僚"及"官僚主义",而非它自身的组织结构。正是如此,官僚们处处想着个人利益,根本无心于公共事务,将各种难堪施加于原本供养他们的公众,导致了社会的愤慨与恼怒,甚至要对官僚制宣判"死刑"。因此,源自韦伯内心理想主义情结的官僚制在理性本身的问题上值得人们的深思与推敲。

Michel Corizer(1964)狠狠地批判道"官僚组织就是无法从其错误中吸取教训来改正其行为的组织"⑤,奥斯特罗姆(Ostrom,1999)同样认为官僚组织是无效率的,并主张运用公共选择理论来改善公共部门。⑥ 休斯(2007)亦指出,"由于官僚制的理性形式、不透明、组织僵化以及等级制的特性,使得它不可避免地会与民主制发生冲突"。⑦ 曼泽(Mainzer)的《政治官僚》,德沃温与西蒙斯(Dvorin&Simmon)的《从非道德到人性化官僚》以及布鲁斯与哈格(Bruce&Hagne)的《现代政府的责任困境》也认为官僚机构极易背叛公共责任,实际上蜕变为既不负责任也没有民主的政府治理。⑧

---

① 沈荣华.地方政府学[M]北京:社会科学文献出版社,2006:74-75.
② [德]马克斯·韦伯.经济与社会(下)[M].北京:商务印书馆,1997:309.
③ 彭新武.官僚制:批判与辩护[J].福建论坛·人文社科版,2009(9).
④ 朱志松.官僚制弊病的根源性分析[J].行政与法,2008(3).
⑤ Michel Crozier. The Bureaucratic Phenomenon[M].Chicago:University of Chicago,1964:187.
⑥ [美]文森特·奥斯特罗姆.美国公共行政的思想危机[M].毛寿龙,译.北京:三联书店,1999:67.
⑦ [澳]欧文·E.休斯.公共管理导论[M].彭和平,等,译.北京:中国人民大学出版社,2007:47.
⑧ Lewis C. Mainzer. Political Bureaucracy, Illinois: Scott, Foresman and Company: 1972. EUGENE P. Dvorin&Robert H.Simmons, From Amroal to Humane Bureaucracy[M].San Francisco:Canfield Press,1966. Bruce L.R., Smith D.C.Hague. The Dilemma of Accountability in Modern Government[M].New York:St.Martin's Press, 1967.

"我们不必同情这个官僚等级制中的个人",他们只不过是借此实现自己的"上升的愿望或抱负"而非"公共服务的责任心"①。那种可怕的"官僚主义"被描述为"早晚有一天世界上会充满了齿轮和螺丝钉式的芸芸众生,他们紧紧地抓住自己的职位,处心积虑、不顾一切地渴望沿着官僚化的等级层次阶梯往上爬,一想到这种可怕的前景就令人不寒而栗"②,杰拉尔德·E.凯登(Gerald E.Caiden,1965)认为官僚主义还表现为官僚组织为达到低效率却必须付出的高代价,包括"狭隘的求同现象、称职但不出色的工作表现、难以忍受的一致服从"③。

一、马克斯·韦伯的理想模型

韦伯曾对"bureaucracy"下过一个著名的定义,即遵循职务法定、权能法定、严格等级制度、专业化训练、理性精神及合法权威等的一系列组织原则理论体系。韦伯幻想的一种官僚体制是"实施统治形式上最合理的形式",却很难找到可以完全实践的现实依据,结果被人们称作理想化的"官僚模型"(Bureaucracy Model)。而且,韦伯的理想化官僚制又被译作贬义化的"科层制",正是科层组织一词常常含有效率低下含义的原因。

韦伯的理想官僚模型明显借鉴了泰勒的科学管理与法约尔的科层管理的基本原理,因而,它包括了以下四个方面内容:第一,理性权威。官僚制从形成的根源上来看是社会经济现代化的理性主义制度产物。同韦伯说的另外两种权威——克里斯码型权威和传统型权威相比,理性权威最大的不同点就是能够确保受其规范的事物取得可以预期的效果状态,这样一来官僚制的运作就不会因人而异,真正得到了理性规则的约束。第二,等级制度。科层结构是现代官僚制的一个最基本的本质特征。这种以等级制为内容的科层结构是一种垂直的由上到下的层层控制的体系形态。这种等级制度与理性权威存在着密切联系。官僚制对等级制的引入很大程度上是韦伯借鉴法约尔的科层管理理论的结果。第三,专业分工。官僚制中的各类管理与事务岗位还存在异于纵向等级制的横向划分形态,即专业分工,这样被认为是可以取得泰勒所说的科学管理的高效状态,它包括了公私分开、专业化及专职化等基本内容。第四,规则体系。官僚制的规则体系是一种以实用主义导向的非人格控制规范官僚制运作的目的、手段、效果等的制度结构,也正是让官僚制保持正常有效运转的核心物质。官僚制作为一种西方近代的政治制度设计,它的基本目标是协助国家进行有效的政治统治以实现合法性的提升,所以,这种规则体系本身就是一系列的足以确保整个官僚体系的运作处于一种可控状态的理性设计。

二、公共选择学派的博弈行动模型

从本质上来说,官僚制还蕴含着两种足以破除韦伯理想主义的现实立足:第一是官

---

① [美]戈登·塔洛克.官僚体制的政治[M].北京:商务印书馆,2010:14,21.
② [德]马克斯·韦伯.经济与社会(上)[M].北京:商务印书馆,1997:247.
③ Gerald E. Caiden. Administrative Reform,In Understanding Public Administration[M].G.R. Currnow and R.L. Wetten hall edited,Sydney:Allen and Unwin,1965:181.

僚制的正常运作,只有先确保官僚制顺畅运转才能驱使其实现规则目标;第二是官僚制的人性约束,同时还必须保证对人性予以制约,防范其阻碍规则目标的实现。由是,基于这样的思考,官僚制还需要更切合实际的行动策略,比如在西方盛行的"分蛋糕"理论。官僚制的博弈模型是当代公共管理学界的重要理论成果,是基于经济人或复杂人的人性假设基础之上的博弈论分析框架。在这种模型框架中,人们重点考察的是官僚机器的决策功能,围绕这个研究目标,深入挖掘官僚的人性趋向和控制官僚机器的内部规则、促成官僚机器达成政治统治的外部规则(亦被称为制度)及它们之间彼此的互动关系自然成为重点内容。

人性在本能上会自利思考,只有在规则限制自利的情形下,人们才会产生先须达成规则目标才能实现自身利益的管理意识。规则的好坏正成为官僚制运作理性与否的根本。如果规则体系不足以将人性约束到既定目标的轨道上来,那么就会产生足以导致官僚机器低效乃至无效的派系倾轧、腐败堕落、搭便车等负外部效应。反之,规则也可以引导人性朝向实现理性的制度正外部性效应——增进合法性与实现规则目标。从学科发展的视角来看,公共选择学派从经济角度来看待官僚制问题创设了一门旨在研究官僚个人及组织行为逻辑的"官僚经济学"。在此学派中,主要代表有早期的图洛克(Gordon Tullock)的《官僚政治学》和唐斯(Anthrony Downs)的《官僚制内幕》,20世纪70年代初的尼斯坎南(William A. Niskanen)出版了《官僚制与代议制政府》,80年代又推出了布雷顿和温特比(Breton&Wintrobe)的《官僚行动的逻辑》等。美国学者尼斯坎南首先识别并定义了官僚的"个人"偏好,他认为,"官僚们倾向于把以下事项看作进入公共部门的首要选择,即声誉、权力和选举资助"①。

在这种人性—规则博弈论基础上诞生的官僚制模型还存在四种子类别情形:① 讨价还价模型。所谓"讨价还价"(Bargaining)是指"领导人之间相互控制的一种形式……领导人之所以进行讨价还价,是因为他们之间存在着意见分歧,但期待未来的协议可以达成,并且对自己有利可图……讨价还价意味着互惠"②。在这种理论上建立一种关于官僚制的"讨价还价"模型。这不仅可以反映官僚制的内部协调与沟通,也展示了官僚制与外部系统的社会和民众之间公共利益共识达成过程,或者说讨价还价的过程即"共识诉求"③。② 理性决策模型。部门之间常常为了自己的价值最大化进行政策上的妥协或联合。④ 官僚制内部又会存在很多个多元化的利益群体,或一个组织一个利益共同体,或一个部门一个利益共同体,他们之间尽管在各自利益上存在分歧,但是为了确保整个官僚机器运转的大局目标,必须做到理性的让步与妥协,这就催生了理性决策模型。③ 各自为政模型。"这种多层次的决策系统比起中央部门单独决策而言,

① William A. Niskanen. Bureaucracy and Representative Government[M]. Atherton: Aldine Press, 1974:123.

② Dahl, Robert A., Lindblom, Charles E.. Politics, Economics and Welfare[M]. New Brunswick, U. S. A: Transaction Publishers, 1992:54.

③ Kenneth, Oksenberg. Michel. Policy Making in China Leaders, Structures and Process[M]. Princeton, New Jersey: Princeton University Press, 1988.

④ Lampton, M. David. Health, Conflict, and the Chinese Political System[J]. Michigan Papers in Chinese Studies, 1974(18).

使得政策能更好地体现广泛的社会需求。"①这也被看成是理性决策模型的衍生类别，在集权条件下官僚机器内部存在部门利益化本来就会带来诸多潜在的权力截流风险，但在素有地方分权的西方人眼里在多元社会中不同群体的利益博弈反而可以被乐观地看成是更能体现民主和公平的价值。④ 竞争说服模型。政策研究机构的引入改变了中央与各部委之间的信息不对称状况，从而改变了双方讨价还价的力量对比。② 这在一定程度上夸大了政策研究机构的作用。这是一种关于实现利益共识的行动策略，劝说与利益竞争可以通过打造准市场的效果来实现官僚机器运转的高效化。

三、对官僚制两种模式的回应

韦伯的理想官僚制模型是一种具有内在的文明精神导向的效率运作的政治制度设计，然而在现实中却真的出现了效率危机，即官僚主义弊端，所以被现代人称为理想化模型。从整体上来看，韦伯的官僚制机器其实都是围绕着理性，即通过合理化运作实现合法化统治。这种理性在韦伯看来，具有两个层面的含义：一是任何具体的法律判决都是一条抽象的法原则应用到一个具体的事实上；二是对于任何具体的事实，都必须采用法逻辑的手段，从适用的抽象的法的原则中得出判决。③ 过分理性的结果是太理想化，在现实中往往由于人性自利而不能实现那样的理想目标。

当代西方的博弈理论模型刚好注意到了韦伯理想模型的这种弊端，把人的理性从组织的理性中解救了出来。但是，仅凭人的自发博弈行为似乎无法全面解释两个问题：一是西方官僚制为什么呈现出西方的制度形态，二是西方官僚制并不能直接移植到其他不同文明的国家政治机器之上。事实上，这种不以人的主观意志而转移的理性被注入到官僚制之前还有两个制度源头：一是来自古希腊—罗马帝国的自然法源头，处处讲究"遵循自然规律"，这是一种自然理性；二是来自基督教的影响，基督教之所以被西方尊奉为国教是因为其中"人人平等"的教义深入人心，影响着西方社会生活的方方面面，这逐步演变为人文理性。这二者交织催生的理性精神正是西方官僚制不断演进及发展的文明原动力。官僚博弈模型把内在的文明精神导向给弄丢了。

统而言之，无论是上述哪种模型都无不在确保官僚制的行动效率来克服韦伯官僚制的理想化倾向，可是这种效率与结果导向带来的是释放人性的自然理性的生成，而却无法保证引导社会进步的人文理性生成。这是因为无法排除官僚机器在高效决策与行动时容易为狭隘的个人利益混杂而造成对宽阔视野的人类文明整体进步的掩盖与忽视。

四、国家审计机关的官僚结构分析

国家审计机关是由中央的审计署到地方的审计厅、审计局所构成垂直科层结构，但

---

① Lampton，M. David. Health，Conflict，and the Chinese Political System[J]. Michigan Papers in Chinese Studies，1974，(18).

② Halpern，Nina P. Information Flows and Policy Coordination in the Chinese Bureaucracy in Kenneth Lieberthal and David Lampton ed.Bureaucracy，Politics，and Decision Making in Post Mao China[M]. Berkeley and Los Angeles：University of California Press，1992：125 - 148.

③ ［德］马克斯·韦伯.经济与社会（下）[M].北京：商务印书馆，1997：18.

上下层的审计机关之间是一种业务协作、指导而非领导关系。宪法第 91 条规定:"国务院设立审计机关,对国务院各部门和地方各级政府的财政收支,对国家的财政金融机构和企业事业组织的财务收支,进行审计监督。审计机关在国务院总理领导下,依照法律规定独立行使审计监督权,不受其他行政机关、社会团体和个人的干涉。"审计法第 2 条规定,"国家实行审计监督制度。国务院和县级以上地方人民政府设立审计机关。"但是,在疫情期间,网络化的工作方式特征使得全国审计机关可以共享一套数据台账,从原先的碎片化的科层结构逐渐转变为一个全国统一化、整体性的国家审计机关。那么,未来的国家审计机关是否仍要依照行政层级设置将成为一个值得深思的问题。

国家审计机关也是一种公共部门,存在着必然的人民主权代理的政治联系,能否做到"执政为公、审计为民",仍将是任何时期国家审计机关不可推脱的政治代理使命。疫情期间,国家审计机关不仅要履行这种政治代理使命,伴随着国家治理现代化进程的展开,还要顺应现代社会的转型要求提高专业化水平。在未来,审计业务将与法务业务、公共关系业务等新兴的工作领域一样变成难以替代的专业性特殊业务,必须由受到专业训练的专人来完成。

从政治学上看,国家审计是一种群体决策行为,是由组成国家审计机关的全体工作人员的集体意志做出的针对国家经济生活进行审查、预测的行为。但是,作为集体决策行为的国家审计活动也是由单个的审计工作人员的个体公务行为具体表现出来的,因为"集体行动必须由个体行动构成"[①]。但是,在疫情期间审计工作人员的个体公务行为是由自身的个人理性所决定的。审计工作人员的审计业务熟练程度取决于其自身的个人业务水平、心理素质、政治觉悟等主客观因素。"审计人员或团队的政治站位、政策敏锐度、理论水平、逻辑思维、写作能力等,直接关系到审计工作的质量高低。"[②]疫情期间,人们的心理状态发生了极大的变化,有些人变得消极、抑郁、悲观,对"新冠"疫情本身也充满了太多的焦虑、烦躁和恐惧,并影响着个人理性行动。"理性行动要求接受某个目的,也要求有能力在各种将通向目标达成的取舍中做出选择"[③]。国家审计部门的工作人员作为公共部门的公务人员,虽然受到了崇高公共伦理的约束,在疫情期间也会面临作为公务员的高政治觉悟和同时作为普通人对未知的焦虑与恐惧。这些需要克服的问题正是国家审计在疫情期间政治行为转变的重要特征之一。

当然,一般认为,充满感情的行事风格可能走向极端,但是这也并不总是坏事[④]。经过这样一番洗礼,国家审计工作人员的个体行为有可能真正呈现出理性化的特征,从而最终避免疫情本身对人们的心理和情绪上的各种干扰。早在 2018 年 5 月,习近平总书记在中央审计委员会第一次会议上指出,审计机关要全面贯彻十九大精神,依法全面履行审计监督职责,促进经济高质量发展[⑤]。国家审计机关作为一种正式的公共部门,

① [美]詹姆斯·M.布坎南,戈登·图洛克.同意的计算[M].上海:上海人民出版社,2017:3.
② 缑婷婷.影响新时代国家审计质量的因素分析[N].中国审计报,2020-03-04.
③ [美]詹姆斯·M.布坎南,戈登·图洛克.同意的计算[M].上海:上海人民出版社,2017:36.
④ [美]约·埃尔斯特.协商民主:挑战与反思[M].周艳辉,译.北京:中央编译局出版社,2009:20.
⑤ 新华社.习近平主持召开中央审计委员会第一次会议[EB/OL].http://www.gov.cn/xinwen/2018-05/23/content_5293054.htm.

其工作人员的审计业务工作受到了相应的公共职业伦理的规范与约束。"毫不夸张地说,一个国家的治理能力在很大程度上取决于它的预算管理能力。"[1]在特殊的疫情期间,国家审计体现了一种特殊的政治经济特征,从长远来看,也是适应未来新兴社会发展形势的政治发展现象。在国家治理现代化大背景下,国家审计的政治行为、政治结构与当下的疫情相适应,不仅使其经历了一次重大公共卫生突发危机事件的考验,而且也经受了一次时代的现代转型挑战。

第二节　编制管理

编制在行政法意义上指一个组织或单位的内部构成情况,通常包括该组织或单位的内部机构设置、人员定额以及不同的人员的比例,具有广义和狭义之分,编制涵盖整个组织,亦涵盖组织内部人员。即编制涉及组织的名称规格、职能定位、与其他组织隶属关系、内部构成情况等。编制管理属于公共部门人事管理的范畴。人事管理主要有两种方法:① 品位分类法,指对工作人员的身份、地位、资历、能力、经验、贡献等进行比较,并在此基础上确定其职务等级,建立起等级结构;② 职位分类法,指将职位按工作性质、责任轻重、难易程度和所需资格条件等进行纵横划分。这两种方法各有优缺点。事实上,完整的编制管理应该包括纵向的品位分类与横向的职位分类,并且二者应该达到有机结合。这就要求公共部门(政府)的人事管理既要保证升降有序职位渠道的激励性,也要实现敢于任事担当的灵活性。

法治化是编制分类改革的价值导向。从 1975 年邓小平同志提出"编制就是法律"的论断,到 1997 年国家颁布《国务院行政机构设置和编制管理条例》,标志着我国机构编制管理进入法治化阶段。2007 年,《地方各级人民政府机构设置与编制管理条例》等一系列法规出台,确立了"中央统一领导、地方分级管理"的机构编制管理体制。法治化下的编制分类管理改革之路,应从以下三个维度入手:一是客观法律体系的构建,二是科学分类方案的编制,三是贯穿全程的动态管理。

我国第一次核定公务员(国家干部)的编制总量是在 1993 年,并为各个地方设定了七项指标,形成了至今通行的基本编制员额。实行了"逢进必考"原则,有效有力地防止了不少地方容易发生的"临时编转正"现象。编制配置改革既具有全国编制管理的共性特征,又带有自身的独特区域性色彩。共性的问题是在编制管理的顶层设计上,仍然会遇到各类的体制壁垒,如垂直的业务体系与交叉的责任体系之间矛盾、编制分类及编外人员管理的业务范畴模糊性、公务员员额审批的科学性问题、事业编制备案监管的虚化问题。编制管理权限分散、编制管理机关本地化、编制管理机关的权威性等因素是这些共性问题的主要原因。

编制配置管理所要处理的核心问题是通过控制政府编制规模、机构设定与公务员

---

[1]　Schick.A. Capacity to Budget[M].The Urban Institute Press,1990:12.

员额限定来增进政府的行政效能。由于缺乏一个"整体性政府"意义上的编制配置管理活动,精简、统一、效能的法定原则在现实中难以真正实现,事实上"精简后膨胀""人浮于事、机构臃肿、效能低效"等官僚主义痹症一直在侵蚀我国政府机关的正常机体。

一、编制的定义

行政组织是国家作为阶级统治工具的外在运作映射,行政编制则是行政组织这个大框架上的零部件,而行政人员正是零部件中的小齿轮,这台国家机器开动后,其生产出的作用力即行政权之于社会的影响力,既无法估计预料又无法挽回更改,政府作为人民权力行使的委托者应该要把握分寸,谨小慎微地做出每一个决策,学会"如何通过省钱——省纳税人的钱——来使得公众满意"。

在"简政放权""反贪反腐"等政治改革活动的逐步稳进,并且高歌猛进的情况下,"编制分类管理改革"的呼声也日益高涨,尤其以法检系统为甚。编制与行政机构分不开。本论文所研究之"编制",属行政法意义上的编制,其内涵为,一个组织或单位的内部构成情况,通常包括该组织或单位的内部机构设置、人员定额以及不同的人员的比例。那么,编制的外延又涉及哪些范畴? 对此,编制的外延范畴目前学界有两种看法:

(1)广义上来说,所有由行政体系财务承担薪酬的机构或者单位都应囊括在编制之内。如此一来,我国编制语境下涵括的组织或单位应该有各级行政机关、各级权力机关、检察院法院系统、各政党、国有企业、事业单位、红十字会等社会组织、工青妇等人民团体等由国家财政负担、执行社会公共事务的单位或组织。

(2)狭义上来说,编制只指行使行政权力的各级行政机关,包括中央与地方两个序列国务院、省(自治区、直辖市)、地级市、县、乡镇五个层级。

新中国成立以来六次机构编制改革的实践表明,单单把编制改革范畴局限在狭义的编制外延之中,陷入"精简—膨胀—再精简—再膨胀"的恶性循环是必然后果。表面上看,原因不乏职能整合不够彻底、监督力度太薄弱、惩罚不够明确等。究其根本,原因在于没有把编制改革作为一个系统工程上升到指导思想的高度。缺乏这个改革导向,才出现了各地"孤军突进""单兵作战"的局面:不少地方,下级地方政府进行体制改革之后,由于缺乏上下级配套改革,其改革成果难以持久。比如,汕头市濠江区的层及政府权责体系改革①,由于全国市区行政管理体制架构未变,市级政府事权下放后虽不再亲自行使事权,但职责仍在,职责同构现象并未因此得到根本解决。再比如顺德大部制改革后,机构精简到 16 个,其社会工作部门尚有 35 个省市部门(其中省级部门 19 个,市级 16 个)需要对接,由此陷入"应接不暇"上下难对接的困境②。故此,笔者认为编制改革应采取广义的外延范畴,将编制系统工程思维贯彻深入。

---

① 黄文平.深化行政体制改革的探索[M].北京:国家行政学院出版社,2016:122.
② 王浩.我国地方行政体制改革控编制度困境及对策——基于顺德大部制改革实践的考察[J].辽宁行政学院学报,2013(15).

二、编制分类管理改革的法律依据

国家的运作必须依靠国家机构的运作来实现,国家机构的构建又依赖于组织法的明确界定,而编制正是组织法体系内首要的要素。随着中国特色社会主义法治国家建设的不断深入,虽然我国已经建立起较为全面而系统的中国特色法律体系,但是却没有关于编制的基本立法。也正是因此,我国编制才会出现混乱状态,并且在全国上下多次大力整改后仍旧反复循环。我国编制领域的法律法规编纂情况大致如下。

（一）宪法和法律

宪法第五十七条、第八十六条、第九十五条、第九十六条、第一百零三条、第一百零五条、第一百零八条、第一百零九条、第一百二十四条、第一百二十七条、第一百三十条、第一百三十二条[①]。法律方面,主要有《国务院组织法》《中华人民共和国全国人民代表大会组织法》《地方各级人民代表大会和地方各级人民政府组织法》《法院组织法》《检察院组织法》[②]上述法律文件主要是规定了中央和地方机构和职位设置和人员数量规则。这些法律文件,平心而论,规定得比较笼统,缺乏明确的操作性。

（二）行政法规

主要是《国务院行政机构设置和编制管理条例》(1997 年颁布)和《地方各级人民政府机构设置和编制管理条例》(2007 年颁布)[③]。这两部行政法规存在明显时间差,虽然规制对象不一致,但就立法思维来看,后者对于前者有着显著的改进。比如,后者写明了有关职能配置和职责协调的要求,对财政预算管理、公务员录用调配等系统性相关环节的管理做了规定,还将法律责任单独作为一章进行了详细规定[④]。可以说,与宪法与法律中涉及编制的相关规定相比,行政法规在职能配置和法律责任上的细化是具有进步性的,也从侧面反映出了行政部门作为最"与时俱进"的部门所具有的灵敏性。鉴于我国行政立法权的实践,笔者建议,在当前编制基本法空缺的情形下,可以授权国务院先行立法。毕竟法治中国的建设势必触及行政体制改革,而编制作为国家机构的框架,如果没有基本法作为各地方政府行政体制改革的基本规范,那么各地政府编制的规章将丧失权威性,从而不能得到有效的贯彻,最终又出现怪圈现象。

（三）地方性法规

随着官僚主义制度弊端的日益凸显,部门精简改革潮流兴起,不少地方政府纷纷出台了一些关于机构编制管理的地方性法规。比如《杭州市行政机构设置和编制管理办法》《辽宁省行政机构设置和编制管理规定》《广东省行政机构设置和编制管理条例》。这些编制法规由于缺乏上位法的有力支撑更显苍白,虽然这些规章条例比起上位法更

---

① 申岱灵.我国行政编制法律制度的完善[D].东北大学硕士学位论文,2014.
② 刘席宏.省直管县改革与行政编制制度改革研究——基于以省直管县为轴的耦合关系分析[J].行政与法,2015(5).
③ 张孝三.公务员编制管理研究[D].安徽大学硕士学位论文,2012.
④ 同上。

细则化,却得不到有效的贯彻执行。

（四）政策性规范文件

纵观六次机构改革,编制精简或改革工作大多都由机构编制委员办公室或政府办公厅向下级发布政策性规范文件来进行。比如辽宁省委办和省政办联合发布的《关于严格控制机构编制的通知》,以及国务院制定的"三定"方案。这类文件由于法律效力不高,政策倾向浓厚,具有比较强烈的短期性、突击性。

综上看来,由于缺乏系统思维,编制基本法缺位,纵使机构改革活动层出不穷,编制改革口号喊得响亮不已,我国政府机构改革活动实则是失败大于成功的。缺乏基本法的前提框架约束,各级各地政府只能自己发挥,难免出现上下级规范、各地文件间相互冲突的现象。

三、编制改革面临的主要问题

第一,从管理手段上来看,编制审批管理表面上是主动的,但在编制信息来源上却是被动的。法律规定编制审批管理程序是由缺额的机关上报缺额人数,汇总上报至本级编制委员,讨论通过后才能发布招考公告。如果仅仅是满足缺额的数量与人头对号,诸如近些年来频繁出现的"萝卜招聘""设定不公平招考条件"等问题,由于编制管理机构无暇考察各个机关部门的实际工作情况,这就会导致编制管理的实质被动性。

第二,从价值导向上来看,过分强调总额控制,容易陷入"静态化与结果导向管理"的困境。法律规定的编制工作只包括"行政机构的人员数额、行政机构的领导职数和内设机构的领导职数"。《机构编制管理办法》的第 19 条则规定"各级人民政府行政机构的行政编制在上级机关下达的行政编制总额内……"这样一来,虽然可以防范编制管理对象单位的越权增设机构和超额配备员额的问题,但很大程度上会造成"申报—审核—批准"的业务循环,编制配置工作会变成一个"编制审批工具",事实上会将编制管理带入一个静态化与结果导向的状态之中。

第三,从编制制定依据来看,各类办法规定得比较宏观,具体的业务工作随意性较大,科学性有待提升。"办法"的第 35 条规定"各级机构编制委员会办公室提出方案前,应当调查研究、科学论证并征求有关部门意见。"另外,还规定"行政机构的设置应在国家、省、市规定的机构限额内,以职责的科学配置为基础,结合人口数量、地域面积、经济发展水平等因素综合确定,做到职责明确、分工合理、权责一致、规范高效。"(第 7 条)而这些管理内容却把实际的职责工作内容排斥在外,以致出现在同等工作量的前提下,北方地区的公务员竟是南方地区的两倍,这对于亟需科学化的编制配置管理来说,前述的编制管理方式是非常粗放的。

第四,从编制监督活动来看,联合编制执法监督通常是运动式的,难免会"挂一漏万"。当下的编制监督容易陷入"钦差大臣"式人治抽查监督,致使编制管理工作中政府机关"心存侥幸"。编制监督并不是简单的查看编制员额,只是从人员数字上进行考究;从长远来看,编制管理监督还要实现提升行政效能、扭转机关风气等行政改革目标。

第五,从编制监督权力来看,监督事权分散情形较为明显。在编制管理与监督工作缺乏一个"整体性政府"概念时,"上动下不动""左动右不动""前动后不动"的业务协调与合作也是值得怀疑的。就当前现状而言,机构编制管理部门与组织、人事、财政等行政部门,在事实上经常处于相对分离的割据状态,虽有业务联系,但联动效果却不能有效实现。

第六,从法律的规定来看,编制监督重权力轻责任。严肃机构编制纪律是非常有必要的,但是缺乏独立的编制纪律文件。而且,关于监督检查,会同监察机关和其他有关部门进行的联合监督检查、部门举报与社会监督都缺乏具体细则引导。"办法"规定的主要是编制管理对象的行政责任与刑事责任,但凡问题出在编制管理机关"玩忽职守"的尚无明确的法律规定。考虑到权责清单建设,作为行政管理的源头位置的市编制管理部门应当率先走在各部门的前面。这也会导致编制管理机关的权力意识大于责任意识,不利于法治建设。

四、编制管理改革的路径选择

编制要改革,必然要抛弃过去的依赖路径,选择新的路径。通过整理文献得出,当前编制法治化路径主要有三条[①]。

（一）"社会演进型"

这种观点主要是西方学者在自由资本主义背景下提出的。他们认为,法治主要是随着社会生活的变迁自然而然演变而成的。在这一术语中的社会,缺乏整体观念,不会有意识地去制定目标和计划,法治的形成是依靠大众无意识的共同努力而成的。缩放到编制法治化层面,"社会演进型"指编制是由于社会生活发展,自然选择情境下自动增加或减少人员数量、比例以及机构设置情况,在漫长的反复试错后,便会出现一个最佳法治模式。这在当今日益复杂交融的世界情境之中,可行性是很低的,甚至可以说已然是不可实现的了。除非国家发展到极高发达的文明程度,那时按照马克思主义国家学说,国家作为阶级统治的工具业已消亡,法律作为阶级意识形态的上层建筑表现形式之一也已不存在了。

（二）"政府推进型"

这种观点是"社会演进型"的对立面,由凯恩斯主义唤醒,至苏联作为世界上第一个社会主义国家把国家主导型政府演绎至极致后为世人普知。持此观点的学者们认为,政府凭借掌握的社会政治资源,成了法治化的领导者和首要推动者,法治建设全靠政府的目标设计和人为构建。缩放到编制法治化层面,"政府推进型"意指一国从本国的特定历史时空环境出发,单单依靠国家政权力量,走上了属于自己的编制法治化道路。

（三）"社会—政府互动型"

这种观点是"社会演进型"与"政府推进型"的中和,即将社会、政府双方的政治力量

---

① 魏建国.中央与地方关系法治化研究[M].北京:北京大学出版社,2015:218.

以适当比例融合运用于法治化建设。缩放到编制法治化层面，即将政府主导力量与民间的社会力量有效配比，为编制建构共同献力。

五、编制的管理方式

管理方式即如何进行管理的问题。管理往往包括管理方法、管理程序、管理手段三个层次，综合反映在管理目标的设定与分解，组织体系架构、分工及配套设施，管理权限及权责、工作标准与工作流程的设定，利益分配与激励，责任追究与惩戒等具体五个方面。当前我国编制管理方式主要有实践和学理两个层次：

（1）实践上，习近平主席 2016 年 4 月主持召开的中央全面深化改革领导小组第二十三次会议通过的专业技术类和行政执法类公务员分类管理规定（试行）表明，我国编制分为两个序列三个类别：中央与地方两套序列，综合管理类、专业技术类、行政执法类三大类别，并且职级、工作内容不断走向细化，迈出了政务事务分开的一大步。从《专业技术类公务员管理规定（试行）》和《行政执法类公务员管理规定（试行）》两个规范性文件原文来看[①]，两部规范性文件按总则、职位设置、职务与级别、职务任免与升降、管理与监督、附则共六章的先后顺序，将这两类公务员管理方式规定得较为详尽，尤其是职级方面，增加了居于五个级别档次的五类职务：① 17～11 级（职务：一级高级主管、一级高级主办）；② 19～13 级（职务：三级高级主管、三级高级主办）；③ 21～15 级（职务：一级主管、一级主办）；④ 23～17 级（职务：三级主管、三级主办）；⑤ 24～18 级（职务：四级主管、四级主办）。这五个职务级别分别相当于 0.25 厅级、0.75 处级、0.25 处级、0.75 科级、0.25 科级。这一增改可谓是大变革，既增加了公务员上升的空间，又从侧面提高了行政人员的业务操守水平。

（2）学理上，专家学者们在实务的基础上，提出了一些关于管理方式的观点。具体有以下几类：

① 编纂编制基本法。没有健全、完善的政府机构编制法律为基础，实现政府机构编制法治化就成了无米之炊[②]。目前大多数行政编制法在行政法体系中层级较低，且以规章居多，这种现状必须改变。日本政府之所以能成为全世界最精干高效的政府之一，其 20 世纪 50 年代以来一系列有关编制的无微不至的立法活动功居甚伟。

虽然日本是目前少数拥有机构编制基本法的国家，可我国与日本同属亚洲国家，且目前的政况与当时的日本相似；再者我国幅员辽阔，若无统一的中央立法，各地之间容易产生矛盾冲突，不利于和谐社会建设。由此，编制立法势在必行。有了基本法的权威性保障，各组织、单位改革行动才更具备执行力。基本法应该明确机构编制单位的独立地位，并且给出全国上下统一的机构编制单位构成体系。可以类同我国法院建制，不同层级各有分工、互相配合，但是地位平等。基本法应该明确违背机构编制法的法律责任，类同刑法等部门法法律规则三要素，具备假定条件、行为模式及法律后果。基本法

---

① 中共中央、国办印发《专业技术类公务员管理规定（试行）》和《行政执法类公务员管理规定（试行）》[EB/OL].http://www.gov.cn/xinwen/2016-07/14/content_5091353.htm.2016.07.14.

② 易又群，王小增，谢昕.从法制化到法治化：我国政府机构编制改革的理性选择[J].学术论坛，2004(12).

还应对编制架构有宏观但并不笼统的控制。比如用"5～8人"代替"若干"这样的字眼。

② 编制管理、组织人事、财政部门协同管理。编制管理涉及人、权、财三个方面,势必涉及编制机构、人事部门、财政部门三个部门,难免出现多头管理、多头决策的情况。故而要建立编制管理、组织人事、财政部门协同管理机制,梳理好各部门之间职责关系,做好政府横向整合工作①。把资源—战略—绩效模式②充分考虑到公共部门人力资源管理中去,根据此模式来给员工考评升迁。笔者认为,现实生活中,多头决策的根本原因是政府职能交叉、分工不明确。因此,理顺彼此间关系至关重要。

③ 实现编制实名制。"为了消除不称职人员,主管只有将此种人送到所谓'火鸡园',即不做太多事,也不会发生大纰漏的单位,政府机关中有很多这样的'火鸡园',养着大批闲人。"③编制实名制涉及政府信息公开。很多时候,由于政府权力在阴影下运作,惩罚机制不到位,许多行政人员能轻易逃避责任。编制配置情况半遮半掩,人民群众根本无法对行政人员进行有效监督。混编、空编才甚嚣尘上,大行其道。

④ 建立编制管理评价机制。法治意味着对权力的制约④。权力制约是一个系统工程,应从权力运作的事前、事中、事后三个环节全方位监督,编制管理评价机制就属于对行政权力运作的事后监督。机构编制乱象的结果部分原因是机构编制工作不到位。假设编制工作能有一个良好的"输入—输出"评价机制循环,那么根据多次实践,编制工作可得到不断完善。比如济南市编办张立学等人通过横纵向数据比较评价得出济南市编制总量适度但结构有待优化的结论,为本市编制改革深入进行提供了参考方向⑤。

⑤ 适度的党政合一。长期以来,总是存在一些模糊认识,影响着行政改革的深化,比如忽视中国特色,一味地"拿来主义"⑥,只知道仿照西方国家,不顾全我国特色国情。中国共产党纪律委员会与国家监察委员会,一个是党的机构、一个是国家的机构,可是合署办公,"一套人马,两块牌子",既节约了行政资源,又高效率地完成了反腐工作,这正是基于我国国情实际的成功案例。

⑥ 科学核定编制。许多不同学者给出了自己核定编制的定量公式。比如朱龙等人以安徽省数据为例,利用经过他们修整过的并通过了模型稳定性检验的 VAR 模型,带入待检测数据后,对数据进行脉冲函数分析和方差分解分析,验证了公共事业管理绩效的变化对行政编制配置资源的影响,借此来对安徽省公共事业改革提出科学合理的发展方向⑦。梁昌勇等人利用 DEA 模型,对全国 31 个省(自治区、直辖市)进行了行政编制资源配置相对效率评价研究,得出了我国地方政府行政编制资源投入过剩与不足并存等结论,

———————————

① 陶学荣,陶睿.中国行政体制改革研究[M].北京:人民出版社,2006:230.
② 张再生.基于资源基础理论的公共部门人力资源管理变革研究[J].行政论坛,2015(2).
③ 哈佛大学行政管理学院.人事行政管理学[M].曾繁正,译.北京:红旗出版社,1998:25.
④ 石佑启,杨治坤,黄新波.论行政体制改革与行政法治[M].北京:北京大学出版社,2009:127.
⑤ 张立学,李民,李勇.行政编制使用比较分析初探——以济南市为例[J].机构与行政,2012(5).
⑥ 唐铁汉.行政管理体制改革的前沿问题[M].北京:国家行政学院出版社,2008:102.
⑦ 梁昌勇,朱龙,代意玲,陆文星.公共事业管理对行政编制资源配置影响研究——基于安徽省数据考察[J].经济与管理评论,2015(5).

为各地方政府合理调配编制资源提供了借鉴①。杨伟国等人利用回归分析法与比例定员法分别对所搜集到的国家税务局县级层面的行政编制数据进行研究,得出了综合类与执法类之间的最佳编制配备比例,为实现李克强总理 2013 年提出的"严格控制地方政府机构编制总量,确保财政供养人员只减不增",提出了合理的平稳过渡方案②。杨兴红等人以安徽省地方政府为例,通过引入回归模型,对政府职能、政府组织框架、政府人力资源、民间非政府组织等因素对行政编制调整的影响做了数据分析,为地方政府行政编制规模这个现实难题提供了行政编制总量控制下动态调整的管理办法③。

关于编制分类改革的其他问题,学者们提出了以下几类:

(1)公务员管理问题。其中主要是官本位思想严重,"一把手"意志凸显、分类管理标准不够精确与机构使命脱钩、公务员绩效考核问题以及聘用合同工等问题。

(2)职能整合问题。这其中涉及机构精简人员不减的"假精简"问题以及我国行政层级改革(如"省直管县"问题、上下职能同构层级冗余问题、如何使金字塔结构转向扁平化结构等)。

编制分类改革实则是国家机构职能整合的系统工程。整合,是一个机构内部文化的融合和连续程度④。安德烈·塔迪厄指出:"当会议主席想要让所有出席者都为之鼓掌的时候,他只需要宣布进行行政改革就行了。因为没有人知道这意味着什么⑤。"

六、编制改革的基本思路

编制配置改革的基本思路是从结果导向转变为过程导向,从重审批转变为审批监管兼顾,从静态管理转变为动态管理,从即时管理转变为实时管理,从手工管理转变为信息管理,最终从制度上推进法治化管理。国务院总理李克强曾指出:本届政府任期内财政供养人员只减不增。这是新时期赋予机构编制工作的新要求,其根本目的是管住、管好机构编制。具体对策与建议如下。

(一)统一编制管理体制

首先,统一编制管理立法。调整与规范编制管理的法律主要归属于行政组织法体系。因此,建议专门制定科学有效的编制法律,形成完善的行政组织法律规范体系,确保编制工作依法可行、有据可依,增强编制工作的实效性、严肃性和稳定性,确保编制管理和机构改革在法治框架中进行。

其次,统一编制管理事权。根据编制体制中的"中央统一领导,地方分级管理"的基本原则,应把各类属于编制管理的份内事权全部统一起来,形成我国集权体制下统一有

---

① 梁昌勇,朱龙,代翚,陆文星,刘益敏.基于 DEA 的省域行政编制资源配置相对效率评价研究[J].管理学刊,2014(1).

② 杨伟国,唐聪聪,陈轩,王琦.国税系统县局层面行政编制配置研究[J].中国机构改革与管理,2017(5).

③ 杨兴红,梁昌勇,代翚.行政编制动态调整影响因素分析——以安徽省地方政府为例[J].中国行政管理,2012(7).

④ [美]拉塞尔·M.林登.无缝隙政府:公共部门再造指南[M].汪大海,吴群芳,译.北京:中国人民大学出版社,2013:113.

⑤ [法]贝尔纳·古尔内.行政学[M].江振霄,译.北京:商务印书馆出版社,1995:113.

序的编制管理体系;凡是原来分散于纪检、组织、人社、审计等部门的编制管理权力全部收回,形成专职化、专业化的编制管理机构。

最后,统一编制管理责任。应遵循审批与管理统一、权力与责任统一、结果与过程统一等原则,确保编制工作完全规范于法治的框架之中。在其中,特别强调编制部门自身的管理与监督责任,从法治的角度来看,权力也是责任,市编制部门依法行使好编制权力,即是自身的法定责任。

（二）设立编制工作的科学标准

根据国家公务员法及相关编制管理条例的规定,编制工作的科学化涉及"编制具体标准""编制确立依据"及"编制工作流程"等基本内容,这有利于编制工作实现精简、效能、统一的管理目标。

首先,实施编制预算绩效管理。对人员、机构等基本编制项目进行标准化管理。关于专项编制项目,采取事前、事中、事后的项目监管机制。推进编制工作中长期预算规划,实施项目库管理模式。

其次,继续细化编制分类管理制度。依照"科学实用、全面规范"的分类原则,按照编制类型和性质分类管理。将编制划分为"人事财政类""机关设置类"和"纪律审计类"等类别,并因应不同类别的特点分别采取相对固定或滚动的动态化管理。

再次,推行编制管理的项目库管理。根据规范化和科学化管理要求,将预算编制分为申报入库和编制年度预算两个阶段进行。改变现时集中时段编制工作的做法,将过去部门预算集中编审时需兼顾编制依据、实施方案、财政安排、人事员额、机关设置、绩效目标等烦琐且容易出错的工作流程优化为现行项目库管理。

最后,引入第三方入库评审程序。借鉴第三方评估的做法,并在此基础上考虑增加个别面谈和实地勘察的环节。在第三方专家审阅申报材料的前提下,又能与申报单位面对面交流、实地勘察,从而提出专业、实在的评审意见,最后由地方编办根据评审意见及地方编制发展需要审核确定入库项目。

（三）推行编制管理的动态机制

第一,推行适度空编运行策略。为盘活编制资源,对地方单位实行适度控编运行,比如规定一定的员额（如20~30名）编制以上的单位不能把编制全部用尽,而应依照规定按照一定的比例适度空出一些编制,用于解决特殊用编需要。各单位未达到空编限额原则不允许进人,这样有利于转出适度空编归地方编委统一调控管理。实现空余编制的适宜调整,挪用到有需要的部门。

第二,实施"总量内盘活增量"策略。在"控制总量""只减不增"的编制管理目标指引下,科学运用弹性调控手段,根据机构职能的变化、经济社会发展需求,适时调整编制,有减有增,动态调控。对用编需求单位,认真研究分析确属需增编制的,首先在本系统增一减一,连人带编内部调整。本系统解决不了的,在地方同类经费形式事业单位增减一,连人带编调整。如果还解决不了,可以考虑动用地方的编制存量。

第三,实施常态化的清理规范制度。在摸清地方范围的编制情况下制定地方范围的编制清理规划计划,对各个政府部门单位进行定期的常态化清理活动,对冗编冗员、超编机构进行全面清理,以达到盘活编制、竣通"脉络"的编制管理改革目标。

（四）优化编制工作的协调机制

一方面,编制工作的协调机制涉及编制部门与纪律监察部门、人事组织部门及政府业务部门之间的编制监督工作协调,核心问题在于编制工作的权威性。政府编制部门实施过的"双责联审"（与审计部门）、编制联合审查（与相关业务部门）、编制核查监督等工作内容及方式的创新。建议应当将上述创新活动整合起来,形成编制工作长效化的协调机制,促使政府编制工作实现实时化、动态化的过程管理。

另一方面,优化政府编制机关的资源配置,不断深化体制机制改革。立足转变政府职能,积极推进各级政府机构改革。坚持把机构设置、人员编制、领导职数"三不突破"原则,切实理顺行政层级之间、条块和部门之间以及政府部门之间的职能分工,坚持一件事情原则上由一个部门负责,确需多个部门管理的事项,明确牵头部门,分清主次责任,健全相关部门间协调配合机制,逐步实现宽职能、少机构的改革目标。

（五）完善编制工作的责任机制

第一,继续完善编制管理监管体制。编制管理监管体制主要包括编制预算批准后的绩效评估、绩效考核、奖惩机制等制度。制度完善的主要措施是配合我国公务员制度完善的进程建设,政府编制管理工作可以围绕辖区范围内编制审批与监管工作打造一个统一的信息网络平台,在现有的信息系统与编制实名管理制度的基础上,继续推进编制管理工作的公开化、透明化、信息化。

第二,推行编制督查评估机制。机构编制部门要联合纪检、组织、人社、财政等部门,每年开展一次机构编制实名制评估工作,重点对机构编制设置情况、"三定"方案执行情况和实有人员控制情况进行专项评估和核查,对违反机构编制纪律的部门和单位进行严格的通报与处理,确保机构编制和财政供给水平与行政管理目标需要相适应。此外,还可以根据工作需要对实名制管理系统进行审计,开发机关事业单位退休预测和超编预警功能,初步形成机关事业单位年度新进人员的计划管理模式。

第三,明确编制部门的职责权限。依据法律法规和文件,将各部门承担的机构编制管理职责和管理权限加以明确和细化。在机构编制设置调整方面,明确了部门、编办、编委会的职责和机构编制设置调整事项的审批权限。在事业单位登记管理、域名注册方面,明确了登记（注册）、变更、注销的基本条件和工作流程。在机构编制 e 网通系统使用方面,明确了各参与部门具体责任科室和责任人,以及承担的具体工作任务。

第四,规范编制管理的工作程序。可以结合工作实际,对机构编制审批流程进行理顺,明确立项、论证、审批、落实等四个环节,实行"三个一"规定:"一支笔"制度、"一场会"制度、"一个网"平台。在 e 网通系统管理方面,制定各配套联动部门详细的工作流程,细化每一个环节,明确每一个操作步骤,实现无缝隙对接,保证系统高效有序运行,实现编制与预算相结合的配套联合体系,使机构编制管理工作程序化、规范化。

（六）强化编制工作的监督渠道

第一，建议实施"机构编制管理证""控编通知单"等制度。这些清单作为机构编制实名制管理的重要组成部分，是记录一个单位的机构名称、机构性质、机构级别、主要职责、编制配制、领导职数、实有人数和职工名册等情况的载体，是机关事业单位入、减、调整人员、核拨工资经费等业务的依据和凭证，是机构编制管理的重要手段，实现对机构编制违纪违规行为的预防工作开展。

第二，应从源头管住管好机构编制。这为有效控制机关事业单位机构编制和财政供养人员规模，降低行政成本，减轻财政负担，建立机构编制管理和财政统发对账制度，探索建立机构编制管理与财政预算管理长效机制。以探索建立机构编制管理与财政预算管理协调配合约束长效机制为目标，制定出台相关制度，确保政府编制工作与财政审计事务之间的协调配合逐步走上制度化、规范化轨道。

第三，创新机构编制统计方法。在维护实名制数据库和机构编制台账的基础上，对各类台账进行优化调整，新建完善"基础台账""经费类型分类台账""满编空编台账""电子审批台账""机构编制事项变动情况表"，通过对编制部门工作人员进行业务培训和专项检查，切实提高各单位统计水平，有效提升编制部门对各单位机构编制执行情况的宏观把握能力和监督检查工作的针对性。

第三节　薪酬福利与劳动关系

一、员工福利和薪酬福利

员工福利是一种以非现金形式支付给员工的报酬。员工福利从构成上来说可分成两类：法定福利和公司福利。法定福利是国家或地方政府为保障员工利益而强制各类组织执行的报酬部分，如社会保险；而公司福利是建立在企业自愿基础之上的。员工福利内容包括补充养老、医疗，住房、寿险、意外险、财产险、带薪休假、免费午餐、班车、员工文娱活动、休闲旅游等。

薪酬福利是每个员工都关注的问题，也是提升员工满意度的关键因素之一。公平性和竞争性是维护员工对薪酬满意度的两大原则，公平性可以通过公司的组织、职位系统和评价系统完成。薪酬策略将企业的薪酬与市场实际水平进行比较，以确定支付的薪酬的相应范围。这就必须从外部获取相关的情况，包括熟人问讯、收集候选人薪资信息、个别职位非正规调研等，但是这些信息不具备完整性和系统性。福利是固定薪酬保健作用的强化，它能起到减少甚至消除员工的不满意感，提高员工对组织的认同度。这是因为福利反映了组织对员工的长期承诺，在员工的观念中已经把福利视为固定收入的一部分。

二、薪酬战略和薪酬结构

"全面薪酬战略"是指公司为达到组织战略目标，奖励做出贡献的个人或团队的系统,绝不仅包括传统的薪酬项目,更包括一些非物质的奖励方案等。

"全面薪酬战略"体系可划分为以下五个部分:

(1)以现金方式支付的薪酬,包括基本工资、补贴和变动性收入。

(2)以物品发放形式或其他形式体现的,如休假、退休、医疗等福利,这是全面薪酬的重要组成部分,但常常被企业忽视。

(3)学习机会和发展机会。

(4)工作环境。

(5)惠及广大员工的利益分享机制。吸纳员工入股,形成开放、共享的利益结构。企业是一个利益共同体(事业共同体、命运共同体是在此基础上形成的)。

"薪酬的构成"包括以下四个方面:

(1)基本工资。基本工资是单位雇员劳动收入的主体部分,也是确定其劳动报酬和福利待遇的基础。其具有常规性、固定性、基准性、综合性等特点。基本工资又分为基础工资、工龄工资、职位工资、技能工资等。在我国,按劳动法规定,基本工资在每个地区都会有它的最低标准。

(2)加班费。加班费指员工超出正常工作时间之外所付出劳动的报酬。劳动法有明文规定,用人单位安排劳动者加班或者延长工作时间,应当按照一定标准支付劳动者加班或者延长工作时间的工资报酬。

(3)办公环境。为员工创造良好的工作氛围,这是企业重视人的情绪、人的需求、人员激励的体现。

(4)学习成长机会。企业结合自身的企业目标,有计划有目的地对员工进行专业知识、业务技能或管理技能的培训,创造环境让员工学习,提高专业知识技能或管理技能。

在薪酬的构成中,学历和资历的因素应该逐渐淡化,更需要强调的是业绩;加薪是保持企业竞争力的重要手段,但是必须清楚地了解市场薪酬水平,并考虑企业人力成本的承受力;薪酬固然重要,但是如果不能提供给员工足够的发展空间,仍然会造成人才的流失,因此企业应在职业生涯规划、环境营造、文化建设方面投入更多的精力,而不是把目光完全放在薪酬方面。

三、员工福利的基本现状

总体而言,2015 年 4 月中共中央 83 个部门公开工资福利,总预算为 918 亿元,占全部支出总额 60%,津贴补贴预算 494 亿元,是基本工资的近 2 倍;此外,85 个中央部门有"部长专车"1 320 辆,其中国资委 134 辆为已公布部门中最多。本文具体从以下两个方面的数据来阐述部门福利的基本现状。

(一)六成基本支出用于工资福利

公布的预算报告中,绝大多数部门披露了工资福利支出。83 个披露此数据的部门工资福利支出总额达到 918.2 亿元,占这 83 个部门基本支出总额的 60%。也就是说,83 个部门的基本支出中,6 成用来发放工资福利。

（二）494 亿津贴补贴远超基本工资

公务员的工资福利历来是公众关注的焦点，83 个部门除了工资福利支出总额之外，还将工资福利类别细化到了项，公众可从预算报告中看出各部门人员工资福利的构成。归纳发现，工资福利支出的结构中，包含基本工资、津贴补贴、社会保障费用、伙食费、伙食补助费、绩效工资等。另外，还有"其他工资福利支出"，主要用于反映临时工的工资支出，以及加班工资等。记者看到，构成工资福利支出的最"大头"是基本工资和津贴补贴两项，约占整个工资福利总额的 80％。

针对基本工资、津贴补贴两项的比重，曾有专家提出，公务员现行工资结构中津贴补贴占比较高，不利于勤政廉政。记者统计看到，这 83 个部门基本工资总额为 286.5 亿元，占工资福利总额的 31.2％；而同时公布的"津贴补贴"一项为 494.1 亿元，占比达到 53％，后者是前者的 1.7 倍。此外，这 83 个部门人员的"奖金"总额为 18.19 亿元；社保缴费总额为 57.84 亿元；其他福利支出总额为 60.98 亿元。

四、员工福利管理中的问题

（一）平均福利

不管什么性质的福利，分配搞平均主义，人人有份，没有份额差别，没有工作好坏，不讲对工作的贡献大小。表面上好像公平，其实本质上反而伤害了公平。

（二）秘密福利

有的福利不让大部分员工知悉，只在小范围内的人员中发放。大部分员工也根本没有渠道去了解还有什么特殊的福利，只在不小心碰见有的员工大包小包从单位往家搬送时，才恍然大悟。

（三）职务福利

把福利与担任职务挂起钩来，不问工作绩效的实际贡献。只要在这个位子上，就可以享有通信、私车或者住房等方面的一定级别待遇，即使犯个错免了职也可以仍然保留原职级福利。想当然地认为，工作干好了都是领导做出了大成绩，自然福利也就当先了。如此的官本位福利，"跑官""要官"现象不足为怪。

（四）关系福利

因为福利有利可图，所以成为极少数管理人员拉拢关系的筹码。和管理层关系不错，就给员工分配点福利。大关系大福利，小关系小福利。福利还成了一种交易，以此福利换彼福利。要想得到一个度假指标，没有几层关系是不行的。本是大家的福利，却被少数人演变成私人的福利。

五、劳动关系概念、特征及认定

（一）概念

劳动关系是指劳动者与用人单位依法签订劳动合同而在劳动者与用人单位之间产

生的法律关系。劳动者接受用人单位的管理,从事用人单位安排的工作,成为用人单位的成员,从用人单位领取劳动报酬和受劳动保护。

用人单位,是指中华人民共和国境内的企业、个体经济组织、民办非企业单位等组织。同时,也包括与劳动者建立劳动关系的国家机关、事业单位、社会团体。

劳动者,是指达到法定年龄,具有劳动能力,以从事某种社会劳动获得收入为主要生活来源,依据法律或合同的规定,在用人单位的管理下从事劳动并获取劳动报酬的自然人(中外自然人)。

劳动关系,是指用人单位与劳动者之间,依法所确立的劳动过程中的权利义务关系。

（二）法律特征

1. 权益性

为了保护劳动者的合法权益,《劳动法》第一条:"为了保护劳动者的合法权益,调整劳动关系,建立和维护适应社会主义市场经济的劳动制度,促进经济发展和社会进步,根据宪法,制定本法。"

2. 增益性

国家通过促进经济和社会发展,创造就业条件,扩大就业机会。例如,《劳动法》第十条:"国家通过促进经济和社会发展,创造就业条件,扩大就业机会。"

3. 普遍性

劳动法适合在中华人民共和国境内的企业、个体经济组织（包括外资企业）。例如,《劳动法》第二条:"在中华人民共和国境内的企业、个体经济组织（以下统称用人单位）和与之形成劳动关系的劳动者,适用本法。"

（三）劳动关系认定

《劳动合同法》第十条:"建立劳动关系,应当订立书面劳动合同。已建立劳动关系,未同时订立书面劳动合同的,应当自用工之日起一个月内订立书面劳动合同。用人单位与劳动者在用工前订立劳动合同的,劳动关系自用工之日起建立。"

劳动关系主要研究社会学、管理学、劳动关系等方面的基本知识和技能,在企事业单位、政府部门等进行劳动事务的协调处理等。例如,劳动合同的订立和管理,劳动报酬、工伤补偿的协商,企业员工关系的协调管理,辞退、社保、赔偿金等引发的劳动争议的仲裁等。

本章课程思政学习材料

把改进作风的好态势坚持下去

来源:人民网-人民日报 2022 年 01 月 11 日 05 版

坚持自我革命,以钉钉子精神贯彻中央八项规定及其实施细则、整治"四风"、落实

为基层减负各项规定,完善长效机制

党的作风就是党的形象,关系人心向背,关系党的生死存亡

清风伴佳节,廉洁迎新年。近年来,每逢元旦、春节两节期间,各级纪检监察部门都会发出提醒,倡导广大党员、干部节俭过节、文明过节、廉洁过节,警惕"四风"问题,共同营造风清气正的节日氛围。

党的作风就是党的形象,关系人心向背,关系党的生死存亡。我们党作为一个在中国长期执政的马克思主义政党,对作风问题任何时候都不能掉以轻心。前不久,中共中央政治局召开党史学习教育专题民主生活会,习近平总书记主持会议并发表重要讲话。会议审议了《关于 2021 年中央政治局贯彻执行中央八项规定情况的报告》和《关于2021 年整治形式主义为基层减负工作情况的报告》。会议指出,作风建设永远在路上,任何时候都不能松懈。要坚持自我革命,以钉钉子精神贯彻中央八项规定及其实施细则、整治"四风"、落实为基层减负各项规定,完善长效机制。

全面从严治党,必须从人民群众反映强烈的作风问题抓起。2012 年 12 月 4 日,中共中央政治局会议审议通过言简意赅、要求明确的"八项规定";党的十九大后,中央政治局首次会议就把作风建设摆上议程。党的十八大以来,我们党从中央政治局做起,从作风建设入手,着力纠治"四风",解决党风存在的突出问题和弊端。习近平总书记身体力行、以上率下狠抓作风建设,中央政治局带头立规矩,从制定执行中央八项规定这个"小切口"破题开局,推动形成正风肃纪、激浊扬清、刷新吏治的大变局。经过九年多不懈努力,党风政风和社会风气为之一新。

天下大事,必作于细。回顾党中央持之以恒加强作风建设的历程,无论是确定 21项专项整治任务,还是狠刹"舌尖上的浪费""车轮上的腐败""舞台上的奢华""会所中的歪风",或是出台一系列从严管钱管人管物的制度,正是从群众反映强烈、损害群众利益的具体事入手,坚持"常""长"二字,一个节点一个节点坚守,一个问题一个问题解决,让徙木立信的正向效果得以激发,更使得从严治党有了重要抓手。2021 年,我们在全党开展党史学习教育,弘扬伟大建党精神,传承发扬党的光荣传统和优良作风,推动全面从严治党向纵深发展;深化整治形式主义、官僚主义顽瘤痼疾,建立基层减负常态化机制,有效激发了基层党员、干部干事创业的积极性。实践证明,只要真管真严、敢管敢严,党风建设就没有什么解决不了的问题。

党的作风是观察党群干群关系的晴雨表。国家统计局相关调查显示,95.7%的群众认为 2020 年落实中央八项规定精神、纠正"四风"卓有成效,比 2013 年提高 14.4 个百分点。同时,观察近期各级纪检监察机关公开通报的违法违纪典型案例,违规吃喝、违规收送礼品礼金等情况仍有出现,享乐主义、奢靡之风等不良风气偶有回潮。必须看到,目前"四风"顽疾仍存抬头隐患,形式主义、官僚主义具有顽固性和反复性,且花样不断翻新。群众最盼望的是把改进作风的好态势坚持下去,我们必须坚持自我革命,绵绵用力、久久为功,才能持续擦亮作风建设"金色名片"。

中国共产党历经千锤百炼而朝气蓬勃,一个很重要的原因就是始终坚持党要管党、全面从严治党,坚持自我净化、自我完善、自我革新、自我提高。把好传统带进新征程,

将好作风弘扬在新时代,要求广大党员干部补足精神钙质、上紧作风发条。风清则气正,气正则心齐,心齐则事成。始终以党的政治建设统领作风建设,以"严"的主基调纠治"四风"突出问题,我们一定能推动党风政风持续好转,带动社风民风向上向善,以优良作风书写非凡答卷。

（资料来源：http://opinion.people.com.cn/n1/2022/0111/c1003-32328238.html）

为干部减负赋能 为群众办好实事
来源：人民网-人民日报 2022年01月11日19版

不久前,中共中央政治局召开党史学习教育专题民主生活会指出,我们深化整治形式主义、官僚主义顽瘴痼疾,建立基层减负常态化机制,激发基层党员、干部干事创业的积极性。一年来,各地纪检监察机关强化监督执纪,一边整治基层腐败和不正之风,一边为基层干部减负赋能,推动党的惠民政策落地落实,惠及更多群众,让广大人民群众在全面从严治党中更有获得感。

整治形式主义官僚主义

严查突出问题 避免多头检查

"医院新增的两个挂号窗口未达行业标准,高度仅80厘米,且未设置扩音器和座椅,给挂号群众带来极大不便……"云南曲靖宣威市第二人民医院,患者猫着腰挂号的视频引发网友强烈关注。

问题曝光后,当地纪检监察机关立即督促整改,并对相关责任人进行处理,同时成立督查组对各医疗卫生单位排查整改情况开展督查。

2021年国庆期间,云南通报了7起形式主义官僚主义问题,对医院窗口低矮给群众造成不便、党员干部工作述职报告照抄照搬、应付检查、社区两委换届选举工作不到位等问题进行集中通报,对党员、公职人员不担当、不作为、乱作为、假作为问题进行点名道姓通报曝光,发挥典型案例警示作用,深化整治形式主义官僚主义顽瘴痼疾。

云南省各级纪委监委聚焦民生、乡村振兴、生态环保、安全生产等重点领域的形式主义官僚主义突出问题,开展专项监督检查。从去年5月起,昆明市纪委监委采取问卷调查收集一批、从问责案例和日常监督检查发现的问题中筛选一批等方式,对于联系群众、服务群众方面,履职尽责、服务经济社会发展方面,学风会风文风及检查调研方面等存在的不作为、乱作为问题进行重点检查、整治、通报。

"对性质恶劣、情节严重、较为典型的突出问题,加大提级办理力度,严查快办、直查直办。"普洱市纪委常委、党风政风监督室主任纪明良介绍,普洱将整治形式主义官僚主义纳入脱贫攻坚、同乡村振兴有效衔接、优化营商环境等重点监督工作,针对贯彻落实、服务群众等方面存在的各类问题进行专项整治。2021年,全市查处形式主义官僚主义问题17起35人,给予党纪政务处分19人。

考核检查过多过滥,滋长形式主义官僚主义。云南曲靖麒麟区纪委监委梳理监督检查事项,重点工作、同类事项合并监督,通过"打包"式督查,有效避免重复、多头检查增加基层负担。

"以前检查、考核多得数不完。如今督查次数明显减少,来的时候不通知我们,不用陪同,让我们有更多时间入户工作。"麒麟区茨营镇团结村党总支书记、村委会主任李建坤说。

整治群众身边腐败和不正之风

确保惠民政策落地落实

这些年,党和政府出台的一项项惠民好政策温暖人心,但好政策落地落实存在一些梗阻。针对农村"微腐败"及涉农领域虚报冒领、克扣截留、违规处置集体资产等问题,吉林长春市纪委监委开展专项治理工作,紧盯基层政策的执行者、惠民资金的分配者、农村"三资"的管理者等重点人群,紧盯征地拆迁、惠农补贴、产业扶贫等领域深挖彻查,管住"微权力",以正风肃纪保障民生发展。

公主岭市响水镇刘小窝堡村原党支部书记姜某利用本村土地很有可能被征占的"机遇",打起歪主意。家里5口人,他给每人立一个户口本,把村上一处位置优越的荒地低价"承包"下来,盖起简陋厂房,内部还搭了"二楼"。姜某又利用职务之便编造虚假证明,在这块地上给儿子、女儿分别办理了面积320多平方米的宅基地手续。后来,该地块被征占时,姜某共获得置换房6套,获得房款及附属物补偿款339.74万元。

在专项整治中,姜某问题被查办,其涉嫌贪污犯罪问题已被移送检察机关审查起诉、依法处理。"经公主岭市纪委常委会会议研究,决定给予其开除党籍处分……"2021年12月13日,一纸处分处理决定,让村民们拍手称快。

专项整治开展以来,长春市各级纪检监察机关共立案178件,给予党纪政务处分89人,批评教育帮助和组织处理77人。

2020年,长春市纪委监委围绕"2021年建设幸福长春行动计划"涉及的民生实事,要求全市各级纪检监察机关常监督、严查处、长震慑,维护好群众切身利益。市纪委监委推动市医保局、市民政局、市公安局等相关单位完成"城乡居民医保基金市级统筹""23项户籍业务全省通办"等多项惠民便民政策落实,督促各牵头单位落实主体责任,不断提升党员干部担当作为意识。

紧盯重点行业,严肃查处侵害群众利益问题。长春市还着力整治供热领域工程建设、供热补贴发放及煤炭采购等方面存在的利益输送等问题,整治供销合作社系统党员领导干部履行为农服务职责不到位、违规处置资产、套取专项补助等问题,形成了震慑。

"我们要健全完善专项治理长效机制、健全群众参与监督机制、深化监督执纪问责工作机制,持续深入整治群众身边腐败和不正之风问题,让百姓获得感成色更足、幸福感更可持续、安全感更有保障。"长春市纪委监委负责人说。

推动解决群众急难愁盼问题

群众出题纪委办

"盼了好几年,终于盼来这一天。"手捧崭新的"红本本",甘肃天水市秦州区陇上尊裕小区住户姚建明难掩激动之情。

2018年,姚建明在市区买了套房子。但小区开发商在建设过程中,存在违规建设等问题,造成项目未通过竣工验收,致使小区706户住户"办证"成了难题。

党史学习教育中,不少住户在"我为群众办实事·纪委请您来出题"专栏留言表达诉求。接到线索,天水市纪委监委派驻市自然资源局纪检监察组召开专题会议研究,督促相关部门协商解决居民"办证难"问题。截至 2021 年 12 月 30 日,小区已有效化解涉及 536 套住房的问题,发放个人不动产权证书 200 本。

天水市纪委监委立足职能职责,强化监督执纪,推动解决一批群众反映强烈的急难愁盼问题。

2021 年,天水市清水县新城乡蒲魏村村民一度饮水难,大家把问题反映到了县里。县纪委监委派人走访,原来,村里供水管道封冻,维修却缓慢,导致 30 余户村民连续停水 5 天。县里成立专项工作组,还发现相关干部责任心不强、工作不到位等问题。在工作组督促下,当地立即组织维修,自来水冻管问题得到彻底解决。

随后,清水县纪委监委对负有直接责任的新城乡分管领导、包村领导进行诫勉谈话,并集中约谈乡村负责人、水务部门负责人、帮扶单位负责人,杜绝此类问题再次发生。

"村里有人多年未归,可粮补竟被取走;说是危房改造,钱却用在道路硬化上……"家住张家川回族自治县闫家乡花山村的马世清多次询问村干部没能得到满意答复,将举报信投给了县纪委监委。

调查组来到花山村,很快,村干部马某某主动交代问题,将违规领取粮食直补款、挪用危房改造资金等问题和盘托出。最终,包括马某某在内的多名村干部受到撤职、党内警告等处分。

问题处理之后,调查组重新认定低保户,帮助花山村健全村级账目,项目建设、资产处置也一一查清公示,消除村民疑虑。

"我们将继续深挖细查群众急难愁盼问题背后存在的腐败和形式主义官僚主义,从严问责、绝不姑息。"天水市纪委书记、监委主任郝觉民说。

（资料来源:http://cpc.people.com.cn/n1/2022/0111/c64387 - 32328385.html）

第六章　公共部门战略管理

公共部门战略管理是公共管理学科的一个新分支或新的研究途径。它的兴起是全球化、信息化和知识经济时代发展特别是当代政府改革运动的产物，它构成由传统的公共行政范式向公共管理范式转变的一个重要组成部分。作为一种新的管理途径或思维方式，战略管理日益受到了公共部门管理者的重视。公共部门的战略管理，还涉及其组织的计划、组织、协调和控制等各项职能，是一项重要的管理技术或工具。公共部门的战略管理主要发生于较高级别的政府管理层，或者说是主要由政府高层所进行和完成的一个关于政府管理的一个特定的管理过程。在当代，面对日益复杂、动荡和多元的公共管理环境，为了取得最好的管理结果，实现组织目标，非公共部门中战略管理技术由于自身的特点，受到整个公共管理部门的重视并进入了公共管理领域。

第一节　公共部门战略管理的基本内涵

公共部门战略是指把战略的思想和理论应用到公共部门管理当中，指公共部门为了适应未来环境的变化，寻求长期生存和稳定发展而制定的总体性和长远性的谋划。战略管理是一个不确定的过程，因为公共部门对于危险和机遇的区别有不同的理解。战略管理是指组织确定其使命，根据组织外部环境和内部条件设定组织的战略目标，为保证目标的正确落实和实现进度谋划，并依靠组织内部能力将这种谋划和决策付诸实施，以及在实施过程中进行控制的一个动态管理过程。所谓战略管理，广义上讲，战略管理就是运用我们已经制定好的战略，来对组织的运行进行管理，来监督所有的部门在运行过程中是不是符合我们所制定的这个战略；狭义上的理解，就是对组织战略的制定、实施和控制来进行管理。战略管理一般分成三个部分：第一个部分是战略的制定，就是按照必要的程序和方法把战略制定出来。第二个部分是战略实施。有了战略，应该怎么通过实施来贯彻下去，成为总经理和每一个员工的行动，这就是战略实施。第三个部分是战略控制。如何评估实施中的成果，并使职工正确贯彻这个战略。

一、公共部门战略管理的基本内涵

战略管理是公共部门管理过程中重要的组成内容。任何公共部门都格外地重视战略管理。所谓战略管理（Strategic Management）是指对一个组织或组织在一定时期的全局的、长远的发展方向、目标、任务和政策，以及资源调配做出的决策和管理艺术，包括公共部门在完成具体目标时对不确定因素做出的一系列判断。公共部门在环境检测活动的基础上制定战略。综观不同学者的不同见解,战略管理可以归纳为两种类型,即广义的战略管理和狭义的战略管理。广义的战略管理是指运用战略对整个公共部门进行管理,其代表人物是安索夫。狭义的战略管理是指对战略管理的制定、实施、控制和修正进行的管理,其代表人物是斯坦纳。目前,居主流地位的是狭义的战略管理。狭义战略管理观下,战略管理包括以下几点含义:① 战略管理是决定公共部门长期问题的一系列重大管理决策和行动,包括公共部门战略的制定、实施、评价和控制;② 战略管理是公共部门制定长期战略和贯彻这种战略的活动;③ 战略管理是公共部门处理自身与环境关系过程中实现其愿景的管理过程。根据上述战略管理的定义,可以归纳总结战略管理具有以下特征。

（一）系统性

从战略管理内容看可以包括三大阶段,即战略设计、战略实施和战略评估。战略设计是指提出一个机构业务的主体任务,确认一个机构的外界机会和威胁,确定机构内部的强项和弱势,建立一个长远目标,形成可供选择的几种战略和选择可操作的战略方针。战略设计问题包括决定一个机构什么样业务要拓展,什么样的业务将放弃,如何有效地利用现有的资源,是否扩大业务或多种经营,是否进入国际市场,是否要兼并公共部门或举办合资公共部门,以及如何避免被竞争对手吞并等。

（二）科学性

从战略设计阶段来讲,由于每一个机构的资源有限,战略家提供何种战略战策将更适合于某一公共部门或机构,并达到最佳效益,这就要从科学准确的角度,提出一个机构或公共部门的专门产品市场占有率和开发研究技术的可能性和可行性,以及确定长期的竞争优势。经验表明,较高的决策成功率建立在科学的基础上,成功或失败的决策,关系到一个公共部门或机构的兴衰。

（三）艺术性

战略实施是战略管理过程中最困难的阶段,战略实施要求雇员有严明的纪律,有承担义务的牺牲精神。成功的战略实施与经营管理者调动人员积极性的能力密切相关,这种能力关键在于经理们的艺术性,而不在于其科学性,即艺术作用大于科学作用。战略设计非常好,由于人际关系协调不周或不理想,这样的战略管理等于没有战略。战略实施涉及机构中的公务人员直接回答这样一些问题,"我们在实施机构战略中的任务是什么?""如何为社会公众做好本职工作?"战略的实施是鼓励整个机构的公务人员以服务人民为荣,并倡导公务人员团结一致和为目标而奋斗的精神。

（四）相对的稳定性

"战略"二字其本身的含义是超前一段时间而指出目标,在时间上有一定超前性。实际管理生活中,战略需要有一个稳定性,不能朝令夕改,否则会使事业的发展、公共部门的经营和国家管理发生混乱,从而给公共部门、机构或国家带来不必要损失。稳定性另外一个表现是,战略决策投入了相当多的资金和人力,它们的工作具有指导意义,客观上讲,这种稳定应是相对的,因为战略管理过程是建立在机构能够连续监控内部和外部的动态和趋势的基础上。战略调整主要要加强对社会环境问题变化的研究,从生存的角度看,所有的机构或公共部门必须有能力快速地在现实环境中适应各方面的变化。

"战略观念在公共部门的应用会存在一些问题,并招致一些批评,但归根到底这是传统的行政模式所具有的问题,而引入某种形式的战略观点,起码可以保证结果得到改善。"[①]因此,战略管理在公共部门管理的重要作用体现在如下方面:① 更加复杂和不确定的环境。在现代社会,公共部门管理面临的环境正在变得更加动态和不确定,组织必须建立一个更有适应性的反应系统。而战略管理能够保证组织与环境之间有一个良好的战略配合,是组织的能力与环境要求相匹配,同时安排组织内部的结构与程序以使其随战略选择而成长,并发展出新的、能符合未来挑战的能力。② 公共部门角色的变化。政府的角色(特别是中央政府)发生了变化,即要成为领航者而非划桨者,则中央政府提出长期愿望的作用及战略规划的作用就更为重要了。③ 国际化和国际竞争力的挑战。国际化和全球化增加了政府治理的复杂性,加快了社会变革的速度,使国家之间的竞争更为激烈。为此,政府必须从更宏观的视野、更长远的立足与视角。制定国家发展的战略,制定提升国家竞争力的战略。④ 公共利益的挑战。政府是公共利益的代表者。公共利益要求政府治理要兼顾整体利益与局部利益,兼顾长期利益与眼前利益。这就是说,公共管理者要有系统观、整体观、长期观。

战略计划能"促进沟通与参与,协调利益与价值差异,推动有序决策的制定和展开"[②]。那么,公共部门战略可分为两个层次:总体战略和职能战略。事实上,三个层次的战略都是公共部门战略管理的重要组成部分,但侧重点和影响的范围有所不同。① 总体战略,是公共部门总的战略。它需要根据公共部门的目标,选择公共部门可以竞争的经营领域,合理配置公共部门经营所必需的资源,使各项经营业务相互支持、相互协调,如在海外建厂、在劳动成本低的国家建立海外制造业务的决策。公共部门的二级战略常常被称作业务战略或竞争战略。业务战略涉及各业务单位的主管及辅助人员。这些经理人员的主要任务是将公共部门战略所包括的公共部门目标、发展方向和措施具体化,形成本业务单位具体的竞争与经营战略,如推出新产品或服务、建立研究与开发设施等。② 职能战略。又称职能层战略,主要涉及公共部门内各职能部门(如营销、财务和生产等),如何更好地为各级战略服务,从而提高组织效率,如生产过程自动化。

公共部门必须建构国家或地方长期发展战略,以维持可持续的发展与繁荣。然而,在公共管理中,战略管理仍存在如下困境:① 政府任期的短期性和行动取向;② 公共管理者在进行决策时,必须与其他重要的行动者分享权力;③ 政府组织的功能是政治性的,难以就适当绩效方案取得一致意见;④ 政府管理者缺乏完全的自主性与控制力,使得政府执行和协调行动规划时困难重重。只有改进战略思维,特别是树立长期观,打破

① [澳]欧文·E.休斯.公共管理导论[M].北京:中国人民大学出版社,2001:176.

② John M. Bryson. Strategic Planning for Public and Nonprofit Organization: A Guide to Strengthening and Sustaining Organizational Achievement[M]. San Francisco: Jossey-Bass Publishers, 1988:5.

短期主义的思考,打破职责的限制,克服功能性短视,引入参与式管理,不断追求公众满意度,才能解决公共部门战略管理困境。

二、公共部门战略管理的理论流派

战略导向整合管理是以战略为旗帜的,战略是灵魂,是统帅。1938 年,美国学者巴纳德在《经理的职能》一书中提出"战略"这一构思。1965 年,著名学者安索夫提出"产品/市场战略"模型,使得"战略"一词得到广泛应用。1978 年,著名学者苏恩提出战略的层次观点。可见,战略理论作为一门单独的学科,历史并不长。总体上来说,至今为止,主要的战略理论学派有四种:结构学派、能力学派、资源学派及定位学派。

(一)结构学派

结构学派认为,组织竞争战略主要是指组织产品和服务参与市场竞争的方向、目标、方针及其策略,主要包括以下三个方面的内容:竞争方向(市场及市场的细分);竞争对象(竞争对手及其产品和服务);竞争目标及其实现途径(如何获取竞争优势)。结构学派的创立者和代表人物,首推哈佛大学商学院的迈克尔·波特教授,他的主要著作是《竞争战略》和《竞争优势》,它们奠定了他的主导地位。波特指出,构成组织战略环境的最关键部分就是组织所在的产业,产业结构强烈地影响着竞争规则的确立以及可供组织选择的竞争战略。波特反复强调:产业结构分析是确立竞争战略的基石,理解产业结构永远是战略分析的起点。

产业结构研究并不是一个全新的领域,战略管理学家和经济学家都对此有过不少研究。波特理论的贡献在于将产业组织经济学与组织竞争战略融为一体。他将一个产业内部的竞争状态归结为五种基本竞争力的相互作用,即进入威胁、替代威胁、买方讨价还价能力、供方讨价还价能力和现有竞争对手的竞争。其中每种作用力决定于诸多的经济技术因素和特征。例如,"进入威胁"就受到规模经济、产品差别、转换成本、资本需求、分销渠道等因素的制约。五种竞争作用力共同决定着一个产业的竞争强度和最终盈利潜力,而竞争强度和盈利潜力对一个组织战略的形成起着关键作用。波特进一步指出,当影响产业竞争力确定之后,组织的当务之急就是辩明自己相对于产业环境所具备的优势与劣势。并在此基础上,采取适当的行动,在产业中建立起进退有据的地位,成功地对付五种竞争作用力,从而为组织赢得超常的投资收益。

以上述分析为基础,波特提出三种可供选择的竞争战略:成本领先战略、差异化战略和目标集聚战略。波特指出,一个组织采用其中一种战略作为首要目标对赢得成功通常是十分必要的。否则,如果一个组织未能沿着三个方面中至少一个方向制定自己的竞争战略,即一个组织被夹在中间,那么这种组织的利润注定是低下的。战略制定与战略实施是战略管理两个不可分割的主要环节。以竞争优势为中心将二者有机地统一起来是波特组织竞争战略理论的又一创新。在他看来,竞争优势是任何战略的核心所在,每一基本战略都涉及通向竞争的迥然不同的途径以及为建立竞争优势来框定竞争类型的选择,因此,实施竞争战略的过程实质上就是组织寻求、维持、创造竞争优势的过程。为了系统识别和分析组织竞争优势的来源,波特提出了价值链概念。他认为,每个组织的价值链都是由以独特方式联结在一起的各种功能构成的,主要包括内部储运功能、生产功能、外部储运功能、市场及销售功能、服务这五种基本功能,以及采购、技术开发、人力资源管理、组织基础结构四种辅助功能。一个组织与其竞争对手的价值链差异就代表着竞争优势的潜在来源。组织正是通过比其竞争对手更廉价或更出色地开展这些重要的战略活动来赢得竞争优势的。在结构学派中的代表学者,除波特外,具有广泛影响的还有哈佛大学商学院的安德鲁斯教授,他在《组织战略概念》一书中所提出的战略理论及其分析框架,一直被视为组织竞争战略的理论滥觞。正如国际著名学术刊物《哈佛商业评论》在回顾组织战略理论发展史时指出:"组织竞争战略的理论框架在很大程度上是由安德鲁斯所构想的。"

(二)能力学派

从竞争战略的完整概念出发,战略应是一个组织"能够做的"(组织的优势和劣势)和"可能做的"(外部的机会和威胁)之间的有机组合。波特竞争战略理论的重心是产业结构分析。产业结构当然是组织竞争环境的关键组成部分,但是,产业结构特征只是组织制定竞争战略的主要依据之一。波特理论从产业结构入手,对一个组织"可能做的"方面进行了透彻的分析和说明,但对组织"能够做的"方面却缺乏足够的分析。正是由于结构学派的这种局限性,能力学派就出现了。

能力学派是一种强调以组织特有能力为出发点来制定和实施组织竞争战略的理论思想,该学派有两种具有代表性的观点,一是汉默和普拉哈拉为代表的"核心能力观";二是以斯多克、伊万斯和舒尔曼为代表的"整体能力观"。"核心能力观"是指蕴含于一个组织之中且具有明显优势的个别技术和生产技能的结合体。"整体能力观"主要表现为组织成员的集体技能和知识以及员工相互交往方式的组织程序。两种能力观都强调组织内部行为和过程所体现出的特有能力,但"核心能力观"注重组织价值链中的个别关键优势,而"整体能力观"则强调价值链中的整体优势。

在对一些公共部门管理成败案例研究的基础上,能力学派指出:20 世纪 90 年代以来,组织竞争的基本逻辑发了变化,在 90 年代以前,市场处于相对平稳的状态下,组织战略仍可基本维持不变,组织竞争犹如国际象棋赛争夺棋盘中的方格一样,是一场争夺位置的定位战争,通常以其十分明确的市场细分来获得和防卫其市场份额,组织获取竞争优势的关键就是选择在何处进行竞争,至于选择何种竞争方式的问题是处于第二位。但是,在 90 年代以来激烈动荡的市场环境中,竞争能否成功,取决于对市场趋势的预测和对变化中的顾客需求的快速反应。在这种竞争态势下,组织战略的核心不在于公共部门产品和市场定位,而在于其行为反应能力,战略重点在于识别和开发难以模仿的组织能力,这种组织能力是将一个组织与其竞争对手区分开来的标志。

能力学派的理论创新表现在如何识别和培育组织核心能力的理解上。在能力学派看来,如何识别核心能力已成为一个组织能否获取竞争优势的首要前提。能力学派认为,培育核心能力,并不意味着要比竞争对手在研究开发方面投入更多的资金,也不是要使其各个事业单元垂直一体化,事实上,核心能力来自组织内的集体学习,来自经验规范和价值观的传递,来自组织成员的相互交流和共同参与。

能力学派理论创新的另一个方面是如何制定和实施组织竞争战略的政策主张。有关学者对组织核心能力、核心产品、最终产品及其关系做过一个著名而生动形象的比喻:"一个实行多角化经营的公共部门犹如一棵大树,树干和主树枝是核心产品,较小的树枝是事业单元,树叶、花和果实就是最终产品,提供养分、支撑和稳定性的根部系统就是核心能力。"能力学派主张,要建立一个组织的长期领导地位,就必须在核心能力、核心产品和最终产品三个层面上参与竞争,并成为胜利者。能力学派认为,组织高级管理层特别是首席执行官(CEO),应用大量时间来制定其竞争战略架构及其行动方案:以组织的核心能力为基础制定战略目标;围绕核心能力进行组织变革并确保每个战略目标所要求的专门技能和资源;监测竞争战略实施效果,并将测评效果与员工报酬结合起来;CEO必须亲自领导竞争战略的制定和实施,并让一线经理积极介入。

(三)资源学派

资源学派是竞争战略的综合理论分析框架,其某些理论观点在20世纪80年代中期就出现了,是目前最为流行、主导公共部门竞争力理论论著基调的主流学派。资源学派(Resource School)——竞争战略的综合理论分析框架。资源学派试图将公共部门的内部分析(即能力学派的分析)与产业竞争环境的外部分析(即结构学派的分析)结合起来,从而在上述两种研究方法之间架起一座桥梁。显而易见,从结构学派到能力学派再到资源学派,组织竞争战略理论经历了一个否定之否定的发展过程。从这种意义上说,资源学派是竞争战略理论的集大成者。

强调资源问题的重要性,是资源学派的理论出发点和基础。资源学派主要理论代表人物是沃纳菲尔特、柯林斯和蒙哥马利。在他们看来,资源是一个公共部门所拥有的资产和能力的总和。一个公共部门要获得佳绩,就必须发展出一系列独特的具有竞争力的资源并将其配置到拟定的竞争战略中去。那么,在一个公共部门所拥有的各类资源中,哪些资源可以成为公共部门战略的基础呢? 在实践中又如何识别和判断不同资源的价值呢? 对此,柯林斯和蒙哥马利认为,资源价值的评价不能局限在公共部门本身,而要将公共部门的资源置于其所面对的产业环境,并通过与其竞争对手所拥有资源进行比较,从而判断其优势和劣势。在此基础上,柯林斯和蒙哥马利提出资源价值评价的五项标准:① 不可模仿性:资源是否难以为竞争对手所复制;② 持久性:判断资源价值贬值的速度;③ 占有性:分析资源所创造价值为谁占有;④ 替代性:预测一个公共部门所拥有的资源能否为另一种更好的资源代替;⑤ 竞争优势性:在自身资源和竞争对手的资源中,谁的资源更具有优越性。通过上述五个方面的评价,通常能够表明一个公共部门资源的总体状况,从而为制定和选择竞争战略提供一个坚实可靠的基础。

总体来看,资源和能力是公共部门战略选择的基础,每个公共部门拥有的资源和能力是各不相同的,这种资源与能力上的差异导致了公共部门战略选择上的差异。为什么相互竞争的公共部门拥有各不相同的资源和能力,为什么成功公共部门的资源和能力难以被学习和模仿？资源学派认为有四个原因：

第一，历史与路径依赖性。资源学派认为，有些资源和能力的形成是有其特定的历史和路径依赖性的。从这个意义上讲，只有那些经历过特殊的历史的公共部门才具有某种特有的资源和能力。那些在特殊时期没能得到这种资源和能力的公共部门，要在未来某个时期以同样的成本获取这种资源和能力将是极其困难的。就好比一个人10年前用极低的价格购买的一大批房地产，如今成了创造租金的资源，现在有人要以同样低的价格获得这样的资源显然是不可能的。

当一个公共部门通过历史和路径依赖得到的资源和能力成为竞争优势时，竞争性公共部门模仿或复制这种资源和能力的代价将是十分高昂的。当模仿和复制的成本高昂时，这种资源和能力便可成为公共部门持续的竞争优势和经济利润的来源。

第二，因果模糊性。因果模糊性意指人们弄不清楚成功公共部门的成功原因是什么，它们为什么具有竞争优势和经济利润，其竞争优势和经济利润来自何处。正因如此，竞争对手才不知道如何去模仿或学习它的这种能力，也不知道他们到底应当用自己的资源和能力去实施一种什么战略。模糊性还体现在人们不清楚自己的公共部门为什么成功，其竞争优势来自何处，自己拥有哪些特殊的资源和能力。如果每个人能将自己成功的原因说清楚，那么它的竞争对手也同样能够弄清楚这一点，他们就能够成功地学习和模仿。一旦这些成功的做法被其他公共部门成功地模仿，这种资源和能力就不再是该公共部门特有的了，竞争优势就不存在了。

第三，社会复杂性。资源学派认为，使公共部门具有竞争优势的资源和能力有时是一些复杂的社会资源。例如，公共部门高管层的人际关系，公共部门的文化，公共部门在供应商和消费者心目中的形象，公共部门的社会声誉和各种社会关系等。具有这种资源和能力的公共部门，战略选择的空间比那些不具备这种资源和能力的公共部门大得多。社会资源作为公共部门的竞争优势的来源，人们看得到，但缺乏这些资源和能力的公共部门不一定都能成功地获得这些资源和能力。有的公共部门虽然可达获得，但获取这些资源和能力的成本却比那些通过自然进化而获得这种资源和能力的公共部门高得多。当获取这种资源和能力的成本高于收益时，它就不再是竞争优势了。

第四，小决策的重要性。资源学派将决策分为大决策和小决策，大决策是由管理者做出的决策，小决策是公共部门的职员每天做出的决策。大决策对公共部门竞争优势的决定作用是明显的，但更经常的是，公共部门的竞争优势更多地依赖小决策，公共部门的资源与能力要经过许多的小决策而发挥作用。例如，产品质量的竞争力更多地取决于员工日常决策，如是否严格按操作规程操作，是否精益求精等。从可持续的竞争优势来看，小决策比大决策更有某种优势，因为小决策比大决策更难模仿。很多绩效明显优于同行的公共部门，从大的决策是很难找出其竞争优势的。公共部门的成功不仅取决于把几件大事做对，而且取决于把许多的小事做对，细节决定战略的成败。

（四）定位学派

定位学派（Positioning School）认为战略制定是一个分析研究的过程。这个学派的创始人是哈佛大学商学院的迈克尔·波特教授。他提出组织战略的核心是获得竞争优势,而竞争优势取决于组织所处行业的营利能力,即行业吸引力和组织在行业中的相对竞争地位。因此,战略管理的首要任务就是选择最有营利潜力的行业,其次要考虑如何在已经选定的行业中自我定位。

定位学派认为组织在制定战略的过程中必须要做好两个方面的工作:一是组织所处行业的结构分析;二是组织在行业内的相对竞争地位分析。

定位学派将战略分析的重点第一次由组织转向行业,强调组织外部环境,尤其是行业特点和结构因素对组织投资收益率的影响,并提供了诸如五种竞争力模型(供应商、购买者、当前竞争对手、替代产品厂商和行业潜在进入者)、行业吸引力矩阵,以及价值链分析等一系列分析技巧,帮助组织选择行业并制定符合行业特点的竞争战略。

定位学派的理论观点认为组织战略的核心是获取竞争优势,而获取竞争优势的因素有两个:一是组织所处行业的盈利能力,即行业的吸引力;二是在行业内的相对竞争地位。因此,组织要获得竞争优势就必须选定有吸引力的行业。战略管理的一项首要任务就是选择有潜在高利润的行业。围绕这一命题,这个学派采用了各种方法和技巧,分析组织所处行业的状况。其中,最著名的方法是波特行业五种竞争力模型。这一模型说明行业的营利能力主要取决于供应商、购买者、当前的竞争对手、替代产品及行业的潜在进入者五种因素。

组织需要考虑的第二个战略任务就是如何在已选定的行业中进行自我定位。组织的定位决定了其营利能力是高于还是低于行业的平均水平。在行业不理想、平均营利能力低的情况下,定位适当的组织仍然可以获得较高的盈利。此时,组织可以结合具体形势,选择适当的战略,以增强或削弱其在行业内的竞争地位。低成本、差异化和集中等三种战略则为最常用的一般战略。

相对于战略的制定过程,这个学派更集中于对战略内容(差别化、集中、低成本)等的研究上。它在战略形成方面的意义在于,在制定战略时给出分析的一种优先顺序,使组织可以在行业的范围内系统审视所面临的机会和威胁,合理选择适用的战略。此外,定位学派将战略分析的重点第一次由组织转向行业,强调了外部环境的重要性,并且为战略的选择过程提供了诸如公共部门地位、行业吸引力矩阵、价值链分析等极为有用的分析技巧,有效指导了组织的实际经营活动。

三、公共部门战略管理的过程

作为战略制定和战略实施过程的战略管理一般包含四个关键要素:战略分析——了解组织所处的环境和相对竞争地位;战略选择——战略制定、评价和选择;战略实施——采取措施发挥战略作用;战略评价和调整——检验战略的有效性。具体来看,公共部门战略管理过程包括战略规划、战略实施、战略评估三个方面。

（一）战 略 规 划

所谓战略规划,就是制定组织的长期目标并将其付诸实施,它是一个正式的过程和仪式。一些大组织都有意识地对大约 50 年内的事情做出规划。制定战略规划分为三个阶段,第一个阶段就是确定目标,即组织在未来的发展过程中,要应对各种变化所要达到的目标。第二阶段就是要制定这个规划,当目标确定了以后,考虑使用什么手段、什么措施、什么方法来达到这个目标,这就是战略规划。第三阶段就是将战略规划形成文本,以备评估、审批,如果审批未能通过的话,那可能还需要多个迭代的过程,需要考虑怎么修正。

（二）战略实施

这是战略管理的第二个阶段,通常称为战略管理的行动阶段。战略实施要求一个机构建立一个年度目标,制定相应的政策,激励雇员和有效调配资源,以保证建立的战略能够实施。战略实施包括制定出战略支撑文化,创造一个有效的机构组织,调整市场,准备预算,开发和利用信息支持系统并调动每一位雇员参与战略实施的积极性。成功的战略制定并不能保证成功的战略实施。实际做一件事情总是比决定做这件事要困难得多。由于公开性方面的限制、政治影响、权限、监察以及普遍存在的所有权,公共部门战略管理的执行则更为困难。战略实施主要是制定出具体措施来实现战略。战略实施过程包括诸多环节或功能活动。对于具体的环节或功能活动,学者们提出了不同的看法。例如,布莱森认为战略实施过程有三个环节:计划和方案,即制订行动计划,包括明确目标,估计预期投入,明确产出结果,识别目标顾客和确定变化的衡量标准等;制定预算;实施过程的指导方针,即建立实施结构系统,以便协调和管理实施活动。① 纳特和巴可夫指出:在战略管理过程中,精心考虑哪些因素使战略实施成为可能,以及采取何种措施才能保证战略实施,是战略实施的基本组成部分。在战略实施中应特别关注对资源和利益相关者的管理。②

（三）战略评估

这是战略管理中最后一个阶段。评估战略规划,是在战略实施过程中不断修正目标,因为外部和内部环境的因素通常是变化的。评估工作包括回顾和评价外部和内部的因素,作为战略方针选择的基础,判断战略实施的成绩和争取正确的行动以及解决实施过程中所出现的未曾预料的各种问题。评估的重要性从根本上讲是:成功的今天并不代表明天会继续成功,成功的背后同样会存在各种各样的问题,经验表明,自我满足的机构必然会走向灭亡。从战略评估的阶段讲,如何科学地、客观地判断战略实施过程的成绩和不足,这对一个公共部门或机构今后发展目标的确定关系重大。随着信息高速公路的不断发展,战略管理的决策更加依赖于信息来源的准确性。分析过程的科学和准确,对战略实施关系重大。如果设计的目标没有建立在较科学的基础上,这样的目标注定是不能够实现的。

---

① John M. Bryson. Strategic Planning for Public and Nonprofit Organization: A Guide to Strengthening and Sustaining Organizational Achievement[M]. San Francisco: Jossey-Bass Publishers, 1995:166 - 187.

② ［美］保罗・C.纳特,罗伯特・W.巴可夫.公共和第三部门组织的战略管理:领导手册[M].陈振明,等,译.北京:中国人民大学出版社,2001:163 - 168.

总体来看,战略管理的三个阶段相辅相成,融为一体,战略设计是战略实施的基础,战略实施又是战略评估的依据,而战略评估反过来又为战略设计和实施提供经验和教训。三个阶段的系统设计和衔接,可以保证取得整体效益和最佳结果。战略管理是一种理性的科学方法和工具,它被用来产生和评价主要议题和选择方案时会减损政治程序;在政治领域,许多决策建立在政治谈判及各方的讨价还价上。①

第二节　公共部门战略管理的结构

公共部门战略管理途径既是一种公共部门管理(尤其是政府管理)的新实践模式,又是一种公共部门管理的新研究范式。它的兴起受到私人部门战略管理的示范性影响,也是公共部门管理改革以及环境变化的必然结果。公共部门战略管理是一个过程,具有鲜明特征,包括战略规划、战略实施和战略评价三个功能环节。

一、公共部门战略管理的结构界定

公共部门历来就有借鉴私人部门管理经验和技术的传统。公共部门战略管理途径的兴起既受到私人部门战略管理的示范性影响,也是公共部门管理改革和环境变化的必然结果。在私人部门战略计划和战略管理模式的示范性影响下,公共部门战略规划和战略管理途径也随后兴起。按照澳大利亚学者欧文·休斯(Owen E. Hughes)在《公共管理导论》一书中的说法,战略计划在公共部门的运用,始于 20 世纪 80 年代,落后于私人部门十几年;而战略管理的引入,却是在 20 世纪 80 年代后期,只比私人部门晚几年。②

在美国公共管理实践中,20 世纪 80 年代初已有不少州开始使用战略规划技术。俄勒冈州可能是应用战略规划技术的典型,它在 80～90 年代采用过两个详尽的全州战略规划。③ 美国国会 1993 年通过的《政府绩效与结果法》(*The Government Performance and Results Act*),要求到 1997 年所有联邦政府机构都必须实行战略规划。到 90 年代中期,美国 2/5 的州机关完全采用了战略规划,而且 4/5 的州机关部分或全部实施了战略计划。④ "在非营利部门,一项研究表明,在随机从 104 个艺术组织和 38 个精神护理机构中抽取的 44 个非营利组织中,仅 8 个没有从事正式的战略规划。另外一项研究也表明,在差不多 200 个非营利组织的抽样中,有一半以上的组织采用了许多特定的战略去对付财政紧缩和不确定的环境。"⑤迄今为止,在美国公共部门中,与

---

① S.Ranson, J.Stewart. Management in the Public Domain: Enabling the Learning Society[M]. London: Macmillan,1994:188.

② Owen E. Hughes. Public Management and Administration[M].Macmillan Press Ltd., 1998:152.

③ [美]亨利.公共行政与公共事务[M].北京:中国人民大学出版社,2002:541.

④ [美]亨利.公共行政与公共事务[M].北京:中国人民大学出版社,2002:537.

⑤ John M. Bryson. Strategic Planning for Public and Nonprofit Organization: A Guide to Strengthening and Sustaining Organizational Achievement[M].San Francisco: Jossey-Bass Publishers, 1995:5.

战略管理相比,战略规划的应用仍更为广泛。在 80 年代战略管理已在私人部门兴起的情况下,公共部门之所以仍采用战略规划技术,是与战略规划和官僚制之间的相容有关的,因为战略计划并非抛弃传统的官僚制,而是运营于其中。

战略管理是一个过程,它可以把传统与创新结为一体,同时又考虑制定——创造新的理念,以及实施——把新思维付诸实践。当前最有影响的战略管理过程模式是巴可夫和纳特提出的六个阶段模式:根据环境发展趋势、总体方向及标准概念描述组织的历史关联因素;根据现在的优势与劣势、未来的机遇与威胁来分析判断目前的形势,制定出当前要解决的战略问题议程;设计出战略选择方案以解决需要优先考虑的问题;根据利害关系人和所需要的资源评价战略选择方案;通过资源配置和对人员管理贯彻需要优先考虑的战略。战略制定是战略管理的主要内容,包括认定组织的外部机会与威胁、认定组织内部优势与弱点、确定企业任务、建立长期目标、制定可供选择的战略以及选择特定的实施战略等。

公共部门战略管理的结构既是公共部门战略的一种观念形态,又是其物质的一种运动状态。公共部门战略管理过程有三个方面,即战略制定、战略实施和战略评价,三者是可以相对分离的。公共管理是建构在公共组织"经营权层次"上的一门科学,讲究的就是国家向公共部门授权,公共部门在获得法律授权的情形下,以实现公共目标而采取一切管理手段的行为,这对公共部门战略管理提出了一定的结构要求。

二、公共部门战略管理的结构安排

公共部门战略管理的结构安排是指通过建立组织结构,规定职务或职位,明确责权关系等,以有效实现组织目标的过程。公共部门战略管理的结构安排的具体内容是设计、建立并保持一种组织结构。公共部门战略管理的结构安排的内容有五个层次:

第一个层次是战略分析。它的主要目的是评价影响公共部门目前和今后发展的关键因素,并确定在战略选择步骤中的具体影响因素。战略分析包括三个主要方面:① 确定公共部门的使命和目标。它们是公共部门战略制定和评估的依据。② 外部环境分析。战略分析要了解公共部门所处的环境(包括宏观、微观环境)正在发生哪些变化,这些变化给公共部门将带来更多的机会还是更多的威胁。③ 内部条件分析。战略分析要了解公共部门自身所处的相对地位,具有哪些资源以及战略能力;还需要了解与公共部门有关的利益和相关者的利益期望,在战略制定、评价和实施过程中,这些利益相关者会有哪些反应,这些反应又会对组织行为产生怎样的影响和制约。战略分析阶段明确了"公共部门目前状况",战略选择阶段所要回答的问题是"公共部门走向何处"。首先需要制定战略选择方案。在制定战略过程中,当然是可供选择的方案越多越好。公共部门可以从对公共部门整体目标的保障、对中下层管理人员积极性的发挥以及公共部门各部门战略方案的协调等多个角度考虑,选择自上而下的方法、自下而上的方法或上下结合的方法来制定战略方案。

第二个层次是评估战略备选方案。评估备选方案考虑选择的战略是否发挥了公共部门的优势,克服了劣势,是否利用了机会,将威胁削弱到最低程度,而且还要考虑选择的战略能否被公共部门利益相关者所接受。需要指出的是,实际上并不存在最佳的选择标准,管理层和利益相关团体的价值观和期望在很大程度上影响着战略的选择。此外,对战略的评估最终还要落实到战略收益、风险和可行性分析的财务指标上。公共部门的战略评价是一个动态的过程,是一种有计划、按步骤进行的活动。如果战略计划和战略管理仅仅只为公共组织提供了某些方向和目标,而这或许正是从公共行政向公共管理的转变过程中必不可少的。"①

第三个层次是选择战略。即最终的战略决策,确定准备实施的战略。如果由于用多个指标对多个战略方案的评价产生不一致时,最终的战略选择可以考虑以下几种方法:① 根据公共部门目标选择战略。公共部门目标是公共部门使命的具体体现,因而,选择对实现公共部门目标最有利的战略方案。② 聘请外部机构。聘请外部咨询专家进行战略选择工作,专家们利用广博和丰富的经验,能够提供较客观的看法。③ 提交上级管理部门审批。对于中下层机构的战略方案,提交上级管理部门能够使最终选择方案更加符合公共部门整体战略目标。最后是战略政策和计划。制定有关研究与开发、资本需求和人力资源方面的政策和计划。战略决策是战略管理中极为重要的环节,起着承前启后的枢纽作用。战略分析为战略决策提供了大量决策信息,战略决策则需要综合各项信息确定组织战略及相关方案。

第四个层次是战略实施。就是将战略转化为行动,主要涉及以下问题:如何在公共部门内部各部门和各层次间分配及使用现有的资源;为了实现公共部门目标,还需要获得哪些外部资源以及如何使用;为了实现既定的战略目标,需要对组织结构做哪些调整;如何处理可能出现的利益再分配与公共部门文化的适应问题,如何进行公共部门文化管理,以保证公共部门战略的成功实施;等等。战略实施则是更详细地分解展开各项战略部署,实现战略决策意图和目标。

第五个层次是战略评价。就是通过评价公共部门的经营业绩,审视战略的科学性和有效性。就是根据公共部门情况的发展变化,即参照实际的经营事实、变化的经营环境、新的思维和新的机会,及时对所制定的战略进行调整,以保证战略对公共部门经营管理进行指导的有效性。战略调整包括调整公司的战略展望、公司的长期发展方向、公司的目标体系、公司的战略以及公司战略的执行等内容。

总体来看,在公共部门战略管理的结构之中,公共部门战略管理的实践表明,战略制定固然重要,战略实施同样重要。一个良好的战略仅是战略成功的前提,有效的公共部门战略实施才是公共部门战略目标顺利实现的保证。另一方面,如果公共部门没能完善地制定出合适的战略,但是在战略实施中,能够克服原有战略的不足之处,那也有可能最终使得战略的完善与成功。当然,如果是一个不完善的战略选择,在实施中又不能将其扭转到正确的轨道上,就只有失败的结果。战略管理是作为克服传统公共行政模式以内部定向、不考虑外部环境、长期目标或组织的未来等局限性而被引入公共部门的。它将关注的焦点由内部转向外部,从注重日常管理转向组织未来的发展管理;它着

---

① Owen E. Hughes. Public Management and Administration[M]. Macmillan Press Ltd., 1998:166.

重考察组织的内外环境,确定组织的目标和使命;它面向未来,给组织以正确的定位,以处理日益增长的不确定性。

第三节 公共部门战略管理的方法

当前经济的发展越来越倚重科技水平的提升,能够较全面完整地反映科技发展,特别是技术发展态势的专利信息就日渐成为重要的情报来源,专利信息分析也因而在战略制定中发挥着日益重要的作用。它有助于掌握技术分布态势、技术研发脉络、当前热点和未来趋势,从而为技术创新活动进行科学合理的定位。专利信息分析是辅助科研机构、高新组织、政府部门进行科技研发与布局的有效分析手段之一,有助于为不同层面的科技经济发展战略的制订与部署提供依据,为提升自主创新能力、优化实施效果、增强竞争优势提供重要的方向引导与决策辅助。组织战略制定,是管理好一个组织的关键一着。在管理实践中,组织制定战略,通常根据组织的规模、业务特点等选择不同的制定战略以形成战略管理的方法。

一、自下而上的方法

首先每个业务部门制定战略,然后呈送上级机构,最后公共部门将各业务部门制定的战略汇总起来形成公共部门的战略,也就是各个业务部门战略的组合。在战略制定的第一层,即各业务部门,一般是根据自身所处环境相应地制定战略,而主要的战略目标则是为了各个部门现有的业务活动和使各部门的地位得到巩固与加强。并且,大多数新的业务部门都倾向于扩充现有的业务活动。在制定战略时,组织最高管理层对下属部门不做具体规定,而要求各部门积极提交战略方案。组织最高管理层在各部门提交的战略方案基础上,加以协调和平衡,对各部门的战略方案进行必要的修改后加以确认。

由于业务部门对公共部门生存的重要程度,一般来讲,业务部门的管理者通常很熟悉公共部门的生存现状,在组织中也有比较高的话语权,所以,业务部门选定的战略,往往是尽量解决公共部门发展迫切需求的方案,所以送上级主管部审批,也比较容易通过。从下至上这一制定战略方法的缺点是:由于每个业务部门的战略都是根据其自身的特殊环境制定的,这样,汇总起来的公共部门级战略就容易变成"大杂烩",缺乏公共部门范围的凝聚性、统一性和一致性。对于规模较大、结构较为复杂的公共部门,可能难以和整个公共部门的环境和资源形成契合。

二、自上而下的方法

这种方法在一些认为制定战略能够便于团队管理的组织比较常见,一般是只有组织的小部分管理者投入战略制定过程中,因而,这一战略反映了高层管理者对如何有效地获取组织目标所做的决定。这种制定组织战略的方法,可以对各业务部门之间所存在的任何矛盾,在公共部门范围内彻底讨论并解决(当然研究时也需要下层管理者提出建议和意见以便考虑)。先由组织总部的高层管理人员制定组织的总体战略,然后由下属各部门根据自身的实际情况将组织的总体战略具体化,形成系统的战略方案。

一般来讲,自上而下制定的组织战略是具有凝聚性和统一性的战略计划,公共部门方向、目标和行动目标都很明确。当公共部门战略确定后再分解成每一个业务部门的战略和指导方针并交给各业务部门去实施。另外,公共部门级战略计划所包含的战略目标和行动目标也就成为考核各业务部门经营好坏的基础。

三、协商式的方法

这种方法是指公共部门和业务部门的管理者相互交叉、联合制定业务部门和公共部门的战略。这样制订出来的战略计划既反映了公共部门的目标与要求,又和业务部门管理者对其所辖业务的特殊情境有密切的联系。也许在战略制定过程中由于协商和考虑过程较长,耗费了较多的时间和精力,但是这种耗费会由于战略的批准时间和实施步骤的缩短而得到补偿。

组织最高管理层和下属各部门的管理人员共同参与,通过上下级管理人员的沟通和磋商,制定出适宜的战略。另外,这种方法下,在制定战略过程中,公共部门管理者会特别注意业务部门战略的形式和内容,达成相对的统一。同时,由于前期的协商,管理者不需要再花费大量的精力去测算业务部门的战略建议,可以根据公共部门资源、战略目标和公共部门方向使各业务部门的战略形成一个公共部门战略组合。

四、半自治式的方法

这种方法的主要特点是公共部门和业务部门的战略制定活动都是相对独立的。其中业务部门的战略是以适应各部门环境和目标而制定的。业务部门战略形成经过公共部门批准执行,一般每年一次对战略进行定期检查和评估。

然而,公共部门级的战略制定和重新修改不必有连续性,只要将其重点放在认清公共部门的发展方向上,从公共部门的角度分析出现的各种威胁和机会,决定经营哪些新的业务、淘汰哪些现有的业务,对公共部门现有组合内的各项业务制定适宜的优先原则等。也就是说,公共部门级管理者的工作重点则放在研究业务组合并着手从整体上改善业务组合的行为上,而不是放在测算和制定业务部门战略的详细过程上。

第四节　中国公共部门战略管理

作为一种新模式,公共部门战略管理途经尚未成熟,在实践应用中出现一些难题,但它对于我国政府管理方式的转变具有重要借鉴作用,对于我国公共管理知识体系的创新也具有重要参考价值。现阶段中国公共部门管理的理论与实践迫切需要战略思维。公共部门战略管理途径的兴起具有重要的理论与实践意义,特别是它对转变政府管理方式有重要作用。从理论上看,公共部门战略管理途径,可以看作是对传统的公共行政学的过时或失效所做出的一种反应,是作为它的竞争或替代途径而出现的。在中国,随着体制转轨和社会转型,社会问题复杂多变,矛盾冲突加剧,社会危机随时可能出现,这要求政府从注重日常管理、常规管理转向未来的发展管理、风险管理或危机管理(2003 年 SARS 危机、2019 年以来的新冠肺炎等);随着改革开放的深入和民主政治建设的发展,公民的民主意识和参与意识增强,对公共部门管理的效益、效率和公平提出了更高的要求,对公共部门回应公众服务需求的呼声高涨;随着行政体制改革的深入以及公共服务公共部门化、市场化和社会化改革的拓展,公共部门日益面临重组、合并、民营化、公私竞争、公共部门之间竞争、政府干预范围缩小等威胁;随着绩效评估在地方的实行,绩效导向的评估与预算挂起钩来,更让公共部门压力重重。所有这些变化莫测的国内外环境,就成为中国公共部门实行战略管理的直接驱动力。

一、国家战略的形式与种类

国家战略是战略体系中最高层次的战略,是为实现国家总目标而制定的总体性战略概括,是指导国家各个领域的总方略。其任务是依据国际国内情况,综合运用政治、军事、经济、科技、文化等国家力量,筹划指导国家建设与发展,维护国家安全,达成国家目标。国家战略能力,既是指国家在非战争状态下,营造和形成有利的安全战略态势的能力,也是指国家战争状态下进行战争、赢得战争的能力。从维护国际安全的角度讲,国家的综合国力也就是国家战略能力,主要包括经济实力、国防实力和民族凝聚力。

在我国,随着加入世贸组织、市场经济的发展、行政体制改革的深化以及政府职能的转变,我国的公共管理者与西方的公共管理者面临着某些类似的困境,需要转变政府管理方式,建构新的政府管理模式。进入 21 世纪,经济全球化和信息化社会加速发展,国际竞争加剧。中国于 2001 年 12 月加入世贸组织,这意味着中国公共部门将面临更复杂多变的国际环境。中国政府制定了相关的国家发展战略。

(一)社会主义初级阶段我国经济社会发展战略目标

经济社会发展战略,是根据对经济、社会发展各种制约因素的分析,从全局出发制定一个较长时期内经济发展和社会全面进步要达到的目标,以及实现这一目标的根本途径和方法。它主要包括战略目标、战略步骤及实现战略目标的措施,具有全局性、长远性和根本性的特点。我国经济社会发展战略目标是:到 21 世纪中叶把我国建设成为富强、民主、文明的社会主义国家,基本实现现代化,达到中等发达国家水平。这一战略目标,是经济、政治、文化全面发展,共同进步的目标,是一个符合中国实际的目标,也是一个要经过艰苦努力才能实现的目标。

(二)邓小平同志"三步走"发展战略

第一步,从 1980 年到 1990 年,用十年的时间,使国民生产总值翻一番,解决人民的温饱问题。第二步,到 20 世纪末,使国民生产总值比 1980 年翻两番,人民生活达到小康水平。第三步,到 21 世纪中叶,人均国民生产总值达到中等发达国家水平,人民生活比较富裕,基本实现现代化。我国经过 20 世纪 80 年代以来三个五年计划时期的努力,原定于到 2000 年国民生产总值比 1980 年翻两番的任务已于 1995 年提前完成。到 20 世纪末,我们已经胜利实现现代化建设"三步走"战略的第一步、第二步目标,人民生活总体上达到小康水平。这是社会主义制度的伟大胜利,是中华民族发展史上一个新的里程碑。目前我国正在努力实现第三步战略目标。

(三)"两个一百年"战略

"两个一百年"是党的十八大会议中提出的一项奋斗目标,和"中国梦"相辅相成,是我们国家我们党未来的发展、奋斗目标。第一个一百年,到中国共产党成立一百年时(2021 年)全面建成小康社会;第二个一百年,到新中国成立一百年时(2049 年)建成富强、民主、文明、和谐的社会主义现代化国家。

(四)国家重大发展战略

1. 实施科教兴国战略、人才强国战略、创新驱动发展战略

坚持创新在我国现代化建设全局中的核心地位,把科技自立自强作为国家发展的战略支撑,面向世界科技前沿、面向经济主战场、面向国家重大需求、面向人民生命健康,深入实施科教兴国战略、人才强国战略、创新驱动发展战略,完善国家创新体系,加快建设科技强国。

2. 实施制造强国战略

深入实施制造强国战略。坚持自主可控、安全高效,推进产业基础高级化、产业链现代化,保持制造业比重基本稳定,增强制造业竞争优势,推动制造业高质量发展。加强产业基础能力建设。提升产业链供应链现代化水平。推动制造业优化升级。实施制造业降本减负行动。

3. 实施扩大内需战略

坚持扩大内需这个战略基点,加快培育完整内需体系,把实施扩大内需战略同深化供给侧结构性改革有机结合起来,以创新驱动、高质量供给引领和创造新需求,加快构建以国内大循环为主体、国内国际双循环相互促进的新发展格局。

4. 全面实施乡村振兴战略

走中国特色社会主义乡村振兴道路,全面实施乡村振兴战略,强化以工补农、以城带乡,推动形成工农互促、城乡互补、协调发展、共同繁荣的新型工农城乡关系,加快农业农村现代化。

5. 实施可持续发展战略

坚持绿水青山就是金山银山理念,坚持尊重自然、顺应自然、保护自然,坚持节约优先、保护优先、自然恢复为主,实施可持续发展战略,完善生态文明领域统筹协调机制,

构建生态文明体系,推动经济社会发展全面绿色转型,建设美丽中国。

（五）国家经济战略

我国的五大经济战略:① 坚持内需主导型经济发展战略;② 坚持走新型工业化道路,加快发展循环型经济,建设资源节约型社会;③ 大力推行产业技术创新战略;④ 大力实施人力资源优先开发战略;⑤ 积极推进制度创新战略,切断增长方式粗放和经济效率低下的体制性根源。另外,还有五大战略目标,分别是数字奥运战略、新建筑战略、材料战略、生物医药科技战略和环保科技战略。

二、国家战略的实施思路

国家战略的实施必须坚持创新发展,必须把创新摆在国家发展全局的核心位置,不断推进理论创新、制度创新、科技创新、文化创新等各方面创新,让创新贯穿党和国家一切工作,让创新在全社会蔚然成风。必须把发展基点放在创新上,形成促进创新的体制架构,塑造更多依靠创新驱动、更多发挥先发优势的引领型发展。在公共组织环境纷繁复杂的情况下,公共组织,特别是政府,必须找到一种方式令自己与众不同,这是成功的定位策略的基础。

（一）战略定位

战略定位就是将公共服务和公共产品的产品、形象、品牌等在预期公众的头脑中占据有利的位置。它是一种有利于公共组织发展的选择,也就是说它指的是公共部门组织做事如何赢得公众赞同。公共组织战略定位的作用有:① 集中组织的资源与关键领域。战略本身就是一种选择,因此定位时要做清晰的取舍,要确定哪些事是必须要做的,哪些事是要放弃而不去做的,即有所为,有所不为。这样可以使组织集中精力于自己的优势,使竞争对手很难模仿自己的战略。② 以独特价值占领心智资源。组织战略定位的核心理念是遵循差异化。差异化的战略定位,不但决定着能否使产品和服务同竞争者的区别开来,而且决定着组织能否成功进入市场并立足市场。通过战略定位将品牌的识别特征独树一帜,并通过塑造成功的品牌,始终保持组织和产品的独特性,使组织保持最佳绩效与收益。③ 建立独特价值链。要使组织有特色,就要有一个不同的、为客户精心设计的价值链。生产、营销和物流都必须和对手不同,否则只能在运营效率上进行同质化的竞争。另外在价值链上的各项活动,必须是相互匹配并彼此促进的。这样,组织的优势就不是某一项活动,而是整个价值链一起作用,从而使竞争对手难以模仿。通常,企业化的战略定位措施也可应用在公共部门特别是政府的公共产品和公共服务供给过程中。

（二）战略决策

战略决策阶段首要任务是战略定位问题,重点包括市场范围 S 定位和产品门类 P 定位(就产品 P 而言,大处讲可以是行业选择,小处讲可以是产品选择),二者密切联系,组合形成一定的 SP 战略单元。具体做法如下:① S 或 P 定位决策的五种类型;战略定位是一种战略目标,确定了组织用什么产品服务于哪类客户,战略定位必然涉及目标与当前现状的关系。对新生组织而言,战略定位是全新的,不受原有定位的影响。对成型组织而言,战略定位涉及目标市场范围与当前市场范围的关系,涉及目标产品门类与当前产品门类的关系,其定位决策要权衡的因素就要复杂得多。② SP 战略单元定位决策。职能范围与业务门类具有组合关系,可形成 SP 战略单元矩阵。战略定位决策要在市场范围定位决策和产品门类定位决策基础上确定 SP 战略单元的定位,需要处理当前 SP 战略单元与目标 SP 战略单元关系。

结合前面决策类型,退出某职能范围或业务门类,常意味着要退出其涉及的多个 SP 战略单元,决策时要综合考虑决策影响,考虑资本处置。增加新的市场范围或产品门类,则需要确定 SP 战略单元规划,考虑各 SP 战略单元的相互影响及相互利用。SP 战略单元总体布局或组合效果,重点考虑如何保障公共组织经营绩效总体最优,如何保障长远公共服务绩效的最优。

三、战略审计

战略审计作为一门新兴的审计学科已受到越来越多学者的关注。由经营审计向战略审计转变,是西方内部审计发展的十大趋势之一,面向 21 世纪的内部审计应以战略审计为重点。实施战略审计,能够提高战略决策和战略执行的效率,可以充分发挥内部审计实现组织价值增值的功能,可以进一步完善公司治理结构。然而,对于战略审计的概念、学科属性、发展动因及其历程、研究的基本思路与研究前景,却仍缺乏系统深入的讨论和梳理,限制了理论研究的进一步发展及其对实践的指导作用。

战略审计是公共部门战略控制与评估的重要工具,通过评估、监督,促进公共部门战略目标的实现。清晰的概念界定是理论研究的前提,拥有公认且被广泛使用的基本概念是一门学科成熟的表现。战略审计(Strategic Audit)到目前为止仍没有一个严格的定义,这部分地说明它作为一门学科仍处于初级发展阶段。目前,学者们和实务工作者主要从以下几个角度来使用"战略审计"这一概念:

(1)战略审计是计划过程的重要工具,是公司制定战略之前必须实施的准备工作,包括对于公共部门内外环境的分析、过去战略实施效果的评估等(Martin Shubik,1983)。

(2)战略审计是公司战略控制与评估的重要工具,可以用于评估公司的管理绩效(Hunger J.D., Wheelen T.L,2001)。

(3)战略审计是一种咨询服务,是公司战略绩效的一种诊断工具。持这一看法的主要是咨询服务公司,如麦肯锡咨询公司。

(4)战略审计是一种具有公司整体观的管理审计,可以提供对于公司战略态势的综合评价(Wheelen T.L., Hunger J.D.1987)。

(5)战略审计是公司治理过程中的一种正式机制,是正式的战略考察过程,它同时对董事会和管理层施加约束;战略审计应主要由公司的独立董事来负责执行,是独立董事参与战略管理过程的主要方式。上述定义反映了人们对于战略审计的不同理解。提出这些定义的主要是管理学者和管理界的实务工作者,在他们的眼中"审计"与检查、考核、评价等词基本同义,而不一定需要具备独立性和技术方法方面的特殊条件。因此,在审计学者的眼中,管理学者对于"审计"一词的使用经常是不那么严格的。综合上述观点,我们从审计学者的角度将战略审计定义为:由独立人士对各层次的战略管理活动以及战略管理的全过程所进行的分析、评价与监督。对于这一定义,进一步解释如下:

① 战略审计的主体必须具备独立性,即它们应相对独立于战略的制定和实施过程,与战略管理过程没有直接的利益联系,也不承担相应的责任。笔者认为,没有人能够正确地评价自己的工作,审计活动丧失了独立性就不能称之为审计。尽管有的管理学者将管理者对于战略的自我评价也称为战略审计,但笔者认为那不是审计。只要符合独立性方面的要求,由独立董事组成的专门委员会、内部审计部门、独立审计人员、咨询机构等都可以成为战略审计的主体。

② 战略审计的对象是各层次的战略管理活动和战略管理的全过程。战略一般划分为三个层次:公司层次战略、事业部层次战略和职能部门层次战略。战略审计应能覆盖各层次的战略管理活动,特别是公司整体层次的战略管理。战略管理过程一般划分为确定公司使命和目标、明确战略意图、分析公司内外环境以确定公司面临的机会与威胁以及公司相对于这些机会和威胁的优势与劣势(即所谓的 SWOT 分析)、制定并选择战略计划、实施战略计划与评估战略效果。战略审计应能深入战略管理过程的每个环节,对于战略选择的合理性评价和对于战略实施的有效性评价是战略审计最能发挥作用的地方,应成为战略审计的重点。

③ 战略审计的职能是分析、评价与监督。评价与监督是审计的基本职能,通过战略审计,应能得出公司战略选择合理性和战略实施有效性的评价结果,并监督有关的责任人认真履行与战略管理有关的受托责任。之所以将分析也列入战略审计的职能是因为战略分析对于战略审计有着特殊的重要性,它是战略审计的核心环节,准确地进行战略分析是进行战略评价和战略监督的前提。

总体来看,战略管理体系审计审查公共部门在战略管理方面的制度体系建设情况,包括:① 战略管理制度的存在性审计,即战略管理体系在公共部门中是否有正式存在;② 战略管理程序的正确性审计,即比照案例,根据实效,分析战略管理体系是否正确;③ 战略管理组织的一致性审计,即与公共部门境况是否一致,体系内部是否一致。因此,公共部门需持续、客观、专业并着眼于变化,公共部门战略条件的变化直接影响公共部门的优势、劣势、政治机会及环境威胁,从而导致战略假设变化,进而影响公共目标的最终实现。

本章课程思政学习材料

2021 年中央经济工作会议精神解读
正确把握实现共同富裕的战略目标和途径
(原标题:正确把握实现共同富裕的战略目标和途径)

2022 年 01 月 11 日 08:14 来源:中国青年报

中央经济工作会议总结 2021 年经济工作,分析当前经济形势,部署 2022 年经济工作,对于做好 2022 年经济工作,迎接党的二十大胜利召开,指明了前进方向,提供了根本遵循。进入新发展阶段,我国发展内外环境发生深刻变化,面临许多新的重大理论和实践问题。会议就正确认识和把握实现共同富裕的战略目标和实践途径、资本的特性和行为规律、初级产品供给保障、防范化解重大风险、碳达峰碳中和等重大理论和实践问题做出深邃思考和科学判断。

2021年中央经济工作会议提出,要正确认识和把握实现共同富裕的战略目标和实践途径。在以习近平同志为核心的党中央坚强领导下,经过全党全国各族人民持续奋斗,我们如期全面建成小康社会,实现第一个百年奋斗目标,开启向第二个百年奋斗目标进军的新征程。现在,已经到了扎实推动共同富裕的历史阶段。因此,正确认识和把握实现共同富裕的战略目标和实践途径,对于我们稳步迈向共同富裕具有重要理论意义和实践价值。

坚定不移走共同富裕的道路

中国共产党自成立以来,始终把为中国人民谋幸福、为中华民族谋复兴作为自己的初心使命,逐步实现全体人民共同富裕是其中蕴含的历史前进逻辑。从完成新民主主义革命,成立新中国,到完成社会主义革命,确立社会主义基本制度,推进社会主义建设,再到改革开放新的伟大革命,开辟中国特色社会主义道路,经济社会发展进步为我们大踏步迈向共同富裕创造了有利条件。

党的十八大标志着中国特色社会主义进入新时代,以习近平同志为核心的党中央统筹把握中华民族伟大复兴战略全局和世界百年未有之大变局,强调中国特色社会主义新时代是全国各族人民团结奋斗、不断创造美好生活、逐步实现全体人民共同富裕的时代。随着我国社会主要矛盾已经转化为人民日益增长的美好生活需要和不平衡不充分的发展之间的矛盾,我国稳定解决了十几亿人的温饱问题,总体上实现小康、逐步走向共同富裕就成为治国理政的重大时代命题。

推进共同富裕,全面建成小康社会是重要一步。党的十八大明确提出,确保到2020年实现全面建成小康社会宏伟目标。为了兑现党对全国人民的庄严承诺,以习近平同志为核心的党中央把脱贫攻坚作为全面建成小康社会的底线任务,打响了声势浩大的脱贫攻坚战。经过持续的艰苦努力,我们如期打赢脱贫攻坚战,如期全面建成小康社会,实现了第一个百年奋斗目标,为乘势而上向第二个百年奋斗目标迈进并基本实现全体人民共同富裕奠定了坚实基础。

富裕是各国现代化追求的目标,但中国式现代化追求的是共同富裕。共同富裕具有鲜明的时代特征和中国特色,是社会主义的本质要求,是中国式现代化的重要特征。它不是一部分人和一部分地区的富裕,而是全体人民的共同富裕,是全体人民共享发展成果过上幸福美好生活的共同富裕,更是中国特色社会主义制度优越性的充分彰显。因此,必须坚定不移走共同富裕的道路。

实现共同富裕是一个逐步推进的过程

对于实现共同富裕目标,中央经济工作会议指出,这是一个长期的历史过程,要稳步朝着这个目标迈进。这一判断,充分体现了党中央对国情世情的清醒认识和准确把握,符合经济社会客观发展规律。

刚刚过去的 2021 年是不平凡的一年。一年来，面对百年变局和新冠肺炎疫情，我们科学统筹疫情防控和经济社会发展工作，构建新发展格局迈出新步伐，高质量发展取得新成效，实现了"十四五"良好开局，经济发展和疫情防控保持全球领先地位……经济发展交出一份沉甸甸的答卷，朝着实现共同富裕迈出新步伐。我国经济韧性强，长期向好的基本面不会改变。在充分肯定经济发展成绩的同时，也必须清醒认识到，全球新冠肺炎疫情仍在持续，由此及其他因素导致的内外部不确定性不稳定性仍然较多，特别是外部环境更趋复杂严峻和不确定，使我国经济发展面临需求收缩、供给冲击、预期转弱三重压力，风险挑战不少，经济下行压力犹存。在国内外复杂多变的形势下，为实现共同富裕提供雄厚保障的经济发展，不可避免地会遇到这样或那样的风险挑战，从而在曲折中前行，决定了实现共同富裕是一个稳步推进的过程。

因此，从"十四五"时期"全体人民共同富裕迈出坚实步伐"，到 2035 年远景目标中"人的全面发展、全体人民共同富裕取得更为明显的实质性进展"，再到 21 世纪中叶"全体人民共同富裕基本实现"，党中央的决策部署把实现共同富裕作为一个长期性渐进目标，充分估计到共同富裕的长期性、艰巨性、复杂性。这需要的是脚踏实地、循序渐进、久久为功，让发展成果更多更公平惠及全体人民，不断增强人民群众获得感、幸福感、安全感。那种认为通过"短平快"方式就能实现所谓的"共同富裕"，不仅不能达到人人参与、人人尽力、人人享有的"共建共富"目标，反而会吞噬共同富裕的经济社会基础，有悖经济社会发展客观规律。

实现共同富裕的根本途径是发展

发展是硬道理，是实现共同富裕的根本途径。经过多年发展，我国社会生产力水平总体上显著提高，社会生产能力在很多方面进入世界前列，解决了"有没有"的问题，现在要解决"好不好"的问题，这是朝着共同富裕方向稳步前进的重要一环。新时代我国社会主要矛盾是人民日益增长的美好生活需要和不平衡不充分的发展之间的矛盾，解决这一矛盾，必须把发展摆在特别重要的位置，一心一意谋发展，不断解放和发展社会生产力，不断创造和积累社会财富。

坚持以经济建设为中心，坚持高质量发展，是扎实推进共同富裕的基本遵循。统筹"两个大局"，立足新发展阶段、贯彻新发展理念、构建新发展格局，加快转变发展方式、优化经济结构、转换增长动力，我国经济发展充满更多更大机遇。中央经济工作会议分析当前经济形势，部署 2022 年经济工作，明确要求要稳字当头、稳中求进，着力稳定宏观经济大盘，保持经济运行在合理区间。宏观政策要稳健有效，微观政策要持续激发市场主体活力，结构政策要着力畅通国民经济循环，科技政策要扎实落地，改革开放政策要激活发展动力，区域政策要增强发展的平衡性协调性，社会政策要兜住兜牢民生底线，这些有利于经济稳定的政策，为经济持续稳定发展起到保驾护航作用，有助于推动经济实现质的稳步提升和量的合理增长。

任尔东西南北风，在扎实推进共同富裕的征程上，必须时刻牢记和践行坚持以经济建设为中心这一党的基本路线要求。坚持以人民为中心的发展思想，通过全国人民共同奋斗，紧紧围绕高质量发展主题，不断解放和发展社会生产力，着力提升发展质量和效益,有效解决地区差距、城乡差距、收入差距等问题,更好地解决发展不平衡不充分的突出问题,把共同富裕的物质基础做厚做实,把"蛋糕"做大做好,就可以为通过合理的制度安排把"蛋糕"切好分好创造有力的前提条件。

实现共同富裕要靠一系列有效的基础性制度安排

实现共同富裕不仅是经济问题,而且是关系党的执政基础的重大政治问题,需要统筹考虑并做出一系列基础性制度安排。中央经济工作会议从强化就业优先导向、发挥分配的功能和作用、支持有意愿有能力的企业和社会群体积极参与公益慈善事业、完善公共服务政策制度体系等方面提出了具体举措,为扎实推进共同富裕提供了工作思路。

共同富裕是全体人民的富裕,涉及政府、企业、居民等各方面利益的合理分配。所以,如何让切好分好"蛋糕"的分配政策发挥核心作用,是在高质量发展中促进共同富裕的应有之义。要充分发挥市场在资源配置中的决定性作用和更好发挥政府作用,推动有效市场和有为政府更好结合,促进效率和公平有机统一,让发展成果更多更公平惠及全体人民。

初次分配是直接与生产要素相联系的分配,侧重于效率。尽管如此,但也可以在市场机制充分发挥作用的基础上,根据经济发展水平,健全劳动者工资合理增长机制,提高劳动报酬占国内生产总值的比重,为后续分配打下良好基础。再分配注重公平,是更好发挥政府作用的集中体现。除了税收、社保、转移支付等调节措施,也需要加大基本公共服务均等化力度,重点加强基础性、普惠性、兜底性民生保障建设,在教育、医疗、养老、住房等人民群众最关心的领域精准提供基本公共服务,逐步消除广大人民群众的民生之急、民生之虑。三次分配是对初次分配和再分配的有益补充,强调自愿性而非强制性,是以募集、自愿捐赠和资助等慈善公益方式对社会资源和社会财富进行的分配。为此,要进一步完善公益性捐赠税收优惠政策,完善慈善褒奖制度,形成社会各界积极从事社会公益的激励机制。从而通过不断加大分配调节力度,使发展为了人民、发展依靠人民、发展成果由人民共享,在更好满足人民多方面日益增长需要的过程中一步步走向共同富裕。

(资料来源:http://theory.people.com.cn/n1/2022/0111/c40531-32328393.html)

第七章　公共部门绩效管理

绩效管理乃是对公共服务或计划目标进行设定与实现,并对实现结果进行系统评估的过程。绩效管理一般包括三个最基本的过程:① 绩效评估。它是指一个组织试图达成某种目标,如何达成以及是否达成目标的系统化评价过程。绩效评估可以是组织的绩效、计划的绩效和个人的绩效。对公共部门而言,比较重视的是对组织绩效的评估。② 绩效衡量。为了进行绩效评估,管理者必须设计一套能够衡量组织目标实现的指标系统,这样才能进行不同机关与不同时期的比较。③ 绩效追踪。它是指对组织的绩效进行持续性的监测、记录与考核,以作为改进组织绩效的基本依据。公共部门绩效管理既是公共管理学的一个新分支,又是当代的公共部门管理的一种新实践。它发源于西方发达国家,是一种以实现公共部门管理的经济、效率、效益和公平为目标的全新的公共部门管理模式。公共部门绩效管理对于提高公共部门的管理效率、增进公共部门及其工作人员的服务意识和顾客至上的服务理念、增强公共部门的成本意识、推进公共管理由"治理"向"善治"转变具有重要意义。在我国,随着政府机关效能建设的展开,作为改进公共部门尤其是政府管理的一种有效工具,绩效管理越来越受到人们的重视,并逐步在我国公共部门管理中得到广泛的应用和推广。

第一节　政绩锦标赛

政绩机制是以 MBO 理论为基础的制度形式,体现了一定的制度内涵与管理职能,本质上强调官员的忠诚与能力并举。随着时代的快速发展,新时期崭新的政治任务造成了政绩机制产生了一定的人治化困境,集中表现为以个人主观意志为特征的人治趋势。法治是与人治相对立的治理理念,强调法的绝对统治,具有平等性、规范性、统一性等基本特征,对新时期政绩机制的变革产生了指引与导向作用。政绩机制的政绩短期化、指标单一化、考核主观化等困境是与我国全面依法治国战略相悖离的。只有将政绩机制重新摆回到法治化的轨道,才能确保政绩机制在新时期有效运转。

一、政绩机制的基本内涵

政绩机制是基于 MBO(目标管理)理论建立起来的官僚行动激励体系,包含了政绩指标、激励机制、惩戒机制等相关的制度要素。政绩是由多个政治统治与行政管理大小目标构成的整体的公共目标,并以此来驱动公务员队伍去追求这种整体的公共目标。

政绩机制则是实现这样一种目标追求的一系列制度措施安排。政绩机制的 MBO 理论本质是减少政绩考核的随意性,使原先散漫无序的人治风气得到一定的抑制,但另一面则无形中过分强化了政绩驱动机制在公共治理过程中的作用。可以说,政绩机制是一种中国特色的制度形式,在一定程度上带有一定的企业管理属性。政绩机制在本质上属于制度范畴,在现代政治发展的过程中,应当服从法治的原则及要求。政绩机制是基于 MBO 理论(目标管理)建立起来的官僚行动激励体系,包含了政绩指标、激励机制、惩戒机制等相关的制度要素。政绩机制是一种建构于政治统治与行政管理解构成为无数小目标以促使作为驱动对象的各级公务员队伍去追求整体的公共目标(政治或行政)所实现的一系列制度措施安排。

政绩机的 MBO 理论本质可减少政绩考核的随意性,使得原先散漫无序的人治风气可以得到一定的抑制,消极的一面是无形中过分强化了政绩驱动机制在公共治理过程中的作用。可以说,政绩机制是一种中国特色的制度形式,但自身在一定程度上带有一定的企业管理的属性。政绩机制的核心要素在于政绩指标设计,其与公共目标密切关联。政绩是指政府在积极履行公共管理职能和承担公共责任的过程中做出的,除去施政成本后且满足公众需求的行为结果。从政绩驱动的本质来看,MBO 理论是当下政绩考核制度不断改进的理论源泉。具体来说,政绩机制的本质内涵有 3 点:

(1) 政绩机制是一种制度形式,包含着制度要素。政绩机制是一种能够将利益与目标协调统筹为一体的制度设计,包含了一系列的促使关于追求政绩目标实现的奖惩措施机制。"制度(规则)是达成目标的工具"[①]。从本质上来看,政绩机制属于一种制度范畴。中华人民共和国成立以来,中国的公共治理过程是政绩驱动的。无论政绩是以政治评判还是经济考量,都直接将公共治理的制度运作偏向为政绩驱动,以致路径依赖地形成了一种政绩驱动机制,这对中国的公共治理活动产生了不容小觑的影响。

(2) 政绩机制是一种管理手段,体现了管理的职能。这种机制最大的特色是高度依赖于量化的数据形态的指标体系。这样做的好处是明显的:一是上级对下级的政绩考核工作可极大地简化,二是下级在数据指引下有了清晰的工作任务目标。"以经济绩效为核心的相对绩效评估机制的确在中国省级地方层面存在着,为地方官员晋升激励的存在提供了一定的经验证据。"[②]政绩驱动实现管理主要依靠实现官员政绩的 MBO 的法律与政策文件。

(3) 政绩机制的制度设计初衷是驱使一支有能力又忠诚的公务员队伍致力于实现政治统治与公共管理的目标。事实上,在当代民主社会,政治统治与公共管理在目标上已经重合。因此,唯上不唯下是一种典型的观念偏见。上级政府与社会公众之间岂有上下之分?原本政治统治与公共管理之间是不存在矛盾的,但是在人为的操作下日益变得异化,偏离了它真实的面目。正常情况下政绩驱动的官僚体系应是高效的。政绩机制指引下的官僚选拔应当是包括忠诚和能力的双重标准的,只有这样才能高效地实

① ［美］帕特南.使民主运作起来:现代意大利的公民传统［M］.王列,赖海榕,译.北京:中国人民大学出版社,2014:8.
② 李侃如.治理中国:从革命到改革［M］.胡国成,赵梅,译.北京:中国社会科学出版社,2010:190.

现国家的各种政治战略目标。

自中华人民共和国成立以来,我国政府逐步形成并产生了一套独特的政绩机制,从无到有,从零散到完备,这在国家驱动一支庞大的公务员队伍去奉公守职的过程中发挥着巨大的作用。随着时代的进步,这种政绩机制也出现了一些与社会发展、体制变革等新形势不太适应的症状,诸如官员的懒散怠工、不作为、吏治腐败、暴力执法、钓鱼执法、养鱼执法问题等,这些问题都正在考验着我国官场的行政伦理、政治生态。政绩机制的变革是我国推行高效政治统治和行政管理的根本性发展问题。

二、政绩机制的法治化

2015年12月27日,中共中央、国务院印发的《法治政府建设实施纲要(2015—2020年)》在"总体要求"中提出了"衡量标准"的概念,这是一次对政绩机制建设的明确指导。法治化的精髓在于法——标准本身的客观化和理性化,对于政绩机制而言,其标准就是政绩,如果能够通过法律的形式公开体现出来,使得公共行动可以得到政府自身与社会公众的共同监督,确保政府的行动活动的高效性和优质性,最终实现政绩机制的法治化。政绩机制的法治化是指政绩机制以法治为基本的制度设计原则,通过规范政府公共权力的运作及其官僚的公务行为来实现政府权力受到有效约束与制约的制度价值目标。政绩机制是政府行政体制中的重要构成成分,是驱动官员实现公共行动的发动机。当政绩机制的核心——政绩实现法治化,即由法律严格规定,才能确保官员公共行动的理性化,避免各类人治化困境,最终实现国家政治目标。

然而,此前的政绩机制仍然存在着一定的人治化困境,诸如在制定公共政策与实施政府治理的过程中须要有意识地将自身利益最优化表达抑或是公益性和自利性的均衡解释。因此,在政绩的驱动下,政府一面用"扶持之手"来促进社会经济的快速发展,另一面也衍生出了助长腐败风气肆虐的"贪婪之手"。随着政绩驱动出现了时代性的困境(腐败问题),学者们开始反思政绩机制本身存在的问题。政绩机制存在合理性是有限的,这意味着政绩驱动也会出现故障,发生政治不服从的官员并不能完全地忠实于发动它的行政体制的现象。政绩机制本身作为体制中的一种具体制度,其中存在的困境与问题是值得审视和反思的,主要体现为以下三个方面:

(1)官员对政绩的关注短期化,只对任期内有利于个人升迁的政绩增长点抱有兴趣。在一个本应促使官僚机器关注长远的、涉及民生福祉的公共治理事务的制度设计中,官员们却做出了与这个制度设计初衷不太符合的行为来,这是当下政绩机制一个必须深思的困境。通常,这些短期化的政绩目标在时间上会尽量小于官员在任的任期时间,以便越快越明显地实现个人的政绩亮点,而且,这些多半是不可持续发展的,一旦官员发生了任期调动,就会导致原先的政绩增长点"消停",这样也很难被指望去解决任何的实际的民生问题。政府追求创新政绩的可持续性非常重要,但是,当前一个矛盾现象正在显现:一边是地方政府层出不穷地推动创新,另一边却是一些创新探索难以为继,缺乏可持续性,有的项目甚至在短时间内就偃旗息鼓、昙花一现。长期关注"中国地方政府创新奖"项目的包国宪教授通过对已经获得入围奖的112个项目的回访研究发现,

"差不多三分之一名存实亡了"。① 这是因为当前政府里普遍流行着一股以人治思维看待法治的风气。社会中的不少明星官员,他们无一不是靠强力、蛮力(事实上是以激化社会矛盾的途径,为达目的不择手段),凭着自己主观意志一厢情愿地推进各种政绩目标,甚至还认为自己在法治的轨道上运行,这是一种典型的以人治思维看法治的现象。大量的官员由于短视的政绩而得到升迁,就会造成这种升迁所形成的路径依赖。在政绩推动下的地方政府创新,会导致创新的变形与变味,出现改革形式化、盲目推广、一窝蜂攀比以及忽视配套等现象,最终沦为急功近利的政绩工程。②

(2) 政绩指标体系在很长时期内显现得非常单一化。在社会中,在一切围绕经济建设为纲的指引下,曾一度出现政绩考核的严重 GDP 导向,许多突出的社会问题得不到认真的对待与解决,对后来的官员办事作风烙下了深刻的路径依赖影响。这致使后来努力将政绩指标体系转变为兼顾生态保护要求的复合标准体系,也无法一下子在实践中达成预期的改革目标。GDP 导向存在巨大问题,尽管后来转变为综合的政绩导向,但仍面临着各种问题。其中的核心问题在于法治追求通过政治统治的秩序来追求公共目标的实现,而不仅仅是为了政治统治的方便。政绩指标的设立是否科学与客观决定了政绩考核机制是人治还是法治,也影响政绩考核机制本身运作顺畅与否。那么,如何评判人的意志还是法的统治就要求政绩指标的设立是符合法治的原则及要求。政绩机制的关键在于可量化的、客观的政绩指标,此足以奖励或惩罚相应的公务人员,从而督促他们致力于政绩目标的实现。

(3) 政绩考核偏重于领导重视与关注,带来了严重的人治风气问题。领导的重视与关注总是因人而异的,原本应趋于标准化的政绩指标体系也会因此变得举无轻重。当领导看到的才是政绩,至少会造成两种不良的后果:一是政绩考核的人治化,二是官员的政绩增长抉择短视化。如此一来,政绩机制并没有真正发挥"促使官员关注民生"的激励作用,还导致了官场中不少"别有用心"之人的拉帮结派,给国家反腐大业带来了巨大的负担。当"领导看到的才是政绩"成为流行中国政府官僚体系中的升迁潜规则,政府官员的政绩观会被扭曲掉,致使他们唯上不唯民,造成了政绩驱动事实上的失灵困境。政绩原本应使政治统治与公共管理在目标上保持一致,但是囿于个人认知差异,在不同的政绩观影响下政治统治与公共管理目标之间出现了一定的异化。政绩里还包含着政府官员的面子、里子,可向上邀功,也能投机取巧,只要能在短时间攀爬上去,这已成为不少政府官员的施政理念。此外,政绩驱动下的官员,以所谓的铁腕手段去推动政绩实现。政绩驱动不代表官员可以为达目的而不择手段,特定时期的强人政治逻辑终究是与国家法治建设大相径庭。

---

① 陈朋.地方政府创新的三个基本命题[EB/OL]. http://theory.people.com.cn/n/2015/0304/c207270 - 26635499.html,2016.07.21.

② 指挥棒变了带来什么影响? 不考核 GDP 淳安压力更大了[EB/OL].http://zjnews.zjol.com.cn/system/2014/01/09/019801202.shtml.

三、政绩机制法治化的出路

政绩机制在当下出现的困境即为其自身的人治化的困境。政绩机制的人治困境是政府失败的一种内在机理紊乱的重要表现,体现为政绩机制在制度运作与设计过程中出现了悖离法治原则的初衷。在现实中,真正使政绩机制起作用的不是客观的政绩指标本身,而是主观的领导的个人意志,这会造成整个官僚体系运作的不稳定性和派系化。政绩机制所反映出来的人治问题正是其自身法治化进程中的最大阻碍。若要实现政绩机制的法治化,就必须剔除其中的各种人为的主观因素,确保法的因素在政绩机制中发挥根本作用。

政绩机制的困境体现为政府追求公共目标的效率低下问题,具体表现是:① 从过程上来看,在公共治理过程中政绩驱动机制也会遇到激励不足的情形;② 从结果上来看,它实现不了既定的政绩目标,或者变相、扭曲执行政绩目标。政绩机制的人治化困境所带来的后果是造就了一支只会唯唯诺诺的公务员队伍,造成了内耗的格局;不少人在这种政治氛围和行政环境中失去了自我独立人格,表面忠诚实质奸险,变得唯利是图、腐败糜烂,不敢说真话,也无法做实事,最终难以实现隐藏在政治统治目标之后的公共管理目标。仅仅具备忠诚的官僚体系队伍远远不能适应国家治理现代化与全面法治建设的政治要求,这要求须从根本上改变公共治理中政绩机制困境。

事实上,转变政绩考核措施并没有使现实情况有好转,自 2014 年以来浙江杭州实施"美丽杭州"的政绩综合考核试点,逐步取消唯 GDP 的价值导向,结果却是"不考核GDP,县市区反而压力更大"。① 杭州这种考评体系评价被称为"公民导向的政府绩效考评",在很大程度上符合了理论上的政府行为导向要求,却在现实中遇到了未能预料的阻力。这直接表现为政绩机制的制度设计目标与现实运作相脱节。政绩机制的制度设计目标在于促使公权力有效地运行而非单纯地以利驱权,如果简单地认为只要给予一定的好处就能驱使公务员队伍去踏实办事,无疑是把公共权力背后的各种邪恶人性加速释放了出来。

当前,低薪酬、道德式的自我感动与权力滥用的寻租腐败同步侵蚀政绩机制,乃至整个国家机器,奖励不足以撼动人心,惩罚亦不足以以儆效尤。2015 年的扬州炒饭事件,竟让 40 吨炒饭申报世界吉尼斯纪录! 更为荒唐的是"慈善"也能出政绩,这不是什么新鲜事物,算不得"创新"。再如湖南长沙县的教师工资摊派慈善事件②应该是很多地方都可能发生过的事情。"因各级官员有违法和掩盖其罪行的机会和诱惑,因而造成纪律松弛、腐败和个人专断。"③此外,盲目的大数据造成了官僚们眼里的"数字出官"的不良政绩观。

因此,只有重新实现政绩机制的法治化,才能最终扭转与改变当下的人治化困境。只有在制度设计时充分考虑到政绩机制困境的本质及原因,对政府官员采取一个理性

---

① 胡小君.地方民主创新的政绩化倾向初探[J].桂海论丛,2004(5).
② 李思辉.强迫慈善源自政绩驱动[N].光明日报,2011－9－5.
③ [美]李侃如.治理中国:从革命到改革[M].胡国成,赵梅,译.北京:中国社会科学出版社,2010:190.

与客观的认识,从设计目标与现实运作的衔接着手来推进政绩机制的改进与完善。只有把政绩驱动的激励规则从单纯的唯唯诺诺的政治忠诚导向转化为多元的理性、高效的政治民主导向,确保政绩机制重新回归到法治化轨道,我国公共治理活动才会实现优质与高效的目标。

第二节　绩效评估机制

所谓绩效评估,是一种正式的员工评估制度。它通过系统的方法、原理来评定和测量员工在职务上的工作行为和工作效果,它是组织管理者与员工之间进行管理沟通的一项重要活动。绩效评估的结果可以直接影响到薪酬调整、奖金发放及职务升降等诸多员工的切身利益,其最终目的是改善员工的工作表现,在实现组织经营目标的同时,提高员工的满意程度和未来的成就感,最终达到组织和个人发展的"双赢"。在政府绩效评估中,建立我国的政府绩效评估机制,应该有"独立的第三方"的参与,即公众的参与。公众作为评估的一个主体,参与政府绩效评估不仅能够维护公民的自身利益,提高评估质量和信誉,而且能够促进绩效评估结果的科学化和民主化,增强政府绩效结果的回应性。因此,从理论上讲,公众应该积极地利用各种现有的参与条件去参与。

一、我国政府绩效评估体制的发展历程

我国政府绩效评估体制正式肇始于改革开放以后,学界将之分为三个阶段:① 20世纪 80 年代到 90 年代初期。这个时期绩效评估体系采取的"目标责任制",将政府绩效评估考核和"分灶吃饭"的经济分权结合起来,也即完成了多少税收指标、任务指标就等于取得了多少行政绩效。② 20 世纪 90 年代初期至 21 世纪初。这个阶段的评估体制由简单的"目标责任制"演进为以 GDP 为主自上而下的经济指标考核体系,造成了许多社会发展问题。③ 21 世纪初至现在。由于单一 GDP 导向的绩效评估体制造成了诸如地方上盲目投资、重复建设及恶性竞争等种种弊病,使得中央政府开始摸索新的综合指标体系的评估体制。我国政府绩效评估体制经历了坎坷的发展历程,同时也出现了地方政府的行政导向失调及种种社会发展问题,这些不得不令我们深刻地反思。

政府绩效评估是政府或社会组织通过多种方式对政府决策和管理行为所产生的政治、经济、文化、环境等短期和长远的影响和效果进行分析、比较、评价和测量的活动,主要为内部与外部评估两大类。内部评估主要是指国家政治系统内的评估,包括横向的党委的政绩考核、人大的绩效评估及纵向的行政系统自身的评估(中央及上级政府的考核及下级政府的反馈评估)。而外部评估主要是指公民、企业等政府服务对象的评估,多以民意调查测验的形式。政府绩效评估按照评估内容标准可以分为政府角色和绩效评估、政府管理和组织运行方式及效率评估[①],还可以按照评估标准分为效益为标准的

---

① 周志忍.中国绩效评估:中国实践的回顾与反思[J].兰州大学学报(哲学社会版),2007(1).

管理型评估、以科学性为标准的专业型评估和以公民满意和政治支持为标准的政治性评估等等。绩效评估内容主要涉及经济、效率、效益、可预测性、公平性等方面。并且,绩效评估的功能有横向、纵向及综合的比较、计划辅助、监控支持、民主教育、汲取政治资源、政治合法化、人力资源开发等功能。此外,绩效评估的特征包括了鞭策力普遍性、鞭策力的持久性、正面激励与负面惩罚的结合[1]。因此,政府绩效评估体制是指政府与公众按照法定的程序、标准来针对性测量和评价地方政府的公共服务供给绩效水平的一种制度化结构。完善的政府绩效评估体制应具备三大要素:① 法定的程序。这也便要求在绩效评估体系构建过程中通过立法来确立完备的评估体系法制基础,使政府绩效评估体制在运作中有法可依、有法必依。② 地方政府的公共服务供给结果。政府的公共服务供给结果体现了其绩效水平,是必然的绩效评估对象。③ 绩效评估主体。从主体角度来看,政府及其组成部门既是绩效评估的主体也是客体,公民则是潜在的绩效评估主体。

政府绩效评估是地方政府自身或社会其他组织"通过多种方式对政府的决策和管理行为所产生的政治、经济、文化、环境等短期和长远的影响和效果进行分析、比较、评价和测量"[2]的活动,这大致分为内部与外部评估两大类:内部评估主要是指国家政治系统内的评估,包括横向的党委绩效评估、人大的绩效评估及纵向上的行政系统自身的评估(中央及上级政府的考核及下级政府的反馈评估);而外部评估主要是指公民、企业等政府服务对象的评估测验,多以民意调查测验的形式[3]。政府绩效评估按照评估内容标准可以分为政府角色和绩效评估、政府管理和组织运行方式及效率评估[4],还可以按照评估标准分为以效益为标准的管理型评估、以科学性为标准的专业型评估和以公民满意和政治支持为标准的政治性评估等。政府绩效评估体制构建失当,所造成的影响不仅仅针对地方政府本身,还波及中央政府与社会。这理所当然是个发展问题,甚至还累及国家和社会的稳定。

首先,评估导向功利化,偏离公共导向。当下我国政府绩效评估可以描述成带有GDP数据刻度的政绩指挥棒。尽管它能促使地方政府推进社会经济发展,可也导致了地方政府为求经济发展而不择手段,反倒造成了潜在的破坏性影响甚于长远的经济发展效益。这种只计成效、不计成本的绩效导向,只会加重令社会深恶痛绝的腐败现状。在地方政府眼里,除了GDP数据之外,很难再有它物。它们热衷于搞一些"形象工程""政绩工程""一把手工程",并围绕GDP进行统计造假,完全到了唯GDP论英雄的地步了[5]。毕竟,这个政绩棒子关系到地方政府组成人员的荣辱升降,政治生命是他们的第二生命,甚至比第一生命还要重要。破除不了"政治控制经济"的行为逻辑,政府公职永远是社会最理想的全职职业,进而这个逻辑圈里也只有腐败可以寄存。地方政府在

① 周志忍.政府管理的行与知[M].北京:北京大学出版社,2008:96.
② 付含宇.新时期政府绩效评估体制研究[J].求实,2006(S2).
③ 王立军.我国地方政府绩效管理——理论及合理化构建[J].生产力,2009(18).
④ 周志忍.中国绩效评估:中国实践的回顾与反思[J].兰州大学学报(哲学社会版),2007(1).
⑤ 莫勇波.论地方政府"形象工程"的蜕变及其治理[J].理论导刊,2006(12).

GDP政绩棒的导引下，失去了自己的公共服务导向，他们忘记了人民政府本质是人民的，更是服务人民的。地方政府绩效的根本导向是以地方公共利益实现为标志，它更多涉及设定公共权力的行使状态（是否符合法定要求及程序）和公共权力行使的经济和社会效益等方面，而不是面向单一的GDP考核。一旦评估的手段和目标混淆了，就会导致评估的异化。

其次，评估手段化，给社会稳定埋下隐患。将绩效评估当作手段的，恰如将反腐当作腐败工具一样，不但导致宏观上地方政府间恶性竞争和地方政群关系紧张，还造成微观方面的地方官场宗派势力抬头及群众事件不断。原本一心谋求地方社会经济发展的初衷是无可置疑；然而有些地方为了生财有道谋求更多的"小金库"，不择手段地与民争利，反倒辜负了美好的初衷，还将自己抹成了黑脸、大花脸。同时，促进地方社会经济快速发展本来是为了增进民众福祉，但是地方政府在"政绩棒"的指引下为了发展而发展，竟和民众对立起来。某些地方政府日益固缩为体系内小利益团体，最后民众对地方政府的信任感急剧下降，导致了社会群众泄愤事件件件针对地方政府。

最后，评估利益化，造成了央地关系紧张。在单一集权国家里，地方上的社会矛盾最终都将集中指向中央政府，导致中央政府直接与社会对立起来，这里面缘由根本在于央地关系失调。尽管绩效评估的核心是国家利益与地方利益两者之间的利益均衡问题，但是也不尽然纯粹是利益关系；中央与地方之间尚有政治分工协作，共同构成一个完整的国家政权系统。因此，将评估等同于中央与地方及上下级之间的利益契约，根本上就注定了央地及上下争利的局面。政府绩效评估体制是公众与地方政府按照一定的程序、标准来评价和测量地方政府绩效结果而构建的一种制度框架。然而，我国政府绩效评估体制出现了导向功利化、手段目的化及结果利益化的弊端，致使评估体系中地方政府行为偏离公共导向、社会出现不稳定及央地关系失调的后果。其实，现实中评估体系中公众参与缺位正是问题的根源所在。构建公众参与导向的政府绩效评估体制，可以有力地改变当前公众参政素质不高的现状，也可为我国社会主义民主政治建设铺垫公众基础。

二、我国政府绩效评估体制的变革思路

政府绩效评估体制是以地方政府为公众提供公共服务的绩效为评估对象并按照一定的程序、标准构建的制度框架。地方政府垄断绩效评估的主导权实质上注定了评估体系的主观随意性，也造成了评估体系始终无法摆脱经济自利性的困扰。而作为地方政府服务对象的公众对地方政府绩效具有根本的决定意义。因此，在政府绩效评估体制中注入公众参与导向可以长远地改变我国公众参政素质不高的现状，并为未来政治体制改革做好铺垫。

（一）政府绩效评估的问题考察

政府绩效评估体制是地方政治——行政体制中重要的组成部分，对地方政府积极性及公共性具有至关重要的导向作用。然而，制度设计中的理想与现实偏差使得评估

体系难免出现了种种问题。当我们致力于评估体系的技术突破时(如指标再设计、程序再造等),却忽视了政府绩效最直接的感受者——公众在评估过程中的重要作用。

(二)政府绩效评估的问题本质

美国宪法之父麦迪逊认为:"政府本身若不是对人性的最大耻辱,又是什么呢?如果人都是天使,那就不需要任何政府了。如果天使统治人,就不需要对政府有任何外来的或内在的控制了。"①潘恩也说:"政府是由我们的邪恶产生的。"不能指望地方政府能够自我约束。我们应当将地方政府的服务对象——公众引入评估体系当中,才能依靠民主制度来克服评估体系偏离公共导向的弊端。其实,政府绩效评估是一个由多种环节和要素构成的动态过程,通过公民在政府绩效评估的介入来突破当前的评估困境。政府绩效评估体制的完善与公民参与范围与广度的演变有密切联系。近年来,零点集团等民间团体开展了对政府绩效的独立评估②,对我国政府绩效评估体制的变革起到了重要作用。由于缺乏统一规定和规制度化,公民参与在各地的发展还很不平衡,一些地方政府沿袭传统做法,在绩效评估中没有给公民留下余地,这也是参与范围局限性的表现③。由于政府经济绩效与政治前途紧密挂钩,所以政府偏好受到经济绩效(GDP)的驱使,而且公众在现行体制下无法制约地方政府种种自利行为使得政府绩效评估最终陷入当前困境之中。公众能否真正参与到政府绩效评估中对于公共导向恢复具有重要影响。通过强化公众在评估体系中的参与,可解决公共导向偏离问题。

公民参与导向是未来政府绩效评估体系变革的发展方向。"如果公民控制着他们的领导人,就可以假定后者(必须)对前者负责"④。公众参与导向可以避免公共利益虚幻性所带来的导向偏离问题。公众参与的不同程度对绩效评估产生了不可忽视的影响,而且,有步骤地扩大公共参与力度及范围使得公众能在涉关自身利益的事务中拥有强势话语权,从而改变绩效评估的导向偏离问题。"通过把政府各部门、各公共服务机构在各方面的表现情况进行全面的、科学的描述并公之于众无疑有助于广大群众了解、监督、参与政府的工作;并且,评估过程也是一种民主教育过程,它有利于民众通过绩效评估确立对政府公共服务的确切要求"。⑤ 因此,强化公众参与就是要实现公众在绩效评估过程中从"部分参与"到"全程参与"的转变,从原来被动的"信息供给者"单一角色向"信息供给和决策共享者"的综合角色的转变,并且公众的发言权和影响力也由此得到不断提升。尽管政府绩效评估中公众参与受到普遍重视,然而广泛的公众参与实现仍有很长的一段路要走。

(三)政府绩效评估体制重塑

对政府绩效评估体制注入公众参与导向可以引起其革命性的重塑与再造,从而为

---

① [美]汉密尔顿,等.联邦党人文集[M].程逢如,译.北京:商务印书馆,1982:26.

② 袁岳,范文,肖明超,付艳华.中国公共政策及政府表现领域的零点经验:独立民意研究的位置[J].美中公共管理,2004(1).

③ 邓国胜,肖明超.群众评议政府绩效:理论、方法与实践[M].北京:北京大学出版社,2007:58.

④ [美]萨托利.民主新论[M].北京:东方出版社,1993:38.

⑤ 周志忍.政府管理的行与知[M].北京:北京大学出版社,2008:192.

我国社会主义民主政治完善做好坚实的公众基础。

首先,政府绩效评估体制重塑势必涉及公众掌控公共权力。自新中国成立以来,我国地方政权建立的逻辑在于地方军政权的转化,于是地方政府时至今日仍保留着不少军政因素。然而,公众参与的根本价值导向在于地方政权民主化,或者说地方权力在政治实践中重新由地方民众执掌,实现地方政权去军政化的全面人民民主政权转型。

其次,政府绩效评估体制重塑还意味着公众参与的法治化。政府绩效评估体制一大重要目标是促使地方政府为公众提供优质公共服务以使得公众满意。然而,在缺乏比较参照系的情况下,确认自己如何满意对公民来说也是一个大难题。公众参与的本意不是阻扰地方政府行政,而是最大限度地帮助地方政府始终坚持公共导向。因此,政府绩效评估体制背后的法制支撑实质上正是公众参与法治化。

最后,政府绩效评估体制重塑引入公众参与,根本上是强调对人民利益的维护和保障。显然,政府绩效评估体制的完善目标便在于促使地方政府有效落实自身的公共服务职能——为公众高效提供优质的公共服务,从而体现公共服务为目的的人民政府本质。公众参与正好无形中暗合了政府绩效评估体制的完善方向。

总而言之,人民满不满意而非中央和上级政府满不满意将是政府绩效评估体制的根本导向;并且,政府绩效评估体制重塑还内含了"只有人民满意了,中央和上级政府才会满意"的实践逻辑。但是"就多数服务而言,公众可能并不知道他们的期望是什么,也不知道如何界定服务的质量"。[①] 在政治实践中考量构建评估体系的首要任务,便在于合理适当地划分评估主导权归属。政府绩效评估主导权在于上级政府,则地方政府就会唯上不唯民;而如果主导权在民众手里,则地方政府唯民不唯上。所以,对政府绩效评估体制的重塑不能是盲目的,理性的重塑要求公众参与能够在有序化的前提下扩大化,实现绩效评估体系的彻底再造。

(四)公众参与导向的政府绩效评估体制建构路径

公众参与导向的政府绩效评估体制建构势必成为日后体制改革的重点和突破口。这里,主要可以从三个方面入手:

(1)塑造公众参与导向的评估法制体系。作为政府绩效评估体制的前提,完备的法制框架适时构建对保障评估体系运作的有效顺畅起到了重要作用。不妨先让全国人民代表大会依宪制定统一的《政府绩效评估法》,然后再由省一级地方人民代表大会据此因地制宜地制定相关实施细则,为政府绩效评估体制奠定统一的法制基础。

(2)设计一整套公众参与导向的综合可考量化指标体系。通过强化公众参与,以推动地方政府实现公共利益、促进地方福祉。只有让地方政府自觉地认识好自身服务角色和服务对象后,才能推动地方民主的发展。人民生活的改善应是全面的、可持续的,因此,绩效指标也应当是综合统一的。基于公众参与导向之上创建一系列综合的社会政治经济文化的可考量指标系统可以促使地方政府的绩效评估正本清源。巩固和强

---

① [美]B.盖伊·彼得斯.政府未来的治理模式[M].吴爱明,等,译.北京:中国人民大学出版社,2001:125.

化群众在界定目标和结果、确定评估内容及侧重点、设定评价标准和指标体系中的参与,从而为地方政府打造一套公共导向的客观合理的绩效评估指标体系。

（3）构建强化公众参与的评估体系。"单一的绩效评估主体"和"单一标准的绩效评估"是当前我国政府绩效评估的重大弊病。政府绩效评估的相关主体,并不唯中央政府、上级政府与党委机关,还应有人大机关、社会公众等。民众能否加入政府绩效评估的主体队伍事关绩效评估成败。评估主导权在于政府与民众之间划分则意味着权利与责任义务范畴的确定;政府的责任在于综合发展和维持稳定,而民众义务是控制行政权和参与地方治理。按照政府和民众的职责范围设定与地方政府职能相关的评估指标,并确定出关键指标,从而做到更直观地对地方政府绩效做出评价。为了构建公众强力参与的绩效评估体系,可以采取如下措施:其一,设立绩效考评委员会;其二,构建公开透明的信息机制;其三,打造有效互动的沟通机制;其四,强化公众参与的绩效监察体系。

必须申明,这种注入公众导向而引发评估体系重塑的措施不能被孤立视为单一变革措施。事实上,它的开展必定引发其他相关改革(地方选举制度改革、司法改革等等)的配套进行。否则,我们不但跳不出"头疼医头,脚痛医脚"的单极性改革思维怪圈,而且会空浪费资源却达不到改革目标。公众导向下的政府绩效评估体制重塑将是一次彻底的评估体系变革措施,也是我国社会主义政治改革的探索尝试。而且,公众导向的政府绩效评估体制的民主教育功能也是极其显著的,它可以使得我国长期以来公众参政素质不高的局面得到根本性改变,最终将我国引上民主政治的康庄大道。

第三节　政府绩效改进途径

公共部门为什么要进行绩效管理? 这是因为公共部门对公民至少在以下三个方面的事情上负主要责任:一是政府的支出必须获得人民的同意并按正当程序支出;二是资源必须有效率地利用;三是资源必须用于达成预期的结果。同时,人们期望政治家能为自己做出的决定负责。如果我们不能测评政府的绩效,那么,我们很难知道公共部门承担起了责任。因此,绩效管理有利于公共部门落实责任。许多学者皆认为绩效不易衡量为公共组织之特征。学者林奇和戴伊认为实际上常常存在如下限制:内部无能的反功能;政府绩效的因果关系难以确认;公共部门组织很少能控制环境的因素;政治考量经常是资源配置的重心。

具体而言,绩效管理制度共同的问题在于以下几个方面:① 绩效管理的一个重要前提是将所有绩效都以量化的方式呈现,但公共部门面临着如何将公共服务量化的问题;② 功能相同的公共组织有地区性的差异,其规模大小亦不一样,以同样的绩效指标来衡量不公平;③ 如何订定与品质绩效有关的指标仍是绩效衡量的主要限制,多数公共服务的品质很难用客观具体的数据来衡量;④ 缺乏从事绩效管理能力的专家;⑤ 制定绩效指标时,上下级机关难免会在指标的数量、范围、权重等方面发生争议。

一、以公众利益需求满足为价值导向

政府绩效改进的目标方向在于处于公共服务供给过程中的利害关系人的期望满足。公共服务具有各种各样的顾客,他们并非都对同一结果感兴趣。公共管理者经常面临这样的困境:公共服务满足了一部分顾客的要求,可能使另一部分人感到不满。绩效衡量是测量公共服务是否满足不同顾客需求的一种方法。从本质上来看,这是一种对政府公共服务供给的结果导向的强调。现阶段的公共管理更加讲究"结果导向"而非程序、规则导向。传统上公共行政比较强调只重视过程和投入,不重视结果。公共管理认为程序和规则固然重要,但是,最重要的是:是否产生好的结果,是否满足公民需求。

个人绩效和组织绩效的双重要求。过去几乎所有的公共部门都进行公务员的个人绩效评估。但是,个人绩效的提高并不完全导致组织绩效的提高。只有将个人与组织二者结合起来,才能促进组织整体绩效的提高。在中国,中国共产党代表中国最广大人民的根本利益,就是党的理论、路线、纲领、方针、政策和各项工作,必须坚持把人民的根本利益作为出发点和归宿,充分发挥人民群众的积极性、主动性、创造性,在社会不断发展进步的基础上,使人民群众不断获得切实的经济、政治、文化利益。同时,中国共产党始终坚持人民的利益高于一切。党除了最广大人民的利益,没有自己特殊的利益。党的一切工作,必须以最广大人民的根本利益为最高标准。全党同志要始终坚持一切为了群众、一切依靠群众的根本观点,坚持党的群众路线,深入群众,深入基层,倾听群众呼声,反映群众意愿,集中群众智慧,使各项决策和工作符合实际和群众要求。

二、政府政绩机制的法治化建设

政绩机制的法治化是指政绩机制以法治为基本的制度设计原则,通过规范政府公共权力的运作及其官僚的公务行为来实现政府权力受到有效约束与制约的制度价值目标。政绩机制是行政体制中的重要构成部分,是驱动政府官员采取公共行动的发动机。当政绩机制的核心——政绩——实现法治化,即由法律严格规定政绩标准,才能确保官员公共行动的理性化,避免各种人治化困境,最终实现国家政治目标。

早在 2015 年 12 月 27 日,中共中央、国务院印发的《法治政府建设实施纲要(2015—2020 年)》在"总体要求"中提出了"衡量标准"的概念,这是一次对政绩机制建设的明确指导。法治化的精髓在于作为标准的"法"本身的客观化和理性化。对于政绩机制而言,其标准就是政绩,如果能够通过法律的形式公开表现出来,使公共行动可以得到政府自身与社会公众的共同监督,那么就可以确保政府行动活动的高效性和优质性,最终实现政绩机制的法治化。

若要实现政绩机制的法治化,就须剔除其中的各种人为的主观因素,确保法的因素在政绩机制中发挥根本作用。只有把政绩驱动的激励规则从单纯的唯唯诺诺的政治忠诚导向转化为多元的理性、高效的政治民主导向,确保政绩机制重新回归到法治化轨道上来,才能实现我国政府公共行政活动的优质化与高效化的治理目标。

(1)通过法律的形式来规定政绩内容,制定一整套客观科学的指标体系。法治化的基本思路是"先立法,后改革",将法律规范作为一切改革行动措施的前置条件。"权力转化为权威的过程是借助于法律来完成的。"①政绩机制的核心驱动要件是政绩本身,只有将之放入法律体系的规范之中,才能真正出现政绩机制重返法治化轨道的局面。

(2)推行综合绩效导向的政绩体系,将忠诚与能力有机地结合起来。政绩机制失灵表现为官员的政治不忠诚和庸碌无为、消极怠工。因此,单方面在政绩机制上强调忠诚或能力,都无法真正突破政绩机制失灵的人治化困境。传统的政绩指标一般分为"德能勤绩廉"几方面,过分重视了官员的品德,事实上这是难以真正实现政绩考量的。法治的要义是从人的现实行为入手,而无须去问人的初心;只要确保官员在科学的政绩指标体系指引下忠于发动他们的政绩机制,并最大化地发挥自身的能力,他们就应当被认为是既有忠诚又有能力的官员。

(3)实施上级考核与民众评价相结合的政绩考核方案,扭转地方政府唯上不唯民的不良风气。政绩考核的方式是政绩机制驱动官员采取公共行动的鞭策力。一直以来,我国采取的是以上级考核为主的方式,虽然这样可以确保官僚体系的垂直权威实现,但是会在现实中无形地将政治统治与公共管理目标对立起来。公共利益包含着现实世界公众的真正需要和正确趋向,这足以将政府及其官员引向永恒的实体性的正义原则②。因此,适当地因时因地引入民众评价的考核机制,有利于政府自身迅速改变官僚作风,真正将"全心全意为人民服务"宗旨放在工作重心的首位。

三、批判性借鉴国外发达国家的改革做法

进入20世纪90年代,绩效评估已成为各国行政发展的最新主题。美国会计总署1983年在对许多公司和地方政府实施绩效管理的做法进行调查后,确认了七项成功进行绩效改进的做法:管理者要成为组织绩效的中心;高层的支持与承诺;制定绩效目标和绩效规划;绩效衡量对组织要有意义;利用绩效规划和衡量体系使管理者负责任;意识到绩效的重要,并促使组织成员参与绩效改进;要连续不断地发现问题和绩效改进的机会。它在此后的1997年的调查中,又提出了绩效管理成功的要件,包括对绩效资料要有清晰的期望、对绩效管理要有熟练的技巧等。

美国在1973年出台的"联邦政府生产力测定方案",可以看成是公共部门绩效评估的早期试验;20世纪90年代初,重塑政府成为美国公共绩效管理发展的最新里程,与改革纵深阶段相适应;1993年,政府专门成立了由副总统戈尔领导的国家绩效审查委员会(NPR);同年通过的GPRA要求所有的联邦机构使用和发展绩效评估技术并向公民报告绩效状况。

美国《政府绩效与结果法》面临着四种不同类型的约束:联邦政府的制度结构,政治过程的动力,政府领域之间的差别,计划、预算和管理职能之间的差别。与世界其他制

---

① 丁亚仙.以法治衡量政治发展:基于近代四部法律文本的微观分析[J].沈阳大学学报(社会科学版),2016(6):7010-704.
② 陈新汉.论社会评价活动的两种现实形式[J].天津社会科学,2003(1):43.

度相比,联邦政府的制度结构导致了美国的政府绩效评估制度结构更加复杂化、分散化,并且限制了中央政府的权力范围。绩效评估也是如此,主要是在以下方面产生了不同:① 分享的权力。② 议会分散制。授权(创设项目)与拨款(为项目提供资金)是两个相互分离的程序。③ 众议院和参议院的差别。任期的差别导致对问题或项目的看法的差异。④ 政府运作委员会与具体委员会的差别。⑤ 国内政府间关系。⑥ 无内阁政府。

在美国的政治程序中,至少有五个方面影响着《政府绩效与结果法》的程序:选举周期、党派偏见、时间框架、分立的政府、预算过程。《政府绩效与结果法》中阐述的政府范围内的管理改革途径并不易适用于政策设计的不同现实情况。要采用单一的测评模式或效益给出单一的定义是一件难事。计划、预算与管理在内的多重职能是围绕着不同制度背景建立起来的,也反映出美国的分散性。这些职能的特性导致多元化与分割化。

英国公共部门绩效评估最早从 1968 年开始。当时,英国的王室土地监督局、国内税务局以及就业局开始发布各部门的整体效率指数,并拟定各种绩效指标用以衡量下属部门的工作。但是在 20 世纪 80 年代以前,绩效评估局限于输入和产出易于识别和调整的执行功能。直至 20 世纪 80 年代后期,撒切尔政府及其后的梅杰政府、布莱尔政府才相继推行了一系列行政改革来推广和普及政府绩效评估。根据评估的侧重点不同,公共部门绩效评估可以分为效率优先和质量优先两个阶段。英国政府在整体风险管理建设中,在加强组织内部风险管理机构建设的同时,注重通过建立战略框架、提升风险管理能力、加强与公众的风险沟通、培育政府内部的风险管理文化等措施,以促进公共政策优化,提供更好的公共服务。

首先,建立政府风险管理的战略框架。其主要工作包括让各部门了解政府的角色与责任,以及风险管理的目标、原则。英国政府把保障公众安全作为政府的核心工作之一,在风险管理方面承担制定规章、服务照顾、实施管理等三方面的职责。实际上,这三方面职责之间部分存在交叉,同时,英国政府最大的风险之一就是无法了解应扮演的角色与任务,无法取得公众的信任。为此,在确认政府风险管理的目标、原则方面,英国政府严格审查各部门风险管理的现状,总结和参考国内外风险管理的典型案例,设定风险管理目标与原则。

其次,提升政府风险管理的实际能力。具体工作包括五个方面:一是确保决策充分评估风险。风险管理应落实到政府核心决策过程中,包括政策制定、预算执行绩效评估、部门计划、服务管理、项目管理等诸方面,并不断破解风险管理中的难题。因此,在政策制定方面,需要制定政府内部风险管理的相关标准。二是采用实用的风险管理技术和方法。英国财政部在 2001 年出版的橘皮书中,介绍了风险管理的基本概念,并作为政府部门发展和实施风险管理的基础。2004 年 10 月出版的橘皮书中提出了风险管理模型,提供给各级行政管理人员作为风险管理的标准程序。三是管理风险组织化。英国政府风险管理的主要责任在部门,部门会再根据风险性质与规模,将部分责任传递到下级机构或由部门,公共部门与私人部门等单位签订合同,分散风险。中央政府应向公共部门和私营部门提供危机管理的帮助,及时追踪和应对跨部门的风险,努力克服政府施政重要目标执行时所遭遇的风险。四是培养风险管理者的实际能力。战略中心认为风险管理观念与能力应深化于政府施政过程中,政府应参考好的实务经验,开展风险管理的实际训练。还应任命专门的风险官,负责领导风险管理体系、步骤、技术等方面的建设,以有效管理风险。同时,应建立相应的绩效考核机制,促进提升风险管理能力的工作。五是确保风险管理工作质量。应结合风险管理标准、绩效考核等措施,通过管理标杆设定具体的执行情况,确保风险管理工作得到重视,提高风险管理工作质量。

再次,加强与公众的风险沟通。为了有效地管理、沟通涉及公众的风险,取得公众的信任,政府必须更开放,尤其在不确定性高的政策制定过程中,决策更应该透明,并且在决策过程前期让利益相关者及社会大众更多参与,以增强公众信任,降低政策风险。英国政府把教育作为公众认识风险的最重要一环,在《国家风险登记册》中,让公民充分了解国家面临的灾害和威胁,并提供相应的防灾避险指导。

最后,培育政府内部的风险管理文化。培育良好的文化是有效管理风险的基础,政府部门的行政首长与高级官员应采取积极有效的措施,通过支持风险管理变革,培养风险管理的理念和意识,提高管理人员风险管理技能,促进管理人员熟练掌握风险管理相关技术和方法,推进风险管理工作的执行等系列措施,促进政府内部的风险管理文化建设。

此外,英国内阁国民紧急事务秘书处制定了"国家风险评估"(以下简称 NRA),以确定 5 年期内的风险和绘制风险矩阵的约 80 个危害和威胁,以促进政府部门决策能力、应急准备和规划。该工具引入了系统性和包容性的方法进行风险分析,其中风险被界定为某一特定自然灾害或人为威胁可能性和影响的函数。这反映出,一方面可能发生的紧急情况将产生对机构的不利影响(如洪水或核事故);另一方面,在何种程度上事件对机构产生影响(如工作人员缺乏,电力供应中断,设施损害)。NRA 进程包括如下三个阶段:风险确定、评估可能发生的风险及其影响、风险比对。评估进程需要来自政府部门、机构、委任机构、公众、私人和志愿部门的代表广泛参与,规定提供定期监测和更新机制,考虑风险环境的变化。在英国国家风险评估中,风险评级的定义如下:

非常高(VE)的风险——这是需要立即注意、被列为首要或重要的风险。它们可能有高或低发生的可能性,但它们的潜在后果是这样的,必须被视为一个高度优先事项,需要制订战略,以减少或消除风险,而且有关这些风险(跨机构)的规划、实施和培训应及时到位,并定期进行风险监测。

高(H)风险——这些风险列为重大。它们发生的可能性可能偏高或偏低,但其潜在后果是相当严重,在适当考虑后,这些风险列为"很高"。应考虑到发展战略,以减少或消除风险。缓解的形式至少是到位的(跨机构)的规划、实施和培训,必须经常检测相关风险。高风险以上级别的风险,必须在英国国家、区域和地方层级规划中得到充分考量。

中等(M)风险——这些风险是同样重要的,但短期内不可能会造成破坏。应监测这些风险,以确保它们在基本应急规划措施适当管理之下。

低(L)风险——这些风险都不大可能发生,而且没有显著的影响。对它们的管理应使用正常或一般规划措施,并要求最小监测和控制,除非以后的风险评估显示出很大的变化,促使其移动到另一个风险类别。

在英国,国家风险评估不包括以下方面的问题:更长久或更广泛的全球性风险——像气候变化或者能源竞争——超出五年的国家风险评估之外、对英国市民安全和保障的影响予以全面预测与评判;在海外发生的重大紧急情况风险,除非它们直接影响并严重损害英国人的福祉或环境;每天发生的像街头犯罪这样的问题(这可能会导致很长一段时间的痛苦和损害,但并非需要中央政府直接参与响应紧急情况)。

四、强化审计监督并注入政府绩效评估体制之中

审计法制工作是社会主义法制建设的重要组成部分,要深刻地认识到加强审计法制建设的重要性。随着民主法治的推进,社会各界对加强依法审计的呼声越来越高,这一方面为加强审计法制建设创造了条件,另一方面对加强审计法制建设提出了更高的要求。这是基于审计监督的视角来看待政府绩效评估体制变革。强化审计监督、促进政府绩效评估体制变革应把落实中央八项规定作为推动审计事业发展的行动指南,充分发挥审计监督促进贯彻执行中央八项规定的职能作用。要加大中央八项规定审计监督的力度,把贯彻落实中央八项规定作为审计工作的重点,与预算执行审计、经济责任审计、财务收支审计、基建投资审计、专项资金审计相结合,严肃查处有令不行、有禁不止的行为。要加大问责追究力度。加强与纪检监察、组织等部门的沟通联系,实行信息资料互通共享。有效推进各项审计结论的整改落实,充分发挥审计监督在贯彻中央八项规定中的作用。具体思路如下:

一是以预算执行审计为主线,实行轮审制,实现对一级预算单位的审计监督全覆盖,促进政府绩效评估体制变革。坚持把预算执行审计作为审计的重中之重,形成预算执行审计"一盘棋"的工作格局,注重从组织方式上进行统一协调,构建以预算执行审计为主体,各专业审计共同参与,既明确分工,又相互配合的审计组织体系。结合市人大交办的部门决算草案审签,对部门预算执行情况实行轮审,每年筛选 10 个部门作为重点,经过几年来的审计,已覆盖了政府各个组成部门,实现了对部门预算从编制到决算全过程的监督。

二是以经济责任审计为载体,实行离任审计与任中审计相结合,实现对领导干部的审计监督全覆盖。坚持离任必审、任中轮审,促进政府绩效评估体制变革。通过对领导干部分类实施计划管理,按审计对象重点的主次分别确定必审、轮审和授权区局审计,实现一次进点获取两项审计成果,提高审计效率。

三是以专项审计调查为抓手,实行系统性审计,实现对公共资金和国有资产资源的审计监督全覆盖,促进政府绩效评估体制变革。充分发挥专项审计、调查审计覆盖面广的特点,对重点领域、重点行业、重点资金、重点项目开展系统性专项审计调查,有效提高对公共资金、国有资产资源的审计监督力度。注重审计延伸,循着资金流向走,从政策要求、预算安排、资金拨付一直追踪到项目,追踪到个人,不断提高审计监督覆盖面。

四是以审计技术创新为手段,实行计算机审计,有力保障审计监督全覆盖,促进政

府绩效评估体制变革。积极推进审计数字化指挥中心、审计作业云、审计数据综合分析系统、联网审计系统等建设,实现多行业计算机审计及行业间的综合比对分析,提高审计监督的深度和广度。加大电子政务建设和推广运用,提高行政效率。加强计算机培训,增强审计人员计算机辅助审计的能力,提高审计效率和质量。

经济责任审计职能是经济责任审计理论研究的核心问题之一,正确认识和合理确定其职能,对于充分发挥其效用,促进政府绩效评估体制变革,理顺审计机关与其他监督机关的关系,完善国家经济监督体系意义重大。其历史沿革表明,经济责任审计制度不完全是审计机关内部自我产生和发展的结果,而是在有关党政领导机关直接推动下产生和发展起来的党政领导干部监督制度的重要组成部分,是党管干部的实质性发展,政府治理的工具之一,可以为促进政府绩效评估体制变革做出应有的贡献。作为我国所特有的一项审计制度,其制度设计决定了其职能应立足于政府绩效评估体制变革的审计目标,并确立了科学、合理地评价领导干部所负的经济责任。

本章课程思政学习材料

辽宁上线政府采购质疑投诉管理系统
(原标题:我省上线政府采购质疑投诉管理系统)
来源:辽宁日报

近日,辽宁省财政厅组织开发的政府采购质疑投诉管理系统上线。"上线当天就收到了供应商的维权信息。"1月10日,省财政厅采购监督管理处相关负责人告诉记者,借助该系统,辽宁省政府采购当事人能够获得标准统一、便捷高效的行政裁决处理服务,"'指尖维权'将更便捷"。

据介绍,传统模式下,供应商和采购人对相关采购项目存在质疑时,主要通过线下邮寄投诉书等方式办理,在途时间长、投诉成本高、投诉办案效率受影响。政府采购质疑投诉管理系统,将极大改变这种不利局面,较为客观地维护政府采购活动当事人的合法权益。

该系统还特别设计了质疑投诉模板,供应商只需"填空"便可录入质疑投诉信息。同时,系统可自动生成标准统一的质疑函或投诉书,既方便当事人维权,也可减少当事人修改补正材料等重复工作。

在上线政府采购质疑投诉管理系统的同时,省财政厅还完善了配套政策,出台《辽宁省政府采购电子化质疑投诉管理办法》,明确指出全省政府采购质疑投诉均可全程在线办理。"公正、透明、高效的政府采购质疑投诉处理机制,为辽宁在阳光下健康运行政府采购市场环境,创造了必要条件。"省财政厅相关负责人表示,以此为契机,今年辽宁"数字财政"建设步伐也将提速,财政领域"互联网+"效应显著增强。

(资料来源:http://ln.people.com.cn/n2/2022/0111/c378317-35089807.html)

人民网评:切实扭转不科学的教育评价导向
来源:人民网

教育部近日发布《普通高中学校办学质量评价指南》(以下简称《评价指南》),把立德树人成效作为根本标准,将办学方向、课程教学、教师发展、学校管理、学生发展等方面作为评价重点内容。

高中阶段教育在国民教育体系中处于承上启下的关键地位,孩子能否读好高中更牵动着千千万万家庭的神经。不得不说,唯分数论等偏颇的评价机制令学生和教师疲惫不堪,更不利于学生德智体美劳全面发展。此次《评价指南》的发布,不仅体现了教育部的明确态度,更是全面贯彻党的教育方针、遵循教育规律和人才成长规律的应有之义。其中的一些"亮点",迅速引发社会关注。

《评价指南》强调,坚决克服单纯以考试成绩或升学率评价学校办学质量的倾向。将高考升学率作为全面实施素质教育的客观结果之一,不给年级、班级、教师下达升学指标,不将升学率与教师评优评先及职称晋升挂钩,不公布、不宣传、不炒作高考"状元"和升学率。教育的根本目的是促进人的全面健康发展,而人才培养一定是育人和育才相统一的过程。社会大力提倡素质教育,不仅要高度重视学生品德教育这一立人之本,更要重视对学生的科学精神、创新能力、思辨意识的培育,启发学生学习兴趣,培养丰富多样的才华潜能。既然育人包括这么多的方面,自然不可能仅以单一维度或分数来评价。事实上,良好的素质教育会使学生顺利步入更高水平的教育阶段,这是一个"水到渠成"的过程。着力克服"唯分数、唯升学"倾向,才能避免"本末倒置"。

《评价指南》还提到,学校要严格按照课程标准实施教学,不得随意增减课时、改变难度、调整进度,严禁高三上学期结束前结课备考。严禁法定节假日、寒暑假集中补课或变相补课。这些要求旨在促进学校"开齐开足开好国家规定课程"的同时,又是在告诚学校不要加重学生学习负担,严禁"揠苗助长"。进一步看,普通高中学校的教育导向和方式对于引导义务教育学校深化教育教学改革、推进素质教育也具有"指挥棒"效应,有助于"双减"政策的进一步落实。

此外,学校要指导学生根据国家发展需要和自身兴趣特长选择选考科目,不得违背学生个人志愿组织要求学生普遍选考特定科目,坚决避免功利化选科选考。这不仅是实事求是的应有体现,更是尊重学生个性化发展、防止"一把尺子衡量一切"的理智做法。坚持综合评价与特色评价相结合,一方面对学生学习和成长具有极为现实的积极效应,另一方面对促进普通高中学校多样化有特色发展同样意义重大。

普通高中学校办学质量该由谁来评价?据悉,将采取学校自评、县级审核、市级全面评价、省级统筹评价和国家抽查监测的方式进行。逐级评价、审核、监测,避免了"自说自话",将会对学校办学质量做出实事求是的评价,更有助于提出工作改进意见建议,不断完善评价体系机制。

新的评价制度不可能一蹴而就,还需要教学体系、教学观念等多方改进,把制度落到实处。评价本身不是目的,进一步提高办学质量才是关键。更好适应高中阶段学生成长特点,引导学校丰富课程体系,增强学生综合素质,促进学生全面而有个性地发展,才能不断培养出担当民族复兴大任的时代新人。

（资料来源:http://opinion.people.com.cn/n1/2022/0110/c223228 - 32328167.html）

第八章 公共部门伦理

十八届四中全会报告:"全会强调,党的领导是全面推进依法治国、加快建设社会主义法治国家最根本的保证。必须加强和改进党对法治工作的领导,把党的领导贯彻到全面推进依法治国全过程。坚持依法执政,各级领导干部要带头遵守法律,带头依法办事,不得违法行使权力,更不能以言代法、以权压法、徇私枉法。健全党领导依法治国的制度和工作机制,完善保证党确定依法治国方针政策和决策部署的工作机制和程序,加强对全面推进依法治国统一领导、统一部署、统筹协调,完善党委依法决策机制。"①公共部门伦理是公共管理学的重要内容。

第一节 组织权力与个人角色

制度本身存在一定的评判,最简单的莫过于好与坏之分,这种评判界限是由政治哲学的公共性或者公共道德决定的。好的制度可以实现公共利益。它的有效性体现在实现公共利益的程序之上,越是好的制度越是能够最大化地实现公共利益,最大限度地向世人展示自身的公共性及其公共道德。

一、制度的逻辑起点:人性假设

人是一个具有动物性本能的智能生物体,它的一切行为选择及其付诸实践是由与之密切相关联的人性决定的。人性也可被简单地评判为好与坏。好的人性,崇善止恶,人人适度节制个人私欲,以换取社会中的秩序安定,即人与人之间的和谐相处。坏的人性,则放纵个人私欲,致使贪婪成性,将给社会造成无尽的罪愆。人性变量应当分为两个部分:一是由公务员群体组成的政府所具有的类人性特征,这样的考虑就是要思考如何使得有关的制度结构变成可靠的公共行动体系;二是民众的个体人性,这样才可以通过制度的力量来诱导他们扬善弃恶,如表 8-1 所示。这是因为"一切经济表明,没有任何一种统治自愿满足于仅仅以物质的动机或仅仅以情绪的动机,或者仅仅以价值合乎理性的动机,作为其继续存在的机会。相反,任何统治都企图唤起并维持对它的合法性的信仰。"②

---

① 新华网.十八届四中全会报告[EB/OL].http://www.js.xinhuanet.com/2014-10/24/c_1112969836_3.htm.2014-10-24.

② [德]马克斯·韦伯.经济与社会(上卷)[M].商务印书馆,1977.239.

政府的集体人性的存在说明要有效防范政府偷懒,让它从事关民众福祉的"无政绩不作为"的怠政状态转变为"无法律规定不作为"的法治状态,从而形成政府公共行动体系顺畅运转的制度效果。民众的个体人性主要是针对人性中经济理性算计,防范诸如"搭便车"这样足以冲抵掉制度能量的负外部性现象发生的制度效果。

表 8-1　人性变量情形分析(笔者自制)

	公共行动	制度效果
政府人性	法治规范的勤政善政	公共行动体系顺畅运转
民众人性	克服势利算计的经济性	"搭便车"等外部性克制

二、制度的逻辑天平:组织权力

权力是政治的第一维度。权为衡器;权力,是平衡的力量、平衡的能力。权力有三个属性:公权(政府)、私权(市场)和共权(社会)。相互之间相互制衡,以正向运作。权力有广义和狭义之分。广义的权力是指某种影响力和支配力,它分为社会权力和国家权力两大类。狭义的权力指国家权力,即统治者为了实现其政治利益和建立一定的统治秩序而具有的一种组织性支配力。马克思·韦伯将权力定义为:把一个人的意志强加在其他人的行为之上的能力。顿纳斯·H.隆认为,所谓权力就是某些人具有对其他人产生他所希望和预定影响的能力。J.马里顿认为,权力是一种支配力量,权力主体拥有这一力量,并有能力强迫被支配客体服从。托马斯·戴伊认为,权力是一种担任某种职务的人在做决定时所具有的能力或潜力,这种能力或者潜力可以使担当职务的人影响这个社会制度中的其他一些人。克特·W.巴克认为权力是在个人或团体的双方或多方之间发生利益冲突或价值冲突的情况下,执行强制性控制的能力。汉斯·摩根索将权力界定为人对其他人的思想或行动的控制。苏珊·斯特兰奇认为,权力就是一个人或一组人所具备的如下能力,即能够施加影响,造成自己的偏好胜过他人偏好的后果。综上所述,权力是一种控制力或影响力,对人们的利益具有价值分配的作用。在组织中,权力是实现组织(特别是以科层制为基础的政府组织)正常运转的基本要素。

文艺复兴前后兴起的人文主义精神、科学精神使解释权力来源的契约理论得以产生。契约学说的主要代表人物有霍布斯、洛克、孟德斯鸠、卢梭、狄德罗、马克斯·韦伯等,主要内容包括国家起源、天赋人权、主权在民、三权分立、程序合法等。天赋人权,强调人天生就是平等的。洛克在《政府论》中指出:极为明显,同种和同等的人们既毫无差别地生来就享有自然的一切同样的有利条件,能够运用相同的身心能力,就应该人人平等,不存在从属或受制关系。亚当·斯密则强调:每一个人,在他不违反正义的法律时,都应听其完全自由,让他采用自己的方法,求自己的利益,以其劳动及资本和其他任何人或其他阶级相竞争……按照自然自由的制度,君主只有三个应尽的义务……第一,保护社会,使不受其他独立社会的侵犯。第二,尽可能保护社会上各个人,使不受社会上任何其他人的侵害或压迫,这就是说,要设立严正的司法机关。第三,建设并维持某些公共事业及某些公共设施……①马克思等没有直接指出国家权力来源于利益冲突,但其有关论述及进行利益冲突的实践体现了这一观念。② 国家是从外部强加给社会的某种力量,它不是神意的体现,而是权利的让渡。

权力的主观构成要素主要包括:① 能力素质。政治权力主体的能力素质是其智力和体力的总和。能力素质是政治权力主观构成要素中最为基本的要素,它是政治权力得以形成和保持的基础。② 身份资格。政治权力主体的身份资格的含义同样因主体不同而相异。个人的身份资格就是人的社会政治角色。群体也有其特定的身份资格,其主要有群体的社会形象、社会地位、社会政治威望和声誉等。③ 理论与策略。理论是政治权力主体对于社会政治目标及其原则的构思。作为政治权力的主观构成要素,理论实际上反映政治权力主体的政治目标及其原则符合于多少人的利益。策略是政治权力主体在具体的客观条件下强化自身力量、弱化对方力量的方式,因此,策略是与实际政治生活的具体时间、地点、性质、内容、对象、矛盾程度等复杂因素紧密联系在一起的。从这个意义上讲,策略是政治权力在具体情况下能否形成和保持的关键。④ 组织制度。组织是若干个人的有机集合。组织的力量取决于组织基础、组织原则、组织结构、组织运行方式以及组织成员的相互关系等多方面因素。

由于领导才能的不同,集体各成员对于权力的使用将会产生不同的客观失误率,集体将会赋予具有较高领导才能的人更大的权力,以减少集体因权力使用的客观失误所产生的价值损失风险。由于道德品质的不同,集体各成员对于权力的使用将会产生不同的主观失误率,集体将会赋予具有较高道德品质的人更大的权力,以减少集体因权力使用的主观失误所产生的价值损失风险。在生产力发展水平落后的社会里,大部分的价值都是低层次的,这些低层次价值通常具有较低的共享性和关联性,较高的矛盾性和独立性,这些价值资源的支配,就应该采取相对集权的方式来进行,才能具有较高的价值效率。在社会处于较高动荡程度和较大变化情况的环境里,价值的变动性较大,各种利益矛盾比较尖锐化和复杂化,就应该采取相对集权的方式来进行支配,才能具有较高的价值效率。集体明文规定所赋予的名誉权力与拥有的实际权力不同,领导主体由于能力、品质、资历、社会关系等的不同,其实际拥有的权力可能要大于或小于集体所赋予的名誉权力。集体可以通过各种法律制度、管理流程、监督手段、奖惩方法和公众参与方式,逐渐稀释和弱化领导主体的实际权力,确保权力在使用过程中充分体现集体的意志或利益要求,使集体中各成员的实际权力配置比例在原则上逐渐趋近于每个成员的价值投入比例。通过各种手段不断提高集体一般成员的基础权力,可以进一步稀释和弱化领导主体的实际权力。例如,提高一般集体成员的言论自由权、劳动与社会保障权、社会救助权、申诉权、生存权、人身自由权、公众表决权、监督权与公共事务参与权等。

---

① [英]洛克.政府论·下卷[M].叶启芳,瞿菊农,译.北京:商务印书馆,1996:110.
② [英]亚当·斯密.国民财富的性质和原因研究(下卷)[M].郭大力,王亚南,译.北京:商务印书馆,1974:253.

三、制度的逻辑归属:社群主义

社群主义是 20 世纪 80 年代后产生的当代最有影响的西方政治思潮之一,以新集体主义作为哲学基础。社群主义认为个人及其自我最终是由他所在的社群决定的。主要代表有桑德尔、麦金太尔和沃尔策等。约翰·密尔认为当社会作为集体凌驾于其成员个人之上时就会构成一种暴行①,而传统社会中成员之间彼此熟识,大多时候都是采用一种平等关系来处理相互之间的事务,无论父子、夫妇、朋友之间,在必要的处事礼节的前提下,现在仍趋近于一种平等关系,但是却非那种传统的礼制秩序中的等级状况。只是这个社会中成员具有内在的从众心理使得他们能够自觉地服从多数人或权威名望者的意见及主张,由此形成了传统社会带给我们的一种上下有序的和谐景象。作为中央国家的底基,传统社会正是由其中无数的个人关系网联合构成。因此,传统社会实质上内卷了国家与社会及社会与个人两组对应关系。并且,国家与社会之间的政治法律关系其实是在社会与个人之间的交互关系不断地政治法律化过程中形成的结果,并在国家、社会和个人之间构成紧凑密切的家国同构体。

家国同构、一元不分的天下观对东方的中国也产生了根深蒂固的影响。原本泊自西方的国家社会观理论对我国社会发展造成了不容忽视的冲击作用,但是国家社会二元化分离时出现了迥异于西方的自身特征。因此,我们有必要去重新审视中国宪政发生中的国家与社会互动的内在奥妙。在关于当代中国市民社会与政治国家关系的讨论中,学界力图建构既符合市场经济要求又与中国社会主义原则相协调的现代社会结构,推进国家政治生活之理性化、民主化进程,实现在社会主义市场经济基础上的中国社会与国家的彼此制约、相互协调的耦合机制,确乎具有重大的理论意义和现实价值。② 在国家与社会应当公私分明时国家社会体制的滞后性却导致国家与社会不当的相互争利之冲突现象发生。我国二元社会结构并非内生自发的体制变迁,而是由外来的强力介入启动的,这便造成了由于全国各地差异、变革阻力不一所带来的国家与社会分离程度不一的矛盾现状。令人遗憾的是自明朝以后,国家在内忧外患中居然失去了变革的自觉性,也失去了宝贵的政治社会自发发展的绝佳机遇,造成了今日之被动情形,并给当下社会变革提出了严峻的挑战。

而且,社群主义的主要代表有桑德尔、麦金太尔和沃尔策等。社群主义是在批评新自由主义的过程中发展起来的,与此相一致,社群主义强调国家、家庭和社区的价值,倡导爱国主义。在价值观上,社群主义强调集体权利优先的原则。社群主义强调社群参与者的互动,这些人为共同的目标而聚在一起,并同意那些支配着社群秩序的规则。这种观点的支持者相信,和谐在某种程度上产生于对社群政策(法规)的认同,且该认同乃出自合理的需求,而不是被任意强加的。社群(邻里、城市或国家)的成员接受达成共同目标的责任。这种看法在 20 世纪 90 年代 A.伊兹欧尼及其他美国学者的著作中有所发挥。

---

① [英]约翰·密尔.论自由[M].许宝骙,译.北京:商务印书馆,1998:5.
② 刘旺洪.国家与社会:法哲学研究范式的批判与重建[J].法学研究,2002(6).

四、制度的逻辑悖论：管理困境

米勒在《管理困境》一书中从新制度经济学的视角探讨了科层（企业）的存在理由，分析了科层内部管理机制及其困境，研究了有关科层的政治经济学诸方面（如合作、领导能力和产权等）。事实上，当人们遭遇市场失灵时，会诉诸科层，但科层自身也会失灵，此时是否会求助于市场呢？而且，如果市场失灵和科层失灵同时并存，人们又该如何选择、如何去做呢？公共组织存在很多弊端，体现如下：

（1）决策权威集中化造成管理的恶性循环。权力集中反映主管对人员失控的忧虑和不信任，则必然采取严密的监督，这会造成上下层级数的增加。然而层次越多，权利越集中，沟通越困难，越无法相互理解，从而加重了上级对下级的失控忧虑和不信任和管理上的恶性循环。权力集中也可能引起法规的过量增长。

（2）专业分工原则的扭曲。专业分工原则有可能使垂直的权力斗争"水平化"，而水平权利争执加上上下层级的线型关系，将使组织内部、组织之间的网路联系更加困难，影响到组织工作的展开。

（3）制式化对组织效能的可能影响。制式化容易压抑工作人员的创新动机，可能会对组织效能造成现行负相关的影响。当体制作用超过其所能处理环境问题的能力时，组织效能就会随之下降。组织内部同时存在着两种竞争有限资源的对立势力：一是探察新知、发现新知的活动；二是应用所知、发现已知的活动。科层体系随着生命周期的发展，势必面对这种创新与守成的两难境地。

（4）遏制组织学习。组织学习是组织发展和创新的一个条件，传统的科层组织存在着遏制组织学习和创新的趋向，主要表现在：① 学习动机的钝化；② 偏好经验学习；③ 形成组织学习的断层。

（5）科层价值与民主价值的冲突。从民主发展的过程看，政治科层化所造成的精英统治、权力集中，与民主多数统治的原则是相背离的。科层体系穿透政治的手段是相当高明的，它可以轻易地将公众问题转换为行政技术予以处理，更能利用政务首长的专业知识限制发挥其行政运作的战略地位，借以谋取集团私利。科层政治化的结果使科层的价值取向与民主行政的价值取向相背离。

（6）科层价值与人格成长的冲突。科层组织的理性行为、专业化分工、全力作用和严密控制的四种价值观，与成人追求主动、自主、创造、负责等人格成长的趋向背道而驰。科层体系的"整合性"使单一忠诚和纪律遵守成为组织内部的美德，忽视了个人间的差异，压抑了个性的发展。科层组织要求的绝对服从关系使组织成员逐渐丧失独立解决问题的能力，造成团体的盲从现象。

（7）防卫型的官僚人格。官僚的防卫人格在不同层级中有着不同的表现：高层管理者在组织晋升的过程中养成要求完美、冷酷、自爱的个性，有高处不胜寒的孤立感。中层管理者为贯彻任务，而有敌对、压抑、支配的行为倾向。基层管理者因为所处地位的关系，有自我放任或听天由命的倾向。防卫型的官僚人格使人在人际关系上表现出两种极端的态度：对己有利者老练世故、热情照应；对己无益者冷漠无情、吝于关怀。

第二节　冲突与协调

"权力"一词最早是起源于政治学,是政治学中的核心概念。早在公元前 5 世纪修昔底德就对权力进行了研究,他被称为是"现实主义理论之父"。摩根索以人性论为基础,发展了权力政治理论,现实主义理论因此也被称为"权力政治理论"。按照对权力的认识和研究方法的不同,现实主义可以分为三大流派:以摩根索为代表的经典现实主义、以沃尔兹为代表的结构现实主义(即新现实主义)和以米尔斯海默为代表的进攻性现实主义。论权力的人多少可以分成两派,两种看法:一派是偏重在社会冲突的一方面,另一派是偏重在冲突协调的一方面。当然两者各有偏重,所看到的不免也各有不同的地方。

一、社会冲突是权力产生的原因

刘易斯·科塞认为,冲突是为了价值而对一定地位、权力、资源的争夺以及对立双方为使对手受损或被消灭的斗争。由此分析可知,因价值、资源、权力、地位等利益的对立所引起的冲突,只是作为一种达到目的的手段。冲突除了利益上的差异之外,也有因个人或群体的情感需要而引起的,这种冲突要达到的目的并非想获得某种利益的结果,而是通过感情上的宣泄来减少差异,获得情感平衡。因此,冲突可以看作是由于某种抵触或对立状况而感知到的不一致的差异,这种差异表现为利益方面的和情感方面的,当这种差异在组织中存在时就表现为冲突。冲突按达到目的的不同,可分为现实性冲突和非现实性冲突。现实性冲突,指在某种组织关系中,某种需求得不到满足或对其他参与者所做所得的估价而引发的冲突,其目的在于追求尚没有得到的利益。这种现实性冲突只是获得特定目标结果的手段。非现实性冲突,指在组织关系中,至少有一个个体(群体)为发泄、释放自身紧张情绪而同其他方发生的冲突。这种冲突的对抗选择并不直接依赖于引起争端问题的相关因素,也不以获得某种利益结果为目标取向,它是纯情感上的。

从社会冲突一方面着眼,权力表现在社会不同团体或阶层间主从的形态里。在上的是握有权力的,他们利用权力去支配在下的,发施号令,以他们的意志去驱使被支配者的行动。权力依这种观点说,是冲突过程的持续,是一种休战状态中的临时平衡。冲突的性质并没有消弭,但武力的阶段过去了,被支配的一方面已认了输,屈服了。但是他们并没有甘心接受胜利者所规定下的条件,非心服也。于是两方面的关系中发生了权力。权力是维持这一关系所必需的手段。

人们的社会思维仍然是人治的,所谓人治特德,不过是个人的私德罢了,结果人人立法、人人皆可为尧舜,人性自利还使得人们习惯"严以律人,宽以待己"。孰不知法治的天敌即是人治思维下一人乃至众人曲解法律并自行立法及执法。在中央集权的国家里,政府无疑是最强大的社会政治力量,这也决定了政府的侵权与暴政的机率要比分权的国家要多很多。所以,集权的辩证内涵在于政府公权的制约,这也就是说不仅要关注政府行政效率,也要关注政府的施政质量——民主与公平。

　　人治条件下,权力依附于个人,则制约政府的公权异化为防范掌握公权的个人,这对国家政治制度安排则无疑提出了高难度的水准与要求。人的资质禀赋因人而异、变化无常,长此以往,政府自身大量的经费成本流向的是机关里人与人之间的相互提防内耗,这不仅败坏了政府里官场风气,还加重了政治制度设计的监督任务。据此看来,人治的办法与思维是不足取的:一是它不能实现强国的目标;二是它不可以用以作为推行法治建设的手段。我国法治建设在现实中遇到的阻力和困境,莫不与这种人治思维逻辑密切关联。既然是法治,我们看到的居然是人而非法律。虽然,人治与法治都可以讲正义,但前者却是基于个人理性之上的个人大侠风范,通常会导致由一人暴行而引发的社会秩序紊乱恶果,而后者则是基于人类共同理性之上的国家正义,最终转化为社会公认的法律形式。人治所持有的个人正义终究是少数人的正义,并不能得到全社会的广泛认同,这也是社会冲突产生的根本源头。

　　冲突是一个行为主体为谋求自身利益而与其他行为主体的对立、对抗和斗争。只要人们感到差异的存在,则冲突状态也存在。美国著名学者 Mroton Deutsch 认为,冲突存在于矛盾的活动之中,矛盾的活动是指某种行为对另一种行为所产生的阻碍、干扰和损害,或以某种方式使其效率降低。如果这种互不相容的活动发生在个体身上,就可引发个体内在的心理冲突。如果这种互不相容的活动发生在个体与个体、个体与群体、群体与群体之间,就可引发外部冲突。组织冲突是冲突的一个特定形态,是组织内部或外部某些关系难以协调而导致的矛盾激化和行为对抗。许多学者对组织冲突形成的原因进行了研究。尽管形成组织冲突的原因有很多,但其中最主要的原因是利益和目标的不一致。在组织冲突中,不合理的收益分配是其中最敏感的成因,它所引起的冲突,往往具有很强的对抗性。冲突中的各方都不愿意放弃自己的利益立场,因为各部门都竭力维护自己的利益,一旦一个部门目标的实现妨碍到另一个部门目标的实现,则会造成内部的分歧与对抗,形成部门之间相互不支持的局面。

　　冲突给组织带来巨大的损失、分散精力,冲突造成组织内人力、物力、财力等资源和组织的时间及努力都转移到赢得一场冲突上,而不是去实现组织的目标。这加大了工作成本和组织负担。当冲突者的立场走向极端时,会使组织不能处于正常状态,不能充分理解竞争对手提出的观点,判断和感觉会变得不准确,因此影响组织决策的正确率。在激烈的冲突下就不会有协调发生,这导致合作减少、人心涣散、组织声誉受损,严重时会导致组织失败或崩溃。由于内耗失控,致使生产效率低下甚至错失良机,使组织目标不能按时实现,从而在根本上同市场经济的效率、速度原则格格不入。无休止的磨擦、纷争、拆台有害于员工的精神健康,同组织文化背道而驰,冲突会引起人员的大量流失,从而造成知识资本的流失。

　　组织冲突消除的路径在于法治。"宪政的精义在于在政府权威与公众权利之间寻求张力,如果说限制政府提供了形成这种张力的前提,那么有效政府则提供了形成张力的途径"。[①] 国家与社会间的张力决定宪政发展的成效,而且,国家与社会的互动实际

上就是在政府权威与公众权利之间进行平衡状态调适。只有国家和社会从一元融合静态演化到二元分离动态变化,二者之间才会有互动关系。如果政治国家吞噬社会,"法的统治已经终止。个人间和社会集团间的纠纷都通过弱肉强食的法则和首领的专断来解决",而且"社会应该保障个人权利的理想本身也被否定"。① 要使本国的法律和谐、健康、经济、有序发展,必须建立国家与社会良性互动机制。② 在政民互动关系中利益实现均衡的关键在于这种法治认知对各自利益的一致与共识之上。这就要从政府与民众对自身利益及相互利益博弈的价值判断与现实妥协中谈论起。这种基于利益认同的价值判断意即在反映政府与民众之间的利益共体性。"妥善协调法律价值冲突,不仅使法律价值体系更加完善,更重要的是这是推进法治国家的第一步。"③法治精神不仅表现在法律结构体系在形式上的衔接,还在于法律内含的价值内涵在实质上的一致。从整体来看,法治精神也要求保持法律体系内外部运作要素的协调与契合。所谓法律体系指涵盖整个国家政治与社会经济生活的一切行为规范及风俗习惯所构成统一的法结构,它具有"部门齐全、结构严谨、内部和谐、体例科学和协调发展的完备法律体系,体现社会主义的价值取向和现代法律的基本精神"④等特征。

二、冲突协调反映了权力运行的作用

从冲突协调一方面着眼,却看到权力的另一性质。社会分工的结果使每个人都不能不求人而生活。分工对于每个人都是有利的,因为这是经济的基础,人可以较少的劳力得到较多的收获。劳力是成本,是痛苦的,人靠分工,减轻了生活担子,增加了享受。这样发生了权利和义务,从干涉别人一方面说是权利,接受人家的干涉一方面说是义务。各人有维持各人的工作、维持互相监督的责任。没有人可以随性地去做自己想做的事,而得遵守大家同意分配的工作。可是这有什么保障呢? 如果有人不遵守怎么办呢? 这里发生共同授予的权力了。这种权力的基础是社会契约,是同意。社会分工愈复杂,这种权力也愈扩大。这种权力被称为同意权力,这是解决冲突的前提条件。

冲突是客观存在的,也是不可避免的,协调是解决组织冲突的一种有效方法。在没有创造管理这个概念时就有了管理,而那时管理的主要内容就是协调,张子刚将协调管理定义为以人为中心,以管理与协调人的创造力为核心,具有知识化、团队化与网络化特点的一种全员参与的管理思想与管理模式。协调管理有利于建立和谐的内部协作关系,使组织内部资源达到最优配置,避免员工之间、部门之间的利益冲突而使合力最大。协调带来了合作,合作使部门之间建立相互依存、互惠互利的生存关系,当组织扩张或成长为更复杂的组织时,就需要有更多的合作与协调了。

协调与合作带来的益处有:① 可以提高工作效率;部门的员工不会为了达到他们自己的目标而全神贯注,相反,他们能够专注于组织的整体目标,有助于建立良好的人

---

① [法]达维德.当代主要法律体系[M].上海:上海译文出版社,1984:37.
② 唐宏强.国家与社会互动中的法律发展探析[J].学术交流,2006(7).
③ 李龙.政治文明与法治国家[M].武汉:武汉大学出版社,2007:117.
④ 李步云.论法治[M].北京:社会科学文献出版社,2008:49.

际关系。因为和谐的人际关系具有激励作用,倡导组织中人和谐的过程正是引导员工认识自己的工作意义和建立社会责任感的过程,员工的团结和满意、个人的价值观、态度,问题和目标可以和其他部门的相互渗透。② 共同的使命和共同的目标使员工共享一个关于组织的比较远大的目标、拥有一支团结合作的工作队伍、形成较强的凝聚力、促进目标的实现、相互信任、信息共享,协调与合作所产生的效用远远超出了由竞争所带来的激烈的努力所产生的效用。③ 组织目标的实现与组织内利益主体之间的互相帮助,资源和信息的交流,工作进步有关。④ 协调与合作鼓励了创新和适应。最近的研究表明,当来自不同部门的员工看到他们的目标被拴在一起时,他们就会毫无隐瞒地共享资源和信息,帮助组织快速地开发新的技术、产品和服务以实现共同目标,协调与合作使部门之间的培训成为可能。

减少冲突的一个有效方法是部门之间的培训,让有冲突的部门列出感知并确定其中的差异是相当容易的,但是要面对面地探讨差异,同意变革就要难一些了,而协调与合作使这种困难迎刃而解。明茨伯格认为把组织中的标准化和协调机制等同起来。他认为,组织结构涉及两个基本要求:一方面要把某个人类活动拆分成不同的任务,另一方面又要将各项任务协调整合起来,以便实现最终目标;协调是一件更复杂的事情,有各种不同的方式;这些方式称为"协调机制",尽管它们更主要的目的是进行控制和沟通。协调机制是核心问题,包括价值协同的协调机制、信息共享的协调机制、诱导与动员的协调机制。①

第三节 公共责任

公共责任是伴随公共管理的发展,对行政责任的扩充。进一步来说,公共责任可以划分为法律责任、政治责任、行政责任、职业责任和道德责任,同时还具有主体的多元性。在经济合同中,accountability 是合同双方共有的对等性义务。"就其内容来说,公共责任有三层意思:在行为实施之前,公共责任是一种职责(Responsibility),负责任意味着具有高度的职责感和义务感——行为主体在行使权力之前就明确形成权力所追求的公共目标;在行为实施的过程中,公共责任表现为主动述职或自觉接受监督(Answerability),'受外界评判机构的控制并向其汇报、解释、说明原因、反映情况、承担义务和提供账目';在行为实施之后,公共责任是一种评判并对不当行为承担责任(Liability)——撤销或纠正错误的行为和决策,惩罚造成失误的决策者和错误行为的执行者,并对所造成的损失进行赔偿"。

一、研究现状

加强公共责任制度建设是国家和社会面临的重要任务,也是中国特色社会主义理

---

① 郧益奋.网络治理:公共管理的新框架[J].公共管理学报,2007(1).

论体系的重要组成部分。因此,公共责任问题吸引了国内外众多的专家学者,他们对公共责任、公共责任法治化、公共责任追究机制等问题进行了深入的探讨,取得了丰硕的研究成果。其研究现状如下:

一是公共责任的研究成果非常丰富。国外学界对"Government Responsibility"的研究溯及人文复兴时期,如洛克、卢梭、密尔、孟德斯鸠等人,公共责任意味着对政府保持适度的不信任以确保政府能够有效行使公共权力而促进人民福祉。到近代,Henry H. Perritt、Randolph R. Clarke(1998)仔细考察了中国政府与法治之间的联系。Stephan Haggard、Jennifer Lee(2011)通过研究中国与朝鲜的边境贸易来研究全球视野下的法治问题。Steven T. Walthe(1999)在全球视野下研究法治与人权问题。还有学者把焦点放在了"Social Responsibility"(社会责任)上,在公共卫生领域强调公共责任的比较有代表意义,如 Kulesher,Robert(2014)、Knai C.等人(2015),还有的研究"Local Responsibility",如 Nalau J.(2015),等等。欧美国家学者对公共责任的研究主要是关注于公共责任实现的微观细节方面。在国内,李军鹏(2009)认为实现了公共责任意味着责任政府制度建设的有效性;沈荣华、钟伟军(2005)探讨了服务型政府的责任。

二是公共责任法治化研究日渐增多。栖灵、姜明安(2014)提出了权责法治化限权的观点;陈国权、徐露辉(2008)、张成立(2011)思考了西方国家行政问责法治化对我国的启示;许建宇、王婧婧(2007)在劳动行政视角下提到了"公共责任的法治化";王平(2010)探讨了"问责权法治化"问题;谢建平(2014)、任进(2014)、唐亚林(2015)、罗亚苍(2015)、俞道融等人(2015)探讨了地方政府权力清单制度与法治化的问题;蒋劲松(2005)把熔权制作为责任承担的基础;杨淑萍(2008)认为可以通过行政分权制度来实现责任承担;等等。

三是公共责任追究问题研究开始起步。沈荣华(2000)提出"政府的责任评判标准";胡汝为(2012)从医患关系视角来看待公共责任规制;张菀洺(2013)从教育公平视角来讨论公共责任界定等;王军(2008)、何文盛等人(2013)在绩效评估管理的视角下探讨公共责任问题;陈巍(2013)发现国外政府通过绩效评估机制来促进责任机制;张华民(2009)、包媛媛(2013)、刘玉平(2014)、邓海娟、殷仁胜(2015)等人思考了行政决策的法治化问题;王仰文(2014)探讨了行政决策失误评判标准的确立问题;张庆福、冯军(1996)则探讨了现代行政程序在法治行政中的作用;等等。

从上述国内外研究现状来看,现有的研究所涉内容广泛,研究取得了相当的成绩,为本课题研究提供了较为充分的理论基础,但其有待拓展与深入的方面如下:第一,虽然公共责任实现是法治政府建设的重要内容,但是,从公共责任规范机制创新角度来探讨法治政府建设研究还不是很充足。第二,尽管公共责任规范机制是法治政府建设的基本立足,然而,将公共责任规范机制与政府法治化目标结合起来的研究目前尚较少。第三,作为移植性的理论,公共责任理论发端于西方,植根于西方的理论谱系和实践基础。在中国特色社会主义制度的语境中,公共责任的法治内涵应有其特殊性的意义表达。第四,在研究方法上,央地差别、区域差别的比较研究不太充分,实证研究也较欠缺,且经验研究与规范研究的结合尚显薄弱,需改进细化,机制建构和对策建议缺乏现实针对性和可操作性。

二、基本内涵

《说文解字》中,任"符也,从人壬声。"①符乃做事、祭祀所用之物,后来自然延伸为事务之意,故有"任务""任期"之说。责,从束从贝,求也。后引申为诛责。壬:位北方也。阴极阳生,故易曰"龙战于野"。战者,接也。象人裹妊之形。承亥壬以子,生之叙也。与巫同意,壬承辛,象制胫。胫,任体也。凡壬之属从壬。② 这段话的意思可以理解为壬者,有生产的行为,万物欣生,巫者自祷,可作天下万物的造物主,所以亦可主宰世间一切,对世界拥有"索债"的权力。古语识别字形,以发掘字意,可利于追溯字的根源。法治乃为一国的政要事务,故有古人云"圣人执要,四方来效",视为国家政治的总的治世规律。统一于集权为一国创造法治夯实了政治基础。法治从本质上来说是一种在一定正义原则(即政治的根本原则)指导下的预设结果或状态。虽然,法治也需要通过分权与制衡来实现对政治权力的监督与控制,但仍须以国家的总的政治权力恒定,通过法律确认与赋予来实现之,为基本规律与制度前提,这样可确保权力行使在解构与划分时不会发生混乱与失控的情形。

然而,公共责任认识(含判定、追究等内容)模糊已成为当下我国法治困境的首要问题。追本溯源,公共责任终究不能等同于政府权力本身,这一点应当被视作信条一般确立起来。《中共中央关于全面推进依法治国若干重大问题的决定》(2014 年 10 月 23 日中国共产党第十八届中央委员会第四次会议通过)指出:"行政机关要坚持职责必须为,法无授权不可为……坚决纠正不作为、乱作为,坚决克服懒政,坚决惩处失职、渎职。"权责一致的含义是,在权责的分配上,必须一致、相当。有权必有责,有权无责,将导致滥用职权;有责无权,将导致推卸或躲避责任,都是行政管理中的大忌。③

古往今来的中外政治实验中人们总结发现:① 只有一种权力,即过度集权,就很难受到制约,也就难以阻止其腐化的势头;② 于是采用了权力解构的分权措施,最开始是自然分出两种不同性质的权力,结果要么两强相争引发政局动荡,要么一强一弱重新陷入集权困境之中;③ 以上方案的失败则顺势推出三权分立的想法,西方实行了"立法—行政—司法"模式,传统中国则是"君权—相权—监察"模式,后来孙中山的"五权宪法"也不过是中西合璧的三权分立模式的扩展,形式虽变、本质无异。

一切国家的存在以中央政权建立为标志,在未有制度之前,一切权力归结于主权性质的混沌权力(至于主权在民还是主权在君,不过是历史上两种不同的政治理论假设,这里暂且忽略之,不影响后续的分析)应被认为是一种无限的、主宰万物的创世造物权力。由于人性的存在,人们需要国家与政府是因为理想联合起来,共同抵御来自自然界的伤害与来自人与人之间的相互伤害,那么基于此人们脑海中的国家与政府须是一种

---

① [汉]许慎.说文解字·第八上·人[M].[宋]徐铉,校.北京:中华书局,2013:162.
② [汉]许慎.说文解字·第八上·人[M].[宋]徐铉,校.北京:中华书局,2013:311.
③ 应松年.法治政府[M].北京:社会科学文献出版社,2016:序言,6.

职能,这样才能进一步增进社会中所有人的福祉。上述由人性防范衍生出来的国家与政府创建原则本质上是一种正义原则,也自然而然变成了国家与政府之所以存在的根本价值与哲学意义。

随之,国家与政府可拥有的权力是:保护人们免收伤害与禁止相互伤害的权力。这既是明示权力的范围,也是暗示权力的边界,一切符合这一原则的权力才能被纳入法律确认的内容,否则必须删汰之。至于后来组成的政府并划分出各种办事、决策部门不是对这些权力的执行而言。国家政治权力的内容与范围如图8-1所示。

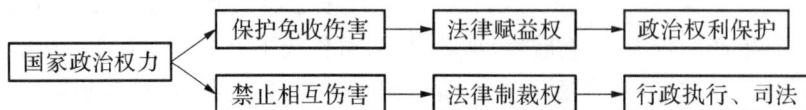

图8-1 国家政治权力的内容与范围

三、责任权力相伴生定律

对当代立宪政府而言,通过宪法及其法律的形式基于上述原则进行权力的确认,才能真正在源头上实现对权力的限制,从而,才会有真正的责任运行伴随权力运行、伴随权力的滥用与暴政。从这个意义上来将,权力的确认与限制,恰是责任明确的基本途径。任何公法(政治法,如宪法及相关的法律及行政法)都至少必须包含权力与责任两个相对独立且清晰明确的部分,这样才能实现责任与权力相伴生的法治原则。

公共责任是伴随公共权力的掌握及行使的始终在法律的规范下形成的对行政主体产生明示作用的行政法律关系现象。在法治视野下它通常是借助组织法与程序法等公法行使来实现自身的封闭性、过程性与完整性的制度目标及特征。责任运行制度虽然隐藏于权力运行制度之后却是同权力运行制度同等重要的制度设计体系,它本质上包括了以下诸要素:

(1)公共权力运行的过程。为了探索责任运行制度,必须弄明白权力运行制度的基本情况。权责一致,一体两翼构成了法治的两面。公共权力包括运行过程中权力的设立、授予、转让、调整及终止等方面,这需要从监控、控制、监督等方面(法律、政治、管理)全方位入手进行制度设计。

(2)法律的规范作用。责任政府有且只能由法律来规范,同时严格规范政府的日常言行。从某种意义上来讲,公共责任成为一种政府运行中公认的标准,以至于具有法律的同等地位与尊格。

(3)法律的明示作用。责任必须明示,才能公正无私,一视同仁地规范与约束政府及其所有公务员,才会真正成为悬在政府头上的尚方宝剑,随时警惕政府在现实中的日常言行。

按照不同的分类标准,责任将有不同的类别。例如,按照规范的法律不同,可以分为受到组织法约束的实体责任和受到程序法约束的程序责任;按照运作目标来分,则有积极推进公共目标的积极责任和未有效实现公共目标而需承担制裁后果的消极责任;

按照运作过程来分,可以分为事前、事中、事后等三个联系紧密的责任。公共责任体系主要包括以下四个方面:

(1) 公共责任立法。通过国家立法的方式促使公共责任全面纳入法治框架之中。也同时确保政府逐渐养成依法行政的思维与习惯。

(2) 公共责任人分类。将责任人分为直接执行责任人、直接决策责任人、领导责任人、监督责任人及其他连带责任人,尝试将所有责任有关者全部纳入法律规范之中,确保做到"法网恢恢,疏而不漏"。

(3) 明确公共责任形式。围绕着不同的责任人明确区分出具体执行责任、直接决策责任以及领导责任、财务责任、人事责任等连带责任,这样就可以迫使政府在责任警示的前提下自觉依法行政。

(4) 建立公共责任追究体系。在公共责任规范机制中,还包括公共责任追究的监督机关职责分工及其监督与监督职责绩效考核措施,确保责任追究机关一视同仁地受到法律监督,确保"违法不究、究而不严等,责任人(机关)同罪并罚"。

当下公共责任实现困境主要体现在责任法定模糊性问题、问题官员复出难题、违法行政屡现问题、怠政、懒政频现问题等,这应引起深刻的反思。主要分析的方面有:

(1) 顶层设计与地方创新之间的冲突。顶层设计滞后会带来体制壁垒困境,地方创新超前会陷入机制空巢难题。地方上积极创新的好机制形式也应得到中央的高度认可,才能真正进入法治的轨道,这也是国家立法对制度建设的重要作用体现。

(2) 公共责任人与公共责任法之间的冲突。法治与人治之间的本质差别在于"人与法之间的从属问题",前者强调"人从属于法",后者则主张"法适应于人"。这两种政治思维下也会对公共责任实现产生根本性的影响。

(3) 公共责任内部审核程序的缺乏。政府行政机关过分关注自身的外部行政行为(针对行政相对人)的有效实施,而恰好忽略了内部行政行为的有效制约,这是公共责任无法得到有力的法治规范的重要原因。

(4) 公共责任实现的非法定化。因人而异的公共责任确定带来责任实现的模糊性困境,感情因素的随时混入正是法治政府建设的巨大障碍。公共责任须通过国家立法来详细地表现出来,才不至于使责任追究流于形式。

公共责任是以法律形式出现的一种标准形态,不是法律的全部,却成为法律的关键内容。责任的运行便是通过它内在的标准内涵起作用并运行起来的。政府不是法定的自由裁量权太大了,而是人治的随意性色彩太强烈了,根本上缺乏一个明确的法治信仰意识。政府将"法无规定不得为"偷梁换柱为"法无禁止皆自由",是一种显著的缺乏法治信仰的体现。在电视剧《人民的名义》中,汉东省京州市市委书记李达康的"法无禁止皆自由"谬论,与汉东大学政法系之间的较量,是一种人治时代的法治困境表现。

四、公共责任法治化

在理论渊源上,公共责任是法治理论的主要对象标的,公共责任法治化是法治政府的核心目标,并铸就了作为法治政府前提的责任政府的理论与现实双重基础。法治理论中的"制约权力"目标的实现有赖于"权力之间制衡"的手段措置实施,可是,权力之间不会自动进入制衡状态,因为权力存在扩张本性。致使权力扩张乃至腐败的诱因是其背后的利益,它们之间亲热得更像一对"亲兄弟"。而且,权力不喜欢责任这个"孪生兄弟",它们之间更像冤家、仇家。推论至此,制约权力可以找到办法了——以责任牵制权力。这种办法听上去简单,做起来很难。问题在于:① 什么是责任? 它与权力有何区别? ② 责任如何"牵制"权力? 这些都是再简单不过,容易引起人们思考的根本问题,可是人们通常喜欢疏忽它们。

从政府行使公共权力的动态过程来看,公共责任包括整体性的事前、事中、事后的责任运行状态及其结果,这使得在法治视野下公共责任并非单纯的消极性后果的产物。法律上对公共责任是一种涵盖民事、行政、刑事等三种性质的后果状态,它的承担主体不仅是组织还包括相应的个人。只有从上述三个角度来看,公共责任才应具有防范政府逃脱法律制约与控制的完整性内涵。

与政府公共权力相对应的是公共责任运行的过程,包括公共责任监督、公共责任控制、公共责任制约等三个方面。其中,公共责任监督特指我们常说的政府问责,这是一种事后的运行形式。可是囿于法不诛心的法理,如果没有事故,就没有办法给政府定责,这也就局限了政府问责的效率,或者常常容易挂一漏万、治标不治本。公共责任控制是一种事前的责任设定,要求从政府的人性恶假设出发,假定一切政府及其公务员会犯错误、需要承担责任,而这种责任就是我们通过经验预判得出的前提,为政府承担无法逃避的责任提供了标准型的保障。公共责任制约被认作是一种事中的责任规范活动,要求只要政府行使公权力,就应设定相应的监督与制约过程,而不得使政府及其公务员肆意妄为,始终确保政府能够在责任的法治轨道上规范运行。最终,通过公共责任的这三种——监督、控制、制约——运行过程的监控方式来实现对公共责任的法治化控制。

第四节 法治建设

自党的十八届四中、五中全会召开以来,法治成了国家政治发展不可逆转的趋势。早在 2014 年的中央精神文件《中共中央关于全面推进依法治国若干重大问题的决定》指出"建立重大决策终身责任追究制度及责任倒查机制,对决策严重失误或者依法应该及时做出决策但久拖不决造成重大损失、恶劣影响的,严格追究行政首长、负有责任的其他领导人员和相关责任人员的法律责任。"2015 年 12 月 27 日,中共中央、国务院又印发了《法治政府建设实施纲要(2015—2020 年)》,这为公共责任制度建设提供了具体的理论指导。党的十八届四中全会上提出了"法治中国"的理念,是对中国法治重要的官方阐释。后来,习近平总书记在视察江苏镇江时又提出了"四个全面"思想,这为我国法治政府建设提供了最大的政治文化支撑。法治在中国意味着"垂法而治",在西方意味着"良法之治",前者强调依据法律的重要性,后者则主张法律的合正义性。中国需要走出一条独特的法治之路。

一、法治的基本内涵

从本质上来看,法治是一国制度设计的总的政治规律与原则。自党的十八届四中、五中全会召开以来,法治成了国家政治发展不可逆转的趋势。在现实中,理论的一套东西在现实中通常被执行成为另外一种模样。早在 2014 年中央就出台了《中共中央关于全面推进依法治国若干重大问题的决定》的政策文件,揭开了我国全面法治建设的开端。中央的全面法治建设战略,是我国法治政府建设的指引与领航。由是,越来越多的人达成这样的共识:中国的体制改革与制度建设的唯一出路在于全面法治建设。党的十九大报告也指出:"全面依法治国是中国特色社会主义的本质要求和重要保障。"

法治作为治国理政的基本方式,在推进国家治理体系和治理能力现代化中具有基础性地位与作用,它具有平等性、规范性、统一性等特征。构建现代新型国家治理体系,实现治理能力现代化,有赖于国家各项工作的法治化、制度化、规范化和程序化。[①] 在法治视野下,法治与人治之间有着绝对的分水岭,法治指深刻贯彻"法律统治社会一切"要旨的政治制度运作形式,也是"一个能够统摄社会全部法律价值和政治价值内容的综合性概念。"[②]然而,人治是感情统治,是一种因人而异的领导主观主义作风、革命时期漫浸的小农意识与历史承袭下来的"官本位"思想,是转型期我国政府法治化进程的现实障碍。

从理论上来看,法治具有平等性、规范性及统一性等特征。法治的平等性将人看成毫无差异的法律对待物,要求在社会中实行在法律面前所有人一律人格平等,皆可通过自己的不断努力获得社会地位上升与赢得他人尊重的公平机会。法治的规范性是指确保法治中"法"的因素(正式的法律制度)能够在全社会中获得普遍确立的效果。法治的统一性是指在现实中一个统一的法律体系可以将镶嵌在制度内部的权力关系与附着于制度外部的政府关系整合成为一种和谐融洽的政治状态。法治的这三大特征将共同体现其内生的权威性。

法治化是法治的动态表现过程,它的重要组成部分是政府法治化或法治政府建设。法治的主要优点表现在它妥善地解决了人的欲望和人的精神追求之间的矛盾,而这对矛盾是所有的传统文化无法避免但又无法解决的矛盾。[③] 一般来说,政府总是想法跳出法律的控制,导致政府法治化最后退化为人治状态。因此,法治化必须通过国家与社会之间的良性互动来实现"权力依附于组织而非个人"的制度设计目标。

二、法律体系的统一性

行政法作为一种部门体系,恰恰与其他部门法体系(宪法、民商法、经济法、刑法)又有内涵区别。如果无法界定行政法的公法地位及其法际关系、法阶次序的话,政府违法

① 徐汉明,等.深化司法体制改革的理念、制度与方法[J].法学评论,2014(4).
② 刘作翔.迈向民主与法治的国度[M].济南:山东人民出版社,1999:100.
③ 於兴中.法治东西[M].北京:法律出版社,2014:16 – 17.

行政现象将在现实中屡禁不止、层出不穷。古今中外的法治哲理已给我们重要的制度建设启示。扭转我国社会中扰乱的"法无规定政府胡乱作为"的事实与还原法治的"法无规定政府不得作为"原则将成为凭借法律体系的关系捋顺与制度建构来推动法治政府建设的基本思路。法治政府建设的具体措施始于行政立法权的约束，而终于行政执法权的制约。

法律体系的统一性既表现在宪法以自身精神统筹全局，也体现在部门法之间的协调配合。这除了可以通过立法机关的事后审查等措施外，还可以借助执法部门（行政与司法）的现实运作效果来进行检验。对于政府行政而言，是否出现暴政取决于法律的优劣。法律制定得不好，政府难以逃脱人性与物欲的极度诱惑，从而堕于恶魔道而诸事作恶。

何谓好的法律？站在政府行政视角上来看，只要能以清晰明确无误的责任方式来规范和约束政府及其公共权力的，便是好的法律。那么，现如今法律如果太空洞、重实体权力轻程序责任、破坏权责关系平衡，回避现实运作问题（照搬国外法律或者本土法律滞时低效）都将会被宣布为恶法。法律，或善或恶，这已然超脱于单纯的法正义性标准，还将衍生到政治学视角下的有效性标准。在整个法律体系中，行政法看上去是与宪法及其他相关法律、刑法、社会法、民商法、经济法、诉讼法等并列为部门法序列，其实这并不能视为行政法获得了与其他六大部门法序列"平起平坐"的法阶地位。不然，行政法若独立自成系统，虽统属于宪法，却与其他法律互不统属，这样造成的政治后果将会是行政法指引下的行政权膨胀，以致越过法律的约束，且行政法还会成为行政权滥用侵权的"帮凶"。

因此，以政治学的眼光来审视其中法理，应是横向划分的部门法也应服从纵向的法位阶关系，这也就把作为部门法的行政法从广义的实体内涵限制到狭义的程序内涵之中，真正确保了法律体系的统一有序。同时，还避免了整个法律体系中行政法与其他法界限不明的紊乱法际关系困境。当下法治困境表现为法治原则的错位，"法无规定政府不得作为"已错位为"法无规定政府妄作为"，"法无禁止皆自由"也错位为"法无规定公众不得作为"。守法状态也由此分化出"合法""违法"及"非法"三种状体；加之，政府随意的行政解释导致了法律体系的混乱不堪、衔接无序。立法机关以制定法的形式来规定行政机关做什么，而行政机构职能严格按照规定去办事，其余事皆不可为；政府机关妄议、曲解法律也同违法同罪论处。事实上，政府机关除了必须依照法律规定行使公权之外，还可以依自身隐藏的民事（公法人的组织）身份与社会、公众、企业进行非公权性质的民事活动，那么倘若双方出现了纠纷，可以有民诉和行诉两种途径。这就必须让司法机关扩权扩职。而且，司法机关对行政机构的抽象行政行为（行政立法）进行审查并非司法权对行政权的浅陋理解，而是司法权作为立法权的另一执行权，对宪法指导下的法律体系统一的捍卫与维护，实现司法对行政的制约要义。在整个法律体系中大部分法律之间的法际及位阶关系皆可由法理若干原则推导出来，如宪法精神指导与协调整个法律体系；新法立，旧法止；特别法一般优先于一般法，特殊情况从立法解释或政治解释；等等。但是，这些基本法理原则遇到行政法时就会陷入困境。

第一，一国法律体系按照大陆(罗马)法系观点可分为公法与私法两大体系,宪法及基本法(政治法)与由其派生的行政法共同构成了公法(注:刑法是一种很特殊的公法,它既规范了公职犯罪,也制裁了私人犯罪,那些触犯社会公共治安秩序的犯罪行为受到了作为公法的刑法调整,而那些轻微的公民互相刑事侵权行为却又是很明显地受到了刑法调整。当然,将刑法笼统归类为公法,却是罗马法系的传统做法),民商法、社会法、经济法则被分类到私法体系,本来公法与私法之间法理划分可以明晰法律体系中实证性法际及位阶关系,但是,行政法(大部分是行政机关法定的附属性与执行性的立法职能表现出来的抽象行政行为),不仅可以衍生于宪法及基本法(政治法),也可以派生于相应的私法法律。这是行政法作为公法,却又与私法"暧昧不清"的重要原因。

第二,行政法与其他部门法之间关系背后隐藏着行政权与立法权之间的冲突张力关系;在政治上,行政(立法)权具有从属于立法权要义;可是,行政法把行政权隐藏起来后,反倒令行政法的法阶关系晦涩不已。如果还拘泥于法律高于法规与规章的简单原则,那么不仅法律体系中的法阶关系会发生紊乱,行政权扩张与侵犯立法权的事实也会导致行政法与其他法之间关系含混不清。毕竟,立法机关制定的行政法在数量上远远少于行政机关自行制定的行政法,以致行政权代行立法权的国家意志,行政法规与行政规章几乎表现为行政法的全部内涵,使行政权在扩张、暴政、侵权过程中实实在在地"自己充当自己的法官"。

第三,行政法毕竟不像其他法在权利义务内容及关系上那样明确与清晰,事实上的行政主体与行政相对人之间的不对称权利义务关系反倒给行政权肆意与任性以绝佳机会。我们当前的思维定势是如何帮助本已强势的行政机关有效率地管好行政相对人,维护社会管理秩序,而不是在这个过程中通过制度设计的途径让行政相对人享有相适应的对抗暴政的权利,让原来不对称的行政法权利义务关系中行政主体作为单纯的权力人和行政相对人作为单纯的义务人悖论现状,转化为至少在法律上行政主体与行政相对人之间权利义务相对等的局面,即行政主体的权力是行政相对人的义务同时行政主体的义务是行政相对人的权利,如果哪一方违背了这个权力义务平衡关系就必须承当行政法意义上的法律责任。

第四,从上位法与下位法关系角度来看,法理上的行政法在很多情形中是处于下位法的位置,然而,现实中很奇怪的事情是作为下位法的行政法有时不仅不在上位法的授权与规范的情形对上位法做出执行性规定,反倒随意适用准用规则,将一些执法难题又重新抛回给上位法。试想,上位法若能直接解决现实执法问题,焉须制定下位法?例如,《治安管理条例》在总则的第三条规定"治安管理处罚的程序,适用本法的规定;本法没有规定的,适用《中华人民共和国行政处罚法》的有关规定。"这明显是又将责任推回给了上位法。

三、公共责任实现的思路

这些法律体系中的乱象大多时候源自对行政法的内涵界定不清晰或过于宏观造成的。现行的行政法,具备三大要素:调整与规范行政管理关系;由立法机关或行政机关

依职权制定;行政法既可以是实体法也可以是程序法。由是,问题就来了:

(1) 立法机关为何要制定行政法?尽管立法机关制定的行政法法阶肯定在法理上高于行政机关制定的行政法,但是,在现实中社会又如何能分辨这浩瀚繁杂的行政法?

(2) 行政管理关系真的是行政主体对行政相对人的关系,或者被当作通俗意义理解,是行政机关与公民、组织之间的关系?

(3) 行政法若既有实体法又有程序法,那么这是否意味着行政机关也可以制定实体法?然而,实体法是一种授权性质的法律,这是否可以进一步推断为行政机关可以为自己各类执法活动便利增设相应的行政权力?

剖析上述问题后我们才发现法治建设只看到政府机关里的人(贪污腐败、人浮于事、低效冗员),却忽视了其中原本可以制约这些人(无须再借用"人防人"的人治办法来促使政府高效廉政)的法本身事实上就存在着天大漏洞。必须明确的是,我们所要进行的是法治建设而不是人治建设。因此,如果不能把法律体系建构及调适好,我国法治建设仍然会陷于"猴子捞月""画饼充饥""海市蜃楼"的虚无状态之中。行政法对政府行政的控制(控权与授责),应始于约束政府的行政立法权,而终于政府的行政执法权。

第一,在参照而非机械套用大陆(罗马)法系的公法与私法划分的原则基础上,还应关注我国的立法现状,对行政法的公法地位及公法私法之间的划分进行重新调整。因为公法与私法之间重合的部分即是执法部门(行政+司法)介入之处,只要有政治(公共)权力的介入,就会有侵犯私权之可能,所以不能不提防之。行政法的实体部分属于纯粹公法,带有鲜明的政治法(基本法或组织法)意味,主要关涉行政机关的组织建设及权力配置(集权与解构),应直接从行政法中剥离出来,自成体系,是专由立法机关负责的政治法体系(类似刑法,其中涉及司法机关的权限,也应有更为完备的责任立法与程序限权的法律条款)。

第二,将立法机关的法律保留权建立于宪法监督与法律监督、法律清理之上,同时也须将之视为立法机关的政治责任。在庞大的中央集权国家里,立法机关明智地行使手中的立法权,通过宪法及法律来控制与约束行政机关及其行政管理的肆意与任性,是法治应有之义。

立法机关(人大)的虚弱症结在于它本身不能很好地行使立法权限,未能认识到与立法权相伴生的立法责任。法律的好坏是一国治理的政治制度源头,而它却需要立法机关正确履行相应的职责。在我国,国家立法机关是全国人大,其闭会期间由常务委员会代行法定立法权限;此时,日常法律事务工作须由常委会及其附属的专门职能委员会主持,这也是宪法规定的立法之义。但是,作为国家立法机关的全国人大常委会及其专委会的主要责任不仅是常规的立法,还应有日常的法律监督与法律清理,这可以通过委员会集体会议或者民间协商等方式由法定职能机构(专委会或受其指导的地方国家立法机关及其常委会)实施。建议常委会在原来法律委员会的基础上分设立法委员、法律(宪法)监督委员会、法律清理委员会三大重要职能委员会。当然,如果立法机关制定的法律在现实中出现法律执行故障时,应准许公民代表团体或行政机关或司法机关对立法机关进行立法申诉,立法机关三次解释都无法明确解释现实问题的,轻者解散制定相关法案的立法委员会以待重选,重者由国家元首行使宪定职权解散国家立法机关以待重选。

第三,法的现实问题还在于法治本身能否成为社会信仰,这也就是给行政法再加上一道社会制约的牢笼。在政治社会化过程中,法的社会化将成为其中最重要的内容,可由政党、社会与家庭共同完成并实现之。当法治成为社会信仰,可以使得国家由第一次的领土统一再度升华到第二次的人心统一。法的社会化可以通过"以吏为师"("吏"指司法官员及律师)与"以法设教"(在社会中推行各种层次的法律教育)等相关措施推行之。只有社会公众相信法律,并认同"守法受益,违法受害"的观念,法治才会变成真正的信仰,从而就会具有真正的法治捍卫者(斗士)出现,他们也将成为法治建设的中坚力量,终而将目前这种柔性脆弱的初级法治转变刚性稳定的高级法治。

除了上述针对法律体系中高位法令(行政法规及行政规章)的清理外,还应勿忘对各类政府规范性文件(俗称"黑头文件")进行法治规范。从现实来看,政府规范性文件主要是政府行政执法的最低级别意义法定依据;但是,从理论上来看,如此浩瀚的政府规范性文件并不应成为政府行政执法的依据,而应是执法的监督依据。这样才能把颠倒的"法无规定政府胡乱作为"还原为真正的法治原则,即"法无规定政府不得作为",使得政府被关进法治的"牢笼",成为法治有效规范的标的物。为了推动法治政府建设,确保政府行政执法严格遵守法治原则及法律规定,具体的制度措施如下:

首先,严格规定政府执法必须具有详细的法律依据(政府自己的命令类规范性文件不得作为执法依据),这比程序上的其他措施,如执法须佩戴及出示工作证、告知执法内容及相关救济权利等,更能直接且有效地约束政府行政,同时便于立法机关与司法机关的合宪性与合法性监督,还将在宪法精神指引下赋予社会公众以监督政府违法行政、违法行政的自救济权利,间接有效地实现社会公众作为行政相对人对政府行政的行政法意义上的对向监督活动。此时,政府的执法依据以求证活动成了法治建设的形式与实体双重制权措施,也成为政府法定无以推卸的行政法责任与社会公众作为行政相对人的相应权利。

其次,建立政府内部的执法审批制度,应使政府法制部门与行政监察部门依法实施行政层级的执法审批,未经审批的执法行为都将被自动宣布为无效的违法行政行为。同时,负有执法审批的法制部门与行政监察部门必须严格履行审查责任,如有导致事后的政府违法行政现象,也将与违法行政当事人一并同罪处罚。执法审批的主要内容是执法依据是否合理与合法、执法内容是否符合社会实际情况、执法方式是否文明与可行等。

最后,建立执法备案的档案制度。执法留底便于国家机关与社会公众对之的循环滚动审查,从而加大对政府违法行政的警惕作用及效果。这样可以扭转"只见权力不见权利(责任)"的非法治现象。作为一种外部行政行为,执法备案档案应包括执法的依据、执法当事人、执法决策人、执法地点及时间、执法相对人、执法结果等内容。审批制度原是一种很好的程序制权措施,只是不应滥用在政府的外部行政行为之上(成为政府干预社会与市场的法律利器)。若归本清源,将之重新应用在外部行政行为赖以实现的内部行政行为之上,无论是对法律依据还是对执法经费的监督,都将对我国当下的政府违法行政现象起到相当的制约与防范作用,非常值得推行与实施。

四、法治的社会基础

社会文明状态需要由这个社会中的精神面貌来决定,由包括音乐、服饰、礼仪、信仰等精神的与物质的形态内容来得到具体体现。一个朝气蓬勃与向上发展的社会中,人们对金钱与其他物质形态物品的价值必定是理性而非盲目的,即"君子取财,取之有道",人性的节制而不贪婪才能确保社会的可持续发展。"法治理念就依托于公民共同体,而公民意识的自由理性精神和自由,平等及权利的正义价值诉求,则构成了法治理念的生命根基。"①

法治政府的建立只是实现法治化的政治基础,却并不等于法治化的全部内容。从本质上来看,法治化寓意于国家与社会之间的互动,狭义上则可以理解为政府与社会(公众及团体)之间的二元联系。"法治的基础和界限就寓于市民社会与国家的这种互动发展构架之中。"②国家(政府)原本是从社会中脱胎而来,以其独有的秩序维系功能而独立于社会,但是,这并不代表国家(政府)可以凌驾于或者吞噬掉社会。法治是任何一个正常社会都要遵循的政治发展方向,它的首义便在于顺畅与妥当处理好国家(政府)之间的关系。法治在"内源性的内容上表现为法律与人民权利的关系"。③ 中国法治化困境问题的权力实质的背后藏着一个民心问题。若想要改变"改不改革都要挨骂"的困窘就得从头争回民心。无论是体制改革,还是政府改革,或是调适党政、央地及府际三大关系,无一不是从"权力制约、争取民心"的本质入手。

法治精神表现为这种包含了静态意义上与动态意义上的法律体系的协调、一致及其完善。法治所赖以维系的制度基础——法律并非枯燥且毫无生命的空文字,而恰恰是贯穿了人类各种美好的政治理念追求(如公平、正义、自由等)的活的价值体现。法治由于深深扎根于人们心里,而成为一种世代相传的习俗信仰,而这种世代一脉相承的信仰必然要求其信仰客体——法律的统一与完善,以至于在根本上促成法治的统一性。亚里士多德始终强调对法律的普遍服从,"应该培养公民的言行,使他们在其中生活的政体,都能因为这类言行的普及于全邦而收到长治久安的效果。"但是,这种公民守法精神的培养却具有城邦道德教化色彩,使公民们的情操"经风俗和教化陶冶而符合于政体的基本精神(宗旨)"④。

法治精神一经上升到国家层面,便表现为一定的政治意识形态,它"是特定的道德规定在集体中的运用"⑤,"它是依靠培养从法律的精神试图达到和谐"⑥。伯尔曼认为法律与宗教所共有的四种要素——仪式、传统、权威和普遍性,"这四种要素赋予法律价值以神圣性,并且也由此强化了民众的法律情感:权利与义务的观念,公正审判的要求,

---

① [美]诺奇特·塞尔兹尼克.转变中的法律与社会[M].张志铭,译.北京:中国政法大学出版社,1994:178.
② [英]哈耶克.通往奴役之路[M].王明毅,译.北京:中国社会科学出版社,1997:200.
③ 沈荣华.地方政府改革与深化行政管理体制改革研究[M].北京:经济科学出版社,2013:90.
④ [古希腊]亚里士多德.政治学[M].北京:中国人民大学出版社,2009:275.
⑤ [美]戴维·E.阿普特.现代化的政治[M].陈尧,译.上海:上海世纪出版社,2010:235.
⑥ [美]萨拜因.政治学说史(上)[M].上海:上海人民出版社,2008:105.

对于适用法律前后矛盾的反感,受到平等对待的愿望,忠实于法律的强烈情感及其相关物,对于非法行为的痛恨等"[1]。法律精神是法治的灵魂所在,而只有保证所有法律严格遵守这种从社会生活中生成的法律精髓,才能使得法治能够成为社会中最为严谨、最可信赖的信仰系统。国家法与社会法都可以在我国不断发展、传承和创新的传统文化中找到自身统一的精神内涵归宿。

而且,审计监督既是国家治理的基石,也是提升治理能力的重要力量,它推动着国家治理体系和治理能力的现代化[2]。审计监督是连接其余七大监督手段的桥梁。第一,通过审计发现、披露、追踪,为其他监督形式提供监督信息,通过审计问责、整改和反馈促进问题的解决和预防;第二,通过审计提供的数据支持和信息沟通,提高其他监督形式的执行力和可信性,有助于提高其他监督形式的权威性;第三,审计监督具有高瞻远瞩的宏观战略格局和识微知著的微观辨识能力,因此能够连接不同层级的监督手段,运用事前预防、事中检查和事后纠正手段,在不同阶段介入,弥补其他单一监督手段的不足;第四,审计监督与其他监督手段通力合作,贯穿八大监督体系的始终,形成了横向的监督合力,提高了纵向的执行力。"全面依法治国,全面从严治党"的核心思想是科学、有效地进行权力配置和监督、制约权力运行。政府审计、内部审计与社会审计均源于监督需求,并因循经济增长、市场发展和政治统治的需要,既"三足鼎立"各自独立发展,又最终"三位一体"砥砺前行。因此在各项监督系统中,审计监督体系具有独特的权威性、系统的联动性和覆盖的全面性,相比其他监督手段在权力滥用的治理方面具有不可替代的优势。

统而言之,基于政府的各类社会政治关系的调适是一个当前必须克服的法治化困境与难题,它基本表现为运动治理、政府拆台("踢皮球")及官僚制困境等主要现象,根本原因在于党政、央地及府际三大关系的失调。最终,中国政府眼下要义不容辞地承担起民族复兴的使命,急切要求依靠党政之间职能划分、央地各自职责划分及科层制法治再造来求得根本实现。我们必须通过法治自身发展的基本公共伦理规律,实现对当前政府法治化困境问题的解决。

本章课程思政学习材料

对外疫苗援助,中国说到做到

来源:人民网-人民日报海外版 2022 年 01 月 11 日 02 版

"我同外国领导人及国际组织负责人电话沟通、视频连线时,他们多次赞扬中国抗疫和为全球疫情防控所做的贡献。截至目前,中国累计向 120 多个国家和国际组织提供 20 亿剂新冠疫苗。"中国国家主席习近平在 2022 年新年贺词中回顾了过去一年中国

---

① [美]伯尔曼.法律与宗教[M].梁治平,译.北京:中国政法大学出版社,2003:12.
② 刘家义.论国家治理与国家审计[J].中国社会科学,2012(6).

对全球疫苗捐助情况。

20亿剂新冠疫苗是什么概念？这个数量占中国以外全球疫苗使用总量的1/3。这意味着中国是对外提供疫苗最多的国家。

这是中国言出必行、践信履诺的生动例证。"今年全年，中国将努力向全球提供20亿剂疫苗。"这是2021年8月5日习近平主席向新冠疫苗合作国际论坛首次会议发表书面致辞时做出的郑重承诺。当告别2021年的钟声敲响，世界有目共睹：中国说到做到！

事实上，自新冠疫苗问世以来，中国始终秉持人类卫生健康共同体理念，坚持疫苗作为全球公共产品，向世界特别是广大发展中国家提供疫苗，积极开展合作生产。作为制造业大国，中国的疫苗生产能力不断提升，极大地缓解了全球疫苗供不应求的局面，不断填补"疫苗鸿沟"。

然而，过去一年，正当中国努力促进疫苗公平分配时，一些西方政客"按捺不住寂寞"，给中国助力他国抗疫加上"政治滤镜"，抛出所谓"疫苗外交论"。西方政客此类政治操弄早已屡见不鲜。从"病毒起源论"到"口罩外交论"，再到"疫苗外交论"，戴着有色眼镜，对中国贴标签，甚至编造耸人听闻的故事，在国际舆论场寻求"热度"和关注。

对于西方政客的惯用伎俩，中国早已见怪不怪。但国际抗疫合作不同于其他，一些西方政客将政治考量凌驾于生命和科学之上，把一场共同挽救生命的接力赛跑视为你赢我输的零和博弈。这种行为是对中国疫苗研发科学家和医卫人员的极不尊重，极大地阻碍了国际抗疫合作，严重地损害了世界人民的生命权和健康权。

中国援助他国疫苗的坚定决心，源于其构建"人类命运共同体"的理念。中方开展新冠疫苗国际合作，从不谋求任何地缘政治目标，从不盘算获取任何经济利益，也从不附加任何政治条件。如果硬要说中国希望通过共享疫苗来拓展什么影响力的话，那就是拓展国际合作抗疫精神的影响力。如果硬要把中国的疫苗比作什么武器，那就是抗击病毒、捍卫生命的武器。中国新冠疫苗是名副其实的各国人民用得上、用得起的全球公共产品。

世界卫生组织将中国新冠疫苗列入紧急使用清单，多个国家元首和政府高官以"带头接种"的方式为中国疫苗投下信任票，运往世界各地的中国疫苗不断装箱星夜兼程……这些都是对污名化中国抗疫的种种歪理邪说最好的回击。

在事实面前，一些西方国家不得不转变态度，承认中国新冠疫苗。自去年9月起，法国、美国、澳大利亚、英国、加拿大和爱尔兰等西方国家相继扩大其认可的入境旅客须接种的新冠疫苗清单，承认所有世界卫生组织批准的疫苗，其中包括中国的国药和科兴疫苗。

过去两年的全球抗疫历程证明：只要一国疫情不灭，世界就难言安全。科学家和公共卫生专家多次警告，疫苗不平等是造成当前奥密克戎变异毒株的罪魁祸首。新的一年，世界各国应携起手来，让国际抗疫合作少一些"政治滤镜"，多一分互信互爱，少一些攻击抹黑，多一分互帮互助，早日迎接全球抗疫的最终胜利。

（资料来源：http://world.people.com.cn/n1/2022/0111/c1002-32328301.html）

中国为全球减贫做出巨大贡献(国际论坛)

共建"一带一路"正朝着高标准、可持续、惠民生方向发展,对全球减贫事业意义重大

我来自美国,我们一家三代都是"中国通"。中国为消除绝对贫困付出巨大努力,令我们深受触动。

我对中国的了解始于上世纪60年代初。曾在中国生活30年的祖父母讲述了他们在中国生活的故事,讲述抗日战争时期中国人民虽然生活极端困难,但仍不屈不挠坚持抗击外来侵略者的故事。1979年大学毕业后,我来到中国,那时的中国刚刚迈开改革开放的步伐。40多年过去,中国取得巨大发展成就,经济社会发生翻天覆地的变化。

上世纪80年代中期,我前往世界银行工作。从那时候开始,我不断读到有关中国居民生活水平提高和贫困率下降的报道。2010年,我终于有机会回到中国,随处可见崭新的公寓楼和办公楼,休闲娱乐及生活服务设施大幅改善。很多城市有了便捷高效的地铁和高铁系统。即便是在一些中小城市,也有现代化的新机场。无论是在城市还是乡村,中国老百姓的衣食住行都有了很大的变化。

改革开放以来,中国减贫人口占同期全球减贫人口70%以上,为实现联合国千年发展目标做出巨大贡献。中国政府为减贫订立目标、出台政策,并坚持苦干实干。中国历史性地消除绝对贫困,提前10年实现《联合国2030年可持续发展议程》减贫目标,这是一项了不起的成就。如今,中国改善人民生活水平的努力仍在继续。与此同时,中国积极与其他国家分享减贫经验,为全球减贫做出巨大贡献。

中国提出的共建"一带一路"倡议给沿线国家带来巨大益处,有利于帮助更多国家减少贫困。世界银行发布的研究报告显示,"一带一路"倡议全面实施可使3 200万人摆脱日均生活费低于3.2美元的中度贫困状态。当前,共建"一带一路"正朝着高标准、可持续、惠民生方向发展,对全球减贫事业意义重大。

中国经济朝着高质量发展方向不断迈进,展现出蓬勃生机和巨大潜力。中国深刻认识到减贫和增加人类福祉不只是实现人均收入的增长。中国"十四五"规划强调实现更高质量、更有效率、更加公平、更可持续、更为安全的发展,为高质量发展指明方向。"绿水青山就是金山银山"在中国日益成为广泛共识。两年前,我作为世界资源研究所的工作人员到中国进行访问,亲眼看到中国的绿色发展和生态文明建设成绩,倍感振奋。

中国宣布将力争2030年前实现碳达峰、2060年前实现碳中和,这是中国推动经济向高质量发展迈进的又一重要举措。实现这一目标所需的清洁能源投资不仅对中国有利,而且将有助于降低全球清洁能源的成本。

劳伦斯·麦克唐纳

(世界资源研究所全球传播副总裁)

(资料来源:http://world.people.com.cn/n1/2022/0111/c1002-32328222.html)

参考文献

一、中文专著

［1］中共中央马克思恩格斯列宁斯大林著作编译局.马克思恩格斯选集(第1卷)[M].北京:人民出版社,1995.

［2］[美]汉密尔顿,等.联邦党人文集[M].程逢如,译.北京:商务印书馆,2004.

［3］[英]约翰·密尔.代议制政府[M].汪瑄,译.北京:商务印书馆.1982.

［4］[美]帕特南.使民主运作起来:现代意大利的公民传统[M].王列,赖海榕,译.北京:中国人民大学出版社,2014.

［5］[美]诺奇特·塞尔兹尼克.转变中的法律与社会[M].张志铭,译.北京:中国政法大学出版社,1994.

［6］[美]戈登·塔洛克.官僚体制的政治[M].北京:商务印书馆,2010.

［7］[德]马克斯·韦伯.经济与社会(下)[M].北京:商务印书馆,1997.

［8］[美]詹姆斯·M.布坎南,戈登·图洛克.同意的计算[M].上海:上海人民出版社,2017.

［9］[英]亚当·斯密.国富论(上)[M].郭大力,王亚南,译.上海:上海三联书店,2009.

［10］[美]菲利普·安东尼·奥哈拉.政治经济学百科全书[M].郭庆旺,刘晓路,彭目兰,张德勇,等译.北京:中国人民大学出版社,2007.

［11］[美]保罗·C.纳特,罗伯特·W.巴可夫.公共和第三部门组织的战略管理:领导手册[M].陈振明,等译.北京:中国人民大学出版社,2001.

［12］[美]拉塞尔·M.林登.无缝隙政府:公共部门再造指南[M].汪大海,吴群芳,译.北京:中国人民大学出版社,2013.

［13］[法]贝尔纳·古尔内.行政学[M].江振霄,译.北京:商务印书馆,1995.

［14］[澳]欧文·E.休斯.公共管理导论[M].北京:中国人民大学出版社,2001.

［15］[美]戴维·奥斯本,特德·盖布勒.改革政府:企业精神如何改革着公营部门[M].上海市政协编译组,东方编译所,译.上海:上海译文出版社,1996.

［16］吴万钟.从诗到经:论毛诗解释的渊源及其特色[M].北京:中华书局,2001.

［17］黄文平.深化行政体制改革的探索［M］.北京:国家行政学院出版社,2016.

［18］刘作翔.迈向民主与法治的国度［M］.济南:山东人民出版社,1999.

［19］於兴中.法治东西［M］.北京:法律出版社,2015.

［20］沈荣华.地方政府改革与深化行政管理体制改革研究［M］.北京:经济科学出版社,2013.

［21］李步云.论法治［M］.北京:社会科学文献出版社,2008.

［22］邓国胜,肖明超.群众评议政府绩效:理论、方法与实践［M］.北京:北京大学出版社,2007.

［23］李侃如.治理中国:从革命到改革［M］.胡国成,赵梅,译.北京:中国社会科学出版社,2010.

［24］李四林,曾伟.地方政府管理学［M］.北京:北京大学出版社,2010.

［25］曾伟,罗辉.地方政府管理学［M］.北京:北京大学出版社,2006.

［26］魏建国.中央与地方关系法治化研究［M］.北京:北京大学出版社,2015.

［27］朱新山.中国社会政治分析［M］.上海:复旦大学出版社,2013.

［28］董庆铮,等.税收理论研究［M］.北京:中国财政经济出版社,2001.

［29］张广通.税收学［M］.上海:立信会计出版社,2009.

［30］邓子基.财政学原理［M］.北京:经济科学出版社,1997.

二、期刊文献

［1］范斌.新公共管理理论对我国建设服务型政府的启示［J］.行政与法,2007(12).

［2］沈荣华,王宇灏.以人为本:我国政府的价值定位［J］.中国行政管理,2008(12).

［3］宋刚,王毅,王旭.城市管理三维结构视野下的城管综合执法与监察［J］.城市发展研究,2018(25).

［4］夏国.清末民初西方财政学在中国的传播［J］.江西财经大学学报,2004(6).

［5］朱志松.官僚制弊病的根源性分析［J］.行政与法.2008(3).

［6］孙立平.中国传统社会王国周期中的重建机制［J］.天津社会科学,1993(6).

［7］易又群,王小增,谢昕.从法制化到法治化:我国政府机构编制改革的理性选择［J］.学术论坛,2004(12).

［8］张立学,李民,李勇.行政编制使用比较分析初探——以济南市为例［J］.机构与行政,2012(5).

［9］陈新汉.论社会评价活动的两种现实形式［J］.天津社会科学,2003(1).

［10］刘旺洪.国家与社会:法哲学研究范式的批判与重建［J］.法学研究,2002(6).

［11］鄞益奋.网络治理:公共管理的新框架［J］.公共管理学报,2007(1).

［12］刘家义.论国家治理与国家审计［J］.中国社会科学,2012(6).

［13］梁昌勇,朱龙,代意玲,陆文星.公共事业管理对行政编制资源配置影响研究——基于安徽省数据考察［J］.经济与管理评论,2015(5).

［14］梁昌勇,朱龙,代翚,陆文星,刘益敏.基于 DEA 的省域行政编制资源配置相对效率评价研究［J］.管理学刊,2014(1).

［15］杨兴红,梁昌勇,代翚.行政编制动态调整影响因素分析——以安徽省地方政府为例［J］.中国行政管理,2012(7).

三、外文文献

［1］Kass H D, Catron B L. Images and Identities in Public Administration［M］. Sage Publications, 1990.

［2］Denhardt J V, Denhardt R B. The New Public Service：Serving, not Steering［M］. New York：ME Shape Inc., 2003.

［3］Thomas J C. Public Participation in Public Decisions——New Skills and Strategiefor Public Managers［M］.San Francisco：Jossey-Bass Publishers,1995.

［4］Quade E S. Analysis for Public Decision［M］. New York：Elsevier Science Publishing Co,Inc,1989.

［5］Dvorin, Simmons R H. From Amroal to Humane Bureaucracy［M］.San Francisco：Canfield Press,1966.

［6］Smith B L R, Hague D C. The Dilemma of Accountability in Modern Government［M］.New York：St.Martin's Press,1967.

［7］Caiden G E. Administrative Reform,In Understanding Public Administration［M］. G.R. Currnow and R.L. Wetten hall edited,Sydney：Allen and Unwin,1965.

［8］Kenneth, Oksenberg, Michel. Policy Making in China Leaders：Structures and Process［M］. New Jersey：Princeton University Press,1988.

［9］Schick A. Capacity to Budget［M］. The Urban Institute Press,1990.

［10］Ranson S and Stewart J. Management in the Public Domain：Enabling the Learning Society［M］. London：Macmillan,1994.

［11］Hughes O E. Public Management and Administration［M］. Macmillan Press Ltd.,1998.

［12］Ingraham P W,Rosenbloom D H. The New Public Personnel and New Public Service［J］. Public Administration Review,1989(2).

［13］Ruttan, Vernon W and Hayami. Yujiro：Toward a theory of induced institutional innovation[J]. Journal of development Studies,1984(20).

[14] Anderson W. Intergovernmental Relations in Review[M]. Minnespolis: University of Minnesota Press,1961.

[15] Hamilton, Walton H. "Institution"[A]. in Edwin R. A. Seligman and A. Johnson(eds),Encylopaedia of the Social Sciences[C]. 1932(8).

[16] Smith T B. The Policy ImplementationProcess[J]. Policy Sciences,Vol. 4, No. 2, 1973.

[17] Bardach E. Implementation Game: Whathappens after a Bill Becomes a Law[M]. Cambridge: MITPress,1977.

[18] Van Meter D S and Van Horn C E. The Policy Implementation Process: A Conceptual Framework[J]. Administration and Society, Vol. 6, No. 4,Feb. 1975.

[19] Lipsky M. Stree-Level Bureaucracy:Dilemmas of the Individual in Public services[M]. New York:Russell Sage Foundation,1980.

[20] Elmore R F. Organizational Models of Social Program Implementation[J]. Public Policy,Vol. 26,No. 2,Spring 1978.

[21] Mclaughlin M. Implementation as Mutual Adaptation: Change In Classroom organizations,Social Program Implementation[M]. New York: Academic Press,1976.

[22] Hjern B and Portor D. Implementation Structures: A New Unit of Administrative Analysis[J]. Organization Studies,No. 2,1981.

[23] Sabatier P A and Jenkins-Smith H C. Policy Change and Learning: An Advocacy Coalition Approach[M]. Boulder,Colo: Westview Press,1993.

[24] Goggin M L, et al. Implementation Theory and Practice:Toward a Third Generation[M]. Glenview,III: Scott,1990.

[25] Stoker R P. Reluctant Partners: Implementing Federal Policy[M]. Pittsburgh,Brookvale:University of Pittsburgh Press,1991.

[26] Matland R E. Synthesizing the Implementation Literature: the Ambiguity-Conflict Model of Policy Implementation[J]. Journal of Public Administration Research and Theory,Vol. 5, No. 2, 1994.

[27] Kickert W J M, Klijn E H and Koppenjan J F M. Managing Complex Networks:Strategies for Public Secto[M]. London:Sage,1997.

四、其他文献

[1] 新华社.习近平主持召开中央审计委员会第一次会议[EB/OL].http://www.

gov. cn/xinwen/2018－05/23/content_5293054. htm,2016－07－14.

〔2〕新华网.十八届四中全会报告[EB/OL].http://www.js.xinhuanet.com/2014－10/24/c_1112969836_3.htm,2014－10－24.

〔3〕中共中央、国办印发《专业技术类公务员管理规定(试行)》和《行政执法类公务员管理规定(试行)》[EB/OL].http://www.gov.cn/xinwen/2016－07－14/content_5091353.htm,2016－07－14.

〔4〕缑婷婷.影响新时代国家审计质量的因素分析[N].中国审计报,2020－03－04.

〔5〕李思辉.强迫慈善源自政绩驱动[N].光明日报,2011－09－05.

〔6〕周飞舟.地方政府"公司化"的利弊[N].北京日报,2010－04－26.

〔7〕陈朋.地方政府创新的二个基本命题[EB/OL].[2016－7－21]http://theory.people.com.cn/n/2015/0304/c207270－26635499.html,2016－07－14.

〔8〕指挥棒变了带来什么影响？不考核 GDP 淳安压力更大了[EB/OL].http://zjnews.zjol.com.cn/system/2014/01/09/019801202.shtml,2016－07－14.

〔9〕于振海,帅政.荒唐的"科技大跃进"[N].中国青年报,2001－02－05.

[10]余雁刚.中国税制变迁研究[D].厦门大学博士论文,2002.